関 幸彦 編

相模武士団

吉川弘文館

はしがき

本書は『武蔵武士団』（吉川弘文館、二〇一四年）の姉妹編である。好評を持し版を重ねた『武蔵武士団』の執筆メンバーに新たな研究者を加え、強力な布陣で最新の研究事情を語ったものだ。構成は前著と同様に中世を画した二つの争乱——治承《じしょう》・寿永《じゅえい》の内乱および南北朝の動乱——前後に射程を据え、相模武士の世界に特化した内容を掘り下げた。考古学的知見やフィールドワーク的観点なども加え、相模武士団の研究成果の〝旬〟を伝えたつもりである。戦国以前の相模武士団の動向を見据え、戦国前夜の情勢を伊勢宗瑞《いせそうずい》（北条早雲《ほうじょうそううん》）にも言及したものや、当国武士団の雄三浦一族の出自・系譜に力点をおき掘り下げたものなど、新しい切口を「特論」として用意した。

相模国は鎌倉という武家の都を有した地でもあり、鎌倉幕府さらに鎌倉府という権力の中枢を擁したエリアだった。その点では武家の故郷ともいうべき政治的環境が宿されている。土地に刻まれた中世武家の記憶と記録が相模を舞台にどう交錯していたか考えたいと思う。もとより本書で相模武士団の全貌がわかるわけではない。けれども内乱期の武士たちの「一所懸命」の息吹きは伝わったのではと考える。

各執筆者にはお願いしたテーマに即して自由に筆をふるっていただいた。担当のテーマごとに完結性を持たせたため、個別の武士団のプロフィールに重複もあることは否定できないが、それについては各執筆者の意向を忖度して、調整させていただいた。また、文章のトーンや表記についても、執筆担当者の個性をいかし、最小限の統一をはかる程度にとどめた。読者各位におかれては、この点も諒とされご海容をお願い申し上げたい。それにしても、地域武士団研究の多様性を公約数にしたためることの難しさを改めて痛感させられた次第である。

筆を執っていただいた各メンバーには限られた分量できびしい注文を出しすぎ、消化不良は歪めないだろうが、武士研究の布石となればと願うものである。

関　幸　彦

目　次

はしがき　i

序　相模武士団への招待　―そのあらましを探る―　関　幸彦　1

坂東の関門相模／二つの政治的磁場／北条氏という記憶／鎌倉の罪と罰／相模西部―中村・土肥の武士団―／相模中央部―波多野・河村・海老名氏など―／相模東部―大庭・梶原・三浦諸氏―／相模武士団の特色

I　源平の争乱と相模武士　―『平家物語』の世界―

第1章　保元・平治の乱と相模武士　川合　康　14

新たな中世武士像／源義朝の関東における活動／三浦氏の存在形態／波多野氏の存在形態／中村氏・山内首藤氏との関係／保元の乱と相模武士／平治の乱とその後

第2章　源平の争乱と『平家物語』　永井　晋　35

頼朝挙兵前夜／頼朝挙兵の虚実／石橋山合戦から富士川合戦へ／謀臣梶原景時と三浦氏・和田氏／木曽義仲追討から西海合戦へ／相模武士団の光と影

第3章　鎌倉幕府と相模武士　―御内人を中心に―　細川重男　52

二月騒動という事件／相模の御家人／「御内人」とは何か／渋谷氏と朝重／御内人は御家

人である／派閥から主従へ―鎌倉御家人制の矛盾―
コラム　相模武士の姿①　鎌倉景正　67

Ⅱ　南北朝動乱と相模武士　―『太平記』の世界―

第1章　元弘・建武の乱と相模　高橋典幸　70
東国交通の拠点鎌倉／元弘の乱／足利尊氏の意図／鎌倉将軍府／中先代の乱／建武の乱と鎌倉

第2章　南北朝の動乱と『太平記』　―三浦氏の動きをみる―　新井孝重　88
『太平記』のなかの三浦氏／尊氏に重用される三浦高継／侍所頭人三浦貞連／三浦高継の戦闘事情／足利分裂の波動―師直誅戮と三浦八郎左衛門―／観応の擾乱の終結と三浦高通／「武蔵野合戦」と「鎌倉合戦」／一変した政治情勢

第3章　南北朝期の相模と武士団の諸相　田中大喜　103
南北朝期相模の特質と河越直重／三浦氏と相模国守護職／守護職権と武士団の軍事的テリトリー／中村一族と相模平一揆／相模平一揆のその後／鎌倉府という重石
コラム　相模武士の姿②　山内首藤経俊　120

Ⅲ　相模武士団のその後

第1章　東遷・北遷する相模武士団　―奥羽そして北陸へ―　岡田清一　124
相模武士と奥羽・北陸道／頼朝挙兵と三浦一族／会津と三浦・蘆名氏―得宗専制のもとで―／越後奥山庄と和田氏―得宗専制に翻弄されて―／津軽と曽我氏―得宗家の盛衰とともに―

第2章　西遷する相模武士団　長村祥知　139
相模武士の西遷／平安後期の山内首藤氏／山内首藤経俊と伊勢・伊賀・京／伊勢・伊賀の地頭として／備後国地毘庄へ／山内首藤一族と南北朝内乱

第3章　鎌倉府体制と相模武士　山田邦明　155
相模武士の顔ぶれ／足利氏の時代へ／鎌倉府の確立／小山氏の乱と相模武士／相模守護三浦高連／上杉禅秀の乱と相模武士／永享の乱と三浦時高／鎌倉府の解体と相模武士

コラム　相模武士の姿③　土肥実平　173

Ⅳ　特論・相模武士の群像

第1章　鎌倉北条氏の盛衰　菊池紳一　176
源頼朝挙兵以前の北条時政／義時と承久の乱／実朝の暗殺と承久の乱／泰時の改革および寛元の変と宝治合戦／時頼から時宗へ／蒙古襲来と時宗政権／貞時と霜月騒動・平禅門の乱／両統迭立と陸奥の反乱／幕府滅亡とその後の北条氏

第2章　三浦一族を考える―系譜と称号―　高橋秀樹　195
桓武平氏出自説に対する疑問／三浦氏の「家」創造神話／相模武士団の冒姓例／三浦介の内実／三浦介の成立／三浦介と源頼朝

第3章　小田原北条家の相模経略―戦国時代の到来―　黒田基樹　210
伊勢宗瑞の登場／拼和家という存在／小田原城の攻略時期／伊勢宗瑞の相模経略／扇谷上杉家との抗争／三浦道寸との攻防／戦国大名としての領国支配

コラム　相模武士の姿④　波多野義通　225

Ⅴ　相模武士を歩く

第1章　古戦場を巡る　下山　忍　228

頼朝の挙兵と戦場―石橋山および小坪―／鎌倉での市街戦―御家人たちの興亡のあと―／幕府終焉の遺跡をめぐる／中先代の乱以後

第2章　鎌倉街道と相模国　角田朋彦　241

鎌倉街道の呼称／鎌倉街道上つ道／鎌倉街道中つ道／鎌倉街道下つ道／東海道／鎌倉街道の記憶

第3章　館・山城を探る　山野井功夫　255

衣笠城―三浦氏旗揚げの地―／上浜田遺跡と東田原中丸遺跡―発掘された武士の館―／小沢城―長尾景春方の難城―／糟屋館―太田道灌謀殺の舞台―／新井城―三浦氏終焉の地―

第4章　「墨書木簡」が語る鎌倉の御家人たち　伊藤一美　273

「段葛」周辺は誰が造ったか／館を守る武士たち／地方御家人たちの宿所問題／宿所のありかた／旅籠振る舞いと鎌倉の宿所／呪符と宿所

コラム　相模武士の姿⑤　和田義盛　291

関連編著書・論文一覧／主要史料解説　久保田和彦

序　相模武士団への招待
──そのあらましを探る──

関　幸彦

坂東の関門相模

箱根《はこね》の山塊は坂東《ばんどう》の地を画する壁であった。相模《さがみ》はその膝元に位置した。承久《じょうきゅう》の乱のおり関東御家人《かんとうごけにん》の多くが官軍迎撃論を主張した。足柄坂を封印することで、敵を迎え撃つとの戦略である。結果的にはこの消極的迎撃作戦は採るところとはならず、積極的出撃策が功を奏し、幕府軍が勝利する。

『吾妻鏡《あずまかがみ》』が語るこの有名な場面は、相模の地勢的・軍略的性格をわれわれに教えてくれる。御家人たちに意識されていた箱根・足柄の障壁論の考え方である。有事にさいしての専守防衛の観念で、坂東自立主義とでも呼び得るものが、この承久の乱での非常事態に表面化したものだった。東国・坂東が持つこうした地域的原形質は、相模をふくむ坂東の諸地域が共有していたものだろう。鎌倉をかかえるこの相模国の場合、とりわけ濃厚だった。

坂東の内と外を画した相模に武家の政権が誕生したのは、その点で象徴的だった。隣接の武蔵《むさし》ともども武家政権の土台を提供することとなった。両国は地勢的に兄弟の位置にあり、成り立ちも同様だった。大化以前にムサ（武射）と称された武・相両地域は、令制以降の行政区画にあって武蔵・相模両国に分かれた。都に近いムサカミ（武射上）と遠いムサシモ（武射下）である。前者の場合「ム」が、後者は「モ」がそれぞれ脱音してサカミ＝相模、ムサシ＝武蔵へと転化したとも。このことは『武蔵武士団』（吉川弘文館、二〇一四年）でもふれたように国名誕生譚を語る諸説の一つだとしても、両者が親近関係にあることは疑いない。そのため両国武士団には系図上では同祖のルーツを有するものが少なくないようだ。関東南部に面した相模は開墾・開発が比較的早くから進んでいた。とりわけ足柄坂を越えた山稜平野部（現在の小田急沿線）の松田《まつだ》・秦野《はだの》・伊勢原《いせはら》・海老名《えびな》方面は相模の先進地域と目されている。律令制下にあっては国分寺をふくめ国府《こくふ》・一宮は、いずれも当初は海老名・寒川《さむかわ》方面にあったことは首肯される（国衙《こくが》は十二世紀には隣接の余綾《よろぎ》郡に移る）。

相模国所轄の八群（足上《あしかみ》・足下《あししも》・余綾・大住《おおすみ》・愛甲《あいこう》・高座《こうざ》・鎌倉《かまくら》・三浦《みうら》）のうち足上・大住・高座の諸郡から開発がすすみ、やがて足下・余綾・鎌倉・三浦へと大小領主たちが分布していった。相模武士団の分布も同国の北部から南部へ（小田急線からＪＲ線）方向ではじまったとされる。当然ながら武士団の分布もこれに対応する形で展開する。相模武士団の多くは武蔵武士団と同様に秀郷《ひでさと》流藤原氏《ふじわらし》、良文《よしぶみ》・良兼《よしかね》流平氏《へいし》、貞盛《さだもり》流平氏、他に武蔵七党《むさししちとう》の横山《よこやま》党の流れをくむ勢力もあった。全体的にいえば北側の山稜・平野部には秀郷流および横山党の勢力が開発をすすめ、足柄下《あしがらしも》・余綾以下三浦郡にいたる南側は桓武《かんむ》平氏諸流が開発をすすめたという構図だ。これらの地域での各武士団の推移は本文で詳述されているところだ。以下ではそれに先立ち相模武士団を規定した歴史的・政治的条件について簡略にふれておこう。

二つの政治的磁場

相模が箱根に隣接した坂東の扉にあたることは前述した。その箱根は信仰の拠点として鎌倉幕府の宗教的・精神的支柱となり、二所詣《にしょもうで》の聖地として崇敬された。京都の王朝の二十二社祈願体制にも通ずる観念といえる。鎌倉幕府はその箱根を武家信仰の記憶の中軸に位置づけた。

箱根が有した精神的磁場とは別に、相模武士団の分布を考える際に、われわれは歴史的な流れから二つの政治的磁場も想定できるはずだ。一つはいうまでもなく、中世前期の鎌倉である。そして二つが中世末期の小田原《おだわら》だ。ともどもが北条《ほうじょう》を冠した勢力の舞台である。鎌倉は十二世紀末期の内乱をへて誕生した東国・武家の都であり、かたや小田原は戦国の動乱で育くまれた地域権力の覇者（南関東の覇者）の城下ということになろうか。この二つの政治的磁場は同時に存在したわけでは勿論ない。時間上の落差がある、けれども、ともどもが中世をいろどる政治権力体として大きな影響を与えた存在だった。

相模武士団は二つの北条（鎌倉北条氏・小田原北条氏）の間のなかで、その行動を規定されたことになる。鎌倉時代以降戦国以前のなかで、相模武士たちは鎌倉幕府という政治権力とどうかかわったのか。あるいはその後の南北朝動乱期に関東の要ともなった鎌倉府《かまくらふ》とどう向き合ったのか。そして東国の戦国の幕明けともなった享徳《きょうとく》の乱（一四五五～八三年）以降、台頭する後北条《ごほうじょう》とのかかわり如何。時間軸にしたがえは、そこには鎌倉と小田原という二つの政治権力の磁場が横たわっていることに気づくはずだろう。

地図を参照してわかるように相模は構図上三角形をなす（一六ページ「相模国関係図」参照）。鎌倉と小田原は東西の双眼ともいうべき場である。愛甲郡を上部に小田原の足下郡と鎌倉の鎌倉郡は底辺の両端に位置する。相模湾を臨んだ二つの都市の間には山稜部の丹沢山から大小の河川が平野を南北に走っている。相模川や酒匂《さかわ》川《がわ》はその代表だろう。

北条氏という記憶

鎌倉北条氏と小田原北条氏ともどもが、その家紋は三鱗《みつうろこ》だった。伊豆《いず》を発祥の地とし北条武士団は、頼朝《よりとも》をかつぎ飛躍する（このあたりは本論参照）。その鎌倉北条氏もさることながら、小田原の北条もまた伊豆と無関係ではない。というよりも伊勢宗瑞《いせそうずい》（北条早雲）を流祖とした後北条氏の場合、鎌倉北条氏との因縁こそが重要だった。伊豆の北条の地、堀越《ほりごえ》には堀越公方足利政知《あしかがまさとも》がいた。六代義教《よしのり》の子で鎌倉公方足利成氏《しげうじ》への対抗のため関東に京都より派せられたが、関東の武士団はこれに服さず箱根を越えることができなかった。その政知の子茶々丸《ちゃちゃまる》を駿河《するが》から侵攻した宗瑞は、堀越の地で打倒することで北条に〝強縁〟をきずくことになる（一四九八年、明応《めいおう》の政変）。その限りでは北条の地は中世初期の鎌倉幕府樹立に際しても、さらに戦国の幕あけともなる後北条氏台頭でも震源地となった。のち箱根坂を越え小田原に居点を移した後北条氏にとって、伊豆・北条の地は記憶が宿された場ということになる。

記憶云々でいえば、鎌倉北条氏の血脈《けちみゃく》を後北条氏はどう接木しようとしたか。牽強付会の域を出るものではないが、『豆相記《ずそうき》』（『群書類従《ぐんしょるいじゅう》』合戦部）に次の話がある。鎌倉得宗《とくそう》家最後の高時《たかとき》の子時行《ときゆき》は、中先代《なかせんだい》の乱（一三三五年）の主役だが、敗走後の行方が定かではなかった。この時行が南朝に帰順、その拠点を伊勢に潜伏し、その末裔が伊勢氏を称し、宗瑞はその子孫だという。これまた鎌倉北条氏との関連を語る説話的記憶ということになる。

ここで重要なのは元来、無関係の後者が北条を名のることで後継的位置を自認し、そのことを他者までも認めたという点だ。相模の中枢たる鎌倉という場は、武士たちにとって常に呼び出しに応ずるだけの深い記憶が組み込まれていたことになる。

『建武《けんむ》式目《しきもく》』には、その冒頭で「鎌倉元のごとく柳営《りゅうえい》たるべきや、他所たるべきや否やの事」として、武士の「吉土《きちど》」たる鎌倉の役割を伝えているのも、鎌倉の場の影響の強さの証しともいえる。結果として、「柳営」すなわち幕府は京都に開府されることにはなったが。けれども「吉土」たる鎌倉に足利尊氏《あしかがたかうじ》は鎌倉府という東国版の疑似幕府をおいた。それほどに鎌倉の政治上のエネルギーは大きかった。

鎌倉の罪と罰

しかし他方、その鎌倉をかかえたことで相模武士団は弱さもあった。武士団の〝伸び悩み〟である。前述の鎌倉北条氏もあるいは小田原のそれも、外来者だった。伊豆を経由して相模に入った二つの北条は、いうまでもなく個有の相模武士ではなかった。頼朝以前はともかくとして、幕府樹立後も、さらに鎌倉府以後も、相模武士団は鎌倉権力の膝元であるがゆえの真空化の状態であった。ここに相模武士団の特殊性があった。

鎌倉という強大な磁場は、周辺の相模武士団、それ自体の順調なる成長の阻害にもつながった。これは相模武士団のみならず兄弟地域ともいうべき武蔵武士団にも該当する。相模・武蔵については、東国武士団のなかでも東北さらに西国（鎮西《ちんぜい》や山陰・山陽）方面への移住が特に多いのも、自己の勢力拡大への反作用の顕れともいえる。このあたりは相模武士団の東遷・西遷というテーマで本文でも指摘されるはずだ。奥羽《おうう》での曽我《そが》氏・佐原《さはら》（蘆名《あしな》）氏・寒河江《さがえ》氏、鎮西での大友《おおとも》氏・渋谷《しぶや》氏、山陰・山陽での土肥《どひ》（小早川《こばやかわ》）氏・毛利《もうり》氏等々はそうした相模武士の代表といえる。

同時に考慮すべきは相模武士団の東遷・西遷が鎌倉期を通じて早い段階からなされていたという点だろう。それは奥州合戦あるいは承久の乱を通じての論考功賞にあって、相模武士団の武功の成果でもあった。武家政権の創設にむけて一族の諸力を結集して内乱を漕ぎぬいた果実ということもできる。

それはともかくとして、罪と罰という点で相模武士をながめるならば、平安末期以来の雄族三浦《みうら》氏にはこの感が強い。頼朝挙兵に北条氏とともに参画した同氏は、戦国大名へと転身しきれなかった。宝治合戦《ほうじかっせん》（一二四七年）で勢力を北条氏に滅殺されたことも大きかった。南北朝をつうじ『太平記《たいへいき》』での三浦一族の活躍はあったが、往時の勢いはない。三浦氏にとって幕府権力の中枢に身をおくことは、北条との抗争を余儀なくされる。

相模武士のなかにあって期待値が高かった三浦氏もまた鎌倉という磁場のゆえに、その統合者にはなり得なかった。外部からの〝媒介者〟ともよぶべき勢力の導入——当初は貴種としての源氏であり、その後は執権《しっけん》北条氏——でしか統合は可能とはならなかった。これは三浦氏あるいは相模武士団の責任ではない。いずれにせよ相模武士が有したかかる宿命が、かれらの成長に陰に陽に作用したことは動かない。だとしても相模武士団が武家政権樹立の主体となり得たことは疑いないところであろう。

三浦氏は本論でも指摘があるように相模国の有力在庁官人《ざいちょうかんじん》だった。三浦介義明《みうらのすけよしあき》以降、一族に相伝《そうでん》された「介《すけ》」職の肩書は、有力在庁の呼称として知られる。平安末期東国方面では、留守所体制の充実に対応して、有力在庁が国衙《こくが》行政に与った。正式の国司《こくし》とは別に現地の在地領主（武士）たちが地方行政の執行に携っていた。三浦郡を拠点とした同一族も、早くから国衙行政に参画し武士化していった。

朝廷からの正式補任《ぶにん》ではなく、当該国守の私的任用から始まった「在国司《ざいこくし》」のシステムは、三浦氏に限らず上総介広常《かずさのすけひろつね》、千葉介常胤《ちばのすけつねたね》、小山介朝政《おやまのすけともまさ》等々、東国武士団に散見される。初期の地域レベルの武士の統合・結合に際しては国衙在庁の帯有した在庁職は大きな役割を担った。頼朝を頂いだ東国勢力には、三浦氏に象徴される有力在庁層が少なくなかった。

後世の創作だが、謡曲《ようきょく》『殺生石《せっしょうせき》』にはその「三浦介」が登場する。「上総介」とともに、鳥羽院《とばいん》の勅命で玉《たま》藻前《ものまえ》に変じた野干《やかん》（狐）を、那須野《なすの》で退治したとの逸話に取材したものだ。そこでは二人の武人が討手として勅命を与えられたとある。室町期の『玉藻《たまも》の草子』などに取材したものだが、「介」の肩書を有した東国の代表的武人二名を、ここに登場させている点は興味深い。三浦氏は後世にあっても相模武士の象徴的存在として、記憶されていたことになる。だが、こうした名族三浦氏さえ、幕府権力内部では紆余曲折はあるにしても、その順調なる発展には限界があった。

それでは相模武士団としてこの三浦氏もふくめ、どのような武士団が国内に点在していたのか（詳しくは本論参照）。以下ではそれを簡略に耕しておこう。

相模西部―中村・土肥の武士団―

相模国内でも伊豆に隣接するこの方面では、十二世紀末の内乱期に頼朝側に参じた勢力が目立つ。とりわけ中村・土肥一族の足跡が大きい。桓武平氏良文流に属したかれらは、東部の三浦氏とともに頼朝が挙兵時から期待した武士団だった。一族の土肥《どひ》実平《さねひら》は石橋合戦敗走後も頼朝の側近として活躍、房総《ぼうそう》再起にむけての功労者として知られる。源平争乱期の西海合戦で活躍した実平は、備前《びぜん》・備中《びっちゅう》・備後《びんご》の惣追捕使《そうついぶし》に任ぜられた。孫の惟平《これひら》は和田合戦で衰退するが、養子として家を継いだ茂平《しげひら》のとき安芸《あき》国沼田《ぬた》荘に移住、本拠早河《はやかわ》荘の地名をとり小《こ》早川《ばやかわ》を名字とした。戦国大名小早川氏はその子孫である。この土肥氏もふくめ、土屋《つちや》・二宮《にのみや》・中村《なかむら》の諸氏はいずれも同族で良文流平氏とされる。湯河原《ゆがわら》から平塚方面を所領基盤としたこの一族は、三浦氏と連携するが、その媒介役となったのが岡崎義実《おかざきよしざね》である。義実は三浦一族の義明の弟だが、中村一族との婚姻関係で開《かい》発《はつ》所領をここに有していた。

土肥氏は承久の乱で幕府側に従軍、その後の元弘《げんこう》・建武《けんむ》の乱にあって、『梅松論《ばいしょうろん》』『太平記』に名をとどめる。また南北朝動乱以降の上杉禅秀《うえすぎぜんしゅう》の乱（一四一六年）では、禅秀与党として小田原で足利持氏《もちうじ》攻略にかかわった。『鎌倉大草紙《かまくらおおぞうし》』によれば、小田原は土肥氏の勢力下にあったが、禅秀の敗北にともない、持氏を擁護した駿河の大森《おおもり》氏が土肥氏にかわり小田原を支配した。小田原を拠点とした大森氏は、室町期に入り相模守護となった扇谷上杉《おうぎがやつうえすぎ》氏の被官として勢力を拡大、東部の三浦氏とともに相模武士団の支柱となった。その後は伊勢宗瑞（早雲）の登場で小田原は後北条氏の手中に帰した。

相模中央部―波多野・河村・海老名氏など―

津久井《つくい》・愛甲・大住・余綾の諸部をかかえたこの地域は、秀郷流藤原氏および横山党の勢力が強かった。前者の武士団には波多野《はたの》・松田・河村《かわむら》等の諸氏が排出、後者の流れでは、海老名・土屋・愛甲の諸氏が知られる。このうち秀郷流に属した波多野氏以下の武士団は、足下郡を基盤とした隣接の桓武平氏流の土肥・中村の勢力と開発領域をめぐり競合関係にあった。当然ながら、源平争乱の初期にあっては秀郷流の多くは頼朝と敵対した。

かつて平治の乱で義朝《よしとも》に従軍したことでの憂き目もあずかり、かれらは平家側の大庭《おおば》景親《かげちか》に与力した。たとえば山内首藤《やまのうちすどう》氏も同じ秀郷流だった。鎌倉郡を拠点とした武士で、平治の乱では義朝に従軍した。経俊《つねとし》の祖父義通は四条河原《しじょうがわら》で敗死、経俊は母が頼朝の乳母だったが、石橋山合戦では頼朝と敵対した。波多野（松田）義《よし》常《つね》（経）も同じく、頼朝と対抗したことが『吾妻鏡《あずまかがみ》』に見えている。義常は追討されるが、一族の河村義秀《よしひで》は頼朝の参謀役ともいうべき大庭景義《かげよし》のはからいで、「弓前の芸」を披露し助けられたという。

秀郷流に属したこの武士団は当初の関係も影響してか、鎌倉期を通じ勢力拡大は困難だった。その後の南北朝で足利氏の内紛（観応《かんのう》の擾乱《じょうらん》、一三五〇～五二年）に際し、河村・松田両氏は南朝側の新田《にった》義興《よしおき》（義貞《よしさだ》の子）らを援護し、河村城（足柄上《あしがらかみ》郡山北町《やまきたまち》）にこれをむかえ入れ抗戦している。かれらは相模における南朝与党として足利氏への抵抗勢力となった。

それでは同じく中部に拠点を有した横山党の流れはどうであったのか。武蔵南部の多摩《たま》郡を本拠とする横山党（八王子《はちおうじ》市を基盤）は、その勢力を南へと進めた。海老名・愛甲の諸氏も山の武士団として「弓前の芸」で『吾妻鏡』にその名をとどめている。鶴岡八幡《つるがおかはちまん》の諸祭のおりの流鏑馬《やぶさめ》神事には、かれらの一族の名がしばしば登場する。また海老名氏と所領が近い渋谷氏も著名だ。ともに高座《こうざ》郡に基盤を持ち、相模東部の武士団といってよい。横山党と同じく武蔵武士団（良文流）の流れに属した渋谷氏は、源平の内乱期に大きな役割をはたし、渋谷《しぶや》荘（大和《やまと》市から綾瀬《あやせ》市）を基盤とした。この渋谷氏はまた、近江《おうみ》源氏の佐々木秀義《ささきひでよし》とその一族（佐々木四兄弟は頼朝の山木兼隆《やまきかねたか》の攻略で活躍）を保護した人物としても知られる。そのあたりは延慶本《えんぎょうぼん》『平家物語』や『吾妻鏡』でも詳細に語られている。

相模東部―大庭・梶原・三浦諸氏―

高座・鎌倉・三浦の諸部を中心に勢力を保持したこの方面の武士団は、良茂（良正）流ないし良文流桓武平氏を流祖とした。平安末期以来、二つの有力武士団が知られる。一つは鎌倉党と呼称された大庭氏・梶原《かじわら》氏の一族で多くが鎌倉郡を拠点とした。そして三浦郡を中心に広がる三浦氏である。頼朝挙兵時での二つの武士団の旗色は鮮明で前者の鎌倉党は平家に、後者の三浦氏は源氏にしたがった。〝鎌倉武士〟の典型ともいうべき両者には多くの逸話も残されている。

有名な後《ご》三年《さんねん》合戦での鎌倉権五郎景政《かまくらごんごろうかげまさ》と三浦平次為継《みうらへいじためつぐ》の話もそうだろう。その景政の末裔が大庭氏だ。高座郡鵠沼《くげぬま》郷（藤沢市）の開発領主で源義朝の時代にはこれにしたがったが、その後の平家全盛期をへた内乱期には、景親は頼朝に敵対した。「恩こそ主」（『平家物語』）と豪語し、平家侍の総帥的立場で石橋山合戦で頼朝側を敗走させた。本論でもふれるように、景親の兄景能《かげよし》（義）は頼朝に参じ、滅ぼされた景親と異なり宿老《しゅくろう》的役割を武家政権内で与えられた。ただし、子孫は和田合戦でこれに与し勢力は弱体する。

また同じく鎌倉党に属した梶原氏は景時《かげとき》がよく知られる。義経《よしつね》を讒言《ざんげん》したヒール役として名高いこの人物は、政治的手腕で頭角をあらわし、幕府樹立後は頼朝の信頼を得て活躍する。梶原一族はその後排斥され（梶原の乱、一二〇〇年）、景継の時代に再度、幕府に出仕し、西国方面にも子孫を繁茂させた。

同じく鎌倉党に属した長尾《ながお》氏も著名な武士団である。鎌倉郡長尾（横浜市戸《と》塚《つか》区）を基盤とし、他の鎌倉党の武士団と同様に当初は頼朝に敵対、幕府成立後に御家人に列した。そんな関係で三浦氏の被官的地位にあったが、宝治合戦（一二四七年）で本宗家《ほんそうけ》は衰退する。しかし長尾一門で難をのがれた景村系が景熙《かげひろ》の時代に、六代将軍宗尊《むねたか》下向のおり、上杉《うえすぎ》氏に随行、その後はこの上杉氏の被官的存在として、鎌倉末期〜南北朝期に活躍した。紆余曲折はあるが、その子孫は上野《こうずけ》・越後《えちご》方面にまで広がる。この長尾氏の発展は関東管領《かんれい》上杉氏の家宰《かさい》職となり、越後・上野・武蔵の守護代《しゅごだい》をつとめたことが大きかった。有名な越後の戦国大名上杉謙信《けんしん》（長尾景虎《かげとら》）は、この長尾氏に出自を有した。

そして最後が三浦氏だ。大枠に関しては前述した。また同一族の有した婚姻ネットワークは相模国内武士団はもとより、広く武蔵（秩父《ちちぶ》氏）・下総（千葉氏）・伊豆（伊東《いとう》氏）にまでおよぶものだった（この点は本論参照）。ここでは相模武士団の雄・三浦一族のその後、すなわち宝治合戦以降をラフ・スケッチしておく。本宗家の泰《やす》村《むら》滅亡後、その名跡《みょうせき》を継承したのは佐原義連《さはらよしつら》の流れに属す盛時《もりとき》だった。

鎌倉後期をつうじ佐原系三浦氏は北条氏の被官的立場にあったが、元弘・建武の乱および南北朝の動乱期に再度の飛躍がおとずれる。三浦の庶流大多和義勝《おおたわよしかつ》の分倍河原《ぶばいがわら》合戦での新田義貞への参陣、さらに盛時の曽孫時《とき》継《つぐ》・高継時代での活躍などは、『太平記』に詳しい。高継の子高通《たかつら》の足利氏への参陣で相模守護を安堵《あんど》されるが、高通はその後の観応の擾乱で直義《ただよし》側に同調、敗北した。『太平記』によれば、文和二年（一三五二）の新田義興《よしおき》・義宗《よしむね》の東国挙兵に際し、上杉氏とともに尊氏に敵対したとある。

三浦氏はこの上杉氏との連携が功を奏しその後の鎌倉府体制下で復活する。南北朝の動乱をかく乗り切った三浦一族も足利持氏と敵対、守護職没収、さらに時高《ときたか》の段階での永享《えいきょう》の乱（一四三八年）での持氏追討の武功等々、一族の動向と政局は連動するように影響をうけた。このあたりの三浦氏の動向は本論に詳しく語られているので参照されたい。

名族三浦一族の与望を最後に担ったのは、三浦道寸《どうすん》その人だった。永享の乱で武功を高めた時高の養子義同《よしおき》（道寸）は、血脈的に主筋上杉氏（扇谷）の流れ（持朝の孫）で、母は西相模の大森氏の出身だった。その点では義同は西相模の大森氏と東相模の三浦氏、さらに相模守護上杉氏三者の結合の象徴的存在だったことになる。

十五世紀末の長享《ちょうきょう》の乱（山内・扇谷両上杉氏の内紛、一四八七年）で、相模方面は山内上杉氏の影響力が浸透しつつあった。これに対抗すべく扇谷上杉氏は大森・三浦両氏と結束する状況がつづいた。伊豆の新興勢力の伊勢宗瑞（早雲）の力を利用することで山内上杉氏の力を排そうとした。

だが、小田原城が大森氏から宗瑞の手に移るにいたり、三浦氏との対立が不可避となっていった。主家扇谷上杉氏の衰亡のなか、義同（道寸）の岡崎城が陥落、ついで半島南端の新井城も落城、ここに一族は滅亡する。二つの北条氏（鎌倉と小田原）により、その命運を握られた相模の名族三浦氏は、かくして戦国以前に退場することになった。ただし、奥州会津《あいづ》に入部した佐原系三浦氏の末裔は、蘆名氏として戦国大名へと成長する。

相模武士団の特色

以上、駆け足で相模武士団の諸相を眺めてきた。本論と重複する内容もあろうが、相模武士の興亡のおおよそはご理解いただけたかと思う。

鎌倉幕府さらに室町期の鎌倉府と、およそ二世紀半におよぶ東国の政治的中核をかかえた相模は、他の諸国の武士団とは異なる条件を与えられた。強大な政治権力の存在が同国の武士団の成長に必ずしも正の遺産を提供しなかったという側面である。とはいえ、権力の中枢の膝元であるがゆえに、情報という点では相模武士団は一日の長であった。そのいかし方が武士団発展にも影響を与えた。箱根・足柄坂の玄関先に位置した相模は、東国・坂東の地域の〝開〟と〝閉〟の役割を与えられた。

昨今の研究成果に照らせば、閉鎖性のみを重視、その自立・独立主義のみで、東国武士たちの動向を考える方向は修正されつつある。

特に幕府成立以前における王朝京都との人脈が、相模武士団それぞれの活動に与えた影響にも考慮がなされるようになってきた。さらに幕府成立後も土着の政権たる北条氏も、一方で武家内秩序という点で王朝京都と一線を画しつつも（具体的には官職上の問題）、他方で思う以上に人事交流（婚姻関係その他）が作用していたことも事実だった（このあたりは本論参照）。

政治的磁力ゆえの権力の真空地帯、鎌倉を擁した相模は幾度も指摘したようにそんな面があった。室町の足利体制は、本拠の東国を離れ京都に開府した。既述した『建武式目』には鎌倉＝「吉士」観が語られている。と、同時にそこには「遠クハ延喜《えんぎ》天暦《てんりゃく》両聖ノ徳化」とともに「近クハ義時・泰時父子ノ行状ヲ以テ近代ノ師」とする旨も語られていた。右大将家《うだいしょうけ》頼朝の存在とともに中世は、義時そして泰時を「師」とする武家の故実＝記憶が成立した。

室町の中世後期は、相模・鎌倉に宿されていた記憶を王朝の聖代（延喜・天暦）にも対比し得るまでに武家を成熟させたことになる。

本書で種々の角度で語った相模武士団は、その鎌倉の権力とどう向き合っていったのか。そのあたりを内乱に焦点を据えつつ考えてみたいと思う。

I 源平の争乱と相模武士

——『平家物語』の世界——

第1章　保元・平治の乱と相模武士

川合　康

新たな中世武士像

本章の目的は、保元《ほうげん》・平治《へいじ》の乱とその前後における相模武士の動向について検討することである。いうまでもなく、相模国は、関東に下向した源 義朝《みなもとのよしとも》が活動拠点とした地であり、のちに源頼朝《よりとも》が鎌倉幕府《かまくらばくふ》の本拠を据えることになる地である。したがって、保元・平治の乱前後の相模武士の動向を探ることは、鎌倉幕府が形成される歴史的条件を考察することにもつながるであろう。本章では、頼朝の権力にとって有効に作用した条件だけでなく、頼朝が克服しなければならなかった条件も含めて検討していきたい。

ところで、院政《いんせい》期の武士社会をめぐっては、近年新しいイメージが定着しつつある。一つは、院政期の軍事貴族の存在形態に関するものである。かつての通説は、たとえば十一世紀後半に活動した源義家《よしいえ》を「武家の棟《とう》梁《りょう》」と見なし、東国武士と広汎に主従関係を結んだことを自明の事実として、それを百年後の頼朝の鎌倉幕府成立の重要な前提に位置づけてきた。しかし、近年の研究は、こうした理解を、文学作品の修辞をそのまま鵜呑みにしたり、鎌倉幕府の主従関係を遡及させようとした『吾妻鏡《あずまかがみ》』の歴史叙述などに影響されたりしたものであると批判して、保元の乱以前には、広汎な地方武士を組織する「武家の棟梁」は成立しておらず、「源氏《げんじ》平氏《へいし》」や「京武者《きょうむしゃ》」などと呼ばれた白河《しらかわ》・鳥羽《とば》院政期の軍事貴族は、狭小な所領と武士団を基盤とし、京周辺を主要な活動の場としていたことを明らかにしてきたのである〔元木一九九四・一九九六〕。こうした研究成果を踏まえると、保元の乱以前の源義朝の関東における活動と、『保元物語』に描かれている義朝による東国武士の動員を、どのように理解するべきかが次の検討課題になっていると思われる。本章では、相模武士の動向を中心に、義朝の権力の性質を考えていくことにしたい。

もう一つの新しいイメージは、地方武士の在京活動に関するものである。特に東国武士については、近年、中央への出仕や在京活動の実態が精力的に明らかにされており［野口一九九四・二〇一三］、京と対比される東国の草深い農村で、中世社会を切り拓く武士が成長したかのように理解する説は、もはや過去のものとなっているのである。相模武士の動向についても、そのような京における活動に注目して、保元・平治の乱への関わり方を考えてみる必要があろう。

以上のような問題を念頭に置きつつ、まずは保元の乱以前の源義朝の関東における活動について概観することにしたい。

源義朝の関東における活動

保安四年（一一二三）に河内《かわち》源氏《げんじ》の嫡流《ちゃくりゅう》である源為義《ためよし》の長男として京に生まれた義朝が関東に下向したのは、遅くとも義朝が相模国の三浦義明《みうらよしあき》の娘との間に義平《よしひら》をもうけた永治元年（一一四一）より前のことである。半《なから》井《い》本《ぼん》『保元物語』には「義朝ハ、坂東ソダチノモノニテ」とあり、また当時「字上総曹司《あざなかずさのぞうし》」と呼ばれているから（『平安遺文』二五四八）、義朝はおそらく少年期に父為義の縁故に基づいて上総国に下向し、上総常澄《つねずみ》の保護を受けて成長したと推定される［野口二〇一三］。

義朝の関東下向については、通常、為義のもとで衰退した河内源氏の勢力を回復するために、嫡男《ちゃくなん》の義朝が東国武士を組織する役割を担ったものと理解されることが多い。しかし、弟の義賢《よしかた》が、保延五年（一一三九）八月の体仁親王《なりひとしんのう》（のちの近衛《このえ》天皇）の立太子《りったいし》に際して、その護衛を任とする春宮坊帯刀舎人《とうぐうぼうたちはきのとねり》の長である春宮帯

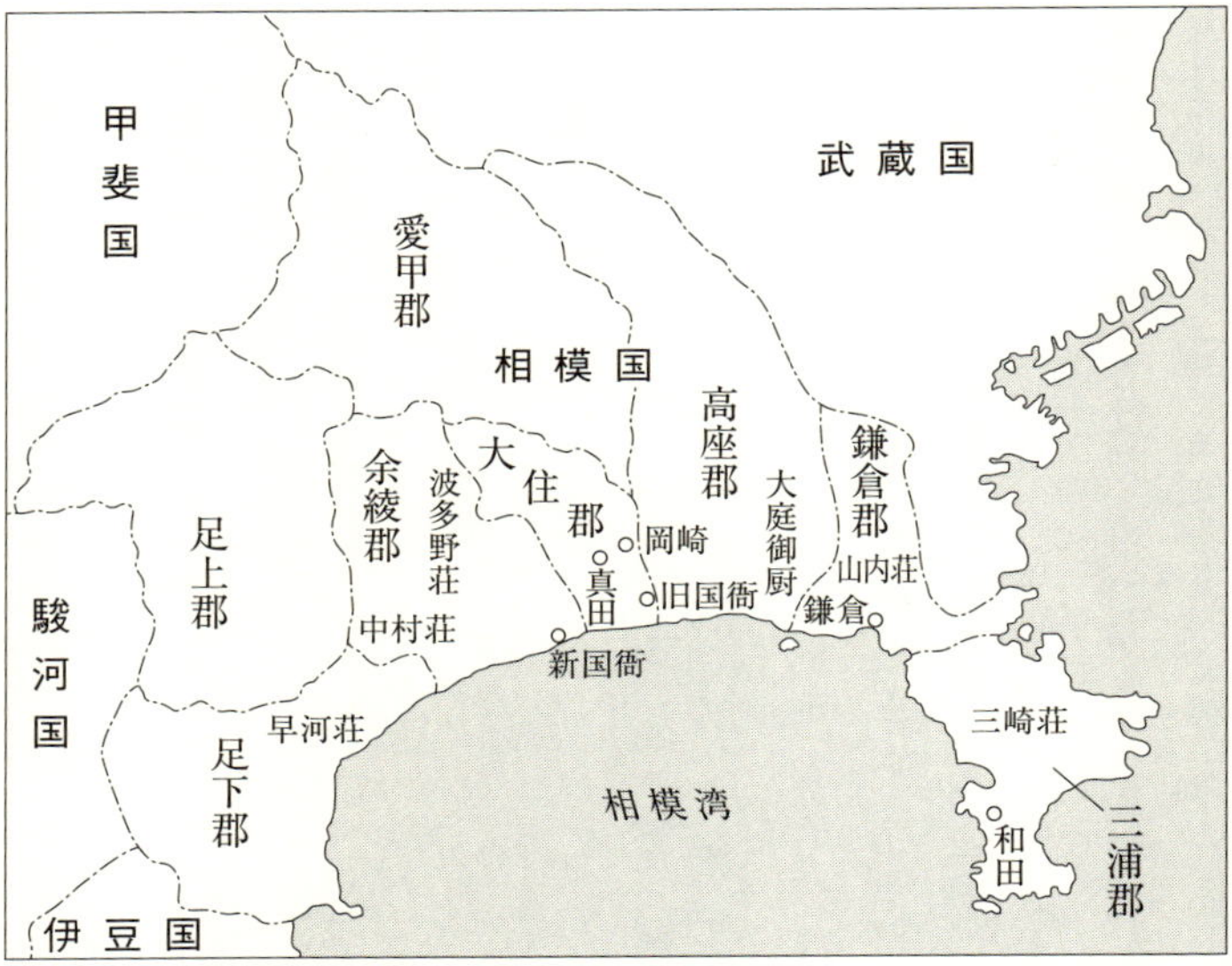

相模国関係図（高橋秀樹『三浦一族の研究』より，一部加筆）

刀先生《せんじょう》という重職に任じられたのに対して、義朝はその後も長きにわたり無官であったことを考えると、この段階では在京する義賢が嫡男の立場にあり［上横手一九八二］、義朝は関東に下向する時点で廃嫡《はいちゃく》されていたものと推定されよう［元木一九八八］。このことは、やがて義朝が河内源氏嫡流の為義一門から政治的に自立する事態を招くことになる。

さて、上総国に下向した義朝が、相模国の「鎌倉の楯《たて》」（館）に居住していることが確認されるのは、天養元年（一一四四）のことである（『平安遺文』二五四四）。先に触れたように、その三年前の永治元年には三浦義明の娘との間に長男義平が生まれているから、その頃に義朝は三浦氏の勢力下にあった鎌倉「亀谷《かめがやつ》」の居館に入ったと考えられよう（『吾妻鏡』治承四年十月七日条）。鎌倉に居住していた天養元年には、同じ相模国の波多野《はたの》義通《よしみち》の妹との間に次男朝長《ともなが》をもうけており、義朝の活動範囲が相模国西部にまでおよんでいたことが知られる（「相模国関係図」を参照）。関東における義朝の動向が史料上にあらわれるのもちょうどこの頃であり、下総国《しもうさ》相馬御厨《そうまのみくりや》と相模国大庭《おおば》御厨においても次のような事件を引き起こしている。

相馬御厨では、下総国相馬郡内の私領《しりょう》を伊勢《いせ》皇大神宮《こうたいじんぐう》に寄進して相馬御厨を成立させた千葉常重《ちばつねしげ》・常胤《つねたね》父子と、官物《かんもつ》未進《みしん》を理由に御厨を停廃した国司《こくし》藤原親通《ちかみち》との対立が生じており、さらに常重の従兄弟にあたる上総常澄も相馬郡の地の領有を主張して、複雑に三者が対立し合っていた。こうした状況のなか、康治二年（一一四三）に、二十一歳の義朝は上総常澄と結んで、相馬郡の地を義朝に譲るという「圧状の文《あつじょうのふみ》」（強制的に書かせた譲状《ゆずりじょう》）を千葉常重から責め取ったうえで（『平安遺文』二五八六）、天養二年にあらためて伊勢皇大神宮に寄進し、義朝が相馬御厨の下司職《げししき》に補任《ぶにん》された。一方、千葉常胤も未進官物を納入して、久安二年（一一四六）四月に相馬郡司に任じられると、同年八月にもう一度相馬郡の地を伊勢皇大神宮に寄進して、相馬御厨の下司職に補任された。こうして、相馬御厨には二人の下司職が並存することになったが、地域分割や得分分割などによって、互いの権益の調整と共存がはかられたらしく［福田一九七三］、のちに上総常澄と千葉常胤はともに「義朝朝臣の年来の郎従《ろうじゅう》」と呼ばれている（『平安遺文』三一二一）。

一方、相模国の大庭御厨は、後三年合戦《ごさんねんかっせん》で源義家にしたがった鎌倉（平）景正《かげまさ》が、長治年中（一一〇四〜〇六）に相模国衙に申請して高座《こうざ》郡大庭郷を中心に開発を進め、永久五年（一一一七）十月に、開発私領を伊勢大神宮領として寄進することによって成立した。しかし、国免地《こくめんち》として出発したため、国司交替のたびに収公《しゅうこう》の危機にさらされることとなり、保延七年（一一四一）以降にようやく宣旨《せんじ》によって御厨であることが承認された［安田一九七六］。ところが、天養元年九月八日、突如として鎌倉の館に居住する源義朝が、郎従の清原安《きよはらのやす》行《ゆき》を相模国衙《こくが》の在庁官人《ざいちょうかんじん》とともに鵠沼《くげぬま》郷に乱入させ、大庭御厨内の高座郡鵠沼郷は鎌倉郡内にあると主張して、神宮供祭料《ぐさいりょう》の魚を奪い取った。翌九日にも、大豆《だいず》・小豆《あずき》等を刈り取って荷馬《にうま》八頭を使って運び出し、その夜には数多《あまた》の軍兵が乱入して、郷内の住人に暴行を加えたという。

この事件は、翌十日、ただちに御厨神人《じにん》によって荘園領主の伊勢大神宮に訴えられ、十月四日には祭主大中《さいしゅおおなか》臣清親《とみのきよちか》から朝廷に対して訴状が提出されたが、その手続き中であった十月二十一日、またしても相模国衙と義朝の軍勢が大挙して大庭御厨に乱入した。その軍勢は、「田所目代散位《たどころもくだいさんい》源朝臣頼清《よりきよ》并びに在庁官人、及び字上総曹司源義朝名代《みょうだい》清大夫安行、三浦庄司《しょうじ》平吉次男《よしつぐなん》同吉明《よしあき》、中村《なかむら》庄司同宗平《むねひら》、和田《わだ》太郎同助弘《すけひろ》、所従《しょじゅう》千余騎」と訴状に記されている（『平安遺文』二五四八）。翌二十二日にも、在庁官人らが大庭御厨に押し入って、御厨の境界を示す牓示《ぼうじ》を抜き取り、大庭御厨下司職の平景宗《かげむね》の家中からことごとく私財を押し取り、神人を簀巻《すま》きにして殺害しようとするなど、是非を論ぜず御厨を停廃する実力行使におよんだのである。

結局この事件は、翌天養二年三月四日に発給された官宣旨《かんせんじ》によって、相模国田所目代源頼清と義朝郎従清原安行の濫行《らんぎょう》が停止され、伊勢大神宮領の御厨として再確認されることで決着したが、ここで注目されるのは、田所目代源頼清や在庁官人、義朝の名代清原安行とならんで、三浦義明・中村宗平・和田助弘などの名立たる相模武士が参加していることである。彼らは、先に引用した訴状において、在庁官人や義朝名代清原安行とは別に名前が記されていることから、在庁官人や義朝家人としてこの軍事行動に参加したのではなく、『今昔物語集』に描かれているような「国の内の然《しか》るべき兵《つわもの》共」「国ノ兵共」として［石井二〇〇五］、国衙から動員されたと考えられる。

鎌倉の館に居住する義朝が、わざわざ大庭御厨をめぐる相模国衙の軍事行動に介入・加担したのは、このような相模国の「国ノ兵共」と行動をともにすることによって、彼らとの連携を維持・強化しようと考えたからではないだろうか。義朝は確かに都の軍事貴族の出身ではあるが、この段階の河内源氏は、正衡《まさひら》流伊勢《いせ》平氏《へいし》の平忠盛《ただもり》・清盛《きよもり》はもちろんのこと、河内坂戸《さかと》源氏や美濃《みの》源氏など他の源氏諸流と比べても地位は低く［川合二〇一三］、嫡流の為義でさえも左衛門尉《さえもんのじょう》・検非違使《けびいし》をこえる官職に就くことはできなかった。その為義から廃嫡されて、関東で活動する義朝について、その勢力や影響力を過大に評価し、大庭御厨の事例などから義朝が相模地域を掌握したかのように述べる見解には［鎌倉二〇一〇］、決して賛同することはできない。この事例からは、国内の有力武士といかに親密な関係を結び、それを維持・強化していくかという、義朝側の政治的努力を読み取るべきであると思われる。

三浦氏の存在形態

それでは、義朝が依拠しようとした相模武士は、十二世紀半ばにどのような存在形態を示していたのだろうか。まず、義朝が婚姻関係を結んだ三浦氏から検討したい。

三浦郡三崎《みさき》荘を本拠とした三浦氏は、源義家にしたがって後三年合戦で活躍した三浦為継《ためつぐ》の時代から河内源氏と関係をもっており、鎌倉前期には為継が三浦氏の曩祖《のうそ》として意識されていた［高橋二〇一六］。義朝が関東に下向したのは、為継の子義継《よしつぐ》・孫義明《よしあき》の代にあたっており、義明は天治年中（一一二四〜二六）から「相模国雑事《ぞうじ》」に関与していたことが知られ（『吾妻鏡』承元三年十二月十五日条）、天養元年（一一四四）に田所目代源頼清や在庁官人、義朝郎従清原安行らと大庭御厨に乱入したことは、前述した通りである。

ところで、これまでの研究によって、相模国府《こくふ》は天養年間（一一四四〜四五）から保元三年（一一五八）までの間に、大住《おおすみ》郡から余綾《よろぎ》郡に移ったことが明らかにされており（「相模国関係図」を参照）、その要因は、余綾郡に本拠をもつ有力在庁の中村氏が、大庭氏と対抗するために、国衙を自らの勢力圏に誘致したものと推定されている［木下一九七四、石井二〇〇四］。相模国東部に拠点をもつ三浦氏が、新・旧国衙が所在する相模国中央部に進出したのも、ちょうどこの頃であり、三浦義明の弟義実《よしざね》は大住郡の岡崎《おかざき》に所領を得て岡崎義実を名のり、隣接する余綾郡に勢力を誇る中村宗平の娘と結婚して、保元元年に長男義忠《よしただ》をもうけているが、その義忠も同じ大住郡の真田《さなだ》を拠点としている［高橋二〇一六］。また、次男義清《よしきよ》は中村氏一族の土屋《つちや》宗遠《むねとお》の養子となっ

六所神社（神奈川県大磯町国府本郷）
余綾郡の新国府に所在した相模国総社である.

て、大住郡土屋郷を本拠としており、三浦氏と中村氏の連携がさらに強化されている［田辺二〇一四］。

源義朝は、前述したように永治元年（一一四一）に三浦義明の娘との間に長男義平をもうけ、三男頼朝が京で誕生する久安三年（一一四七）までに上洛したが、義平はその後も鎌倉に留まって活動し、平治元年（一一五九）十二月の平治の乱に参加して処刑された。とすれば、義朝あるいは義平が相模国内に在住している間に、相模国府が余綾郡に移動し、岡崎義実を媒介とした三浦氏と中村氏のネットワークが形成されたことになる。義朝や義平がそれらに関与したことをうかがわせる史料はないものの、注意しておくべき問題であると思われる。

さて、このような十二世紀半ばの三浦氏を核とするネットワークは、何も相模国内にとどまらず、伊豆《いず》国の伊東《いとう》氏や武蔵《むさし》国の秩父《ちちぶ》氏など、広く関東一帯におよんでいる［高橋二〇一六］。三浦義明の子義澄《よしずみ》と伊東祐親《すけちか》の長女との婚姻は、中村氏一族の土肥《どひ》実平《さねひら》の子早河遠平《はやかわとおひら》と伊藤祐親の次女との婚姻と相俟って、三浦・中村・伊東氏の緊密なネットワークを形成し、伊豆・相模両国間の沿岸部と主要港湾を掌握するものであったことが指摘されている［菱沼二〇一一、坂井二〇一四］。また、児玉経行《こだまつねゆき》の娘で秩父重綱《しげつな》の妻であった女性が、三浦氏のもとにいる源義平に乳母《めのと》として仕え、重綱の孫の畠山重能《はたけやましげよし》が三浦義明の娘（あるいは孫娘）を妻とするなど、三浦氏は秩父氏・児玉氏との間にも親密な関係を築いている［木村二〇一一］。この児玉氏・秩父氏・三浦氏のネットワークは、関東平野を南北に貫く大道（のちの鎌倉街道上道《かみつみち》）沿いに展開するものであり、その発展をもたらすものであったと思われる［川合二〇一〇］。

そして、久寿二年（一一五五）八月、三浦氏のもとで成長した十五歳の源義平は、秩父重隆《しげたか》の養子となって武蔵国に勢力を拡大しつつあった叔父の源義賢《よしかた》を、武蔵国大蔵館に襲撃し、源義賢と秩父重隆を殺害した。この大蔵合戦では、秩父氏一族の畠山重能、児玉氏一族の小代遠弘《しょうだいとおひろ》をはじめ、娘を義平の妻としていた上野《こうずけ》国の新田《にった》義重《よししげ》や、下野《しもつけ》国の足利忠綱《あしかがただつな》らも、義平に加勢している［峰岸二〇〇三］。十二世紀半ば、義平を擁立する三浦氏は、こうして軍勢を召集することが可能な相模・武蔵・上野・下野諸国にわたる広域的な武士団ネットワークを成立させていたのである。

波多野氏の存在形態

一方、源義朝が天養元年（一一四四）に女子との間に次男朝長をもうけた波多野氏は、長元九年（一〇三六）に源頼義が相模守になった際、目代として相模国に下向した佐伯経資《さえきつねすけ》を祖とし、同じ頃に立荘された余綾郡波多野荘の荘官を務めてきた一族である。経資の子経範《つねのり》は、頼義にしたがって前九年《ぜんくねん》合戦に参加して黄海《きのみ》合戦において討死を遂げるなど、三浦氏と同様に、十一世紀段階において河内源氏嫡流と主従関係を結んでいたことが確認される［湯山一九九六］。

十二世紀の波多野氏は、相模国内で所領経営を行なうとともに、経範の孫である秀遠《ひでとお》が鳥羽院蔵人所《くろうどどころ》の所《ところの》衆《しゅう》、秀遠の子遠義《とおよし》が崇徳《すとく》天皇蔵人所の所衆として出仕するなど、積極的に在京活動を展開した［野口二〇一三］。源義朝が関東に下向した時期に、義朝に接近したのは波多野義通（遠義の子）であり、『吾妻鏡』は、義朝の妻となり朝長を出産した「妹公《ぎみ》の好《よしみ》」により、義通が義朝に臣従したと記している（治承四年十月十七日条）。この記事は、波多野氏と河内源氏嫡流との譜代《ふだい》の主従関係によって、義通が義朝にしたがったわけではなく、妹の婚姻を契機として主従関係が新たに設定されたことを示している。義朝が父為義から廃嫡され、関東で自立的な動きをとっていたことを踏まえれば、むしろ当然のことと考えられよう。

天養元年に誕生した朝長は、当時義朝が居住していた鎌倉の館ではなく、波多野氏のもとで養育され、波多野氏の所領である足上《あしかみ》郡松田《まつだ》郷には「松田の御亭《ごてい》」と呼ばれる朝長の居館が建てられていた（『吾妻鏡』治承四年十月十八日条）。のちに源頼朝は近隣の中村宗平に修理させて、その建物に宿泊したが、それは「侍《さぶらい》廿五ケ間《けん》の萱葺屋《かやぶきや》」であり（『吾妻鏡』治承四年十月二十五日条）、主屋に付属する侍（家人たちの詰所）の柱間が二五もある萱葺きの大邸宅であった。義朝は鎌倉の館を拠点としながら、この「松田の御亭」との間を行き来していたに違いない。

ところで、朝長の母である波多野義通の妹は、『吾妻鏡』に「典膳大夫《てんぜんたいふ》久経《ひさつね》為レ子」と記されている（治承四年十月十七日条）。この典膳大夫久経とは、のちに頼朝のもとに出仕して「鎌倉殿御使《かまくらどのおつかい》」として活動することになる中原《なかはら》久経（久常）のことであり、世代的に義通の妹が久経の子であったと解釈するのは無理がある。むしろ逆に、中原久経が義通の妹の子であったと理解するべきであろう〔目崎一九九五〕。なお、「子たり」と読めば、久経は彼女の実子ということになり、「子となす」と読めば、養子に迎えられたことになろうが、詳しくは不明である。中原久経の父も未詳であるが、中原氏は京の下級官人の家であり、久経は仁安三年（一一六八）十二月に内膳司《ないぜんし》の典膳に任官している。久経は、義朝にも「殊に功」があったと伝えられており（『吾妻鏡』元暦二年二月五日条）、義通の妹は、朝長が生まれる前に久経の母になっていたものと推測される〔目崎一九九五〕。彼女は、京と相模国を往来しながら、下級官人の中原氏と軍事貴族の河内源氏という二つの家と密接な関係をもっていたのである。

なお、鎌倉幕府成立期の実務官僚として重きをなした中原親能《ちかよし》は、明経博士《みょうぎょうはかせ》中原広季《ひろすえ》の子であるが、親能も「幼稚の昔より、相模国住人に養育せられ、彼の国より成人す」といわれている（『玉葉《ぎょくよう》』治承四年十二月六日条）。その親能を養育した「相模国住人」とは、足上郡大友《おおとも》郷を本拠とした波多野四郎経家《つねいえ》（義通の弟）のことであり、経家の娘は親能の妻にもなっているのである。おそらく中原親能と久経は同族であり、京の下級官人中原氏と相模武士の波多野氏は、こうして公武婚や養育による緊密な関係を何重にも結んでいたのである［目崎一九九五、野口二〇一三］。

もちろん波多野氏においても、三浦氏と同様に、義通の子義常が伊豆国の伊東祐継の娘を妻に迎えるなど、東国武士間のネットワークに加わっているが、その武士団としての特徴は、やはり京との関係の深さにあると指摘できよう。そしてそのことが、源義朝の上洛への対応にあらわれていると思われる。

義朝は遅くとも久安三年（一一四七）までに上洛したが、長男義平は父義朝と離れて鎌倉に留まり、三浦氏のもとで活動を続けたのに対し、次男朝長は伯父の波多野義通や母とともに上洛して、保元元年（一一五六）に左兵衛尉《さひょうえのじょう》、保元四年二月には従五位下、中宮少進《ちゅうぐうしょうじょう》に任じられた。京で活動した朝長は、平治元年（一一五九）十二月の平治の乱の最中の臨時除目《じもく》において、従五位下、右兵衛権佐《うひょうえごんのすけ》となった三男頼朝に地位を逆転されたが、保元三年までは朝長も義朝の嫡男候補に位置づけられていたと思われる［元木二〇〇四］。同じように相模武士団出身の母をもちながら、義平と朝長の活動形態の違いは、関東に広域的なネットワークを展開する三浦氏と、京の貴族社会と密接な関係をもつ波多野氏の存在形態の違いによるものと理解できるのではないだろうか。

中村氏・山内首藤氏との関係

源義朝と強いつながりをもった相模武士として、次にとりあげたいのは、頼朝の乳母となった女性を出している中村氏と山内首藤《やまのうちすどう》氏である。まず中村氏については、新国府近隣の余綾郡中村荘に拠点を有した武士で、相模国衙の有力在庁であったと考えられる。天養元年（一一四四）に、中村宗平が義朝郎従清原安行や三浦義明らとともに大庭御厨に乱入したことや、中村宗平の娘が三浦義明の弟岡崎義実と結婚して、中村氏と三浦氏の強固な連携が形成されたことは、前述した通りである。この連携は、のちの治承四年（一一八〇）の源頼朝の挙兵を支えた土肥実平（宗平の子）・岡崎義実・三浦義澄らの同盟関係の前提として重要である。

中村氏一族を統率した土肥実平は、足下《あしした》郡土肥郷を本拠として、隣接する早河《はやかわ》荘も支配したが、早河荘内には、建久三年（一一九二）の時点で九十二歳となる「摩々局《ままのつぼね》」と呼ばれる義朝の乳母と、久安三年（一一四七）に誕生した頼朝に授乳を行なった「摩々」と呼ばれる頼朝の乳母が居住していた（『吾妻鏡』治承五年閏二月七日・建久三年二月五日条）。「まま」は乳母一般を意味する言葉であり、「摩々」は頼朝誕生時には「青女《あおおんな》」（世慣れない若い女性）と記されているから、同じ早河荘に住む義朝乳母の「摩々局」とは別人である。当時の武士社会では主家に対する乳母関係が、母娘の間で二代・三代と続くことは珍しくなかったから、おそらく「摩々局」と「摩々」は母娘の関係にあり、中村氏一族の女性であったと推測される［田端二〇〇五］。

頼朝は、熱田《あつた》大宮司《だいぐうじ》藤原季範《すえのり》の娘を母に京で生まれ、平治元年（一一五九）十二月の平治の乱で伊豆国に配流されるまで、京において成長したから、中村氏出身と推測される「摩々」は頼朝の乳母として京で活動したことになる。これまであまり注目されてこなかったが、中村氏も京に活動基盤をもつ武士であったと考えられよう。『平家物語』諸本のなかで古態を示すとされる延慶本《えんぎょうぼん》『平家物語』には、土肥実平が在京して平氏権力のもとで内裏《だいり》大番役《おおばんやく》を務め、囚人を預かったり、護送したりする活動が描かれている。また、寿永三年（一一八四）一月に鎌倉軍が京を制圧した際には、中原親能とともに「頼朝代官」として上洛し、朝廷や平氏軍との交渉にあたっている［川合二〇〇七］。このような実平の活動を見ると、どの時期に始まるのかは不明であるが、中村氏も相模国の本拠と京を往来する武士であったことは疑いないであろう。このような中村氏の動向に規定されて、婚家は不明であるものの、京において結婚して子を授かった「摩々」は、頼朝の乳付けの乳母に任用されたものと思われる。

一方、山内首藤氏は、源義家にしたがって後三年合戦に参加した豊後権守《ぶんごごんのかみ》藤原資通《すけみち》の流れをくみ、資通の子鎌田《かまた》通清《みちきよ》が河内権守、その弟親清《ちかきよ》も鳥羽院の北面《ほくめん》となって左衛門尉に任じられるなど、京での活動が目立つ一族である。十二世紀前半、親清の子や孫にあたる義通《よしみち》（通義）あるいは俊通《としみち》の代に、相模国鎌倉郡山内の地に留住し、山内荘を拠点とするようになったと考えられる［野口二〇一三］。保元元年（一一五六）七月の保元の乱では「山内須藤刑部丞《ぎょうぶのじょう》俊道、子息須藤滝口《たきぐち》俊綱《としつな》」と記されており（半井本『保元物語』）、俊通は刑部丞に任官し、子俊綱は滝口に祗候《しこう》していたことが知られ、この段階でも在京活動を展開していたことが確認される。

山内首藤氏も、代々の河内源氏に仕えた乳母と密接な関係をもった武士団である。義家に臣従した藤原資通の姉妹は為義の乳母となり、また義朝に最期までしたがった鎌田正清《まさきよ》（通清の子）は義朝の乳母子であった。さらに、山内俊通の妻（山内尼）も頼朝の乳母であり、のちに石橋山《いしばしやま》合戦で頼朝に敵対した我が子経俊《つねとし》の命乞いを行なっている（『吾妻鏡』治承四年十一月二十六日条）。この山内尼を、中村氏出身の「摩々」と同一人物と理解する見解もあるが、山内尼は保延三年（一一三七）に経俊を生んでおり、頼朝より十歳上の子供を出産した女性を、「青女」と記している点に疑問も生じよう。ここでは別人と理解しておきたい。

このように山内首藤氏は、相模国山内荘に本拠をもちながら、京で活動する武士であり、山内俊通の妻が頼朝の乳母になった関係も、京で形成されたと考えられよう。関東から上洛した義朝は、波多野義通の妹との間にもうけた朝長を側に置き、また京で生まれた頼朝の乳母に中村氏や山内首藤氏の女性を任用することによって、相模武士団との親密な関係を維持し続けていたのである。

保元の乱と相模武士

保元元年（一一五六）七月に勃発した保元の乱は、鳥羽院の皇后美《び》福門院《ふくもんいん》と関白《かんぱく》藤原忠通《ただみち》・院近臣らを中心とする後白河《ごしらかわ》天皇陣営と、摂関家《せっかんけ》主流の藤原忠実《ただざね》・頼長《よりなが》を中心とする崇徳《すとく》院陣営が、鳥羽院の死を契機に武力衝突した内乱である。鳥羽院が、鳥羽の安楽寿院《あんらくじゅいん》御所で死去したのは七月二日のことであるが、発病は五月二十二日であり、六月一日の時点から、院御所の鳥羽殿《とばどの》において「一向御万歳《ごばんぜい》の沙汰」、すなわち鳥羽院の死去（御万歳）を想定した準備が始められている（『兵範記《へいはんき》』保元元年六月一日条）。この日以降、後白河陣営では、河内源氏の源義朝・義康《よしやす》を動員して里内裏《さとだいり》の高松殿《たかまつどの》の守護にあたらせ、鳥羽殿には美濃《みの》源氏の源光保《みつやす》、貞季《さだすえ》流伊勢平氏の平盛兼《もりかね》をはじめとする「源氏平氏」の京武者を祗候させているが、それは鳥羽院の死後に崇徳院と藤原頼長が同心して反乱を起こすという風聞があり、その用心のためであった（『兵範記』保元元年七月五日条）。

しかし、後白河陣営が地方武士も含めて本格的に軍勢動員を開始し、崇徳・頼長陣営に対する挑発を始めたのは、平清盛・頼盛《よりもり》の参陣がはっきりした七月五日以降になってからである。というのも、故平忠盛の後妻藤原宗子《むねこ》（池禅尼《いけのぜんに》）が崇徳院皇子重仁《しげひと》親王の乳母であった関係から、京武者のなかで最大勢力を誇る平清盛・頼盛兄弟が崇徳・後白河のどちらに味方するのか明確でなく、その動向を後白河側が警戒していたからである［元木二〇〇四］。七月五日、後白河天皇は京中における武士の活動の取り締まりを、検非違使の左衛門尉平基盛（清盛の子）や越後《えちご》平氏の右衛門尉平惟繁《これしげ》、右衛門尉源義康らに命じ、ここにようやく清盛一門の後白河方への参陣が明確となり、後白河陣営の優位が決定的となった。

そして五日後の七月十日、崇徳側は院御所の白河北殿《しらかわきたどの》に、正済《まさずみ》流伊勢平氏の平家弘《いえひろ》、正衡流伊勢平氏の平忠正《ただまさ》、河内源氏嫡流の源為義・頼賢《よりかた》、摂津多田《せっつただ》源氏の源頼憲《よりのり》らの軍勢を動員し、一方の後白河側は高松殿に、河内源氏の源義朝・義康、正衡流伊勢平氏の平清盛、摂津源氏の源頼政《よりまさ》、美濃源氏の源重成《しげなり》、河内坂戸源氏の源季実《すえざね》、貞季流伊勢平氏の平信兼《のぶかね》、越後平氏の平惟繁らの軍勢を召集した（『兵範記』保元元年七月十日条）。両陣営とも、白河・鳥羽院政期に京で活動してきた伝統的な「源氏平氏」の京武者を動員しており、保元の乱は京武者による「源平」合戦であった［川合二〇一三］。

七月十一日未明、後白河陣営は第一陣として、平清盛勢三百余騎、源義朝勢二百余騎、源義康勢百余騎を崇徳方の白河北殿に進撃させ、さらに第二陣として源頼政・源重成・平信兼の軍勢を派遣した。やがて辰《たつ》の刻（午前八時頃）に東方に火煙が立ち昇り、後白河側の勝利が決した（『兵範記』保元元年七月十一日条）。

以上が、一次史料に基づいた保元の乱の概略である。次に、保元の乱に参加した相模武士について検討したいが、ここでまず注意しておきたい点は、貴族の日記などの一次史料に記されているのは、基本的に軍事貴族である京武者の名前に限られており、そのもとで動員された地方武士の名前はほとんど見えないことである。平清盛や源義朝らに率いられた地方武士は、実は軍記物である『保元物語』にしか記されていないのである。

現存諸本のなかで最も古態をとどめる半井本『保元物語』は、白河北殿に向かう後白河方の軍勢について、義朝勢を「二百五十余騎」、清盛勢を「六百騎」、義康勢を「百騎」と記し、義朝勢・清盛勢の規模を誇張して描いている。なお、後出の金刀比羅《ことひら》本などは、清盛勢・義康勢は半井本と同じであるにもかかわらず、義朝勢を「宗《むね》との兵四百余騎、都合一千余騎」と記しており、義朝勢はさらに大軍勢に誇張される傾向にあったことが知られる。半井本『保元物語』によると、義朝の軍勢は、乳母子の鎌田正清をはじめとして、近江《おうみ》・美濃・尾張《おわり》・三河《みかわ》・遠江《とおとうみ》・駿河《するが》・相模・安房《あわ》・上総・下総・武蔵・上野・下野・常陸《ひたち》・甲斐《かい》・信濃《しなの》の東国を中心とする一六ヵ国の武士によって構成されており、一方の清盛の軍勢は、一門・郎等《ろうとう》をはじめとして伊勢・伊賀《いが》・備《び》前《ぜん》・備中《びっちゅう》の四ヵ国の武士によって構成されている。

この『保元物語』における地方武士の動員について、従来の研究は、すべてを事実とは見なせないとしながらも、おおまかな傾向は『保元物語』の記事から読みとることはできるという立場をとってきた。そのうえで、清盛勢は一門と拠点である伊賀・伊勢を中心とした武力が中心になっているのに対して、義朝勢は東海・東山道諸国の地方武士を広範に編成しているとして、「京周辺の所領の武力に依存する、院政期的な武士団編成を脱却した新しさを看取することができるのではないだろうか」と述べ、義朝の東国武士編成を積極的に評価しているのである〔元木二〇〇四〕。

しかし、この『保元物語』の記事については、やはり慎重に検討を進める必要があると思われる。理由の一つは、義朝が実際に率いた軍勢は二百余騎にすぎなかったにもかかわらず、『保元物語』に記載された具体的人名は約八〇名におよんでおり、あまりにも詳細すぎることである。特に、武蔵国だけで三〇名近い武士名が記されており、清盛勢が全体で三〇名足らずであることと比較すると、それをそのまま信頼することには躊躇せざるをえない。たとえ困難な作業であろうとも、一つ一つの国について個別に武士を検討し、保元の乱における義朝の軍勢の実態を探っていくことが必要であると思われる。そして、もう一つは、先に保元の乱の詳しい経過を述べたように、後白河陣営が地方武士も対象に本格的な軍事動員を始めたのは、平清盛一門の参陣が明確になった七月五日からであり、七月十一日未明に始まった戦闘に間に合うように東国武士が馳せ参じたとは考えられないことである。

それでは、保元の乱における義朝の軍勢をどのように理解すればよいのであろうか。そこで注目したいのは、半井本『保元物語』における相模武士の記載である。そこには、「相模国ニハ大庭平太景義《かげよし》、同三郎景親《かげちか》、山内須藤刑部丞俊道、子息須藤滝口俊綱、海老名《えびな》ノ源太季定《すえさだ》、波多野次郎吉道」とあり、六人の武士の名が記されている。このうち、山内首藤俊通・俊綱親子と波多野義通については、義朝とともに在京していた可能性が高いことはすでに述べた通りである。『保元物語』には、波多野義通が為義の幼い子供たちを船岡山で涙ながらに処刑する場面が印象的に描かれている。大庭氏については、天養元年（一一四四）に義朝が郎従清原安行を乱入させた大庭御厨下司職を相伝した景親と、御厨内南西部の懐島《ふところじま》を伝領した景義の名があがっている［野口二〇一三］。彼らが保元の乱で義朝にしたがったとすると、乱入事件のあと、義朝によって彼らの権益を保障する何らかの利害調整がはかられたと考えられよう。ちなみに、のちに御家人となった大庭景義は、頼朝の御前において保元の乱で鎮西《ちんぜい》八郎為朝《ためとも》と戦った体験談を語っており（『吾妻鏡』建久二年八月一日条）、『保元物語』以外の文献で乱への参加が確認される数少ない相模武士である。一方の景親は、頼朝が挙兵した治承四年（一一八〇）当時、在京して平清盛のもとに祇候していたことが知られるから（『玉葉』治承四年九月十一日条）、京と相模国を往来する武士であり、保元の乱が始まる頃にも在京していた可能性があろう。海老名季貞については、愛甲《あいこう》郡海老名郷に拠点を据える武士で、『真名《まな》本《ぼん》曽《そ》我物語《がものがたり》』は、平治の乱以前に季貞が京において活動していたことを伝えている。

このように、『保元物語』において義朝勢を構成する相模武士のほとんどは、在京活動を行なっていた武士であったが、その一方で、義朝の長男義平を擁する三浦氏の参陣が見えないことは、保元の乱における義朝の軍勢の特徴を示していると思われる。すなわち、義朝の軍勢は基本的に京周辺で活動していた東国武士を動員したものであり、乱に際して東国から動員した武士たちではなかったのではないだろうか。その意味では、義朝の軍勢は、清盛の軍勢と大きく性格が異なるものではなかったといえよう。最近は、平氏権力のもとで創設された内裏大番役が、各国の御家人を守護が統率して組織的に動員するという鎌倉幕府の京都大番役とは違って、在京武士を中心に個別に動員するものであったことが指摘されている［川合二〇〇七、木村二〇一四］。保元の乱における地方武士の動員に関しても、東国武士が大挙して上洛して義朝にしたがうというイメージを疑ったうえで、動員兵力の実態について分析を深めることが重要であろう。

平治の乱とその後

源義朝は、保元の乱の恩賞《おんしょう》によって左馬頭《さまのかみ》に任じられるとともに、処刑された父為義にかわって河内源氏の嫡流となった。伯父波多野義通とともに在京していた次男朝長は、同年秋に左兵衛尉に任じられたが、『吾妻鏡』によると、波多野義通は保元三年（一一五八）春に義朝と「不和」となり、相模国に下向したという（治承四年十月十七日条）。その背景には、前述したように、次男朝長と三男頼朝のいずれを義朝の嫡男と認定するかという問題が絡んでいたと思われる［元木二〇〇四］。

平治元年（一一五九）十二月九日夜、保元の乱以後の国政を主導していた信西《しんぜい》を打倒するクーデタ（平治の乱）が勃発した。信西が祗候していた院御所の三条殿《さんじょうどの》を攻撃したのは、後白河院の近臣藤原信頼《のぶより》と源義朝であったが、このクーデタに協力した反信西派の貴族・武士は多数にのぼり、京武者も義朝だけでなく、美濃源氏の源光保や源重成、河内坂戸源氏の源季実などが加わっていた［元木二〇〇四］。十二月十四日には臨時除目が行なわれ、義朝は播磨守、十三歳の嫡男頼朝は右兵衛権佐に任じられた。後出の金刀比羅本『平治物語』には、相模国鎌倉に居住していた十九歳の義平が、除目の場に駆け付けた場面を描いているが、古態本の陽明文庫本《ようめいぶんこ》にはなく、義平が入京した日は不明である。

そして十二月二十五日深夜、今度は藤原信頼・源義朝を追い落とすため、二条《にじょう》天皇近臣の藤原経宗《つねむね》・惟方《これかた》や藤原公教《きんのり》が平清盛と結んで、天皇をひそかに内裏から清盛の六波羅《ろくはら》邸に脱出させ、二十六日朝、清盛の軍勢が内裏に向けて進撃した。陽明文庫本『平治物語』は、義朝勢は二百余騎にすぎなかったと記し、東国武士も一〇名程度しか登場していない。相模武士は、三浦義澄と山内俊通・俊綱、相模国高座郡渋谷《しぶや》荘を本拠とする渋谷重国《しげくに》の名が見えるが、三浦義澄と渋谷重国はおそらく義平とともに上洛したと推測されよう。なお、『吾妻鏡』は山内俊通が「平治戦場」に臨み、「六条《ろくじょう》河原」において討死したことを伝えている（治承四年十一月二十六日条）。

結局、この合戦に敗れた源義朝は、逃走中に尾張国内海《うつみ》荘司《しょうじ》長田《おさだ》忠致《ただむね》に殺害され、長男義平は捕縛ののち処刑、次男朝長も美濃国青墓《あおはか》宿において自害し、三男頼朝は捕縛ののち伊豆国に配流となった。

源朝長の墓（岐阜県大垣市青墓）
三基の五輪塔は義朝・義平・朝長の墓と伝わる.

平治の乱における義朝・義平・朝長の滅亡は、相模武士が参加する東国武士団のネットワークにも大きな変動をもたらすこととなった。たとえば、秩父氏一族の畠山重能は、久寿二年（一一五五）の大蔵合戦では、三浦氏との婚姻関係に基づいて源義平の軍勢に加勢したが、義朝・義平が滅んだ平治の乱後は、積極的に平氏権力に接近しており、三浦氏との関係を解消したものと推測される。長寛二年（一一六四）に生まれた畠山重忠《しげただ》の母は、これまで三浦氏の女性と考えられてきたが、最近の研究は、「小代《しょうだい》系図」に基づいて重忠の母が秩父氏一族の江戸《えど》重継《しげつぐ》の娘であったことを明らかにしている［清水二〇一二］。畠山氏と三浦氏の関係が断たれていたと考えれば、頼朝挙兵に呼応した三浦氏を畠山重忠ら秩父氏の軍勢が猛攻撃したことも合点がいくのである。

平治の乱後、相模国において最大の勢力を確立するのは、平氏権力と積極的に結んだ大庭景親であった。そして、その景親によって圧迫された相模武士の代表的存在が、三浦氏や中村氏であったのであり、彼らは単に義朝の家人であった縁故から頼朝の挙兵を支えたのではない［野口二〇一三］。また、通常は強い絆で結ばれている乳母・養君《やしないぎみ》の関係でも、頼朝の乳母山内尼の子山内経俊は、石橋山合戦において頼朝の鎧に矢を撃ち込んでいるし（『吾妻鏡』治承四年十一月二十六日条）、かつて朝長を擁した波多野義通の子義常《よしつね》も、頼朝に敵対して自害に追い込まれている（『吾妻鏡』治承四年十月十七日条）。平治の乱以前における義朝と相模武士との関係は、治承四年（一一八〇）の頼朝の挙兵にそのまま有効に作用したわけではなく、頼朝が克服しなければならない障害も生み出していたのである。

しかし、直接的な政治過程から離れて、鎌倉幕府の権力構造に視点を据えてみると、秩父氏と姻戚関係にあった千葉常胤の進言を頼朝が容れて、自らの権力の本拠地を相模国鎌倉に定めたのは、三浦氏・秩父氏・児玉氏の同盟関係の再構築を前提とするものであったし［川合二〇一二］、実務官僚として幕府権力の確立に大きく貢献した中原親能や大江広元《おおえのひろもと》（中原広季の養子）を鎌倉に招くことができたのは、波多野氏が京の下級官人中原氏と親密な関係を結んでいたからであった。その意味では、鎌倉幕府権力は、院政期の相模武士が築いた広域的なネットワークや中央の貴族社会とのつながりの遺産のうえに形成されたともいえよう。「鎌倉」幕府が相模国鎌倉に樹立されたことの歴史的意味を、今後も問い続けていくことが重要であろう。

参考文献

石井　進『石井進著作集3　院政と平氏政権』（岩波書店、二〇〇四年）

石井　進『石井進著作集5　鎌倉武士の実像』（岩波書店、二〇〇五年）
上横手雅敬「院政期の源氏」（御家人制研究会編『御家人制の研究』吉川弘文館、一九八一年）
鎌倉佐保「十二世紀の相模武士団と源義朝」（入間田宣夫編『兵たちの登場』高志書院、二〇一〇年）
川合　康「中世武士の移動の諸相」（メトロポリタン史学会編『歴史のなかの移動とネットワーク』桜井書店、二〇〇七年）
川合　康「秩父平氏と葛西氏」（埼玉県立嵐山史跡の博物館・葛飾区郷土と天文の博物館編『秩父平氏の盛衰』勉誠出版、二〇一二年）
川合　康「鎌倉街道上道と東国武士団」（『府中市郷土の森博物館紀要』二三号、二〇一〇年）
川合　康「治承・寿永の内乱と鎌倉幕府の成立」（『岩波講座日本歴史6・中世1』岩波書店、二〇一三年）
木下　良「相模国府の所在について」（神奈川大学人文学会『人文研究』五九号、一九七四年）
木村英一「中世前期の内乱と京都大番役」（高橋典幸編『生活と文化の歴史学5　戦争と平和』竹林舎、二〇一四年）
木村茂光『初期鎌倉政権の政治史』（同成社、二〇一一年）
坂井孝一『曽我物語の史的研究』（吉川弘文館、二〇一四年）
清水　亮「在地領主としての東国豪族的武士団」（清水亮編『シリーズ・中世関東武士の研究　畠山重忠』戎光祥出版、二〇一二年）
高橋秀樹『三浦一族の研究』（吉川弘文館、二〇一六年）
田辺　旬「中世の戦争と鎮魂」（高橋典幸編『生活と文化の歴史学5　戦争と平和』竹林舎、二〇一四年）
田端泰子『乳母の力』（吉川弘文館、二〇〇五年）
野口　実『中世東国武士団の研究』（高科書店、一九九四年）
野口　実『坂東武士団の成立と発展』（戎光祥出版、二〇一三年）

菱沼一憲『中世地域社会と将軍権力』（汲古書院、二〇一一年）
福田豊彦『千葉常胤』（吉川弘文館、一九七三年）
峰岸純夫「鎌倉悪源太と大蔵合戦」（岡田清一編『河越氏の研究』名著出版、二〇〇三年）
目崎徳衛『貴族社会と古典文化』（吉川弘文館、一九九五年）
元木泰雄「保元の乱における河内源氏」（『大手前女子大学論集』二二号、一九八八年）
元木泰雄『武士の成立』（吉川弘文館、一九九四年）
元木泰雄『院政期政治史研究』（思文閣出版、一九九六年）
元木泰雄『保元・平治の乱を読みなおす』（日本放送出版協会、二〇〇四年）
安田元久『日本初期封建制の基礎研究』（山川出版社、一九七六年）
湯山　学『波多野氏と波多野庄』（夢工房、一九九六年）

第2章　源平の争乱と『平家物語』

永井　晋

頼朝挙兵前夜

大庭《おおば》景親《かげちか》は、相模国の武士たちを治承《じしょう》・寿永《じゅえい》の内乱へと導いていく役割を果たした。治承四年（一一八〇）五月の以仁王《もちひとおう》挙兵を鎮圧した平清盛《たいらのきよもり》は、伊豆国に残る源頼政《みなもとのよりまさ》の嫡孫有綱《ありつな》が東国に残る摂津《せっつ》源氏の郎党や縁者を率いて反乱を起こすのではないかと警戒し、大庭景親に対して相模国に戻って源有綱の動向を探り、事を起こした場合には坂東にいる平氏家人《けにん》を率いて追捕《ついぶ》する権限を与えた。有綱は、以仁王挙兵の失敗を聞いて藤原秀衡《ふじわらのひでひら》を頼って奥州に落ちたので、摂津源氏残党の蜂起は未発に終わったかに思われた。

伊豆国は、源頼政が平治の乱（一一五九年）の最中に行なわれた除目《じもく》で給わった知行国《ちぎょうこく》である。頼政の伊豆国知行は長く、以仁王挙兵で没収される治承四年まで二十年弱に及んだ。その間に、有力在庁工藤介茂光《もちみつ》は頼政の郎党《ろうとう》となり、工藤一族の中には在京して宇治川合戦に出陣した人々もいた。彼らは、戦場から退くにあたり、伊勢国大湊から船で伊豆国に帰ったと読本《よみほん》系の『平家物語』は伝える。源有綱は出奔しても、地元の有力豪族である工藤一族は伊豆国を離れるわけにはいかなかった。彼らの前に姿を現した新たな武家の棟梁《とうりょう》が、源頼朝である。

以仁王の挙兵では、源頼朝は以仁王令旨《りょうじ》によって軍勢催促を受けた呼びかけの対象である。源頼政の養子仲《なか》光《みつ》の弟木曽《きそ》義仲《よしなか》と比べれば、事件の中枢からは遙かに遠い。頼政からみると、義仲は令旨なしに連絡を取ることのできる身内の範囲に入るが、頼朝は外部の勢力である。平氏政権が頼朝を警戒しないのは、以仁王事件の部外者だからである。

平氏政権は、八条院《はちじょういん》が以仁王を猶子《ゆうし》とし、以仁王の王女に八条院領を継承させようと考えて御所に迎えていたことから、八条院との対立を回避する方針でいた。平氏政権は、以仁王の配流で事件を決着させようとしたが、以仁王は三条高倉の御所から逃走して園城寺《おんじょうじ》を頼った。平氏政権は、以仁王を宿敵園城寺を叩く好機と捉え、平氏政権と一時的に手を結び、園城寺焼き討ちの準備を始めた。延暦寺《えんりゃくじ》はこれを宿敵園城寺を叩く好機と捉え、平氏政権と一時的に手を結び、園城寺焼き討ちの準備を始めた。延暦寺の強硬な態度が、以仁王を京都から離れた興福寺《こうふくじ》に移動せざるを得ない状況へと追い込んでいった。朝廷の派遣した追討使は、五月二十六日に興福寺に向かう以仁王の一行に木津の渡しの手前で追いつき、興福寺と合流する前に討ち取った。

事件後、平氏政権の最大の関心は以仁王に与した園城寺と興福寺に対してどのような処分を下すかに移った。平清盛は高倉院政を支持する公卿を味方につけ、興福寺を氏寺とする摂政近衛《このえ》基通《もとみち》以下藤原氏の人々を説得する会議や打ち合わせを繰り返した。摂関家もまた、平氏政権と興福寺が妥協できる処分の条件を模索し、結論の引き延ばしをはかった。一方、園城寺は、現職の僧侶の解任、末寺・末社の資産凍結など厳しい処分が下された。園城寺の勢力が大きく後退したことに満足した延暦寺は、再び反平氏政権の立場を強めていった。

南都北嶺の寺社の多くを敵に回した平氏政権は、安徳《あんとく》天皇を平氏の本拠地福原京《ふくはらきょう》に動坐させ（福原遷都）、政権の安定を図ろうとした。平氏政権は、京都での厳しい政局の対応に追われ、坂東のことは大庭景親にまかせた状態になっていた。

平氏政権が源頼朝の存在を忘れているにもかかわらず、源頼朝は身の危険を感じて挙兵へと動き始めた。このあたりの事情は、公家の日記に書かれている京都の政局と、『吾妻鏡』に書かれている源頼朝の動きに乖離がみられるので、頼朝挙兵にいたる『吾妻鏡』の記述は京都との連動性を読み取りながら考えていく必要がある。

頼朝挙兵の虚実

『吾妻鏡』は、源頼朝は治承四年四月二十七日に京都から下ってきた源行家《ゆきいえ》から以仁王令旨を伝えられたと記している。しかし、『平家物語』は以仁王令旨の日付を「治承四年四月　日」と日付を入れずに記している。伝達も、源行家は初めに近江源氏のもとを訪れ、東国に向かいながら源氏に伝えていったと記している。九条《くじょう》兼実《かねざね》の日記『玉葉《ぎょくよう》』は、以仁王が園城寺に逃れた五月になって「宮令旨《みやのりょうじ》」と称する文書を諸国に発給したと伝える。四月二十七日という日付は、まず疑問符がつく。『吾妻鏡』に載せられた以仁王令旨を偽文書とする史料批判は、大正時代からすでに出されていた。しかし、文書の真贋を不問に付したまま歴史叙述が続けているところに、今日の歴史研究の問題点がある。

以仁王令旨に効力があったのかという問題は、園城寺から助力を求められた近江源氏が求めに応じて参陣するとの風聞が京都に流れたにもかかわらず、宮令旨が発給された後に動かなかったことからも効力に疑問符がつく。園城寺の北にある錦織《にしごり》を領地とする一族であるにもかかわらず、園城寺に来なかったのは、以仁王令旨をみて二の足を踏んだと考えざるをえない。園城寺と親しい近江源氏がためらうほどの異様な令旨であるにもかかわらず、権威あるものとして拝受したと記すのが『吾妻鏡』である。『吾妻鏡』は頼朝挙兵の根拠を以仁王令旨に求めるので、令旨の否定は頼朝挙兵の正当性を否定することにつながるためである。

『吾妻鏡』は、三善康信《みよしやすのぶ》が弟康清《やすきよ》をわざわざ伊豆国に派遣し、以仁王令旨を受け取った源氏は追討されるという情報を伝えたと記す。しかし、京都の人々は頼朝挙兵の情報を伝えられても、頼朝を思い出せなかったのだから、以仁王事件で頼朝の追捕を考えていない。誤っていたとしても、三善康信がもたらした情報によって、源頼朝は動かざるをえないと判断した。彼が最初に起こした行動は、父義朝と縁《ゆかり》のある坂東の豪族や伊豆国で知り合いになった武士たちを味方に誘うことであった。

『吾妻鏡』は、大庭景親が相模国に戻った日を八月二日と伝える。景親は八月九日に佐々木秀義《ささきひでよし》を屋敷に招き、平氏の侍大将上総権介忠清《かずさごんのすけただきよ》から、駿河目代橘遠茂《たちばなのとおもち》が信頼を置く在庁長田入道が平清盛に送った書状の内容として、源頼朝が比企遠宗《ひきとおむね》・北条時政を率いて叛逆の意思を持っていると伝える。大庭景親が平清盛に呼ばれて面談した時に示された警戒の対象は源有綱であったが、この説明を信じれば、有綱出奔後の伊豆国で警戒すべき対象は源頼朝に変わっていたことになる。

しかし、源頼政が滅亡した後に伊豆国知行国主となったのは平時忠《ときただ》で、目代には在国していた平氏の庶流山木兼隆《やまきかねたか》が任命されている。工藤一族は伊豆・駿河・甲斐の三ヵ国に広がる豪族なので、平宗盛の知行国駿河の在庁長田入道まで情報が伝わった可能性は考えられる。『吾妻鏡』には名前が出てこないが、石橋山合戦で頼朝方についた武士に駿河国小泉庄司（名前不詳）がみえる。石橋山合戦で駿河国まで軍勢催促をできるのは工藤介茂光だけと思われるので、小泉庄司は工藤氏ゆかりの人物であろう。長田入道は、棟梁と仰ぐ源頼政を失った頼政残党の動きを監視するうちに、頼朝の不穏な動きを察知したと推測できる。

治承四年八月十七日、源頼朝は挙兵して山木兼隆を討った。山木討ちは不意をついた夜襲であるが、相模の大庭景親も駿河の長田入道も伊豆国の不穏な気配を察知していた。この状況を考えると、景親は兼隆に情報を伝えず、見殺しにした可能性がある。

山木兼隆を討った加藤景廉《かとうかげかど》は、工藤介茂光の娘婿である。工藤氏には、宇治川合戦に一族が出陣していた経緯もあり、茂光は平氏政権のもとで生き残っていくことが難しいと判断したのであろう。意を決した茂光は、一族郎党を率いて頼朝に合流し、伊豆国府を占領した。国府占領により、頼朝挙兵は堂々たる反乱になった。大庭景親は、頼朝追討のために軍勢を集め始める。

『源平盛衰記』巻第二十「佐殿大場勢汰事」には、大庭の人々が集まり、それぞれの思いを語って、大庭景親と俣野《またの》景久《かげひさ》が平家方として行動し、懐島景義《ふところじまかげよし》・豊田《とよだ》景俊《かげとし》が頼朝に味方することにしたと、話し合いの上で一族が分かれた説話を伝える。

石橋山合戦から富士川合戦へ

源頼朝は、三島の国府ないし韮山《にらやま》から熱海街道を越えて相模国に入ろうとした。この軍勢には、懐島景義・豊田景俊が加わっていた。頼朝追討の総大将大庭景親は、相模・武蔵二ヵ国で三〇〇〇騎の軍勢を集め、進出を阻もうとした。景親が集めた軍勢は、大庭の縁者や相模国の平氏家人だけではなく、糟屋権守盛久《かすやごんのかみもりひさ》と語らって国衙《こくが》を通じて集めた軍勢も加わっていた。武蔵国も在庁の秩父一族に対して、国衙として軍勢を集めて参陣するように要請したとみてよい。伊豆国でも、平氏家人伊東祐親《いとうすけちか》が三〇〇騎の軍勢を集め、景親に合流すべく伊東から軍勢を北上させていた。源頼朝の側では、相模国在庁三浦介義明《よしあき》の子義澄《よしずみ》が、三浦半島から三〇〇騎の軍勢を率いて酒匂《さかわ》川《がわ》まで進めていた。

源頼朝は三浦義澄と合流すべく雨中の強行軍を続けたが、三浦氏の軍勢は酒匂川の増水で進めなくなっていた。大庭景親は、両者が合流する前に決着をつけるべく、八月二十三日夜に夜襲を仕掛けた。この戦いは、前陣に配置された工藤介茂光の軍勢が壊滅し、本陣の頼朝も箱根山を経て土肥杉山《どひのすぎやま》（神奈川県湯河原町）に逃れる一方的な敗北となった。土肥実平《どひさねひら》は、頼朝とともに山中に逃れた人々に対し、領内なので隠れる場所は心得ていること、大勢だと目につくので各自で落ちるようにと提案し、土肥次郎実平・土肥遠平《とおひら》・新開忠氏《しんかいただうじ》・土屋《つちや》宗遠《むねとお》・岡崎義実《おかざきよしざね》・安達盛長《あだちもりなが》（盛長は『平家物語』にはない）のみが頼朝と行動をともにすることにした。

石橋山合戦の状況をみると、源頼朝のもとに集まった相模国の武士は、土肥・中村・岡崎・土屋・懐島・三

石橋山合戦における相模の武士

頼朝方	土肥実平(吾・延)・土肥遠平(吾・延)・土屋宗遠(吾・延)・土屋義清(吾・延)・土屋忠光(延) 岡崎義実(吾・延)・佐奈多義忠(吾・延)・新開忠氏(延)・懐島景義(吾・延)・豊田景俊(吾・延)・中村景平(吾・延)・中村盛平(吾・延)・筑井義行(延)・筑井義康(延)・飯田宗義(延)
大庭方	大庭景親(吾・延)・俣野景久(吾・延)・河村義秀(吾・延)・原惣四郎(延)・渋谷重国(吾・延)・糟屋盛久(吾・延)・海老名季貞(吾・延)・海老名小太郎(延)・荻野季重(延)・荻野六郎(延)・荻野秀光(延)・荻野俊重(吾)・曽我祐信(吾・延)・山内首藤経俊(吾・延)・毛利景行(吾)・長尾為宗(吾・延)・長尾定景(吾・延)・原宗景房(吾)・原宗義行(吾)・八木下五郎(延)・香川五郎(延)

吾＝『吾妻鏡』，延＝延暦本『平家物語』。

浦といった人々で、多くの武士が頼朝の挙兵を反乱とみなし、追討の側に回ったことがわかる。

八月二十五日、俣野景久は、甲斐国に逃げる北条時政を追って追捕の軍勢を進め、頼朝挙兵による情勢の変化を警戒していた甲斐源氏と戦って敗れた。景久の行動は、甲斐源氏の挙兵を誘発する結果を招いたのである。武田《たけだ》信義《のぶよし》・安田《やすだ》義定《よしさだ》が反平氏政権の立場を明確にしたことにより、東国の情勢は大きな変化を迎えることになった。

石橋山合戦に続く合戦として、三浦半島で小坪《こつぼ》合戦・衣笠城《きぬがさじょう》攻防戦が起きている。石橋山合戦に間に合わなかった追討側の畠山重忠《はたけやましげただ》と頼朝側の三浦義澄は、それぞれに引き返した。帰り道の小坪で、両軍は遭遇している。両家はよく知る仲なので、形ばかりの合戦をして分かれることで打ち合わせが行なわれたが、事情を知らない和田《わだ》義茂《よしもち》の突撃によって正面からの合戦へと発展し、三浦氏の勝利に終わった。武蔵国に戻った畠山重忠は、一族の惣領河越重頼《かわごえしげより》に相談し、国衙の命令として謀反人三浦氏追討の軍勢を起こした。秩父一族による報復の合戦では、三浦介義明が衣笠城落城まで残り、自死をもってその決着をつけた。源頼朝は義明の行動に恩義を感じ、三浦氏を重く用いることとなる。

源頼朝は海上で三浦一族と合流して安房《あわ》国に渡り、房総半島で軍勢を集めることに成功し、隅田川に進出した。ここで、坂東の動向を定める重要な駆け引きが行なわれた。隅田川は下総《しもうさ》・武蔵の国境にあり、東岸に位置する秩父一族の葛西《かさい》氏は頼朝のもとに参陣したが、西岸の江戸（桜田）を本領とする江戸《えど》重長《しげなが》、三浦氏とすでに戦っている惣領河越重頼や畠山重忠は頼朝の出方を見定めようとしていた。河越重頼の祖父秩父重隆は、大蔵合戦（一一五五年）で木曽義仲の父源義賢《みなもとのよしかた》とともに頼朝の兄悪源太義平《よしひら》に急襲をかけられて討たれた。その後、河越氏は入間《いるま》郡の葛貫《くずぬき》（埼玉県毛呂山《もろやま》町）に拠点を移して勢力の回復をはかり、平治の乱で平氏の勢力が東国に伸びてくると、平氏に与することで勢力の拡大をはかっていった。隅田川を挟んで向かい合う秩父一族と頼朝の間には複雑な経緯が絡み合っていて、源家重代《じゅうだい》とは単純に言えない関係にあった。

隅田川を挟んだ睨み合いは、源義朝のもとで平治の乱を戦った武蔵国足立郡の郡司足立遠元が滝野川（東京都北区）の渡河《とか》点に進出し、頼朝の軍勢が渡河できる拠点を確保したことで、頼朝の優勢が定まった。渡河成功の知らせが伝わると、小山《おやま》一族・下河辺《しもこうべ》一族といった頼朝縁故の坂東の豪族、頼朝にしたがうと腹をくった畠山氏などの平氏家人が、口々に河内源氏との重代の関係を主張して傘下に加わった。この段階で、石橋山合戦の時は大庭景親に味方した武蔵国の武士が頼朝側に陣営を改めており、もはや、大庭景親や伊東祐親に頼朝の鎌倉進出を止める力はなかった。景親に残された最後の機会は、京都から下向してくる追討使に合流することであった。

一方で、平氏政権の首脳部は、石橋山合戦勝利の情報が京都にもたらされたことで東国の内乱は儀礼的な出陣ですむと考えていた。ところが、源頼朝は相模国府を占領して東海道に軍勢を進めていた。

十月十三日、追討使平維盛《これもり》の軍勢は、駿河国手越宿《てごしじゅく》（静岡市駿河区手越）に到着した。

十月十四日、平宗盛の知行国駿河の目代橘遠茂は三〇〇〇騎の軍勢を率いて、甲斐から駿河国に攻め込もうとする甲斐源氏の軍勢と富士山麓の鉢田《はちた》（静岡県富士市）で合戦した。待ち伏せを受けた目代橘遠茂の軍勢は、遠茂が捕らえられた後に亡くなり、長田入道以下の主立った人々も討たれるか、捕らえられた後に梟首された。橘遠茂が駿河国に入った追討使の軍勢と合流せず、甲斐国に向けて軍勢を進めた理由は明らかでない。武田の軍勢を国境に近いところで止めたかったのか、追討使の惣大将である小松家の維盛《これもり》と一門の惣領平宗盛《たいらのむねもり》の関係が良好といえないことから、合流したくなかったのかは明らかでない。いずれにせよ、橘遠茂が追討使本隊を待たずに戦って敗北したことが、追討使の劣勢を決定的にしてしまった。

甲斐源氏は駿河目代を破って本格的に侵攻し、浮島《うきしま》が原《はら》（静岡県富士市）で追討使を迎え撃つべく、合戦の準備を始めた。この武田氏の布陣は、大庭景親と伊東祐親が平維盛と合流する道を塞ぐことになった。

源頼朝が追討使を迎え撃つために鎌倉を進発したのは十月十六日、駿河に向けて東海道の足柄越えを進んだ。翌十七日、源頼朝は進路上の障害となる波多野義常《はたのよしつね》を討つべく、下河辺行平《しもこうべゆきひら》を波多野郷（神奈川県秦野市）に派遣した。義常は、迎え撃つことを困難と判断し、松田郷（神奈川県松田町）で自害した。このような困難な状況になっても、大庭景親のもとにはまだ一〇〇〇騎の軍勢が集まっていた。翌十八日、大庭景親は駿河国に向けて軍勢を進めようとしたが、東海道がすでに甲斐源氏や源頼朝の軍勢に抑えられていることから、軍勢を解散して各自の判断で西に向かい、追討使と合流することにした。伊東祐親も三〇〇騎の軍勢を集めていたが、伊豆半島を出たところを武田氏の軍勢に抑えられているので、軍勢を解散して各自の判断に委ねた。大庭景親と伊東祐親は西への逃走を試みたが捕らえられて梟首、橘遠茂への援軍に派遣されていた俣野景久は鉢田の戦いに敗れた後、戦場を脱出して上洛した。その後、景久は寿永二年（一一八三）の北陸道合戦で平維盛率いる追討使の軍勢に加わっていた。『平家物語』諸本が語る斎藤実盛《さいとうさねもり》最期の一段では、倶利伽羅峠《くりからとうげ》の戦いを生き延びて篠原《しのはら》に再集結した追討使の軍勢に景久の名前があり、実盛と景久は武者の名誉にかけて明日の合戦を戦い、再び京都を見ることはないだろうと語り合っていた。

大庭景親のもとに最後まで残った一〇〇〇騎の軍勢が誰であるのかは明らかでないが、平氏与党として大庭景親と運命をともにするつもりで残った人々であった。『源平盛衰記』は、大庭に与して首を切られた武者を六四人と伝える。彼らが相模国でも名のある武者であったことを考えれば、治承四年の合戦は相模国の武士の勢力分布を大きく変える事件であったことがわかる。

謀臣梶原景時と三浦氏・和田氏

治承四年の合戦で源頼朝の側についた人々の中から、鎌倉幕府の有力者や相模国の有力豪族として台頭する御家人が現れてくる。その代表格が、源頼朝の腹心として頭角を現した梶原景時《かじわらかげとき》、頼朝の挙兵を「貴種再興の秋《とき》」（『吾妻鏡』）と喜んだ三浦介義明の一族、石橋山合戦で源頼朝を守り抜いた土肥実平である。

梶原景時は、統治に関して鋭い感覚をもっていたことから頼朝の謀臣となり、大江《おおえ》広元《ひろもと》が鎌倉幕府に加わってくるまでの間は、建前論でする仕事も、政策の上で必要となる汚れ仕事もどちらもできる有能な腹心として重く用いられた。梶原景時が不人気なのは、坂東の有力豪族が華々しい合戦や武家の名誉となる仕事を好む一方で、鎌倉が勢力圏に組み込んでいった土地の人々を力で押さえつけようとしたのに対し、統治のためには必須となる公平性を担保するために、鎌倉に呑み込まれた西国の御家人の意見を代弁する立場をとったことである。そのような判断ができるがゆえに、源頼朝の勢力が西に伸びていく時に勢力圏に組み込んだ土地の惣追捕《そうついぶ》使《し》（後の守護）や平氏追討の遠征軍の軍奉行といった重要な仕事を務めることになる。同じ立場で仕事をしたのは、北陸道勧農使として木曽義仲が治めた六ヵ国の管理をまかされた比企《ひき》朝宗《ともむね》（比企尼の子）や義仲の本拠地信濃国の目代を務めた比企能員《よしかず》（比企尼の甥）などがいる。

この実績をもとに、源頼朝は和田《わだ》義盛《よしもり》を侍所別当《さむらいどころべっとう》から更迭し、梶原景時を後任に据えることになる。これが、和田氏と梶原氏の確執を生み、景時が滅ぼされる原因のひとつとなるのであるが、それは後日の話である。

三浦氏は、頼朝の父義朝《よしとも》に娘を嫁がせ、誕生した長子悪源太義平とともに鎌倉で活動した縁で、頼朝挙兵の時から有力な支持勢力として活動した。その功績で義明の嫡子義澄は相模国守護となり、鎌倉幕府の本拠地相模国の御家人を束ねる実力者として一目置かれる存在となった。

また、『吾妻鏡』は、真鶴《まなづる》から房総半島に船で逃れる時、源頼朝は和田義盛に侍所別当に任命する約束をしたと伝える。挙兵当初はともかく、後白河院との協調のもとで鎌倉の武家政権が寿永二年に実質的な地方政権として認められ、頼朝が朝廷に帰順して公卿の位階に進むと、鎌倉殿源頼朝の家政機関政所《まんどころ》・侍所・問注所《もんちゅうじょ》が公的な機関に準ずるものとして活動しなければならなくなった。この時期から、義盛が社会的地位にふさわしくない言動をしたと伝える記事が『吾妻鏡』に見え始める。政所や問注所を運営するのは、朝廷で太政官の書記官を勤めた経験を持つ大江広元・三善康信といった文官なので問題ないが、行政官の経験をもたない和田義盛は、坂東の武士を相手に侍所の運営を行なっていた時はよかったが、鎌倉幕府の勢力圏が西国にまで伸びて全国政権としての視野を求められた時に適切な判断ができなかったのであろう。それゆえに、梶原景時と交代させられることになる。

木曽義仲追討から西海合戦へ

源頼朝は寿永二年（一一八三）十月宣旨とよばれる後白河院の命令を受けて、伊勢国に源義経と中原親能《なかはらちかよし》を派遣し、伊勢国に残った平氏家人の鎮圧を始めた。この情報を得た後白河院は義経に上洛を促すが、伊勢国に入った軍勢は中原親能が村上源氏を通じて後白河院と連絡をとるのみで、平氏家人の鎮圧を続けた。

同年十二月には、源範頼《のりより》を総大将とした上洛軍の本隊が京都に向けて軍勢を進めた。元暦元年（一一八四）

正月二十日、範頼・義経は攻撃を始めた。延慶本『平家物語』が伝える相模国の武士は、範頼の軍勢に土肥実平、源義経の軍勢に佐原義連《さはらよしつら》・梶原景時《かじわらかげとき》・渋谷重国《しぶやしげくに》・糟屋有季《かすやありすえ》などである。範頼の軍勢は今井兼平《いまいかねひら》の守る瀬田《せた》橋《ばし》（滋賀県大津市）を攻撃し、続いて今井兼平とともに死ぬべく瀬田を目指す義仲の本隊との合戦となり、三浦一族の石田為久《いしだためひさ》が義仲を討ち取った。一方、義経率いる搦手《からめて》の軍勢は宇治（京都府宇治市）を守る志太義広《しだよしひろ》の軍勢を破って京都に急進し、後白河院の御所を確保した。この時、御所への参上が許されたのは、源義経と武蔵国の畠山重忠・河越重頼、相模国の渋谷重国・梶原景季《かげすえ》、近江国の佐々木高綱《ささきたかつな》の五人であった。その頃、三浦一族の軍勢を率いる佐原義連は、瀬田を目指す義仲を追撃していた。

木曽義仲を討った次の課題は、義仲との和平交渉のなかで福原旧都（兵庫県神戸市）まで再進出をはたした平氏との交渉である。上洛軍が義仲を討った勢いで福原旧都に進まなかったのは、後白河院が安徳天皇に対して上皇として還御《かんぎょ》し、三種の神器を朝廷に戻すことで、一度は除籍した平氏一門を前職として朝廷にさせることを認める主旨の交渉を行なっていたためである。一ノ谷・屋島・壇ノ浦と続いていく合戦は、平氏を討つことが目的ではなく、安徳天皇に抵抗をあきらめさせ、帰順を促すことが目的であった。

元暦元年二月四日、一ノ谷を目指す追討使は京都を進発した。生田《いくた》の森から正面攻撃をする大手《おおて》の範頼には梶原景時・渋谷重国・海老名《えびな》一族・曽我祐信《そがすけのぶ》・中村太郎、搦手《からめて》の義経には佐原義連・土肥実平・和田義盛・糟屋有季などの名前がみえる。生田の森に進んだ範頼は、ここで平氏の主力と戦い、「白旗赤旗色を交え、闘戦の躰をなす、（中略）たやすく、敗績しがたきの勢いなり」（『吾妻鏡』）と表現される激戦となった。この合戦の中で、桜の青葉を箙《えびら》に刺して戦う梶原景季を見た平重衡が「こちなくも　みゆるものかは　さくらがり」と和歌の上の句を詠んで使者に持たせて景季に渡し、受け取った景季は馬から下りて返事を書くから待てと戦いをやめ、「いけどりとらむ　ためとおもへば」と下の句を詠んで使者に持ち帰らせている。合戦は名誉と武功を競う武士の晴れ舞台であるが、宮廷社会を生きて教養の高い平氏の人々に対して文化の面でも恥をかかない程度の対応のできる梶原氏は、手柄のためには相手を騙したり、勝利のためには合戦の作法を無視したりといった時に醜いところを見せる地方の武士とは一線を画する面をもっていた。

一方、福原旧都を迂回して西から攻めることになっていた義経の搦手は、義経が一部の軍勢を率いて鵯越《ひよどりごえ》から奇襲をかけ、土肥実平が搦手の本隊を預かって平忠度《たいらのただのり》の守る西木戸を正面から攻めている。『吾妻鏡』には記されていないが、遠征軍には朝廷が出陣を要請した摂津多田行綱《ただゆきつな》の率いる軍勢も加わっていた。行綱の軍勢は、福原旧都の北から一の谷の城を攻め落としている。

鵯越に向かった義経の奇襲隊には、三浦一族や畠山重忠といった一騎当千といわれる相模・武蔵の精兵がえらばれていた。彼らは一ノ谷の城郭と西木戸の間を駆け下りて平氏の軍勢の背後を突き、相手の布陣を一気に崩すことになった。一方、土肥実平が率いる軍勢は平忠度の守る西木戸を破り、浜へと軍勢を進めていった。西側・北側の守りを破られた平氏は安徳天皇の御座船と合流すべく、浜へと退いていった。追討使も、それを追撃して浜へと集まっていった。ここで、追討使が海に浮かぶ平氏の軍船に逃げ切れなかった人々を次々と討ち取る大勝利を得ることになる。

この合戦の後、源頼朝は播磨・美作《みまさか》・備前・備中・備後五ヵ国に惣追捕使（後の守護）を置く権利を朝廷から与えられ、朝廷の勢力圏として治安の回復をはかっていくことになる。播磨国・美作国惣追捕使には梶原景時が補任され、備前・備中・備後三ヵ国惣追捕使には土肥実平が補任された。景時と実平は、この地域に残る平氏与党に対して帰順か追討かの選択を迫り、したがわぬ者は追捕することで治安の回復をはかっていった。一ノ谷合戦の勝利により、後白河院は平氏に帰順を促す交渉を始めたので、遠征は一時中断されることになった。

元暦元年（一一八四）八月八日、三河守に昇進した源範頼を総大将とした西海遠征軍が、再び鎌倉を進発した。この軍勢には、三浦介義澄・義村《よしむら》父子や和田一族など、三浦氏の人々が広く名を連ねていた。京都に到着した範頼は追討官符を給わり、山陽道へと軍勢を進めていった。しかし、水軍を持たない範頼の遠征軍は瀬戸内海の制海権を平氏に握られている上に、飢饉で苦しむ土地に軍勢を入れることになるので、合戦を始める以前から多くの難題を抱えていた。範頼の遠征軍は十月十二日には安芸国に入り、在庁山方介為綱《やまがたのすけためつな》を御家人に加え、安芸国衙を勢力下に置いた。範頼は難渋の末に周防《すおう》国府まで進出したが、平知盛が知行国として長年にわたって支配した長門《ながと》国では目代紀伊《きい》刑部大夫道資《ぎょうぶのたいふみちすけ》の抵抗にあって、派遣した軍勢が敗退した。そこで、範頼は豊前《ぶぜん》国の豪族と話し合い、瀬戸内海を渡って豊前国に軍勢を移し、平氏の拠点大宰府《だざいふ》を攻めることにした。範頼は、三浦義澄を大将とした軍勢を平氏方として残る長門国への備えに残し、三浦・和田・渋谷の人々を率いて豊前国から大宰府に向けて軍勢を進めた。文治元年（一一八五）二月一日の葦屋《あしや》浦《うら》合戦で、追討使は大宰少弐原田《はらだ》種直《たねなお》率いる平氏の軍勢を破って九州の拠点であった大宰府を落とし、平氏の勢力圏を平知盛が彦島から睨みをきかす範囲に追いつめていった。

しかし、範頼の九州進出は頼朝の命令を超えたものであった。そこで、頼朝は屋島に拠点を構える平宗盛に圧力をかけるため、第二の遠征軍を組織し、源義経を総大将に任じた。軍奉行には、梶原景時を任命した。二人は、軍勢が編成されるとすぐに、軍船をどう運用するかで逆櫓《さかろ》の騒動を起こすことになる。

二月十九日、源義経は一五〇騎ばかりの軍勢を率いて阿波《あわ》国に上陸し、屋島内裏（香川県高松市）を背後から急襲した。義経は、内裏にいた平氏の人々を海に追い落とすと、浜に陣を敷く追討使と、軍船から攻撃を仕掛ける平氏との攻防に入った。この義経の軍勢には、土屋《つちや》義清《よしきよ》の名前がみえる。義経が屋島を攻めたと聞いて伊予《いよ》の河野水軍や紀伊《きい》の熊野水軍が与力の軍船を率いて到着すると、形勢は膠着状態に陥った。その後、二月二十二日に梶原景時が渡辺津《わたなべのつ》（大阪府大阪市）に置いて行かれた本隊の御家人たちを乗せた軍船を率いて屋島に到着すると、平宗盛は戦いをあきらめ、弟知盛《とももり》と合流すべく、船団を率いて彦島へと向かっていった。京都で編成した四国遠征の軍勢の規模は小さくなく、相模国だけでも梶原一族・土肥実平・土屋宗遠など頼朝が一目置く御家人が名を連ねている。義経は彼らを渡辺津に残して奇襲をかけたので、梶原景時が残された御家人たちをなだめて屋島に向かわせなければ、義経の遠征軍は最初の合戦で自壊していたこともありえた。ともかくも合戦に勝利し、配下の御家人たちが帰国すると言い出さなかったことで問題は先送りされたが、この問題は平氏追討終了後に火を噴くことになる。

追討使は、平氏の勢力圏を彦島・長門国・対馬《つしま》に封じ込めた。源範頼は大宰府を占領し、周防国の海岸線を陸側から封鎖していた。義経は水軍を率いて、平氏の水軍の動きを封じていた。三月二十四日の壇ノ浦の海戦では、範頼の軍勢は周防国の海岸線に布陣し、上陸を企てる者や、浜に近づこうとするものを弓戦で追い返した。

合戦の後、源義経は三種の神器を持って京都に帰還した。一方、源範頼は最後まで平氏に従った九州の原田氏・菊池氏をはじめとした平氏方武士の処分や九州の治安回復、壇ノ浦合戦で海没した三種の神器のひとつ天《あめの》叢雲《むらくもの》剣《つるぎ》の捜索、平氏の威勢を恐れて高麗《こうらい》に亡命した対馬守藤原親光《ふじわらのちかみつ》の帰国手続きなど、山積する問題を処理するために九州に留まることになった。その間、範頼の配下として九州に駐留することになった御家人たちは、帰国の指示がでると順次東国に戻っていった。

内乱が終わった時、梶原景時は播磨・美作の守護、土肥実平は備前・備中・備後の守護、三浦義澄は相模国守護となっていた。相模国の地方豪族が、一国単位の軍事指揮権を持つ鎌倉幕府の有力者になっていたのである。

相模武士団の光と影

最後に、石橋山合戦の後遺症を、相模国の人々がどのように乗り越えていったかを見ていくことにしよう。

荻野俊重と曽我祐信は、大庭景親が追討使との合流を断念して軍勢を解散した治承四年十月十八日、源頼朝のもとに参上して降参した。祐信は十一月十七日に敵対したことを許され、御家人に加えられた。本領の曽我庄も安堵され、木曽義仲追討と一ノ谷合戦に出陣した。弓馬の芸を評価されていたので、鎌倉幕府の儀式にも名を連ねている。祐信は領地で暮らす地方の御家人であるが、特技を認められていたので、鎌倉から呼ばれた時は役を勤めていた。曽我兄弟を継父として育てたことから、建久四年（一一九三）の富士巻狩で事件への関与を疑われたが、無関係として処分を受けなかった。同じ日に降参した荻野俊重は、十一月十二日に斬罪に処され、荻野庄は没収された。この二人に対する処遇の違いがどこにあるのかは、明らかでない。

山内首藤経俊《やまのうちすどうつねとし》は、源頼朝が挙兵参加を求めた時に断っただけではなく暴言を吐き、石橋山合戦では大庭景親に与して出陣した。この咎《とが》により、経俊は斬罪が決定し、治承四年十月二十三日に相模国山内庄が没収された。しかし、頼朝の乳母を勤めた母の嘆願により、斬罪を許された。その後、元暦元年（一一八四）の三日《みっか》平氏《へいし》の乱を大内惟義《おおうちこれよし》とともに鎮圧したことで、伊勢国守護職に任じられている。頼朝の憤りを一際強く買った人物であるが、乳母を務めた母の命乞いから罪科を許され、京都の留守を預かっていた時に起きた合戦でたてた勲功により、鎌倉幕府の有力者に地位を上昇させた希有の人物である。

河村義秀《かわむらよしひで》は、十月二十三日、河村郷を没収され、大庭《おおば》景義《かげよし》の預かりとなった。十月二十六日には斬罪の命令が出されているが、景義は匿うことにした。その後、景義は文治五年（一一八九）の奥州合戦の折りに、源頼朝の御前で義秀の子の弓馬の芸を披露させ、御家人に加えることで河村家を復活させた。翌建久元年（一一九〇）、景義の計らいで義秀は頼朝の面前で弓馬の芸を披露する機会を与えられ、石橋山合戦の咎を許され、河村郷を回復した。義秀の場合、知己である大庭景義に助けられたことになる。大庭景義は、高齢であることから西国の合戦には出陣せず、将軍御所や寺社の造営など、鎌倉の街造りを担当していた。景義は、頼朝の側近くにいたので、石橋山合戦を生き残った縁者の助命を行ない、復帰の機会を与えていた。

相模国愛甲庄《あいこうのしょう》の庄官愛甲季隆《すえたか》は、頼朝挙兵から富士川合戦にいたる過程で名前が見えない。頼朝の勝利を見定めた後、鎌倉幕府に属したとみられる。季隆は弓馬の芸に秀でていたことで、鎌倉幕府の儀礼に名を連ねたが、西国の合戦には加えられなかった。石橋山合戦の圏外にいた武士である。

源頼朝と大庭景親が戦った石橋山合戦は、相模国の武士たちの勢力分野を大きく変えることになった。源頼朝は、大庭景親とその与党の中枢にいた人々を厳しく処断したので、生き残った人々にも大きな傷を負わせた。反頼朝の中枢にいた大庭景親は捕らえられた後に死を受け入れ、弟の俣野景久は北陸の戦場で退却を拒んで討死した。その他にも、多くの人々が自害や斬罪といった死を受け入れていった。それに対し、勝者は寛容の姿勢を示すことで生き残った人々を受け入れ、傷を癒やしていくしかなかった。

治承四年の合戦で、平氏与党の中枢にいた人々が勢力を失い、源頼朝は信頼を置いた人々が鎌倉の有力者として勢力を伸ばしていった。相模国の武士たちは、鎌倉幕府の御家人として新たに形成された勢力分野の中で生きていくことになる。新たな時代は、平安時代とは比べものにならない激しい権力抗争の世界であった。

参考文献

伊藤一美「鎌倉武士大庭氏の人物像―初期武士社会のあり方―」（『鎌倉』七四号、一九九四年）

野口　実『坂東武士団の成立と発展』（戎光祥出版、二〇一三年）

永井　晋『源頼政と木曽義仲』（中央公論新社、二〇一五年）
永井　晋「以仁王事件の諸段階―嗷訴から挙兵への段階的発展―」（『鎌倉遺文研究』三六号、二〇一五年）
永井　晋「源範頼の人物像」（菊池紳一編『武蔵武士の諸相（仮題）』勉誠出版、近刊）
八代國治『吾妻鏡の研究』（藝林舎、一九七六年覆刻）

第3章　鎌倉幕府と相模武士
——御内人を中心に——

細川重男

二月騒動という事件

源頼朝《みなもとのよりとも》が鎌倉に入った治承四年（一一八〇）十月六日から九二年後、鎌倉幕府滅亡の元弘三年（一三三三）五月二十二日から六一年前、鎌倉幕府も後期にさしかかった文永九年（一二七二）の春二月。

十一日辰の時（午前八時頃）、執権北条時宗《しっけんほうじょうときむね》・連署《れんしょ》（副執権）北条政村《まさむら》に次ぐ幕政第三位にあった一番引付頭《ひきつけとう》人《にん》名越《なごえ》（北条）時章《ときあき》と、時章の弟で執権・連署・引付頭人とともに幕府最高議決機関（いわば現代の内閣）である評定《ひょうじょう》を構成する評定衆であった名越教時《のりとき》の屋敷が武装部隊に奇襲され、名越兄弟は滅亡した。続いて四日後の十五日暁、京都に鎌倉からの早馬が到着した直後、鎌倉幕府の西国統治機関、六波羅探題《ろくはらたんだい》の二人の長官のうち北方《きたかた》探題である赤橋《あかはし》（北条）義宗《よしむね》の手勢が、もう一人の長官である南方《みなみかた》探題北条時輔《ときすけ》（執権時宗の三歳上の異母兄）の南方探題府を襲い、時輔を滅ぼした（一八二・一八三頁「北条氏略系図」）。「二月騒動」と呼ばれるこの事件（『鎌倉年代記裏書』・『武家年代記裏書』・『保暦間記《ほうりゃくかんき》』。名称は『保暦間記』による）によって、二十二歳の執権時宗は、北条氏庶家の大族名越氏の時章・教時兄弟、庶兄時輔という潜在的敵勢力を一掃し、鎌倉幕府に独裁的権力を確立した。

ところが、名越時章討伐は「誤《あやまり》」であったとして、襲撃の大将五人は十一日当日のうちに斬首されてしまう。奮戦しながら非業の最期を遂げたこの五人の中に、相模武士渋谷《しぶや》新左衛門尉朝重《ともしげ》があった。

相模の御家人

相模は隣国武蔵《むさし》とともに武士団の巣であり、平安時代には大小の武士団が割拠し、合従連衡《がっしょうれんこう》と抗争を繰り返していた。また、同国鎌倉郡鎌倉は清和源氏系河内源氏（源満仲《みなもとのみつなか》の子頼信《よりのぶ》の系統）の拠点であり、河内源氏の家臣の中核を成したのは相模武士であった。平治元年（一一五九）十二月の平治の乱における京都での勢力壊滅まで、河内源氏義朝《よしとも》系が鎌倉を拠点として引き継ぎ、相模武士を多く家臣とし、武蔵武士とともにその軍事力の基盤としていたことは、よく知られている。

治承四年八月の源頼朝挙兵時には、相模・武蔵武士の大半は頼朝に敵対したが、挙兵時の頼朝の軍事力を形成していたのは、頼朝が二〇年におよぶ流人生活を過ごした伊豆の武士と並び相模武士であった。そして同月の相模石橋山合戦に敗れ安房《あわ》に逃れた頼朝が再起し、十月二日に大井《おおい》（現江戸川《えどがわ》）・墨田《すみだ》両河を越えて下総《しもうさ》から武蔵に渡り、さらに同六日に鎌倉に入る前後には相模・武蔵武士は雪崩《なだれ》をうって頼朝に参向し、以後一〇年におよぶ内乱（治承・寿永の内乱、源平合戦）において、相模・武蔵武士は頼朝の軍事力の基幹として活躍し、頼朝の勝利、すなわち鎌倉幕府樹立の礎となったのである。

しかし、こうして成立した鎌倉幕府にあって、相模・武蔵武士は〝報われることが少なかった〟と言われる。これは、正治元年（一一九九）正月の頼朝薨去から承久元年（一二一九）正月の三代将軍実朝《さねとも》暗殺まで二〇年におよんだ有力御家人《ごけにん》間での抗争で、相模・武蔵御家人から多くの犠牲者が出たからである。特に建保元年（一二一三）五月の鎌倉幕府の内戦、和田合戦では、武蔵武士団とともに和田・土屋・山内《やまのうち》・渋谷・毛利《もうり》・鎌倉など多くの相模武士団が討たれている。

また、御家人間抗争の期間、そしてそれ以降も、頼朝の妻政子《まさこ》の実家で伊豆の武士団であった北条氏が鎌倉幕府で権力を集中していき、北条氏の支配が時代を下るにしたがい相模・武蔵で強まっていったからである。

このような状況下で、相模・武蔵の御家人たちが己と家の運命を賭けた選択は、主に二つあった。一つは、〝苗字の地〟（その家の苗字となった地名の場所。本拠地）を離れての別天地への移住（西遷・東遷・北遷）であり、もう一つは同じ御家人である北条氏の当主（家長。家督）「得宗《とくそう》」の家臣（私的従者）、「御内人《みうちびと》」（得宗被官）となる道であった。

以下では、西遷御家人と御内人の両方を出した渋谷氏を主なモデル・ケースに、相模御家人の一つのあり方を紹介する。西遷・東遷御家人については別章に記されているので、本章では一般に実態が知られていない御内人について記すことにする。

「御内人」とは何か

「御内人」は鎌倉時代当時から使われていた史料用語であり、「得宗被官」は現代の歴史研究者の造語で、同じもののことである。本章では混乱を避けるために、「御内人」に統一して記すことにする。

ベストセラーになった『もういちど読む山川日本史』（五味文彦・鳥海靖編、山川出版社、初版二〇〇九年）一〇〇頁に「得宗家の家人である御内人」とあるように、御内人は得宗の家臣のことであるが、これでは大雑把に過ぎて、具体的なイメージが浮かばない。

特に問題なのは、御内人と御家人（鎌倉殿＝鎌倉将軍の直属の家臣）との関係である。平凡社『日本史大事典』六「御内人」（三九一頁、五味文彦執筆）に「御内人は将軍の陪臣《ばいしん》であり、身分も低かった」とあるように、現在、一般に御内人は御家人よりも身分が低かったと理解されている。北条氏得宗は特に時宗の権力集中以降、子貞時《さだとき》・孫高時《たかとき》と後期鎌倉幕府で他者を圧倒する権威を手にするが、それでも御家人の一人に過ぎず、よって得宗の家臣である御内人は御家人より一ランク下の存在（陪臣。家臣の家臣）と理解するのは、現代人の常識的な判断である。しかし、これは歴史的事実なのであろうか。

右の問題を検討する前に、「御内」の意味について記しておく。御内は特定個人の家政とこれに属する事物（家臣・所領など）を意味する一般用語であり、得宗の御内人に限るものではない。

「御曹司（源為朝）の御内」（『保元物語』中）、「木曽殿（源義仲）の御内に、今井、樋口、楯《たて》、根井」（いわゆる木曽四天王。『平家物語』巻九）、「足利殿（尊氏）ノ御内ニ、設楽五郎左衛門尉」・「足利殿ノ御内ニ大高二郎重成」（元弘三年五月六波羅攻めのシーン、『太平記』巻九）、「管領（細川頼元）御内安富安芸守（盛家）」（明徳三年〈一三九二〉九月十三日付「安富盛家書状」端裏書、『八坂神社文書』下―一九七八号）、「日野（有光）・東洞院（資親）親子御内方者九人」（『東寺《とうじ》執行日記《しぎょうにっき》』嘉吉三年〈一四四三〉九月二十六日条）など事例は多い。

鎌倉末期の例では、第十五代執権金沢《かねさわ》（北条）貞顕《さだあき》の家臣倉栖《くらす》掃部助四郎について「修理権大夫殿（金沢貞顕）御内御祗《し》候人《こうにん》」と記されている（「上野国村上住人尼常阿代勝智訴状案」、『金沢文庫古文書』、『神奈川県史資料編２　古代・中世（２）』二三六九号）。

よって、本来は「（誰それの）御内」と書くのが正しい。

ところが、鎌倉後期に限っては、単に「御内」といえば〝得宗の御内〟を指すようになり、「御内御恩之地」（正和四年〈一三一五〉六月二十一日付「道常寄進状」、『円覚寺文書』）・「御内侍所」（嘉暦四年〈一三二九〉三月十三日付「金沢貞顕書状」、『金沢文庫古文書』）などの言葉が出現する。

御内人も同様で、鎌倉最末期、北条高時政権期成立の幕府訴訟解説書『沙汰未練書《さたみれんしょ》』に「御内方トハ、相模（北条高時）守殿御内奉公人事也」・「守殿《こうのとの》（相模守北条高時）御代官御内人」と記されている。これに対し、御内人ではない御家人は「外《と》様《ざま》」と称されたのである。

また、「御内人」は、高時政権期の史料に集中的にでてくる言葉で、最も早い時期のものでも、高時の父、貞時の時期、嘉元三年（一三〇五）で、しかも史料は編纂物の『武家年代記裏書』である。『吾妻鏡』（以下、『鏡』。また、『鏡』の記事は以下、日付のみを記す）には「御内人」という言葉は登場せず、後の御内人に相当する〝得宗の家臣〟は「祗候人」と記されている。「祗候」は「貴人（身分の高い人）の側近くに仕える」という意味であるが、（得宗の）「祗候人」の初例は、北条義時の家臣について「祗候人等」と記した建保元年五月七日条である。

よって、御内人にあたる者は鎌倉前期から存在したが、言葉として「御内人」が成立するのは早くみても北条貞時期ということになる。前記したように、北条氏一門金沢貞顕の家臣である倉栖某が「修理権大夫殿御内御祗候人」と記されていることからしても、「御内人」は〝（得宗の）御内御祗候人〟が縮まってできた言葉ではないかと思う。

渋谷氏と朝重

さて、渋谷氏である。

渋谷氏は、武蔵国秩父《ちちぶ》郡から起こり、同国豊島《としま》郡（豊島氏）、下総国葛西《かさい》郡（葛西氏）、そして相模国高座《たかくら》郡などへと進出した桓武平氏系の大武士団、秩父党に属す。初代重国《しげくに》が相模国高座郡渋谷荘の荘司（庄司。荘園現地管理人の役職の一つ）となり、「相模国の大名の内」（弘長元年〈一二六一〉五月十三日条）と称される勢威を築いた。挙兵直後の頼朝が大敗した治承四年（一一八〇）八月二十三日の相模石橋山合戦では平氏方であった（同日・同月二十六日条）ものの、後には子息高重《たかしげ》とともに頼朝にしたがい、御家人に列した（養和元年〈一一八一〉八月二十七日・元暦元年〈一一八四〉正月二十日条）。

しかし、渋谷氏は、建保元年五月の政所別当北条義時《よしとき》と侍所別当和田《わだ》義盛《よしもり》の陣営が鎌倉の町を戦場に武力衝突した前述の和田合戦で高重以下、和田方に属し（同年五月二日条）、討たれた者もあり（同六日条。八人。高重の名は無いが、二日条を最後に『鏡』から姿を消しており、没したと判断される）、渋谷荘を没収された（同七日条）。渋谷氏は和田合戦で、滅亡は免れたものの、没落したのである。

高重の子は武重《たけしげ》である。渋谷氏には良質な系図が残されていないが、武重の最初の通称は「渋谷次郎太郎」であり（寛元三年〈一二四五〉八月十五日条など）、これは彼が「渋谷次郎高重」（元暦元年二月二日条など）の太郎（長男）であったことを示す。

武重は、弘長元年五月十三日、昼番衆《ひるばんしゅう》として将軍御所内の広御所《ひろごしょ》に詰めていた際、佐々木泰綱《ささきやすつな》に「大名」と呼ばれたことを揶揄《やゆ》ととらえて憤激し、泰綱と口論になっている（同日条）。この時の「今は全く大名ではない。先祖の重国は本当に相模国の大名の一人だった（当時においては全く大名にあらず、先祖重国〈渋谷庄司と号す〉は、誠に相模国の大名の内なり）」という武重の言葉からも、当時の渋谷氏が重国期の勢力を失ってしまっていたことを知ることができる。しかし、この時、武重は、将軍および将軍御所の警護役であり将軍直轄軍の性格を持つ番衆の一つである昼番衆として広御所に出仕していたのであるから、名門の御家人という待遇を受けていたことは言をまたない。

一方で、武重と泰綱の口論から一五年前の寛元四年五月二十四日、執権北条時頼と前（四代）将軍九条頼経《くじょうよりつね》の対立から合戦寸前の事態となった宮騒動《みやそうどう》（名称は『鎌倉年代記裏書』同年条）において、渋谷一族は時頼の命を受けて中下馬《なかのげば》橋《ばし》の警護にあたっており（同日条）、得宗（時頼）にしたがっていたことがわかる。この時、渋谷一族は将軍御所に向かおうとした狩野為《かのうため》佐《すけ》（評定衆。宮騒動後の六月七日、同職を罷免されており、頼経派であったことがわかる）を通さず、争いになっている。渋谷一族は「御所に参る者におい

渋谷氏略系図

渋谷重国 ┬ 太郎光重 → 子孫は薩摩へ西遷
　　　　 └ 次郎高重 ─ 武重 ─ 朝重

てはこれを聴《ゆる》すべからず。北条殿の御方に参らしむる者は抑留に及ぶべからざるのよし」と称しており、その言動から、渋谷氏はすでに得宗の家臣化していた可能性もあろう。

下って、御内人を含めた得宗貞時縁故の人々の名簿として知られる徳治二年（一三〇七）五月付「円覚寺大斉料番文」（『円覚寺文書』）の五番に「渋谷十郎入道」、六番に「渋谷六郎左衛門尉」、九番に「渋谷次郎左衛門入道」があり、渋谷氏が御内人となっていたことがわかる。

さらに、『梅松論《ばいしょうろん》』下によれば、鎌倉滅亡後の建武元年（一三三四）「三月上旬、関東に本間と渋谷が一族、先代方（北条氏）として謀反を興し、相模国より鎌倉へ寄来間」・「本間・渋谷が謀反」とあり、建武政権下で足利直義《あしかがただよし》（尊氏の同母弟）が運営していた鎌倉将軍府（鎌倉府）に対し蜂起して鎌倉を襲っている。いわゆる北条余党の乱の一つである。『鶴岡社務記録』暦応四年（一三四一）閏四月十七日条に、同日、鎌倉で相模国藤沢から「本馬（間）・渋谷之一族」が攻め寄せるとの噂が流れて騒動となったが、虚説であったとの記事がある。「世間騒動」とあるから、鎌倉の町は騒然となったようで、現在は残された史料が少ないものの、建武元年の「本間・渋谷が謀反」が当時、大事件と認識されたことを示すものであろう。

以上、渋谷氏は御家人出身の御内人ということになるのである。

そして武重の子が朝重である。

武重の通称は左衛門尉任官後、「渋谷左衛門尉」または「渋谷太郎左衛門尉」であり（『鏡』。以下、同）、朝重の通称は「渋谷左衛門太郎」から「渋谷新左衛門尉」に替わった。「渋谷左衛門太郎」は父が「渋谷左衛門尉」で、朝重はその「太郎」（長男）であることを示し、後の「渋谷新左衛門尉」は父の「渋谷左衛門尉」に対し、「渋谷氏で新たに左衛門尉になった」の意である。よって、朝重は武重の子となるのである。

この朝重は冒頭に記したように文永九年二月騒動で名越時章に対する討手大将五人の一人として処刑された。

朝重とともに処刑された人々は以下の四人である（北条氏研究会編「北条氏被官一覧」『北条氏系譜人名辞典』新人物往来社、二〇〇一年を参考にした）。

• 大蔵頼季《おおくらよりすえ》（次郎左衛門尉）：武蔵七党野与党《のよとう》大蔵氏。東京大学史料編纂所架蔵影写本（以下、東大影写と略称）『武蔵七党系図』に「文永九二梟首」とあり、群書系図部集（以下、系図部集と略称）『武蔵七党系図』にも二月騒動で斬られたとある。大蔵氏は「円覚寺大斉料番文」・元亨三年（一三二三）十月付「北条貞時十三年忌供養記」（『円覚寺文書』）に見える御内人。

• 石河某（神次左衛門尉）：清和源氏系大和源氏（頼親流）を称する（太田亮氏『姓氏家系大辞典』一巻三二五頁の考証によれば、実は物部《もののべ》氏）陸奥《むつ》の石川氏ならん。石川氏は「北条貞時十三年忌供養記」にも見える御内人。

• 薩摩某（左衛門三郎）：工藤祐経《くどうすけつね》の子薩摩守伊東（安積《あさか》）祐長《すけなが》を祖とする伊東安積氏（東大影写『伊東氏大系図』）の人。「薩摩左衛門三郎」は「薩摩守の子である左衛門尉の三男」の意味であり、祐長の孫だが、祐長の子に左衛門尉任官者は複数おり、特定はできない。伊東氏では寛元二年（一二四四）三月二十八日条で「伊東左衛門五郎」が執権北条経時《つねとき》の使者を務めており、御内人であったことがわかる。

• 四方田時綱《よもだときつな》（滝口左衛門尉）：東大影写『武蔵七党系図』に「時綱（新口左）（ママ。「滝」の誤写なるべし）」、系図部集『武蔵七党系図』に「時綱（滝口左衛門尉）」とある人。四方田氏は正嘉元年（一二五七）九月十八日条で景綱《かげつな》（時綱の父）が、弘長三年正月二日条で高政《たかまさ》（時綱の兄）が、北条政村の家臣であったことがわかり、時綱も政村の家臣ならん。

大蔵・薩摩はほぼ確実に執権時宗の家臣（御内人）であり、石川もその可能性がきわめて高く、四方田は連署政村の家臣である。よって、時章への討手は時宗の私兵が中心で、これに政村の私兵が加わっていたことになる。この構成からも、二月騒動は時宗・政村の描《か》いた絵であり、特に時宗が主導的立場にあったと推定される。

名越時章討手大将のメンバーであったことと、前述した渋谷氏の歴史からして、渋谷朝重が御内人であったことは明白であろう。

この朝重は、康元元年（一二五六）から文永三年までの一〇年間に一二回、『鏡』に登場し（『吾妻鏡人名索引』）、弓始《ゆみはじめい》射手《て》を勤めること七回、弓始射手の候補となること四回である。

初見である康元元年正月九日条の弓始射手選定の記事には、朝重は「渋谷左衛門太郎」として見えるが、メンバーに「上野十郎朝村《ともむら》」があり、これは下総の大豪族結城《ゆうき》氏の人である。

さらに重要と思われるのが、朝重唯一の弓関係以外の記事である文応元年（一二六〇）正月二十日条である。この日、将軍御所に参勤する昼番衆六番七八人が任命されたのであるが、その一番に朝重が見える。他のメンバー一二名は、北条時宗（当時十歳。翌二月に将軍の儀式などを司る小侍所《こざむらいどころ》の長官、小侍所別当に就任）をはじめ北条氏一門四名、下野足利氏一門吉良《きら》貞氏《さだうじ》、時宗の妻（貞時の母。後の潮音院尼）の兄弟安達泰盛《あだちやすもり》（五番引付頭人）・顕盛《あきもり》（後、評定衆）、下野宇都宮氏の景綱《かげつな》（後、評定衆）、相模三浦氏の頼連《よりつら》、文士の雄族二階堂《にかいどう》氏の行重《ゆきしげ》・行宗《ゆきむね》（後、引付衆〈評定衆に次ぐ幕府中枢役職〉）、武藤頼泰《むとうよりやす》（後、引付衆。筑前の大豪族少弐《しょうに》氏の一族）など有力御家人とその子弟ばかりである。

朝重は父武重の将軍御所番衆の地位を継承しており、父祖以来の御家人の地位は、御内人であっても変化無かったのである。

また、『鏡』建長二年（一二五〇）三月一日条に記載の「閑院内裏造営注文《かんいんだいり》」（注文は名簿のこと）に「渋谷三郎入道」・「渋谷左衛門跡」（跡は、ここでは子孫のこと。渋谷左衛門は朝重の父武重か）が見える。さらに建治元年（一二七五）五月付「六条八幡宮造営注文」（『田中穣氏旧蔵典籍古文書』）の相模国メンバーの中に「渋谷入道跡」・「同《（渋谷）》左衛門尉跡」（武重か）が見える。ともに幕府が朝廷から請け負った内裏・神社の造営について、御家人の誰がどこの造営を担当するか、または誰がいくら費用を負担するかを取り決めたものである。このメンバーに加えられていることは、当時、渋谷氏が御家人であったことを示している。特に「六条八幡宮造営注文」は、朝重が処刑された二月騒動の三年後である。

先に渋谷氏について「御家人出身の御内人」と記したが、実態としては、渋谷氏は御家人兼御内人であった。

御内人は御家人である

そもそも、長崎（平）・諏訪・尾藤・安東・工藤・金窪《かなくぼ》といった幕政にも地位を得た著名な御内人は、すべて御家人であった。源頼朝の側近梶原景時《かじわらかげとき》を初代とする侍所所司《しょし》は義時期以降、彼ら御内人の就任する職となっていたのである（『沙汰未練書』など）。侍所所司のような幕府上級役職や将軍近臣の側面を持つ番衆となっているのであるから、御内人であることは、御家人たる身分に何らの影響も無かったといって良い。

たしかに御内人は御家人である北条氏得宗の家臣なのであるから、将軍からすれば陪臣である。しかし、「陪臣」という言葉で今日の我々が想像するような確固とした差別は、硬直化した近世武家社会の主従制においてのものである。中世前期においては、複数の主人を有することは普通のことであった。このような、いわばルーズな主従意識が通常であった鎌倉時代には、御内人となった御家人にとって、得宗の家臣であることが御家人であることと何ら矛盾して意識されることはなく、したがって他の御家人（外様）より低位置にあったとは考えられないのである。

では、もともと御家人である御内人は、なぜ同じ御家人である北条氏得宗の家臣となったのであろうか。御家人は、鎌倉将軍の直属の家臣であるという点で対等である。だが、各御家人の持つ武士団の規模には、頼朝期から大きな格差があったことは、よく知られている。

たとえば、文治五年（一一八九）七月二十五日、奥州合戦で陸奥に侵攻する途中に泊まった下野の宿で、同国最大の武士団小山氏の当主政光《まさみつ》と会見した頼朝は、自分に近侍していた武蔵国御家人熊谷直家《くまがいなおいえ》を源平合戦の時、一ノ谷合戦などで命を捨てるような戦いを何度もやってのけたことを理由に「本朝無双の勇士」と政光に紹介した。これに対し政光は、「ご主君のために命を捨てるなどということは、勇士であれば皆思っていることです。どうして直家一人に限りましょうか。ただ、直家のような者には、世話をしてやっている郎従《ろうじゅう》（家臣）がいないので、自分で戦い手柄を立てて、名を上げているに過ぎません。私のような者は、合戦には郎従を行かせ、それによって忠義を尽くしているのです（君のために命を棄《す》つるの条、勇士の志す処なり。いかでか直家に限らんや。ただしかくの如きの輩は、顧眄《こべん》の郎従無きにより、直に勲功《くんこう》を励まし、その号を揚ぐるか。政光の如きは、ただ郎従等を遣はし、忠を抽んずばかりなり）」と反論した（同日条）。著名なエピソードであるが、頼朝期、つまり最初から御家人には規模の格差が存在したことをよく示している。

また、源氏将軍家の外戚北条氏、頼朝の乳母の家比企《ひき》氏、頼朝の近臣梶原景時など、武士団としての規模は然《さ》して大きく無かったが、将軍との個人的な関係によって幕政に大きな力を持ったタイプの有力御家人もあった。

源頼朝の時代から、御家人の間には格差が存在したのである。

派閥から主従へ―鎌倉御家人制の矛盾―

しかも、鎌倉幕府の直接支配領域である東国（本州東部）では、御家人とその家臣以外の武士には存在する余地が無かった。よって、東国は、いわば御家人だらけなのであり、西国（本州西部および四国・九州）と違い、御家人たることには然したるブランド価値は無かった。ゆえに、鎌倉初期から有力御家人を中心とする御家人の派閥化が進行したのである。

たとえば、建仁三年（一二〇三）九月二日条で、北条時政の命を受け時政邸で比企能員《よしかず》を殺害した天野《あまの》遠景《とおかげ》（民部入道蓮景。伊豆）・新田《にった》忠常《ただつね》（伊豆）は、北条時政の派閥構成員である。

単純化すれば、建仁三年比企の乱は北条時政の派閥と比企能員の派閥の、建保元年（一二一三）和田合戦は北条義時の派閥と和田義盛の派閥の、宝治元年（一二四七）宝治合戦は北条時頼の派閥と三浦泰村の派閥の戦いということができる。

そしてこの有力御家人を頂点とする御家人派閥構成員の中から、さらに進んで派閥領袖《りょうしゅう》たる有力御家人の家臣となる者が出現するのである。

これには得宗外戚安達氏の家臣玉村氏、問注所執事太田氏の家臣藤田氏など、いくつかの具体例があるが、ここでは相模の有力御家人佐原《さわら》流三浦氏の家臣深沢氏の例を紹介しようと思う。

三浦本家であった義澄《よしずみ》系が宝治合戦で滅亡した後、新たな三浦本家となった義澄の弟義連《よしつら》の系統が佐原流三浦氏である。この系統は、戦国時代に北条早雲に滅ぼされるまで、相模の有力豪族であり続けた。

『建治三年記』によれば、建治三年（一二七七）十月十四日、鎌倉郊外山内にある建長寺の前で佐原流三浦頼連《よりつら》とその甥杉本《すぎもと》宗明《むねあき》（一二九頁「三浦氏系図」）の家臣深沢左衛門尉某が乗り合って争いになり、深沢が三浦の下人《げにん》に殺害されるという事件が起こった。

「乗り合い」とは、馬や牛車《ぎっしゃ》などの乗り物に乗って路上で出会うことであるが、騎馬の場合、格下の者が下馬して横によけ、格上の者はそのまま通り過ぎるのが作法であった。だが、実際にはどちらの格が上か下かで争いになることがあり、この争いも「乗り合い」と言った。この事件は典型例である。深沢を殺害した下人の主人である三浦頼連は十二月二十五日、陸奥国津軽への流刑が評定（当時の幕府最高議決機関）で決定している。

この時殺された深沢某は、相模鎌倉党メンバー深沢氏の一族と考えられるが、深沢氏は渋谷氏と同じく建保元年和田合戦で和田方に属し、景家《かげいえ》が捕虜となっている。

つまり、渋谷氏が和田合戦で没落した後、北条氏得宗に仕え、御内人となったのと同様に、深沢氏は佐原流三浦氏の家臣になったと考えられるのである。

建治三年に殺された深沢某が左衛門尉という官職に任官していること、深沢を直接殺害したわけではない三浦頼連が津軽流刑という重い処分を受けたことは、深沢が御家人であったことの証拠といえよう。

だが、『建治三年記』は、十月十四日条では深沢を杉本の「郎等《ろうどう》」、十二月二十五日条では「郎従」と記している。郎等（郎党）・郎従はともに武士の家臣の一種であるが、この事例でもわかる通り、少なくとも鎌倉期には同じものを指しており、しかも武士の家臣の主体であった。

いわば、御内人は〝御家人である北条氏得宗の郎従＝郎等（郎党）である御家人〟のことであるが、有力御家人佐原流三浦氏も深沢氏という〝御家人である佐原流三浦氏の郎従＝郎等（郎党）である御家人〟を有していたのである。――これは説明が逆かもしれない。むしろ、〝有力御家人の家臣となった御家人の一例が、北条氏得宗の御内人である〟というべきであろう。ただ、御内人は主人である得宗が突出した権威・権力を手にしたため、幕政上でも大きな影響力を持つに至ったのである。

相模国御家人渋谷氏を主なモデル・ケースとして、北条氏得宗の家臣「御内人」の実態を考察してきた。その結論は、次の三点である。

① 御内人は、同時に御家人である。

② 〝御家人の家臣となった御家人〟は御内人に限らず、北条氏得宗だけではなく、有力御家人には、御家人を家臣としているものがあった。むしろ、御内人は〝御家人の家臣となった御家人〟の一例というべきである。

③ 御内人を含め、〝御家人の家臣となった御家人〟は、御家人としての地位はそのまま維持された。しかし、建治三年に起きた三浦頼連と深沢某の乗り合い事件は、三浦が甥の郎等＝郎従である深沢に下馬を要求し、自身も御家人である深沢がこれに反発したことが原因と考えられる。つまり、この事件はⒶ〝御家人の家臣となった御家人は、それでも御家人であることに変わりない〟という深沢の論理と、Ⓑ〝御家人の家臣となった御家人は、御家人であっても郎等・郎従である〟という三浦の論理の衝突に起因すると推定される。閑院内裏・六条八幡宮造営の負担を幕府が御内人にも課していることや、御内人が侍所所司・番衆などの幕府の役職に就任していることなどから、Ⓐの論理が鎌倉幕府の公式見解であったことは明らかであろう。だが、御家人の間にはⒶ・Ⓑ、二つの論理が同時に存在していたことも事実である。ここに、鎌倉幕府御家人制・鎌倉期武家社会の矛盾を見出すことができるのである。

参考文献

『新修 渋谷区史』中（一九六六年）
細川重男『鎌倉政権得宗専制論』（吉川弘文館、二〇〇〇年）
細川重男『鎌倉北条氏の神話と歴史』（日本史史料研究会、二〇〇七年）
細川重男「乗り合い殺人事件—鎌倉後期における御家人制の実状—」（日本史史料研究会編『日本史のまめまめしい

知識』一、岩田書院、二〇一六年）
安田元久編『吾妻鏡人名索引』（吉川弘文館、一九七一年）

コラム　相模武士の姿❶

鎌倉景正　かまくら　かげまさ

生没年未詳

久保田和彦

鎌倉権五郎景正は桓武平氏出身であるが、その系譜は系図により異同があり、諸説がある。南北朝期に洞《とう》院公定《いんきんさだ》によって編纂された『尊卑分脈《そんぴぶんみゃく》』によると、平高望《たいらのたかもち》の次男義兼《よしかね》または末子良茂《よしもち》より四代目に「景正」と記され、大庭景義《おおばかげよし》・景親《かげちか》、梶原景時《かじわらかげとき》は景正の曽孫に配されている。また、続群書類従第六輯上所収の『桓武平氏系図』によると、平高望の末子良文《よしふみ》より四代目に「景政」と記されている。父親の名前も『尊卑分脈』では「鎌倉権守景成」、『桓武平氏系図』では「平子民部大夫景道」と記され一致しない。

近世初期に成立した『奥州後三年記』（群書類従第二〇輯）によると、景正は一六歳で八幡太郎源義家《みなもとのよしいえ》にしたがって後三年合戦（一〇八三～八七）で奮戦し、清原武衡《きよはらのたけひら》の家臣である鳥海弥三郎《とのみのやさぶろう》に右眼を射られ、矢は首を貫き兜《かぶと》に達すという重傷を負うが、そのまま敵を追撃してこれを射殺し、帰陣して兜を脱ぎあおむけに倒れた。同じ相模国の三浦の平太為次《ためつぐ》が土足で景正の顔を踏んで矢を抜こうとすると、景正は為次の鎧の胴の草摺をつかんで、為次を下から刀で突き刺そうとした。為次が驚いてその理由を聞くと、景正は「弓矢にあたって死ぬのは武士の本望であるが、生きながら土足で顔を踏まれるのは恥辱である。よって、あなたを敵として殺そうと思う」と答えたので、為次は舌を巻いて絶句し、膝をかがめ膝で景正の顔を押さえて矢を抜いた。この事を伝聞した多くの人々は、景正の高名はますます並びないものとなろうと感心したという。

長治年間（一一〇四～〇六）、景正は相模平野の南部にあたる高座郡《たかくらぐん》大庭郷の未開地を開発し、その開発私領を永久五年（一一一七）伊勢皇大神宮に寄進し、大庭御厨が成立した。景正の子孫は下《げ》司《し》職《しき》を世襲し、景正の孫景忠は「大庭平太」を名のる。大庭御厨の四《しい》至《し》は、東は鎌倉郡玉輪荘《たまなわのしょう》、西は神郷《しんごう》（寒川町）、南は海、北は大牧埼《おおまきさき》で、田地面積は久安元年（一一四五）に九五町、中世には約一五〇町ほどであった。景正の

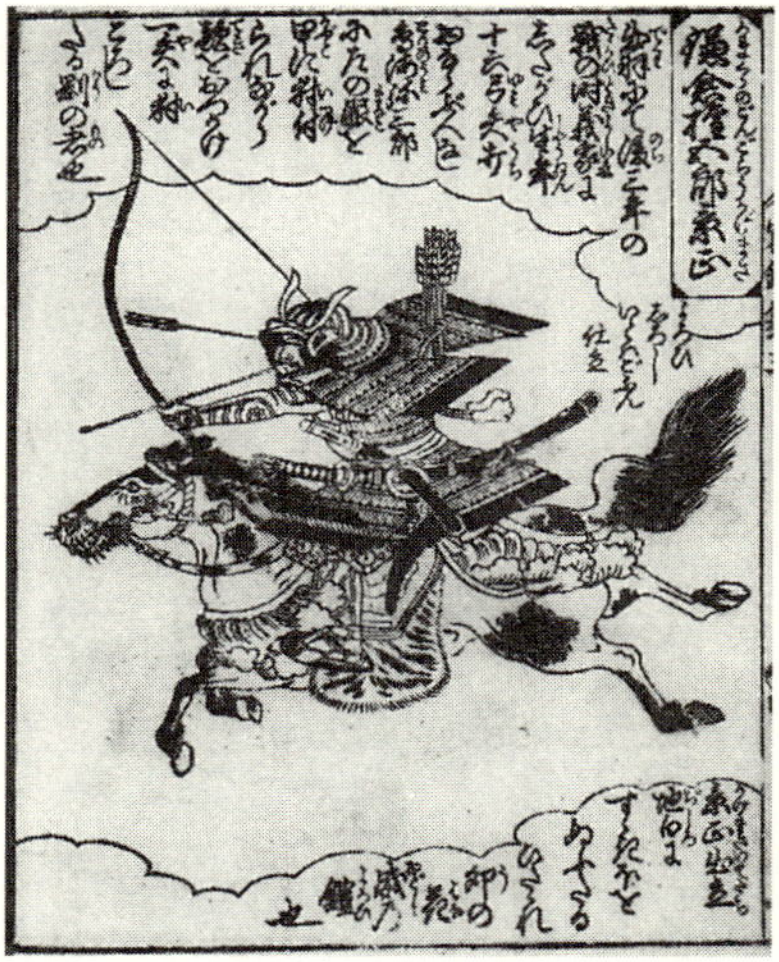

鎌倉権五郎景正（『絵本写宝袋武者尽』）
目を射られた姿が描かれている．

子孫は長江（葉山町）・香川（茅ヶ崎市）を、一族は梶原（鎌倉市）・長尾（横浜市戸塚区）・俣野（藤沢市）などを称しているので、鎌倉氏は相模国鎌倉郡・高座郡・大住郡などの中央部に大きな勢力を有したといえる。

大庭御厨は伊勢神宮の荘園として順調に開発が進み、内部には鵠沼《くげぬま》郷・殿原《とのばら》郷・香川郷など一三郷が新たに成立した。伊勢神宮内神宮文庫には、天養（一一四四～四五）の年号を表題とする記録『天養記《てんようき》』が所蔵されている。『天養記』は、天養元年九月と十月の二度におよび、鎌倉の館を本拠とした源義朝が相模国在庁官人と結託して大庭御厨に侵入・蹂躙した事件に関する一〇通の文書を集成した記録である。『天養記』によると、源義朝は、大庭御厨内の鵠沼郷が鎌倉郡内であることを認めた庁宣《ちょうせん》（相模守が発給した命令文書）が存在するので、鵠沼郷は義朝の私領であり、収穫物は義朝に提出せよと主張する。義朝は家人安行《やすゆき》および在庁官人を鵠沼郷に侵入させ、大豆・小豆などの作物を刈り取り、住人らに乱暴を加えた。

十月二十一日の侵入事件には、田所目代源頼清・在庁官人清原安行・三浦庄司吉明・中村庄司宗平・和田庄司助弘らが所従千余騎を率いて参加しており、大庭御厨の開発領主鎌倉景正の孫で御厨下司をつとめた大庭景宗は義朝の軍事力に圧倒され、大庭景宗の子である景義・景親兄弟は、保元元年（一一五六）に都で起こった保元の乱に義朝の配下として参戦している。

鎌倉市坂ノ下に鎮座する御霊神社、通称権五郎神社は鎌倉景正を祭神としている。創建年代は不明である。本来は鎌倉の開発領主である鎌倉氏一族の霊を祀るため創建されたが、鎌倉・梶原・村岡・長尾・大庭の五氏の霊を祀った五霊神社が御霊信仰の広がりによって御霊神社に転じ、鎌倉権五郎景正の一柱に祭神が集約され権五郎神社の通称が生まれたと考えられる。

II 南北朝動乱と相模武士

——『太平記』の世界——

第1章　元弘・建武の乱と相模

高橋典幸

東国交通の拠点鎌倉

鎌倉幕府の滅亡からの約六〇年間は、全国各地で戦乱があいつぐ「内乱の時代」であった。中でも、後醍醐《ごだいご》天皇の挙兵から鎌倉幕府滅亡に至る戦い、足利尊氏《あしかがたかうじ》の建武《けんむ》政権離反から南朝・北朝の分立に至る戦いは、それぞれ元弘《げんこう》の乱・建武の乱と呼ばれ、政権交代をともなう大きな戦乱であった。さらに元弘の乱・建武の乱で注目されるのは、鎌倉が何度も戦火に見舞われたことである。後述するように、元弘・建武の乱の五年間で鎌倉では八度も攻防戦が行なわれており、これは鎌倉の歴史の中でも他に例を見ない事態である。

鎌倉幕府が成立し、鎌倉がその拠点に定められると、多くのヒトやモノがこの相模国の東南に偏した地に集まってくるようになった。そうしたヒトやモノの流れは、鎌倉を起点とする交通路の整備をもたらした。陸路に即していえば、それは東海道と鎌倉街道という幹線道路として現われた［川合二〇一〇、高橋二〇一三］。東海道は古代以来の幹線道路で、京都から東進する場合、相模国府《こくふ》（現神奈川県平塚市）から北上して武蔵《むさし》国府（現東京都府中市）へ向かう経路がそれまではメインルートであったが、鎌倉幕府成立以後は相模国府から直接鎌倉に到るルートが整備され、鎌倉は東海道と直結することになった。一方の鎌倉街道は鎌倉から北へ向かう三本の幹線道路の総称で、上道《かみつみち》は武蔵・上野《こうずけ》を経由して東山道や奥大道《おくのたいどう》に接続し、中道《なかつみち》と下道《しもつみち》はそれぞれ下《しも》野《つけ》・常陸《ひたち》を経由して奥州に向かっていた。元弘・建武の乱では、多くの軍勢が鎌倉をめざして、東海道や鎌倉街道を行き交ったのである。

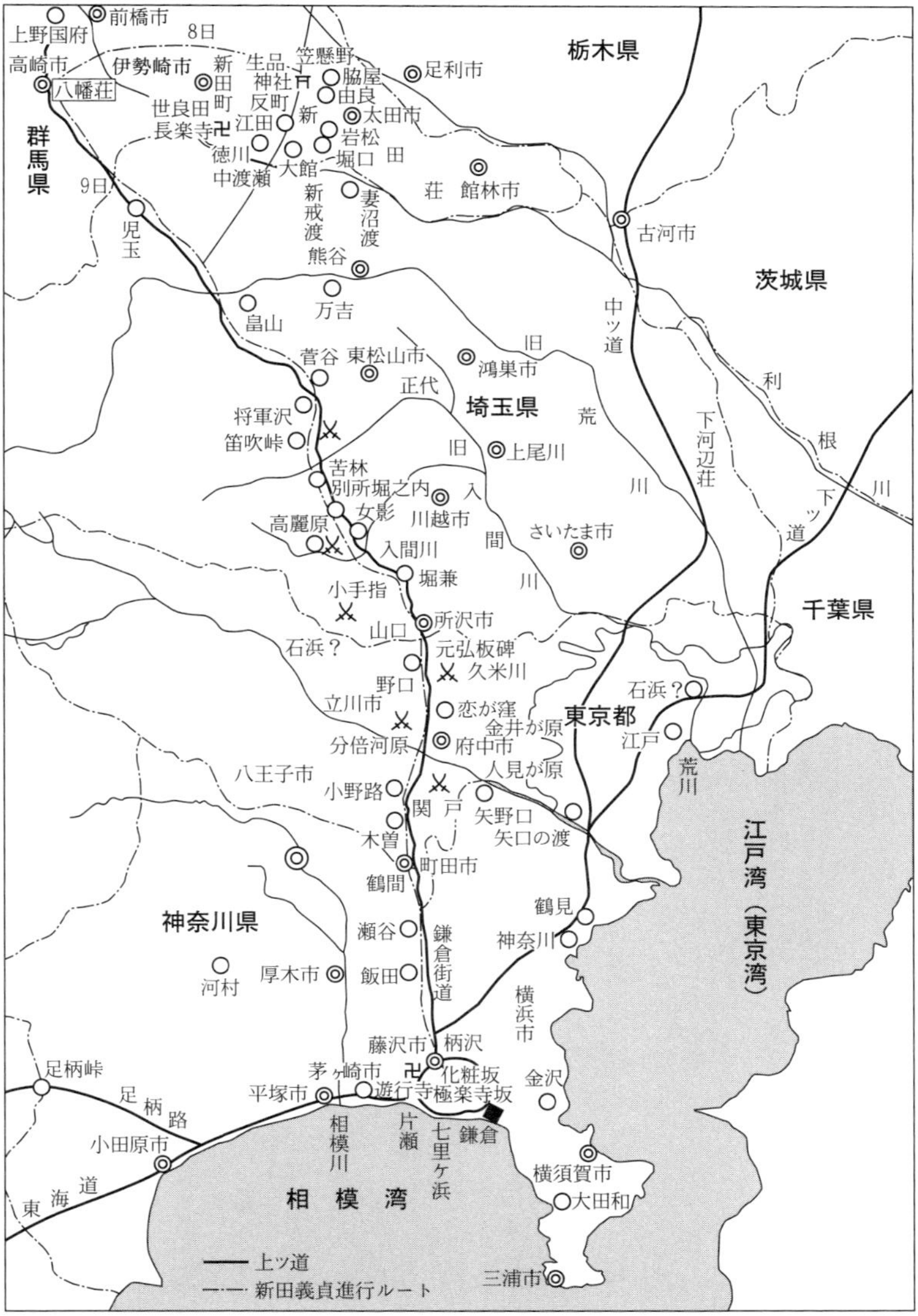

東国交通図（関幸彦編『武蔵武士団』より，一部加筆）

以下、元弘・建武の乱の政治情勢にも留意しながら、鎌倉や相模における戦乱の様子を具体的にみていこう。

元弘の乱

元弘の乱は、元弘元年（一三三一）八月、倒幕計画が発覚した後醍醐天皇が京都を脱出して、笠置《かさぎ》山《やま》（京都府相楽郡笠置町）に立て籠もったことに始まる。鎌倉幕府は承久の乱の例にならって、東国から大軍を派遣し笠置山を包囲、後醍醐を捕らえて隠岐島《おきのしま》に流した。その後も畿内では楠木正成《くすのきまさしげ》や護良《もりよし》親王らのゲリラ活動が続いたため、元弘三年三月、再び幕府は足利尊氏（当時は「高氏」と名乗っており、「尊氏」と改名するのは八月のことであるが、ここでは便宜的に「尊氏」で統一する）・名越高家《なごえたかいえ》を総大将とする大軍を上洛させた。東海道や鎌倉街道は京都をめざして西上する幕府軍であふれたことであろう。

この情勢が一変するのが五月のことである。幕府軍の総大将として上洛していた足利尊氏が反旗を翻して六波羅《ろくはら》攻撃に転じると、関東・九州でも反幕府の火の手が上がり、京都（六波羅探題《たんだい》）・鎌倉・博多（鎮西《ちんぜい》探題）といった拠点がいずれも五月のうちにあいついで陥落し、鎌倉幕府は滅亡してしまったのである。『太平記』は、各地で一斉に反幕府の戦いが起こったことを「六十余州悉く符を合はせたるが如く、同時に軍《いくさ》起こつて、わづかに四十三日の中に滅びけるこそ不思議なれ」と記している。

しかし京都・関東・九州で戦乱がほぼ同時に発生したのは、不思議でも偶然でもなかった。実は上洛中の尊氏は、四月下旬には関東や九州の武士と連絡をとり、幕府打倒を呼びかけていたのである。関東では、四月二十二日（二十七日の可能性も指摘されている）付で、上野の岩松経家《いわまつつねいえ》に北条高時《ほうじょうたかとき》追討を呼びかける尊氏の御内書《ごないしょ》が送られていたことが知られている［峰岸二〇〇五］。この後、岩松経家は五月八日に一族の新田《にった》義貞《よしさだ》らとともに新田荘（現群馬県太田市など）で挙兵していることから、関東の戦乱は京都の尊氏とまさに「符を合はせ」

て（連絡をとって）引き起こされたと見るべきであろう。

新田荘で挙兵した新田義貞・岩松経家らは、その後、周辺の武士を糾合しながら、鎌倉街道上道を南下して鎌倉をめざした。『太平記』によれば、上野ばかりでなく、越後・下野・上総・下総《しもうさ》・常陸・武蔵の武士が集まってきたというが、実際に上野や武蔵・常陸・越後、さらには信濃や伊豆、陸奥《むつ》の武士が加わったことが知られている。また『梅松論《ばいしょうろん》』には、千葉貞胤が鎌倉街道下道を進んで鶴見で幕府方の金沢貞将《かねざわさだゆき》軍を破ったと書かれている。三月までとは一転、鎌倉街道は鎌倉へ外敵を引き入れるルートとなってしまったのである。

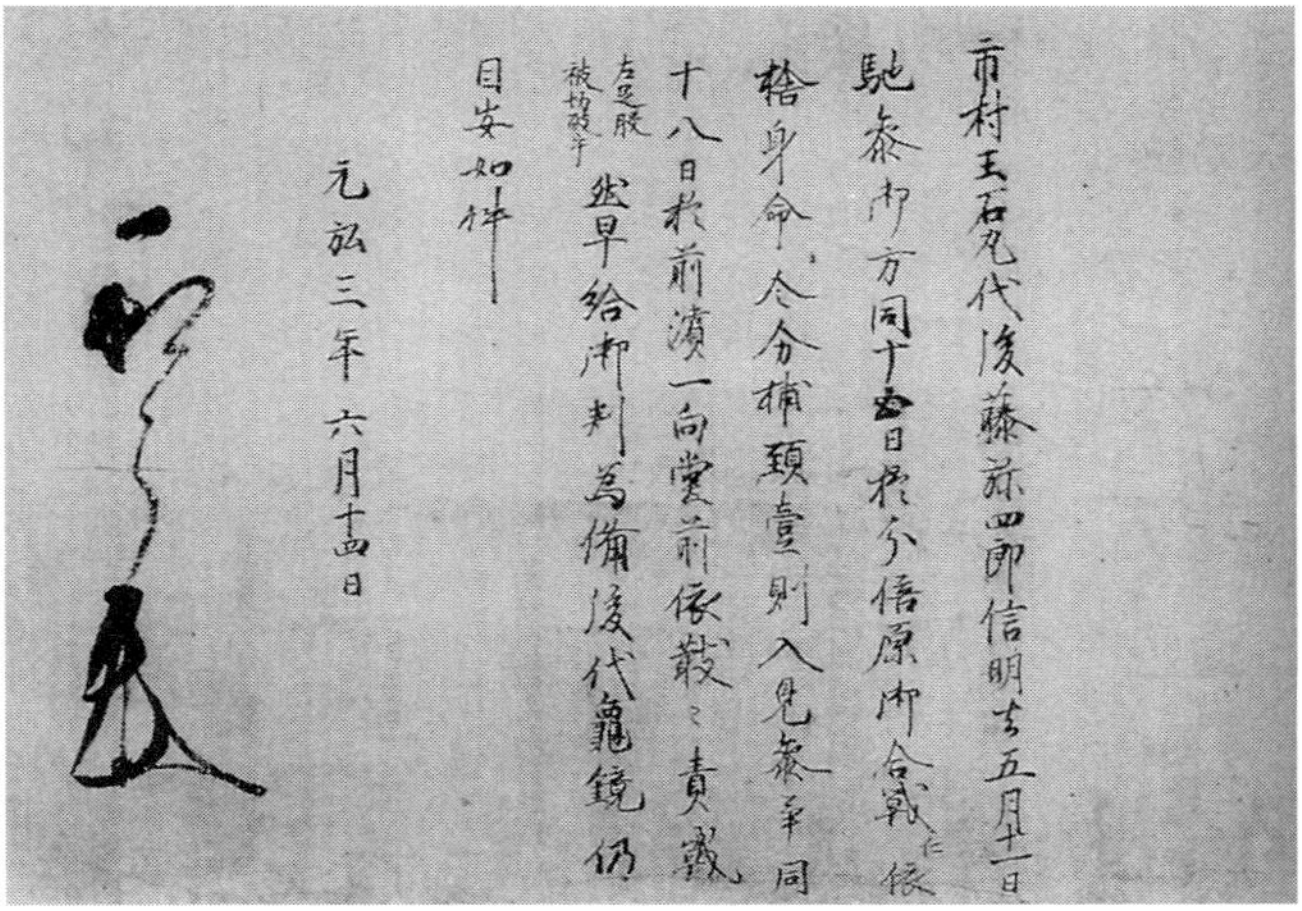
市村王石丸代後藤弥四郎信明去五月十一日
馳参御方同十五日於分倍原御合戦依
捨身命令分捕頸壹則入見参畢同
十八日於前濱一向堂前依致責戦
左足膝被切疵了早給御判為備後代亀鏡仍
目安如件
元弘三年六月十四日

市村王石丸代後藤信明軍忠状

信濃武士による鎌倉攻めの軍忠状に新田義貞が証判を加えている.（由良文書，東京大学日本史学研究室蔵）

新田軍の南下に対して、幕府は北条一門や得宗被官《とくそうひかん》の武士らを送り込んで迎撃を試みるも、五月十一日には小《こ》手指原《てさしはら》（埼玉県所沢市）、翌十二日には久米川《くめがわ》（東京都東村山市）、さらに十六日には分倍河原《ぶばいがわら》（東京都府中市）であいついで敗れ、後退を余儀なくされている。ここで注目されるのは、分倍河原の合戦に安保《あぼ》や長崎などの得宗被官たちとともに派遣された武将に「三浦若狭五郎氏明」が見えることである（『太平記』）。他の史料に三浦氏明なる武将は知られず、これは若狭三郎を名乗った三浦時明《ときあき》のことかと推測されている［横須賀市二〇一二］。三浦時明は検非違使《けびいし》も務めた三浦一門の重鎮であり、彼が分倍河原の合戦に出陣したということは、三浦氏は滅亡直前まで幕府・北条氏にしたがっていたことになる。三浦氏は十三世紀半ばの宝治《ほうじ》合戦で大打撃を受けたものの、なおその勢力には侮りがたいものがあった。とくにその本拠地三浦半島は鎌倉の背後を扼《やく》する位置にあったことは見すごせない。北条氏が最後まで抵抗を試みることができたのも、あるいは鎌倉の背後をおさえる三浦氏の協力があったからかもしれない。

なお分倍河原の合戦では、同じ三浦一族の大多《おおた》和《わ》義勝《よしかつ》が相模勢を率いて新田軍に投じたことが新田軍有利に戦局を導いたとされている（『太平記』）。右に見た三浦時明と対照的で興味深いが、大多和義勝については系図類から跡づけがとれない。

幕府の迎撃軍を破った新田軍は、世《せ》野《や》原《はら》（神奈川県横浜市瀬谷）、村岡（神奈川県藤沢市）、片瀬（同上）と、さらに鎌倉街道上道を南下し、いよいよ五月十八日から鎌倉攻撃に取りかかる。巨《こ》福呂《ぶくろ》坂《ざか》・化《け》粧坂《わいざか》・極楽寺坂・稲村崎などから攻め寄せたが、さすがに鎌倉の守備は固く、各地で激戦が展開された（一三二頁の「鎌倉の合戦関係図」参照）。稲村崎方面では、いったんは前浜・稲瀬《いなせ》川《がわ》まで進入するものの、大将の大館宗氏《おおだちむねうじ》が戦死し、稲村崎まで押し戻されている。

稲村崎・極楽寺坂方面で注目されるのは霊山《りょうぜん》の攻防戦である。霊山とは現在の極楽寺から極楽寺坂の車道を挟んで東南側に位置する丘陵で、元弘の乱当時はここに極楽寺の末寺仏法寺《ぶっぽうじ》（霊山寺）が所在した。霊山は北に向かっては極楽寺坂を見下ろし、東から南にかけては稲村崎から鎌倉へ至る通路を見下ろす絶好の位置にあり、幕府軍はここを拠点に稲村崎から鎌倉に進入しようとする新田軍に矢を射かけたり、また霊山寺の下で合戦が行なわれたりしたことが知られている。近年、霊山の一画、「五《ご》合枡《ごうます》」と呼ばれる平場で発掘調査が行なわれ、十三世紀後半に築かれた土塁が検出された［鎌倉市教育委員会二〇〇三］。「五合枡」遺跡の性格については仏法寺関係の宗教施設とする見解もあるが、霊山の攻防戦では、ここもその舞台になったであろう。

奮戦むなしく、五月二十二日、北条高時一門は葛西谷《かさいがやつ》の東勝寺《とうしょうじ》で自害し、鎌倉幕府は滅亡する。東国における元弘の乱は鎌倉陥落で幕を閉じた。鎌倉をめぐる最初の攻防戦は攻撃側の勝利で終わったのである。

足利尊氏の意図

元弘の乱における鎌倉攻防戦でもう一つ注目されるのは、足利尊氏の嫡子千寿王（のちの室町幕府第二代将軍足利義詮《よしあきら》）の動きである。千寿王は尊氏が幕府軍として上洛した際に、いわば人質として母とともに鎌倉に残されていたのであるが、五月はじめ、ひそかに鎌倉を抜け出し、五月十二日、上野世良田《せらだ》（群馬県太田市）で挙兵したのである［峰岸二〇〇五］。世良田は新田一族世良田氏の本拠地であるが、千寿王の挙兵には世良田満《みつ》義《よし》がしたがっている。おそらく世良田満義も、先にみた岩松経家と同じく、尊氏と連絡をとっていたと見られ、千寿王の鎌倉脱出・世良田での挙兵も尊氏が事前に計画していたと考えられる［田中二〇一五］。

その後、千寿王は新田義貞軍に合流したようであるが、その挙兵は大きな意味を持った。常陸の御家人大塚《おおつか》員成《かずなり》は千寿王が討幕軍に加わったことを聞いて、新田軍に参じ、先にふれた大館宗氏の下で稲村崎攻撃に向かっている（「大塚文書」）。さらに鎌倉陥落後、千寿王が鎌倉二《に》階堂《かいどう》に宿所を定めると、大塚員成はその警固にあたっている。千寿王宿所の警固は、その後も武士たちによって続けられたことが確認される（「秋田藩採集文書」「曽我文書」）。鎌倉攻めの実際の指揮を執ったのは新田義貞であったが、大塚員成のように、千寿王の存在を知って義貞の指揮下に加わった武士は少なくなかったのではなかろうか。その結果、『梅松論』に「さても関東誅伐の事は義貞朝臣、其功を成ところに、いかゞ有けん、義詮の御所四歳の御時、大将として御輿《おんこし》にめされて義貞と御同道有て、関東御退治以後は二階堂の別当坊《べっとうぼう》に御座ありし。諸侍悉四歳の若君に属し奉りしこそ目出けれ」とあるように、鎌倉陥落後は多くの武士が千寿王の下に集まってきたと考えられる。実際、六月三日には千寿王は陸奥の曽我一族に命じて、鎌倉西部の常葉《ときわ》を警固させている（「曽我文書」）。このように早い段階で、千寿王は鎌倉に集まってきた武士たちを指揮下に収め、鎌倉に軍政を布いたのである。

千寿王の挙兵が尊氏の計画によるものだったとすると、尊氏は、千寿王を通じて、鎌倉確保を意図していたと考えられる。六波羅攻め以来、自身は京都を離れることができなかったため、千寿王にいわば分身の役割を期待したのである。七月に足利一族の細川信氏《ほそかわのぶうじ》が関東に下向しているのも（「蒲神社文書」）、千寿王支援・鎌倉確保のため、尊氏の指示によるものであろう（なお『梅松論』流布本に、尊氏が鎌倉攻撃に加勢するため細川和《かず》氏《うじ》・頼春《よりはる》・師氏《もろうじ》三兄弟を下向させたとあるのは、加筆・改作によるものらしい［松島二〇一六］。ちなみに信氏は師氏の息子である）。鎌倉に対する尊氏の並々ならぬ関心がうかがえよう。

この点に関して興味深いのは、元弘三年五月十日、それまで河内千早城《ちはやじょう》攻めに加わっていた甲斐国御家人南《なん》部《ぶ》武行《たけゆき》が関東に下向しようとしたところ、三河矢作宿《やはぎしゅく》（現愛知県岡崎市）で足利一族の仁木《にき》・細川氏や武田氏によって拘束されたという事件である（「南部文書」）。三河は足利氏が守護を歴任した国であり、当時の守護は足利尊氏その人である。また矢作宿は東海道の宿で、守護所が置かれた地でもある。仁木や細川による拘束は尊氏の意を受けた行動と見るべきであろう。すなわち、六波羅攻めの一方で、尊氏は東海道の交通封鎖を行なおうとしていたのである。さらに八月九日には伊豆三島社に禁制を下して、「海道」の路次《ろじ》や宿々における狼《ろう》藉《ぜき》を禁じるとともに、過書《かしょ》（交通手形）を携行しない早馬を認めないことを通告している（「三島神社文書」）。三島も東海道の宿であり、「海道」とはまさに東海道のことである。これらの事例から、尊氏が早い段階から東海道にも関心を寄せていたことがうかがえる。

尊氏の関心はその後の建武政権の地方政策からも読みとることができる。周知のように後醍醐天皇は守護と国司を並置する方針をとったのであるが、東海道諸国の配置状況を見ると、尊氏とその与党によって占められていることに気付くのである。すなわち武蔵・伊豆は守護・国司ないし国主ともに尊氏が兼任し、駿河も同様と考えられている。相模は尊氏の弟直義《ただよし》が国司に任じられ（守護は不設置）、遠江も国務は直義が握り、守護は足利一族の今川範国《いまがわのりくに》が任じられた。三河守護は尊氏、国司は尊氏の執事高師直《こうのもろなお》、尾張も守護は高師泰《もろやす》、国司は足利一族の斯波《しば》高経《たかつね》が任じられたと考えられている。建武政権の地方政策については、後醍醐自身が地域ブロックによる支配を指向した可能性が指摘されているが［伊藤一九九九］、鎌倉に至る東海道諸国については尊氏の意図を考えるべきであろう。

元弘の乱および建武政権期において、尊氏自身は京都を中心に活動したが、その一方で鎌倉の掌握をも構想しており、まずそれを鎌倉現地で実現したのが尊氏の嫡子千寿王であった。さらに尊氏は鎌倉との連絡を確保すべく、東海道の掌握にも乗り出していったのである。元弘の乱に際しては、新田義貞の南下に見られるように、鎌倉街道が果たした役割が注目されがちであるが、東海道の重要性にも注意しておきたい。

鎌倉将軍府

元弘三年十二月、足利直義が鎌倉に下向する。やはり当時四歳の千寿王のみでは荷が重かったのであろう、尊氏は信頼する弟の直義に鎌倉を任せることにしたのである。

これに先立つ十月、陸奥守北畠顕家《きたばたけあきいえ》は後醍醐皇子義良《のりよし》親王を奉じて陸奥多賀《たが》国府《こくふ》に下向し、奥羽統治にあたっている。直義の鎌倉下向もこれにならったものとみられ、直義は十一月に相模守に任じられており、下向に際しては同じく後醍醐皇子成良《なりよし》親王をともなっていた。直義たちには、雑訴《ざっそ》決断所《けつだんしょ》の下で、関東一〇ヵ国（坂東八ヵ国と伊豆・駿河か）を統治することが認められていた。

残された断片的な史料からは、この時期の鎌倉には政所《まんどころ》や小侍所《こざむらいどころ》、大御《おおみ》厩《うまや》などが設置され、多くの武士が廂《ひさし》番衆《ばんしゅう》に組織されていたことが知られる。さらに引付《ひきつけ》が訴訟を行ない、内談《ないだん》や庭中《ていちゅう》などの制度が整備されていたこともうかがわれる。いずれも鎌倉幕府の制度・組織を踏襲したものであり、直義は建武政権内での幕府の再生を意図していたと考えられている［桃崎二〇一四］。実際、当時の人々もそのように認識していたらしい。次節で見るように、中先代の乱に際して直義は鎌倉を退去することになるのであるが、ちょうど同じ時期に金沢称名寺で華厳経《けごんきょう》を講じていた湛叡《たんえい》という僧は、直義は「柳営《りゅうえい》館」を退出していったと記している（「金沢文庫文書」）。「柳営」とは将軍の陣所のことで、転じて幕府を指して用いられた表現である。成良が御所としたのは二階堂小路の二階堂貞藤《さだふじ》邸とされるが（「鎌倉大日記」）、鎌倉周辺の人々にとって、そこは将軍御所とみなされていたのである。研究史上、直義の率いたこの組織が「鎌倉将軍府」と呼ばれる所以である。

もちろん、それは鎌倉幕府の再現ではなかった。先にふれた廂番衆については全番衆三九名の名簿「関東廂番定文《ひさしばんさだめぶみ》」が残っており、その構成員を確認すると、渋川義季《しぶかわよしすえ》や吉良貞家《さだいえ》、上杉重能《うえすぎしげよし》など足利一門や被官が一一名、長井広秀《ながいひろひで》や二階堂行冬《ゆきふゆ》など旧鎌倉幕府吏僚《りりょう》が一五名、河越高重《かわごえたかしげ》や相馬《そうま》高胤《たかたね》など東国武士が九名（その他出自不明者など四名）となっている［湯山二〇一一］。鎌倉幕府で評定衆《ひょうじょうしゅう》や引付衆《ひきつけしゅう》、政所職員を勤めた長井氏や二階堂氏が実務面を担いつつも、足利氏一門が中核を占めていることがうかがえよう。これは廂番衆にとどまらず、鎌倉将軍府全体に通じる傾向と見てよいであろう。鎌倉将軍府は足利氏による組織だったのである。

なお廂番衆の中に三浦時明が加えられていることにも注目したい。先に見たように、鎌倉幕府滅亡直前まで北条氏にしたがっていた時明であるが、まもなく千寿王に参じたらしく、元弘三年七月にはその命を受けて三浦山口（神奈川県横須賀市）に悪党退治に出撃している（「南部文書」）。また三浦介時継《ときつぐ》は建武元年（一三三四）四月に、成良親王の仰せを奉じた直義の下《げ》知状《ちじょう》により、勲功賞として武蔵大谷《おおや》郷・相模河内《こうち》郷地《じ》頭職《とうしき》を与えられている（「宇都宮文書」）。これは次節で見る同年三月の本間・渋谷氏の反乱鎮圧に関わる勲功賞であろう。鎌

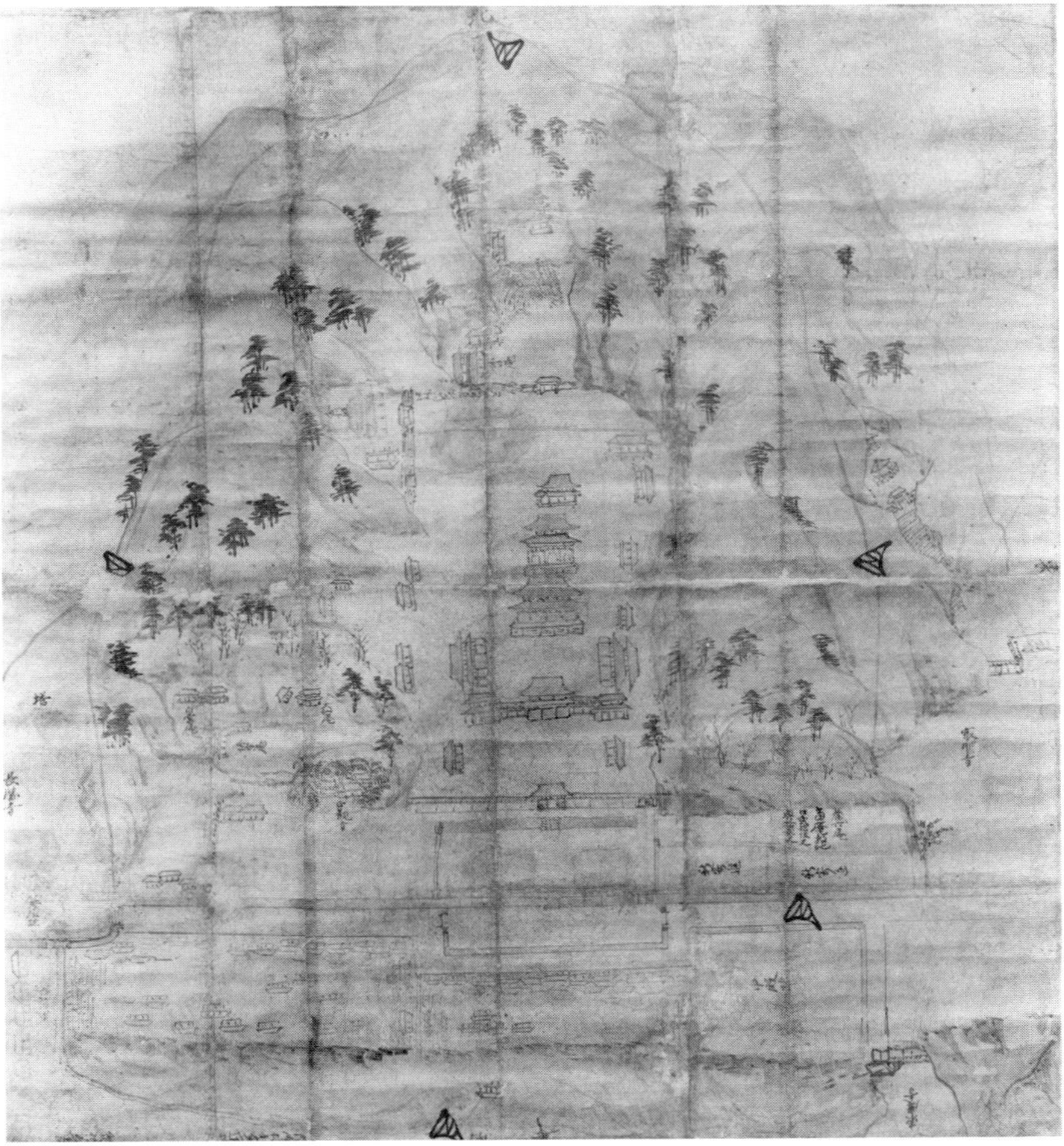

円覚寺境内絵図（円覚寺蔵）と上杉重能の花押

倉将軍府におけるこうした三浦氏の処遇は、先にもふれたように鎌倉を掌握するにあたって三浦氏の協力を得る必要があったこと、実際、三浦氏にはそれに見合うはたらきがあったことを示していよう。

この時期の鎌倉将軍府の活動を示す興味深い史料として、円覚寺《えんがくじ》と浄光明寺《じょうこうみょうじ》に伝わった二点の絵図（「円覚寺境内絵図」「浄光明寺敷地絵図」）を紹介しておきたい。それぞれ円覚寺と浄光明寺を描いたもので、いずれも境内と周辺の「新寄進」や「右馬権助跡　今所望」などと書かれた土地を朱線で囲み、朱線の上には上杉重能の花押がすえられている［大三輪二〇〇五］。鎌倉下向以来、直義は鎌倉の寺社の住持職や供僧職を安堵しており、また尊氏も所領を寄進したりしている。おそらくこの二枚の絵図も、そうした寺領や寄進地の安堵を求めるために作成・提出されたものであろう。花押をすえている上杉重能は廂番衆に名を連ねていることから、これらの絵図は鎌倉将軍府に提出されたものと考えられる。同じ時期、重能は武蔵の守護代（守護は尊氏）や伊豆の国守（国主は尊氏）としても活動していることが知られるが、鎌倉将軍府でも寺社奉行のような役割を果たしていたと考えられる。

中先代の乱

建武新政開始後も世情不安は続き、各地で反乱があいついだ。鎌倉周辺もその例外ではなかった。むしろ相模・武蔵は鎌倉幕府・北条氏の基盤だっただけに、反乱の策源地だったともいえよう。さらに、そうした反乱によって大きく時代が動いていくことになる。

建武元年三月、本間・渋谷一族が相模で蜂起、鎌倉に攻め入るという事件が発生した（『梅松論』『将軍執権次第』）。本間氏・渋谷氏はいずれも相模中部を拠点とする武士で、得宗被官あるいは北条一族大仏《おさらぎ》氏の被官であり、「先代方として謀反を興し」たという（『梅松論』）。「先代」すなわち北条氏の復権をめざして、彼らは鎌倉奪還を狙ったのである。元弘の乱以来、二度目の鎌倉攻防戦となるが、鎌倉将軍府から派遣された渋川義季によって、本間・渋谷氏らは聖福寺《しょうふくじ》で撃退された。聖福寺は鎌倉の西、極楽寺谷近くにあった寺院で、元弘の乱の際には新田義貞が布陣した場所でもある（「円覚寺文書」）。

建武元年には八月にも江戸・葛西氏の反乱が起こっているが（「竹内文平氏所蔵文書」）、より大規模な反乱は翌建武二年七月（六月とする説もある［鈴木二〇〇七］）、信濃諏訪で発生した。北条高時の遺児で、信濃の諏訪氏の下で保護されていた北条時行《ときゆき》が蜂起したのである。「先代」鎌倉北条氏と「当代」足利氏の中間にあたることから、時行の蜂起は中先代《なかせんだい》の乱といわれる。

時行らは信濃から上野に進出すると、鎌倉街道上道を南下、やはり鎌倉をめざした。鎌倉将軍府からは岩松経家・渋川義季らが迎撃に派遣されたが、女影原《おなかげはら》（埼玉県日高市）で敗北、二人とも自害に追い込まれてしまう。その後、武蔵府中で小山秀朝《おやまひでとも》が敗れ、直義みずから出陣した武蔵井出沢《いでさわ》（東京都町田市）でも敗れたため、直義は鎌倉を放棄、成良親王・千寿王をともなって東海道を西へと敗走していく（『梅松論』）。直義と入れ替わるように、七月二十四日、時行は鎌倉を占拠する。三度目の鎌倉攻防戦は攻撃側の勝利となったのである。なお同日、常陸の佐竹義直が武蔵鶴見で時行方に敗れ、討死している（「安得虎子」）。鎌倉街道下道を通って鎌倉の救援に駆けつけようとしたのであろう。

時行軍には、北条一門の残党や得宗被官だけでなく、少なからぬ東国武士もしたがっていた。実は鎌倉将軍府からも時行に与同する者が出ており、これまで何度かふれた三浦時明や時継も時行に投じている。その他、宇都宮氏や千葉氏などにも時行軍に加わった者がいたことが知られている。彼らが時行の挙兵にしたがった理由はさまざまであろうが、東国には北条氏の復権をめざす勢力があったことがうかがわれる。八月十二日、時行は「関東静謐《せいひつ》」を謳いつつ、鎌倉法華堂の寺領を安堵しているが、それはかつての得宗家公文所奉書《くもんじょほうしょ》と似た

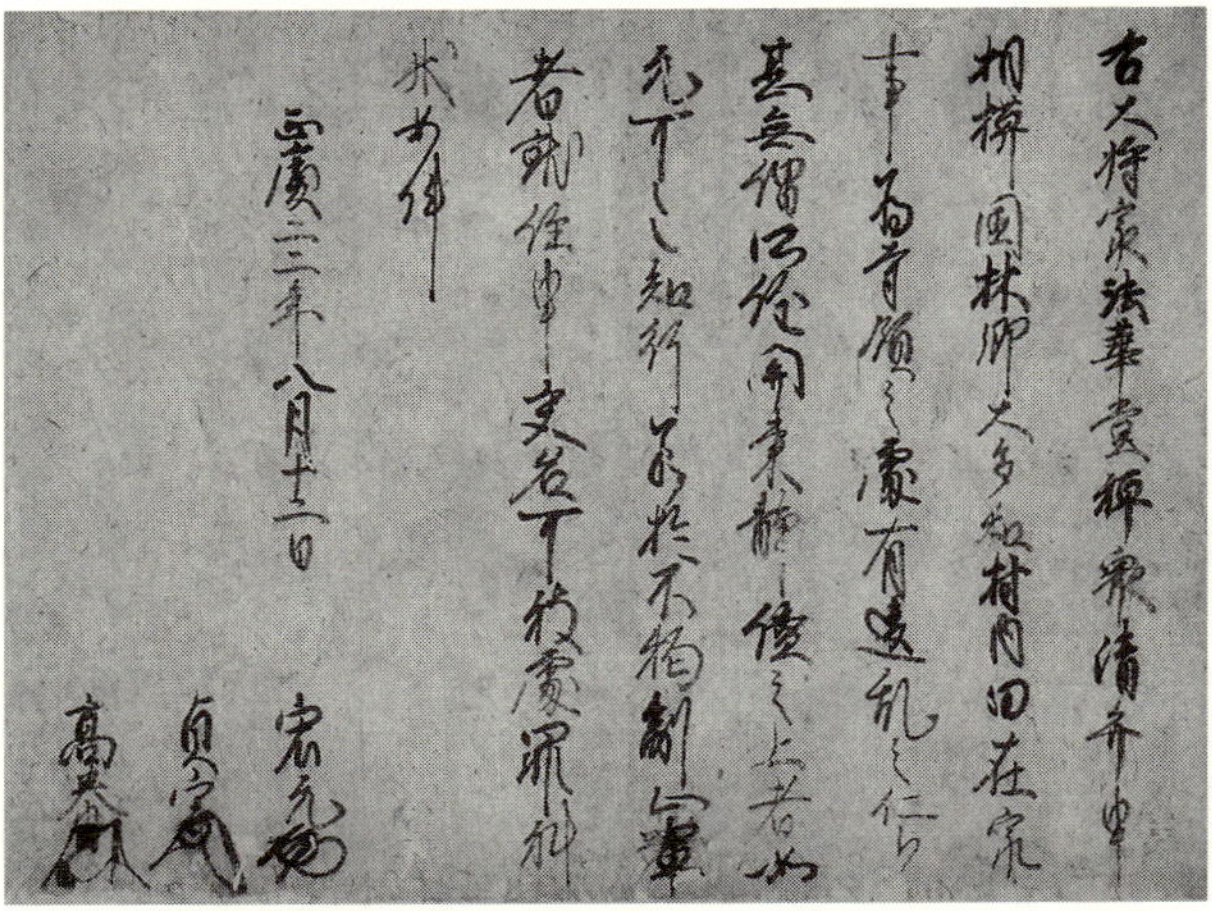

北条時行奉行人連署安堵状
年号が「正慶四年」とされている.（法華堂文書, 明王院蔵, 横須賀市提供）

様式の文書であり、日付には北条氏が最後まで使っていた「正慶」年号が復活していた（「法華堂文書」）。

　しかし時行の「関東静謐」も長続きはしなかった。周知のように、直義救援のため、足利尊氏が関東に下向したのである。後醍醐天皇の出兵許可がなかったにもかかわらず、佐々木《ささき》道誉《どうよ》や小笠原《おがさわら》貞宗《さだむね》、土岐《とき》貞頼《さだより》ら多くの武士がしたがっていた。八月二日に京都を出発し、途中三河矢作で直義と合流すると、遠江橋本・駿河小《さ》夜中山《よのなかやま》・駿河国府・箱根で時行勢を撃破しながら東海道を東下、十八日には相模川、翌十九日には辻堂《つじどう》（神奈川県茅ケ崎市）・片瀬《かたせ》原《はら》（神奈川県藤沢市）でも勝利をおさめ、鎌倉奪還に成功する。北条時行は逃亡、また三浦時明は討死、三浦介高継は海路逃れてたどり着いた尾張熱田浦で捕らえられ、京都で処刑された。四度目の鎌倉攻防戦は、またもや攻撃側の勝利に終わったのである。

　中先代の乱については、その後の動向も重要である。先にふれたように後醍醐天皇は尊氏の出兵を認めなかったが、その後、彼を征東将軍に任じ、無断出兵を追認した。さらに鎌倉攻略後の八月三十日には尊氏を従二位に叙して、その功績を認めている。それに対して、尊氏の方は軍功のあった武士たちに独自に恩賞を与え始めるようになる。さらに十月になると、それまで宿所としていた二階堂の屋敷から、若宮小路の鎌倉将軍御所跡に移っている。こうした動きは、周囲の人々には尊氏が幕府を再興しようとしていると映ったであろう。実際、尊氏のことを「将軍」と呼ぶ者も現れていた。

幕府再興の危険を察知した後醍醐は勅使を鎌倉に派遣して、恩賞給与をやめることと即時帰京を尊氏に命じた。これに対して、尊氏自身は葛藤を抱いたようであるが、結局のところ応じることはなかった。十一月十九日、ついに後醍醐は尊氏を叛逆者とみなし、鎌倉に向けて新田義貞ら追討軍を発する。尊氏と後醍醐の戦い、建武の乱の幕が切って落とされたのである。

以上のように、中先代の乱は東国における一反乱事件たるにとどまらず、建武の乱の呼び水になったという点でも、画期的な事件であった。

なお尊氏が独自に恩賞を与えた武士の一人に、三浦時継の子三浦高継《たかつぐ》がいる。先に述べたように時継は鎌倉将軍府に離反し、最後は処刑されたのであるが、高継には三浦大介職の地位以下、時継本領の継承が認められているのである（「宇都宮文書」）。高継は父と袂を分かち足利方としてそれなりの勲功を挙げたのであろうが、それでもこの措置は注目される。これまで何度も見てきたように、尊氏にとっても鎌倉という地を掌握するにあたっては、三浦氏の存在が大きかったことがうかがわれる。

建武の乱と鎌倉

後醍醐の尊氏追討令以後、新田義貞らの東下、箱根・竹之下の合戦後は一転して尊氏の反攻・上洛、京都での攻防戦と尊氏の九州没落、さらに尊氏の復活・東上と再度の京都攻防戦というように、建武の乱はめまぐるしく展開する。関東でも鎌倉をめぐる攻防戦がこれまで以上に活発化する。

尊氏追討令は陸奥多賀国府の北畠顕家にも伝えられた。京都から東下する新田義貞とともに、鎌倉の尊氏を挟撃しようとしたのであろう。しかし顕家軍の出陣は十二月下旬に遅れ、挟撃作戦は実現しなかった。顕家は、義貞を追って西上する尊氏をさらに追撃することになるのだが、その途中、鎌倉にも一撃を加えた。建武二年末から翌年はじめのことである。

尊氏西上後の鎌倉には千寿王が残されていた。とはいえ直義はじめ多くの武将が尊氏にしたがっていたので、顕家の襲撃を受けた際、鎌倉にはわずかな兵力しかいなかったであろう。この危機を救ったのは足利一族斯波家長《いえなが》であった。家長は建武二年八月、北畠顕家を牽制するために奥州に派遣されていたのであり、相馬氏など奥州の武士を率いて顕家を追いかけてきたのである。奥州からの路次、おそらくは鎌倉街道上でも戦闘は続けられ、そのまま鎌倉でも合戦が行なわれたが、尊氏追撃を急ぐ顕家は、あまり鎌倉には深入りしなかったようである。建武三年（二月末に後醍醐天皇は「延元」に改元しているが、本稿では便宜的に建武年号で統一する）正月十三日には近江に入っている。一方、斯波家長は顕家追撃を断念し、そのまま鎌倉にとどまり、千寿王の補佐にあたることになる［原田二〇〇三］。

しかし、息つく暇もなく、三月下旬、再び鎌倉は戦火に見舞われる。「先代合戦」（「長門山内首藤家文書」）といわれているように、攻め寄せてきたのは北条氏の残党であった。二月に信濃で蜂起した「北条大夫四郎」（北条高時の弟泰家《やすいえ》に比定する説もある）らが鎌倉に攻め入り、「浜表」（由比ガ浜）などで合戦が行なわれている［鈴木二〇一五］。興味深いのは、足利一門の吉良貞家が鎌倉の救援に赴いていることである。貞家は鎌倉将軍府で廂番衆を勤めていたが、尊氏の西上にしたがい鎌倉を離れていた。途中で尊氏本隊と別れ、建武三年二月頃まで三河・美濃・尾張周辺で軍事活動に携わっていた［松島二〇一六］。おそらく、その過程で信濃における北条氏残党蜂起の動きを察知し、鎌倉の救援に向かったのであろう。中先代の乱の再現のような事件であるが、吉良貞家の来援や斯波家長の指揮などにより、今回は足利方が撃退に成功した。

四月半ば、さらに鎌倉は外敵の襲撃に襲われる。北畠顕家の第二次襲撃である。この年はじめに鎌倉に一撃を加えて上洛した顕家は、園城寺をはじめ各地で足利方を破り、尊氏を九州に追い落とすことに成功した。その功を賞されて、鎮守府将軍・権中納言に任じられた後、奥州に帰還すべく京都を出発したのであるが、その帰路、再び鎌倉を襲ったのである。鎌倉では斯波家長・吉良貞家が中心となって防戦にあたったが、片瀬で相馬泰胤《やすたね》が、法華堂下で相馬重胤《しげたね》が自害するほどの激戦が展開された（「相馬岡田文書」「相馬文書」）。さらに犬懸《いぬかけが》谷《やつ》にあった醍醐寺僧隆舜《りゅうしゅん》の坊舎も顕家軍の乱入を受け、本尊や聖教《しょうぎょう》類ともども焼き払われてしまったが、顕家軍は「若御前御坐之所」として隆舜の坊舎を襲ったという（「醍醐寺文書」）。今回も顕家は短期間で鎌倉を離れたと見られるが、顕家の狙いが「若御前」千寿王にあったことは明らかである。

その後、顕家の奥州帰還にともない、東国での戦乱はしばらく常陸・下野方面に移る［原田二〇〇三］。しかし建武四年八月、顕家が再び上洛を開始すると、情勢が一変する。前回の上洛時とは異なり、京都はすでに足利方に抑えられ、尊氏が擁立した光明天皇が即位しており、後醍醐天皇は吉野に逃れていた。この劣勢を挽回すべく、後醍醐は再び顕家に上洛を命じたのである。

陸奥霊山《りょうぜん》（福島県相馬市・伊達市）を出発した顕家は、下野で小山氏や上杉憲顕《うえすぎのりあき》などと交戦しつつ上野に進出、さらに利根川や武蔵安《あ》保《ぼ》原《はら》（埼玉県児玉郡神川町）などでも戦闘を繰り広げながら、またもや鎌倉をめざして鎌倉街道上道を南下した。『太平記』によれば、途中入間《いるま》川《がわ》で新田義貞の子徳寿丸（のちの義興《よしおき》）が顕家軍に加わり、さらに中先代の乱後、姿をくらませていた北条時行が伊豆で挙兵し、顕家と連絡をとりながら、足柄・箱根方面から鎌倉に攻め込んだという。鎌倉では飯島や杉本、小坪、前浜、腰越《こしごえ》などで合戦となり、斯波家長は自害、千寿王も三浦へ退避する事態となっている（「大国魂神社文書」「元弘日記裏書」等）。足利方にとって、建武の乱における鎌倉攻防戦でもっとも大きな被害が出たことがうかがわれる。ただし上洛を急ぐ顕家

杉本寺本堂

軍は、建武五年正月二日には鎌倉を離れ、東海道を西上していった。また足利方の高重茂《こうのしげもち》らが顕家軍を追撃していった。

建武の乱では東国各地で戦いがくり広げられたが、やはり鎌倉は争乱の焦点であった。中でも注目されるのは北畠顕家の動きである。顕家が鎌倉街道で戦闘を続けながら南下してくることによって、奥州や東国の戦いが鎌倉に持ち込まれることになった。また顕家が東海道を往復することによって、鎌倉は常に京都の争乱にも巻き込まれたのである。

しかし、四度にわたる外敵の襲撃を受けながらも、それまでとは異なり、建武の争乱では足利方が鎌倉を手放すことがなかったことは重要である。顕家が京都に去って半年後、建武五年七月、千寿王は大軍を率いて三浦から鎌倉に帰還している（「鶴岡社務記録」）。足利方は関東における橋頭堡《きょうとうほ》を確保したのであり、鎌倉は続く南北朝内乱を戦う拠点となっていく。

参考文献

伊藤喜良『中世国家と東国・奥羽』（校倉書房、一九九九年）
大三輪龍彦編『浄光明寺敷地絵図の研究』（新人物往来社、二〇〇五年）
鎌倉市教育委員会編『五合枡遺跡（仏法寺跡）発掘調査報告書』（二〇〇三年）

川合　康「鎌倉街道上道と東国武士団」（『府中郷土の森博物館紀要』二三号、二〇一〇年）
鈴木由美「中先代の乱に関する基礎的考察」（阿部猛編『中世の支配と民衆』同成社、二〇〇七年）
鈴木由美「建武三年三月の『鎌倉合戦』」（『古文書研究』七九号、二〇一五年）
高橋一樹『東国武士団と鎌倉幕府』（吉川弘文館、二〇一三年）
田中大喜『新田一族の中世』（吉川弘文館、二〇一五年）
原田正剛「鎌倉府成立に関する一考察」（『中央史学』二六号、二〇〇三年）
松島周一『鎌倉時代の足利氏と三河』（同成社、二〇一六年）
峰岸純夫『新田義貞』（吉川弘文館、二〇〇五年）
桃崎有一郎「建武政権論」（『岩波講座日本歴史第七巻 中世二』岩波書店、二〇一四年）
山本隆志『新田義貞』（ミネルヴァ書房、二〇〇五年）
湯山　学『鎌倉府の研究』（岩田書院、二〇一一年）
横須賀市編『新横須賀市史 通史編 自然・原始・古代・中世』（二〇一二年）

第2章　南北朝の動乱と『太平記』
——三浦氏の動きをみる——

新井孝重

『太平記』のなかの三浦氏

『太平記』は個々の文書だけでは見えない人びとの痴愚・巧拙までさらけだし、じつに生き生きと世の治乱興亡のありさまをわたしたちに伝えてくれる。作品中にはまことに多くの武士たちが登場する。おおきな合戦のときなどは、えんえんと武士の名が書き連ねてある。その合戦群衆のなかに、ときとして相模国の三浦《みうら》氏の名を見出すことができる。『太平記』中の三浦氏を手繰れば、南北朝の動乱のなかをこの一族がどう生きたか、その軌跡もふくめてみることができよう。ここでは『太平記』その他から、三浦高継《たかつぐ》、高通《たかつら》を中心にその三浦氏の動向をさぐってみよう。

尊氏に重用される三浦高継

北条時行《ほうじょうときゆき》の反乱（中先代《なかせんだい》の乱）のあと、三浦氏はどのような立ち位置にあったのか。それを足利尊氏《あしかがたかうじ》から、三浦がどのような処遇を受けたかという面から考えておこう。反乱を鎮圧した尊氏は、京都に戻ろうとはしなかった。そして東国の将士をねぎらい寺社へ采地《さいち》を寄進《きしん》するなど、独自の行動をとりはじめている。三浦高継への恩賞も、そうした政治姿勢のあらわれであった。高継が反乱に加わった父時継《ときつぐ》に反して、足利に与力したのはおおきな功績といえる。

尊氏がほどこした恩賞の中身は、高継に相模国大介職《おおすけしき》の称号をつがせ、また父時継の所領（三浦半島南半分の根本所領と相模、上総《かずさ》、摂津《せっつ》、信濃《しなの》、陸奥《むつ》などの地）をそっくり継承させることであった（『南北朝遺文』関東編第一巻、二九〇号）。三浦氏は鎌倉幕府創設いらい相模国の守護となり、宝治《ほうじ》合戦で惣領三浦泰村《やすむら》とその周辺一族が滅びるまで、守護職を持ちつたえた家柄である。庶族佐《さ》原《わら》盛時《もりとき》は惣領をはなれて北条氏に加わった功により、相模大介に任ぜられ三浦介《みうらのすけ》を称することがゆるされた。足利尊氏はその流れをうける三浦高継に、あらためて相模大介職を与えたのである。

足利尊氏がそうすることに鎌倉的秩序の復活を考えていたとすれば、宝治合戦以来失っていた相模守護職も復活し、高継に与えたかもしれない。ただしこの時代の三浦氏が守護職に補任《ぶにん》されても、そのことが相模国の支配に、どれだけ効果があったかは疑わしい。他国の守護もそうだが、戦乱のこの時代には管国《かんこく》に自身が入部するゆとりはない。たいていの守護大名クラスの武将は軍馬の上で日を暮らし、長駆《ちょうく》して合戦にあけくれていた。将軍としての尊氏が守護に期待したのは、まずはそういう合戦のための軍事力であり、管国の統治といっても、軍勢動員が主なものではなかったかとおもう。

侍所頭人三浦貞連

中先代の乱を鎮圧した尊氏は、その後、建武《けんむ》政権に叛旗をひるがえす。そのときに三浦高継は足利軍に加わり東下の新田軍と戦い、それから上洛したはずであるが、『太平記』その他の史料にその動きはみえない。かわりに同族三浦貞連《さだつら》の足跡はたしかめられる。以下、その貞連の動きをみることにしよう。足利の軍勢は、吉良・石塔《いしどう》・桃井・上杉・細川・畠山・斯波《しば》・仁木《にき》・今川・岩松・高《こう》などの一門ならびに譜代《ふだい》の武将たちと、外《と》様《ざま》の「大名」から成り立っていた。

その外様の勢力に、『太平記』（巻一四「節度使下向事」）は三浦因幡守貞連がいたことを伝えている。矢作《やはぎ》・

鷺坂《さぎさか》・手越河原《てごしがわら》と打ち負けた足利軍は、いよいよ箱根・足柄に最後の防衛線をしき新田軍に対することになる。動揺する尊氏はここにきて京都への叛逆を決意する。意を強くした三浦貞連らは、決断が長びく軍議のおり「かように鎌倉に集まってにらめっこして居ても仕方がない、ひとのことはどうでもよい、いざや竹ノ下へ馳せ向かい、あとの軍勢が到着するまえに敵がきたら、ひと合戦して討ち死にするまで」と威勢を示し足柄峠の西麓に軍をすすめたという。

尊氏の主力勢が竹之下に着陣すると、先に待機する三浦貞連や土岐《とき》、佐々木らの軍勢はさっそく敵に攻めかかり、尊良親王率いる軍を攻略した。竹之下に回りこんだ尊良の軍勢はおもに公家衆であったため、戦術としては矢戦ができなかったらしい（馬上弓射ができなかったか）。「敵の馬の立てよう、旗《はた》の紋からして京家の人のようだ、矢が無駄になるから遠矢を射るな、ただ太刀・長巻などでかかれ」というなり喚き叫んで三百余騎轡《くつわ》をならべて攻めかかったという（『太平記』巻一四「箱根竹下合戦事」）。

この戦に勝利した足利は、そのまま京都へ攻め上り洛中を占領する。その後追尾の北畠顕家《きたばたけあきいえ》軍が到着し、苦しい合戦を余儀なくされる。三浦貞連はその京都での合戦（建武三年〈一三三六〉正月）で侍所頭人《さむらいどころとうにん》をつとめている。かれは三条河原にて敵頸の実見を行なっているから（『梅松論《ばいしょうろん》』下）、将士の戦功認定を行なっていたことがわかる。おそらく侍所頭人というのは戦功認定を通して、兵の士気を高め、戦わせる督戦将校であったのだろう。その役職に貞連がついたのは、箱根竹之下合戦での活躍によるのだろう。足利軍勢のなかでの三浦の存在には、かなり重いものがあったとみるべきである。

しかし貞連は侍所頭人という栄光ある役職についたものの、あっけない最期を迎えねばならなかった。侍所所属の武士「侍所御手」は、戦時においては将軍（足利尊氏）のそばに仕えねばならなかった（『大日本史料』第六編之一六、一九六頁）。いざというときは真っ先に自分を投げ出し、将軍を守らねばならなかった。頭人であればなおのこと危険をかえりみない行動が要求されたのである。建武三年正月二十七日京都糺河原《ただすがわら》に布陣した足利軍勢は、比叡山方面から攻めてきた新田の軍勢に敗退した。このため尊氏を安全に退却させる必要が生じ、三浦貞連は他の武将とともに敵に返し合わせ、討ち死にしたのである（『梅松論』下）。そのあと、足利尊氏は遠く九州へ落ちる。

三浦高継の戦闘事情

建武三年二月、京都合戦に打ち負けた足利尊氏はいったん九州へ落ちて、ふたたび上洛する。九州へ落ちる尊氏は室津《むろつ》に軍議をひらき、敵の追撃を食い止め、また再起したとき円滑に上洛できるように、一族・譜代の武将を四国、山陽道に配した（『梅松論』下）。尊氏につきしたがう三浦高継はこのとき、一族・譜代の武将と一緒に、美作国《みまさか》に留め置かれた。あとでかれは上洛の途についた足利尊氏から、備中・美作両国の軍勢を催して美作「凶徒」（新田義貞方の武士）を退治し、あわせて（尊氏が）周防笠戸《かさど》に着いたから馳参するよう、命ぜられている（『南北朝遺文』中国・四国編第一巻、三三四号）。

「凶徒」退治のためとはいえ、国の軍勢を催すには、将軍からその権限を付与されていなければならない。美作国に留め置かれたとき、三浦高継は将軍から守護に準ずる国内軍勢の催促権を与えられていたと理解できる。足利軍勢が備中児島《こじま》に達すると、山陽道配置の諸将が軍勢をひき連れぞくぞくと馳参した。三浦高継もその武将のなかの一人であり、かれがたくさんの兵を動員してやってきたのは、天理本『梅松論』に「備後⊠ニ当国ノ者共連々参スル上、三浦《ハ》美作国ヨリ昨日馳参シテ軍勢数ヲ不知《シラズ》」と記されていることから知られる。

上洛の足利軍勢はここで飛躍的に戦力をつよめた。兵庫上陸・湊川《みなとがわ》合戦にのぞむ三浦高継は、高師泰《こうのもろやす》、大友、赤松らとともに副大将に任ぜられ、播磨・美作・備前三ヵ国の軍勢の指揮にあたった。かくして建武三年五月二十五日、新田・楠木の軍勢と湊川に激突し、これを打ち破ったのであった。兵庫湊川合戦に勝利した足利軍勢は、そのまま京に軍勢を進め、ついに入洛をはたした。後醍醐天皇は山門に退いて反攻をこころみるが、千《ち》種《ぐさ》・名和《なわ》などの軍将を失い、尊氏にくだる以外にはなかった。ここに建武政権はついえさったのである。

建武政権崩壊後、三浦高継は在京するのではなく、相模の三浦に戻っていた。その後おきるであろう鎌倉での合戦に備えてのことであった。吉野に逃れた後醍醐天皇が反撃の号令をだすと、これに応えた奥州の北畠顕家が西上の途につく。そして建武四年（延元二・一三三七）十二月、新田らの加勢をうけて鎌倉にせめこんできた。これに対し上杉憲顕ほか足利方の武将は、尊氏の子義詮《よしあきら》を擁して防衛にあたるが、敵の攻撃を防ぎきれず、義詮は鎌倉から離れなければならなかった。このとき三浦高継は義詮と母登子を三浦の自邸にかくまい、翌年奥州軍が去ったあと鎌倉に戻したという［鈴木二〇〇七］。隠密の行動であったのだろうが、大きな働きというべきである。

それから三浦高継は座の温まる暇もなく西へ走った。敗退四散した武家方諸将に加わり、かれは北畠奥州軍のあとを追ったのである。途中で遠江国守護の今川が、三河国では高（師兼か）がやってくる。そして美濃国墨俣《すのまた》まで来ると、土岐が合流してきた。暦応元年（一三三八）正月、奥州軍が美濃《みの》国垂井《たるい》・赤坂に達すると、武家方軍勢は後方あるいは側面から攻撃を開始した。『太平記』（巻一九「青野原軍事付囊沙背水事」）によれば五手に分かれ、攻撃の順序を籤《くじ》できめたという（『難太平記』では三手に分けて「籤を取て入替り〳〵」攻めたという）。

三浦高継は三番手に属していた。三番手の軍勢は足近川《あじかがわ》に打って出て横合いから奥州軍に攻撃をかけた。「火出《いずる》程に戦たり」けれども、ここでも一・二番手と同様に足利軍勢はうち負けて、川から東へ引き退かねばならなかった。四番手と五番手は上杉・桃井・土岐らの軍勢である。渺々《びょうびょう》たる青野原に奥州軍本隊（北畠顕家軍勢）をめざして突っ込んだが、土岐は顔面に太刀疵《たちきず》を受け長森城《ながもりじょう》へ逃げ、他の部隊も墨俣川まで退却を余儀なくされた。

　こうして奥州軍は武家方軍勢を各個に撃破し、薙《な》ぎ払った。しかし兵糧を持たない長途の大軍は飢えと疲労のために、兵を脱落させ続けていた。小軍勢となった北畠顕家は伊勢路に進路をとり、伊和国境をぬけて大和盆地に入った。開住西阿《かいじゅうせいあ》らの大和南党武士の応援を得て戦力を回復し、奈良に、河内《かわち》に、摂津《せっつ》にとしぶとく戦ったが［新井二〇一四a］、京都に攻め込むことはできず、暦応元年五月二十二日和泉《いずみ》国石津浜で敗死した。

足利分裂の波動―師直誅戮と三浦八郎左衛門―

北畠顕家の敗死から一〇年が経過した。そのかんに南朝勢力は新田や楠木らをうしない、おおきく力を弱めていた。いっぽう三浦氏はどうなっていたかというと、こちらも世代交代し、三浦氏の家督は高継の子高通が継いで大介を名乗り、相模国の守護として鎌倉公方に仕えていた。この時期、尊氏・師直と直義との間に勃発した抗争（観応《かんのう》の擾乱《じょうらん》）は三浦氏にとって大きな試練であった。高通は関東執事上杉憲顕のもとで直義派として戦うことになった。だがこの時期に戦ったのは惣領だけではない。敵対する陣営に走る一族庶子もいたのである。

　貞和五年（一三四九）直義を襲った師直派のクーデタ軍勢のなかには、三浦遠江守行連《ゆきつら》、同駿河次郎左衛門なるものがいた（『太平記』巻二七「御所囲事」）。行連は尊氏に忠実であった貞宗《さだむね》（道祐《どうゆう》）の子である。中先代の乱のときのように惣領家の父子（時継と高継）の分裂・敵対ではなかったが、このときも惣領三浦高通の意思に反し師直派に走るものがいたということである。このあたりは南北朝時代における一族結合の難しさを物語っていた（武士たちは個々のイエごとの意思により一揆を形成するようになるが、一族結合の難しさはそうした傾

三浦八郎左衛門，師直を討つ
法体の師直を組み伏せまさに頸を掻こうとする三浦の形相には鬼気迫るものがある．（『太平記絵巻』乙，東京国立博物館所蔵）

向と裏腹の関係にあるのだろう）。

そしてもう一人。直義の与力《よりき》上杉能憲《よしのり》の兵として三浦八郎左衛門澄知《きよかず》なるものがみえる（『太平記』巻二九「師直以下被誅事付仁義血気勇者事」、なおこの者の名「澄知」は金勝院本にある）。この人物はあとで述べるように、上杉能憲と主従関係にあったようで、そうとすれば能憲の実父上杉憲顕の配下にある三浦高通とは緊密な関係を有していたものとおもわれる。さてこの三浦八郎左衛門は観応二年（一三五一）二月、還京する尊氏軍のなかに紛れ込んだ師直・師泰らを発見しかれらを殺した。

執事兄弟（高師直・師泰）武《む》庫《こ》川《がわ》をうち渡って、小堤の上を過ぎける時、三浦八郎左衛門が中間二人走り寄って、「ここなる遁世者の、顔をかくすはなに者ぞ、その笠ぬげ」とて、執事の着られたる蓮の葉笠を引き切つて捨つるに、ほほかぶりはづれて片顔の少し見えたるを、三浦八郎左衛門、「あはれ敵や〔ああ敵ではないか〕」、願ふところ幸ひかな」と悦びて、（中略）右の肩さきより左の小脇まで鋒さがりに切り付け（中略）、「あつ」と言ふところを、重ねて二打ちうつ、打たれて馬よりどうど落ちければ、三浦馬より飛び下り、首を掻き落として、長刀の鋒《きつさき》に貫いて差し上げたり。

高師直を殺害する三浦八郎左衛門の無慈悲さ、残酷さを理解するには、師直を養父の仇敵とする上杉能憲の存在を考えねばならない。養父上杉重能《しげよし》が師直のために殺されたあと、子の能憲は身の危険を避けて鎌倉へくだり、実父上杉憲顕のもとに引っ込んでいた。だが、抗争が直義有利のもとに急展開すると、かれは数千騎の東国軍勢を引き連れて上京した（『園太暦』一六、観応二年二月八日条）。上京の目的は直義に加勢するためだけでなく、高師直一党への復讐のためであったとおもわれる。三浦八郎左衛門はその上杉能憲に率いられ、現場の武庫川にまでやってきていたのである。

主従の気持ちは一体である。三浦八郎左衛門はかねてから主君能憲の、師直に対する憎悪と復讐心を、自分のものとして分かち持っていた。だから師直を発見すれば、それは自分のことのように「あはれ敵や、願ふところ幸ひかな」と悦んだのであり、残酷に殺害するのは当然であった。

観応の擾乱の終結と三浦高通

内紛は直義派が優勢のうちに決着をみようとしていた。だが、東国の鎌倉ではあらたな争闘がはじまった。観応元年十一月十二日、上杉能憲（このときはまだ東国に在住していた）が、常陸国の信太《しだ》荘に旗を挙げると、これを合図に実父の上杉憲顕が自分の管国上野国へくだった。この挙動をあやしんだ高師冬《もろふゆ》は、すぐさま関東八ヵ国に軍勢を催したが兵は集まらない。憲顕とならび関東執事であり、常陸の南党拠点（関《せき》・大宝《たいほう》城）攻撃では成果を上げた師冬であったが、政治的影響力では上杉に凌駕されていた。

あせる高師冬は幼い公方基氏《もとうじ》（十一歳）を擁して鎌倉をすて没落した。ところが一行が相模国毛利荘の湯山に着くと、つきしたがう兵のうちの一部（基氏の近臣）が反乱を起こし幾人かの従者を斬ったうえ、基氏の身柄を奪いとって憲顕勢力に投じた。上杉憲顕は取り戻した基氏を奉じて鎌倉に入御した（醍醐報恩院蔵「古文書録」乾、『太平記』巻二九「師冬自害事付諏訪五郎事」）。ここに高師冬は政治的足場をうしない、甲斐《かい》国へ走り逸見《へんみ》城（市河文書によれば洲沢《すさわ》城とあり）に立て籠もったが、翌観応二年正月上杉の軍勢（諏訪下宮祝部《はふりべ》・市川経《いちかわつね》助《すけ》らの兵）に攻め落とされ自害した。

ところで上杉憲顕が基氏を鎌倉へ還御させたときのことであるが、前陣を憲顕がつとめ、後陣を三浦介高通と杉下判官某が勤仕したことが確認される（『大日本史料』第六編之一四、一四二頁）。高通が鎌倉還御の後陣を務めたのは、基氏奪回と師冬追い落としに、かかわっていたことをあらわしていた。高通は上杉憲顕の意思のもとに活動をつづけ、師冬追い落としに深く関与していたのである。これ以後、東国における擾乱の本格化のなかで、三浦氏は足利直義—上杉派として尊氏と争うことになる。

中央では足利直義が高師直に打ち勝って、この争いは終息するかと思われた。だが、こんどは直義と尊氏の公然たる争いとなって、抗争はあらたな段階に入った。力からいえば直義のほうが優勢であったが、直義は尊氏・義詮を徹底的に打ち滅ぼすことはせず、みずから京都から退去し、近江国で小競り合いと交渉をするばかりであった。そうこうするうちに観応二年十月、直義は北国へおもむき十一月に鎌倉に入った。すると今度は尊氏が南朝に降を乞うて後顧の憂いを取りのぞき、本腰を入れて直義への攻勢を開始した。

この年の十一月足利尊氏は駿河国薩埵《さった》山に陣をしいた。直義は主だった武将のほとんどを配下に収めていたが、宇都宮氏によって軍勢の一角が崩されたのを機にかれの軍事力はあっけなく崩壊してしまった。尊氏は京都を出るまえから、鎌倉の背後にひかえる関東に布石をうち、下野宇都宮をはじめ武蔵国の諸族を組織していた。それが奏功したのである。尊氏はかねてより武蔵武士を宇都宮氏のもとへ結集させ、京からは薬師寺《やくしじ》公義《きんよし》（武蔵国に強固な地盤を築いた師直の代官）を下向させ、関東の巨魁上杉憲顕を誅伐《ちゅうばつ》する相談をさせていたのである（『日高市史』中世資料編一〇八号）。

その成果であろうか、宇都宮が挙兵すると、予想以上の軍勢が集まった。これの南下を阻止すべく向かった直義軍（桃井・長尾の軍勢）は那和《なわ》荘にて撃破されてしまう（『太平記』巻三〇「薩埵山合戦事」）。おなじころ薬師寺と談合していた武蔵高麗《こま》郡の在地武士（高麗《こま》経澄《つねずみ》）は、武蔵鬼窪《おにくぼ》で蜂起し武蔵府中へおもむき、さらに敵城を焼いて足柄《あしがら》山に戦った。薩埵山包囲の大軍は瓦解し、直義は伊豆山に身を隠したが、もはや反撃の機はなく、兄尊氏に降る以外にはなかった。鎌倉に入った正平七年（一三五二）二月直義は急死した。

「武蔵野合戦」と「鎌倉合戦」

東国の戦乱は観応擾乱の終結（足利直義の死）をもって鎮まったわけではなかった。足利が内部抗争している間に、南朝は勢力挽回にむけて大規模な反撃を開始した。京都では北畠顕能《あきよし》らの軍勢をして留守居の義詮を急襲し、かれを近江へ遂った。東国では新田の者たちに向かって、はやく義兵を起こし将軍を追罰すべきことを命じた。これを承けた新田義興《よしおき》、義宗《よしむね》、義治《よしはる》らはいっせいに動き出した。ここに尊氏に負けた直義派の三浦高通らは、ふたたび活動の機を得たのである。

三浦高通は足利尊氏に降って鎌倉に留めおかれていた。三浦の外には蘆名《あしな》判官（直盛《なおもり》か、三浦氏同族、『大日本史料』第六編之一六、二五四頁）、石塔義房《いしどうよしふさ》、二階堂《にかいどう》下野二郎（政元《まさもと》か）、小俣《おまた》宮内少輔がいた。かれらは薩埵山合戦に負けたとはいえ、武装解除されたわけではなく、身柄を拘禁されたのでもない。依然として手勢三〇〇〇騎をしたがえる軍将であった。尊氏は速やかに関東の秩序を回復したくおもい、そのために直義派を徹底的に討滅するのを避け、できるだけ融和的な態度で敗軍の将を遇していた。しかし主君足利直義が急死したことで、三浦や石塔らは尊氏への反感をつのらせた。

そこへ新田から蜂起の誘いがきた。「願ふところの幸ひかなと喜びて」かれらはさっそく扇谷《おうぎがやつ》（上杉の屋敷か）に集まり合戦与力の会議を催した。そこで立てられた計画は、手勢をわざと尊氏の周りにひかえさせ、合戦が半ばにもなろうとしたところで、将軍をまん中に取り込め一人も残さず討ち取ろうというものであった。

さて、正平七年（一三五二）閏二月の南党と足利軍勢との合戦は一〇日以上にもわたり、戦場は武蔵国南部から中部一帯の広域にわたっていた。現存する諸将の軍忠状ならびに『太平記』から推測すると次のようになろうか。まず鎌倉を出た足利尊氏の軍勢は、閏二月十九日多摩の府中谷口（矢《や》野《の》口《くち》村）に着陣する。翌二十日新田らの南党軍勢と金井《かない》原《ばら》・人見《ひとみ》原《はら》に激突した。「鶴岡社務記録」によればこのあと新田（義興）と相模次郎（北条時行《ときゆき》）が鎌倉に入ったというから、合戦の主戦場はしばらく鎌倉とその周辺ということになる。

足利尊氏が新田義宗におわれて石浜（多摩郡牛浜か）まで逃げたのは、二十日の金井原・人見原合戦のときであったと思われる。* そしてその義宗から分かれて戦場をさまよう義興・義治らが、仁木の軍勢との交戦で全身傷だらけ、破れ鎧のままイチかバチかで鎌倉を目指したのも、このときのことではなかったかとおもう。さいわい義興らの一団は関戸《せきど》のあたりで石塔と三浦高通の軍勢に行き合う。かれらは尊氏誅滅の計画が露見したため急ぎ鎌倉を脱出し、新田軍に合流しようとしていたのである。力を得た新田義興・義治はそのまま石塔・三浦の道案内で鎌倉に攻め込んだのであった。

＊　わたしは以前に『太平記』の記述通りに、閏二月二十日の合戦を小手指原の合戦とかんがえ、また尊氏が新田義治におわれて逃げた（『太平記』記載の）「石浜」を台東区浅草辺か、としたが［新井二〇一四b］、なおも諸史料を吟味し、本文のようにみるのを妥当と考えるにいたった。

新田・石塔・三浦の軍勢は神奈川から雪ノ下大御堂（勝長寿院《しょうちょうじゅいん》）にいたり、そこから乱入したという（『太平記』巻三一「鎌倉合戦事」、『神奈川県史』通史編1）。攻撃の目標は二階堂の鎌倉府（公方足利基氏の屋敷）であった。ここは南宗継《みなみむねつぐ》をはじめ安房《あわ》・上総《かずさ》の勢が守っていたが、南党軍勢の勢いを防ぎきれず、ついに公方基氏を奉じて尊氏がいる石浜（多摩牛浜か）をさして落ちていった。かくして新田勢は宿願の鎌倉制圧を成し遂げたのである。

その三日後の閏二月二十三日、新田義興と相模次郎は鎌倉を出た。かれらは三浦に移ったというから（『大日本史料』第六編之一六、二三八頁）、三浦高通が自分の根拠地に案内したものであろう。かつて北畠奥州軍が鎌倉に乱入したときも、三浦高継が公方義詮と母登子《とうし》を三浦の地に避難させている（前述）。その後の二十五日、こんどは没落した尊氏が武蔵府中から鎌倉に向けて発向した。以後は尊氏軍と南党軍勢は鎌倉の取り合いを繰り返したようだが、その経緯は明瞭でない。ただ、二十八日に新田・三浦の南党軍勢が、再度鎌倉へ攻め込んでいることは確認される（『大日本史料』第六編之一六、二三八頁、三〇九頁）。

南党軍勢は化粧坂と岩屋堂前、中下馬橋、赤橋で太刀打ちの戦闘を繰り返し、鎌倉の留守をまもる南宗直、石塔義基《よしもと》（南党与力石塔義房の子、父の意に反し忠実な武家方であった）を破ったという。南軍はいちど尊氏の攻撃をうけて鎌倉を放棄したが、ここでまた奪還に成功した。だが長逗留はできず、三月はじめには新田らは平塚方面へ落ちることになる。三月八日に尊氏が「相模国御発向」しているのは、その新田を討伐するためと思われる（『大日本史料』第六編之一六、一九五頁）。

尊氏は閏二月二十日金井原・人見原に戦い、二十五日には府中から鎌倉へ発向している。そして二十八日には先にみたように、鎌倉争奪の合戦がおきている。こうした合戦の推移をみると、尊氏は鎌倉にいたかと思われるのであるが、じつはそうではなかった。鎌倉争奪戦の二十八日には、かれは武蔵国にいたのである。武蔵国の小手指原・入間河原・高麗原で、宗良《むねよし》親王推戴の南党軍勢（新田義宗）と尊氏軍勢との間で死闘が繰り広げられていた。

関東における公武両陣営の支配権の帰趨はここでの戦闘にかかっていた。南党新田軍勢も足利軍勢もともに、いくつかの集団に分かれ戦闘の配置についていた。そして各集団が順を追って汗馬《かんば》を馳せ、鍔音《つばおと》を響かせて激突した。この合戦は時間がたつにつれ足利軍が優勢となり、やがて新田の軍勢は押し崩されるように北へむけて潰走《かいそう》した。現存する合戦参加武士の軍忠状をみると、記載地名がそれぞれ異なっていて、戦闘の場所が小手指原（現所沢市）から入間河原（現入間市）、そしてさらに北の高麗原（現日高市）と区々である。これは戦場が移動していたことを示している。

潰走する南党軍勢は返し合わせ、返し合わせしながら鎌倉道（上道）を北へと退いたのであろう。鎌倉道（上道）が武蔵国中央部にまで来たところの笛吹峠（現鳩山町）を、かれらは最後の拠り所とした。だが南党はここでも抗戦むなしく敗退し、勝ちに乗る足利勢に追われ、さらに北へと敗走しなければならなかった。南党の兵たちは上州を抜けて信濃、越後へと落ち、将軍宗良親王も信濃へと引き退いていった。

ちなみに、武蔵の合戦には「赤印一揆」「かたばみ・鷹の羽・一文字・十五夜の月弓一揆」、大旗・小旗・下濃の旗の「鍬形一揆、母衣《ほろ》一揆」、小手の袋・四幅袴・笠符《かさじるし》に至るまで一色にみな赤い「平一揆」、梅花一枝折って兜《かぶと》の真向に差した「花一揆」など、まことに色鮮やかな目印をあしらった一揆の集団があらわれる。このときの合戦に一揆の集団が出現したのは、武蔵武士高麗季澄《すえずみ》の軍忠状からも確認される（『日高市史』中世資料編、一一八号）。かれは「八文字一揆」に属していた。

『太平記』のなかで一揆が登場するのは貞治三年（一三四七）からであるという。武蔵・相模の中小武士団からなる一揆としては、白旗一揆が貞和四年四条畷《しじょうなわて》の合戦にはじめてあらわれ、平一揆はそれより少し遅れてこの武蔵野合戦のときであった〔三木一九七二〕。南北朝時代に一揆があらわれるのは、たがいに武士が戦場で助け合い、仲間が（あるいは自分が）討ち死にしたとき、残された家族を扶助し、イエの存続のために奔走するためと考えられている。これは機能としてはおそらくそうであろうが、結成の直接の契機としては別に考えられよう。

これに関しては建武五年（一三三八）二月に制定された合戦時の「分捕《ぶんど》り切棄《きりす》ての法」（建武五年七月日吉川経久軍忠状、『大日本古文書』家わけ第九、吉川家文書之二、一〇二九号）が大きくかかわっている、と筆者は思っている。奈良から京都入洛をねらう北畠顕家の北進を阻止すべく、司令官高師直は奈良般若坂《はんにゃざか》での戦いに、はじめて「分捕り切棄ての法」を制定した。敵頸を持って持ち場をはなれ、いちいち軍奉行の軍功認定をうけていたのでは、切れ目のない戦闘に支障をきたすことになるからである。

だがそうなると合戦参加武士にとって、上級武将に軍功を認めてもらうには、「同所合戦の士」の証言をとること以外にはない。一緒にいる武士の証言は決定的に重要となる。このためかれらは、あらかじめ軍功を証言しあう集団をつくるようになったのではないか。やがてこの集団は一揆とよばれるようになる。メンバーの武士たちは合戦群衆がいそがしく動く戦場にあって、一目でわかる色とりどりの目印（旗・母衣・笠符・前立てなど）で、たがいに結びついたのである。これはまさに「戦闘共同体」というのがふさわしかった。

一変した政治情勢

武蔵野合戦での南党の敗北は、あたかも南朝の敗退と符節を合わせるようであった。そしてこの流れのなかで、観応擾乱いらいの遺恨を含み戦った関東管領上杉憲顕も関東政治史の表面から消えることになる。とうぜん憲顕に人生をかけた三浦高通は、憲顕とともに沈んだ。関東の政治地図は変わり、関東管領には公方足利基氏の義理の兄にあたる畠山国清《はたけやまくにきよ》がおさまった。没落した三浦は相模国守護職をうしない、観応三年（一三五二）八月には、かわって武田三河守（実名不明）がこれについた（『南北朝遺文』関東編第三巻、二三三一号、ただし翌年七月には河越直重が守護であることを確認できるから〈鶴岡等覚・相承両院蔵文書、『日本史総覧』Ⅱ古代二中世一、新人物往来社、三一三頁〉、武田三河守はその守護代であった可能性もある）。

それにしても観応擾乱いらい、三浦高通はなにゆえに直義派、そして南党に与したのだろうか。三浦と一緒に戦った石塔義房は、足利尊氏が建武政権に叛旗を翻したときから陸奥国内の各地を転戦し、陸奥国を足利勢力下においた、にもかかわらず尊氏が陸奥国の管轄を吉良貞家にゆだねたため、これに反発して直義派に身をおいたと理解される［奥富二〇〇八より「石塔」の項］。上杉憲顕が直義派についたのも、もともと成良《なりよし》親王鎌倉将軍府の勤番時いらい直義に仕え、実子の養父上杉重能が高師直に殺され、直義との抗争がはじまったのであるから、これまた直義派に身をおくのは当然である。

三浦高通のばあいは関東管領上杉憲顕のもとに仕えていた関係があるとはいえ、あえて自家の存亡をかけて直義派に属した、その理由となるとはっきりしないのである。そのあたりに三浦氏の損得を超えた伝統的豪族としての誇りが感じられるのである［山田一九九九］。とはいえ、このあと一〇年たつと足利尊氏が没し、またまた京都・鎌倉の政治情勢は一変する。越後国からは関東管領として上杉憲顕が鎌倉に迎え入れられ、これにともなって逼塞《ひっそく》していた三浦高通も復活を遂げる。相模国の守護職もふたたび獲得することになるのである。

参考文献

新井孝重「黒血川以後の北畠顕家」（『日本中世合戦史の研究』東京堂出版、二〇一四年a）
新井孝重「南北朝動乱と『太平記』」（関幸彦編『武蔵武士団』吉川弘文館、二〇一四年b）
奥富敬之『日本家系・系図大辞典』（東京堂出版、二〇〇八年）
鈴木かほる『相模三浦一族とその周辺史』（新人物往来社、二〇〇七年）
三木　靖「南北朝内乱期の一揆―太平記を中心に―」（『日本歴史』二七六号、一九七一年）
山田邦明「南北朝・室町時代の三浦氏」（『三浦一族研究』三号、一九九九年）

第3章　南北朝期の相模と武士団の諸相

田中大喜

南北朝期相模の特質と河越直重

「鎌倉元のごとく柳営《りゆうえい》たるべきか、他所たるべきや否やの事」——室町幕府の所在地を鎌倉に置くか他所に移すかを論じた、この『建武式目《けんむしきもく》』第一項が如実に物語るように、足利《あしかが》氏は幕府創設にあたり、前政権の所在地だった鎌倉を重視していた。周知の通り、結果的に幕府は京都に置かれることになったが、鎌倉には室町幕府の東国支配政庁たる鎌倉府《かまくらふ》が置かれ、鎌倉は前代に引き続き東国の中心地となったのである。こうした足利氏の鎌倉重視の姿勢は、当然のことながら、鎌倉が所在する相模国の支配体制にも反映された。すなわち、鎌倉幕府の滅亡後、貞治二年（一三六三）に至るまでのおよそ三十年間、相模国には基本的に守護が設置されず、設置されたとしてもそれは尊氏《たかうじ》ないし直義《ただよし》の近臣であり、相模国は足利氏の直轄下に置かれたのである（「南北朝期相模守護一覧」参照）。

相模国は、南北朝期の過半を足利氏が直轄支配したわけだが、貞治二年に足利氏に代わって相模国を支配したのが、守護に任命された三浦《みうら》氏である。三浦氏は、いうまでもなく、相模国の有力武士の一人である。そのため、鎌倉幕府体制下では宝治元年（一二四七）の宝治合戦まで相模国守護職《しゆごしき》を世襲し、観応《かんのう》の擾乱《じようらん》前の一時期にも同職に就任した経歴を持つ。したがって、三浦氏が相模国の守護に任命されたことは、順当な人事といえるが、これに比べると、文和二年（一三五三）に相模国とは何らゆかりのない、武蔵国の武士である河越直重《かわごえなおしげ》が同国の守護に任命されたことは、異色の人事といえよう。

南北朝期（尊氏挙兵後）相模守護一覧

No.	在職者名	在職期間	備考
1	不設置（鎌倉府直轄）	建武二年（一三三五）十一月～暦応二年（一三三九）六月↓	
2	三浦高通	康永二年（一三四三）四月？～観応二年（一三五一）十月	高通は直義の近臣
3	不設置（直義直轄）	観応二年十一月～同年十二月	
4	不設置（尊氏直轄）	観応三年三月～文和二年（一三五三）六月	
5	河越直重	文和二年七月～貞治二年（一三六三）二月	直重は尊氏の近臣
6	三浦高通	↑貞治三年十二月～永和三年（一三七七）七月以前	
7	三浦高連	↑永和三年八月～応永九年（一四〇二）十一月	

松本一夫「相模守護の特質」の成果にもとづき作成。

これは、当時、鎌倉に滞在していた尊氏の帰京にともなう人事であり、尊氏は近臣の直重を相模国の守護に任命することで、直轄していた同国に対する自身の影響力を維持しようとしたと考えられる。また、直重は、武蔵《むさし》平一揆《へいいっき》という武士集団の盟主の立場にあったことから、直重を守護に抜擢して尊氏帰京後の鎌倉府に取り込むことで、武蔵平一揆をその直轄軍に位置づけることを目論んだとも指摘されている。いずれにせよ、直重は、尊氏という後ろ盾をもとに相模守護に就任したのだが、在任期間は十年にもおよび、守護としての実体的な足跡を残している。

直重の相模守護としての活動をまとめた「相模守護河越直重活動一覧」を見てみると、No.1・3からは、国内の所領の遵行《じゅんぎょう》（交付）手続きを担ったことがわかる。No.2も、所領の遵行手続きを担ったことを示す事例だが、ここでは合わせて、所領に打ち入った飯田《いいだ》氏の「狼藉《ろうぜき》」を鎮めるようにも命じられ、これを実行したことがわかる。わずか三例ではあるが、直重は、守護の職権である所領の遵行権および検断《けんだん》（警察）権を行使できたことが確認でき、相模守護としての明証を得られるのである。

ところで、No.1は相模国中部の大住《おおすみ》郡、No.2は同国東部の鎌倉郡、No.3は同国西部の足柄上《あしがらかみ》郡に属す所領であることから、直重は、相模国全域に遵行権を行使できたと考えられる。また、No.2の所領は鎌倉の北部にあった山内荘《やまうちのしょう》内のものだが、山内荘は鎌倉の都市領域内＝「鎌倉中《かまくらちゅう》」に含まれることから、直重は「鎌倉中」における検断権も行使できたことがうかがえる。しかし一方、直重の守護在任期の前後では、「鎌倉中」の検断権は鎌倉府の侍所《さむらいどころ》が行使したことが確認できる。前述したように、直重の守護就任以前の相模国は、基本的に守護不設置だったことから、本来「鎌倉中」の検断は侍所の管轄だったと考えられる。だが、尊氏の近臣で

相模守護河越直重活動一覧

No.	年月日	文書名	直重の活動内容	典拠	備考
1	文和二年（一三五三）七月二日	畠山国清施行状案写	足利尊氏が鶴岡八幡宮に寄進した相模国戸田郷内の淵辺弥五郎の跡所領を、同宮両界供僧の重弁の代官に交付するよう命じられる。	二四六七号	
2	文和三年六月二十四日	足利尊氏御内書	相模国山内岩瀬郷と倉田郷に打ち入った飯田七郎の狼藉を鎮め、これらの所領を島津忠兼の代官に交付するように命じられる。	二五六五号	同年八月十二日付の直重施行状、同年十月二十七日付の直重請文あり。
3	貞治二年（一三六三）二月二日	高師有施行状	足利基氏が法泉寺に寄進した相模国下曽比郷を、法泉寺の雑掌に交付するように命じられる。	三〇六五号	

典拠の番号は『南北朝遺文関東編』のもの。

ある直重の守護就任を機に、それは守護の管轄に移され、やがて三浦氏の守護就任とともに、再び侍所の管轄に戻されたと考えておきたい。

貞治二年、相模守護は、直重から三浦高通《たかみち》へ交代した。これは、同年の上杉憲顕《うえすぎのりあき》の鎌倉府復帰にともなう措置だった。かつて、尊氏と直義の対立に端を発した観応の擾乱において、憲顕は直義を支持して尊氏に敵対したため、鎌倉府を追われていた。しかし、尊氏の死没とその近臣で鎌倉府の執事《しつじ》（長官の鎌倉公方《かまくらくぼう》の補佐役）だった畠山国清《はたけやまくにきよ》の反乱を機に、鎌倉府は憲顕を関東管領《かんとうかんれい》として迎えることを決したのである。これにより、ほかの旧直義派の人びとも復帰を果たし、代わって尊氏派の人びとが没落した。直重から高通への相模守護の交代も、その一齣《ひとこま》だったのである。こうして三浦氏は、相模守護に返り咲き、その立場を梃子《てこ》に同国の第一人者へと成長していくことになる。

三浦氏と相模国守護職

それでは、三浦氏の相模守護としての活動の様相と、守護という立場がいかにして三浦氏を相模国の第一人者に押し上げたかについて確認してみよう。

前の直重の活動で見たように、所領の遵行は守護の中心的な職務であり、三浦氏もこれに関わる史料を比較的多く残している。「三浦氏所領遵行活動一覧」は、これらについてまとめたものだが、注目すべきは、遵行対象所領の分布である。すなわち、No.1・5・7は相模国中央部、No.2・3・6は相模国西部、No.4は相模国東部に所在したことから、三浦氏の遵行権もまた直重と同様に、相模国全域におよんでいたことが知られるのである。三浦氏は、直重が行使した権限を継承した様子がうかがえよう。

応安七年（一三七四）、円覚寺《えんがくじ》が焼失したのを受け、鎌倉府はその再建に着手した。永和二年（一三七六）、鎌倉府は再建のための費用として、管轄諸国の守護に対し棟別銭《むなべつせん》（家屋の棟単位で賦課された税）を徴収するように命じた。しかし、思うように徴収が進まなかったようで、翌年に再度同様の命令が下され、至徳元年（一三八四）にも山門《さんもん》・方丈《ほうじょう》などの造営のために、棟別銭の徴収が命じられた。この鎌倉府の命令を受けて、三浦氏も相模国中から棟別銭の徴収を行なったが（『南北朝遺文関東編』〈以下、『南関』と略称〉三八六二号・四一九四号）、こうした一国平均の諸役徴収も守護の職務の一つであり、三浦氏の徴収権は遵行権と同じく、相模国全域におよんでいたことが確認できる。このように三浦氏は、守護職の職権の行使により、相模国全域に強い影響力をおよぼすことができたのである。

さて、前述したように、守護の中心的な職務は、所領の遵行だった。そのため守護は、所領をめぐる争いに日常的に関与せざるをえなかったが、鎌倉府からの命令がなくても、守護がそれに乗り出すこともあった。相模国余綾《よろぎ》郡金目《かなめ》郷内の光明寺《こうみょうじ》の所領を浄光明寺《じょうこうみょうじ》が押領したことにつき、光明寺が鎌倉府に訴えるという事

三浦氏所領遵行活動一覧

No.	年	文書名	遵行対象所領名	遵行対象所領所在郡名	典拠
1	観応二年（一三五一）	沙弥円証請文・三浦高通請文	懐島郷半分	高座郡	四〇九五・四〇九六号
2	永和二年（一三七六）	上杉能憲奉書写	筥根山別当関所	足柄下郡	四七六九号
3	明徳元年（一三九〇）	三浦高通請文	厩川村	足柄下郡	五〇七二号
4	応永二年（一三九五）	上杉朝宗施行状・三浦高連遵行状	右大将家法華堂禅衆職一口	鎌倉郡	五一四六・五一四七号
5	応永七年（一四〇〇）	上杉朝宗施行状写	蓑毛・田原両郷	大住郡	五二六三号
6	応永九年（一四〇二）	上杉朝宗奉書	早川庄内久富名	足柄下郡	五三一八号
7	同右	三浦高連遵行状写	下海老名郷領家職	高座郡	五三二〇号

典拠の番号は『神奈川県史資料編3上』のもの。

件が起きた。ところが、浄光明寺側は裁判に応じず、そのうえ「海道動乱」が起きたため、審理が滞る事態となってしまった。浄光明寺は、この機を捉え、光明寺の所領に乗り込んで耕作人を殴りとばし、さらには「数輩悪党等」を誘って寺内に乱入し、茶園のお茶の葉を摘み取るという「狼藉」を働いた。これにより光明寺は、守護の三浦氏に現地検分を申請し、三浦氏とその代官の岡聖州《おかせいしゅう》から検分内容をまとめた「注進状」二通を獲得した。後述するように、現地での実務とその結果をまとめた注進状の作成は守護の代官が行ない、守護はそれを受けて奉行所（鎌倉府）宛の注進状（請文《うけぶみ》）を作成するというのが一般的な手続きだったと見られるので、今回の現地検分に関する注進状二通も、こうした手続きによって作成されたと考えられる。光明寺は、この守護側が作成した二通の注進状を証拠書類として添えて、鎌倉府に改めて訴えることになる（『南関』四四九二号・四四九八号）。

この訴訟の結末は不明だが、この事件は、鎌倉府の命令が出る前に、守護の三浦氏が国内の領主の要請に応じて、所領争いに関わったことを示す事例として注目される。守護は、国内の所領をめぐる紛争に際して、その実態を検分する権利と義務を持っていたのであり、これは所領の遵行とも深く関わる職務だったと考えられる。このように守護は、国内の所領をめぐる問題に否応なく関与せざるをえない立場にあったことが知られるのだが、このことは取りも直さず、国内の領主たちは自らの所領を他者から守るためには、日常的に守護との関係に気を配らなければならなかったことを示している。すなわち、国内の領主たちにとって、いったん問題が発生すれば、守護と良好な関係を結んでいるかどうかが、所領確保の成否をわける重要な要因となっていたのである。

三浦氏は、相模国守護職を確保することで、右に見たような相模国全域にわたる権限を行使できる一方、所領の安定的な確保を目指す国内の領主たちから重視・尊重される立場に立ったと考えられる。相模守護という職務・立場は、こうして三浦氏を同国の第一人者へと押し上げたのである。

守護職権と武士団の軍事的テリトリー

三浦氏の遵行権は相模国全域におよんだと述べたが、実効性については別問題である。少なくとも、西相模地域に対する三浦氏の遵行権は、必ずしも実効性のあるものではなかったようである。

「三浦氏所領遵行活動一覧」№3の事例になるが、走湯山雷電社《そうとうさんらいでんしゃ》の所領だった相模国足柄下《あしがらしも》郡の厩川《うまやかわ》村を、三浦氏が同社の関係者と見られる中納言律師明善《ちゅうなごんりつしみょうぜん》に交付したところ、中村憲平《なかむらのりひら》の代官たちが厩川村に立ち還って違乱《いらん》をしたという事例を確認できる。厩川村はもともと雷電社の所領だったが、憲平がこれを実力で支配してしまったため、雷電社が所領回復を求めて鎌倉府に訴えたところ、鎌倉府はその言い分を認めて、守護の三浦氏に所領の交付を命じた。憲平たちは、この鎌倉府の命令を受けて一度は退去したものの、遵行手続きが終わったのを見計らって厩川村に戻り、再び実効支配を行なったのである。三浦氏の遵行権は、相模国西部の厩川村には貫徹しなかったことが知られよう。

このとき「国代官」の岡聖州は、守護の三浦高連《たかつら》に注進状を送って、憲平の代官たちの違乱を報告していることから、実際に現地で遵行手続きを行なったのは聖州と考えられる。高連は、この聖州の注進状を受けて奉行所宛の請文を作成し、憲平の代官たちの違乱行為を鎌倉府に報告したのだった。

相模国西部において、三浦氏の遵行権が実効性を持てなかったことは、三浦氏が相模国東部を軍事的テリトリー（勢力圏）としていたことと関係すると考えられる。すなわち、三浦氏の相模国内の所領は、宝治合戦の結果、主に三浦半島の南端部に圧縮されてしまい、この状態は鎌倉幕府の滅亡を経て、鎌倉府体制下になっても変わらなかったことが指摘されている。三浦氏は、鎌倉府体制下で相模国守護職を回復したものの、所領に関しては引き続き三浦半島南端部を主に支配できる状態に置かれたのであり、そのため、武力によって担保される三浦氏の私的な影響力がおよぶ範囲＝軍事的テリトリーは、三浦半島を中心とする相模国東部に限定されたと考えられる。所領の遵行は、これを担う者の武力を背景に行なわれたから、東相模地域を軍事的テリトリーとする三浦氏では、いくら守護とはいえ、西相模地域に対する遵行の実効性は希薄にならざるをえなかったのである。

　三浦氏の西相模地域に対する影響力の低さは、同地域に対する諸役の徴収権にも影響したと考えられる。前述した円覚寺再建のための棟別銭の徴収では、当初、相模国において「異儀《いぎ》」を唱える「在所《ざいしょ》」があったことが確認できる（『南関』三八六二号）。この在所とは、おそらく、三浦氏の影響力がおよばない西相模地域と考えるのが妥当だろう。このように三浦氏の守護職権の実効性は、自身の軍事的テリトリーの範囲に大きく規定されたのである。よって、相模国に何ら基盤を持たなかった河越直重の場合、その守護職権の実効性は推して知られよう。

　こうした守護職権と武士団の軍事的テリトリーとの関係は、ほかの事例からも観察できる。たとえば、文和元年、当時鎌倉に滞在していた尊氏は、高坂専阿《たかさかせんあ》と高師業《こうのもろなり》が領有を争っていた武蔵国比企《ひき》郡の戸守《ともり》郷を後者に与えるため、河越直重に遵行を命じた（『新編埼玉県史資料編5』三八四号・『南関』三二九六号）。ここで尊氏が直重に遵行を命じたのは、専阿の軍事的テリトリーと関係すると考えられる。すなわち、専阿は比企郡を軍事的テリトリーとしていたため、戸守郷を師業に与えることを決めた尊氏は、一方の紛争当事者であり、かつ戸守郷を軍事的テリトリーのもとに置く専阿から合意を取り付ける必要に迫られた。そこで尊氏は、専阿と同じ武蔵平一揆の一員だった直重に遵行を命じることで、専阿の合意を調達し、師業への所領給付を実効的なものにしようとしたのである。しかし、残念ながら専阿の合意は得られなかったようであり、師業は戸守郷を支配することができなかった。

この事例は、現地を勢力圏下に収める者の合意なしには、所領の給付＝遵行が実現されなかったことをよく示しているといえよう。ここでの直重は守護の立場にはなかったが、一般的に遵行は守護の職務だったことに鑑みると、この事例からは、守護が職権を行使するに際し、現地に軍事的テリトリーを築く者といかに良好な関係を築けているかが、その実効性の有無を左右する要因となったことが看取されよう。

前述したように、三浦氏は守護となることで、所領の安定的な確保を目指す国内の領主たちから重視・尊重される立場に立った。一方で、三浦氏もまた、守護としての職務を遂行するためには、国内に割拠する領主たちへの配慮を疎かにすることができなかったのである。

中村一族と相模平一揆

前に、三浦氏が厩川村を中納言律師明善に交付しようとしたところ、中村氏がこれに抵抗したという事例を見た。中村氏は、厩川村に程近い余綾郡中村郷を本領とし、周囲に土肥《どひ》氏・土屋《つちや》氏・二宮《にのみや》氏といった一族を分出して、相模国西部に軍事的テリトリーを築いた武士団である。この事例からは、中村氏の軍事的テリトリーには三浦氏も容易に干渉できなかった事実が知られるが、南北朝期の中村氏とその一族は政治的にいかなる存在だったのだろうか。以下、平安末期から南北朝期までの中村一族の動向をトレースし、これを確認してみよう。

中村氏が文献史料上に姿を見せるのは、天養元年（一一四四）のいわゆる大庭御厨《おおばのみくりや》乱入事件でのことである。このとき、源義朝《みなもとのよしとも》の家人の立場で相模国の大庭御厨に乱入した武士のなかに、「三浦庄司平吉次《（義継）》・男同吉明《（義明）》・中村庄司同宗平《むねひら》」の名前が確認できる（『平安遺文』二五四八号）。中村氏は、三浦氏とともに義朝にしたがっ

中村氏・三浦氏関係系図

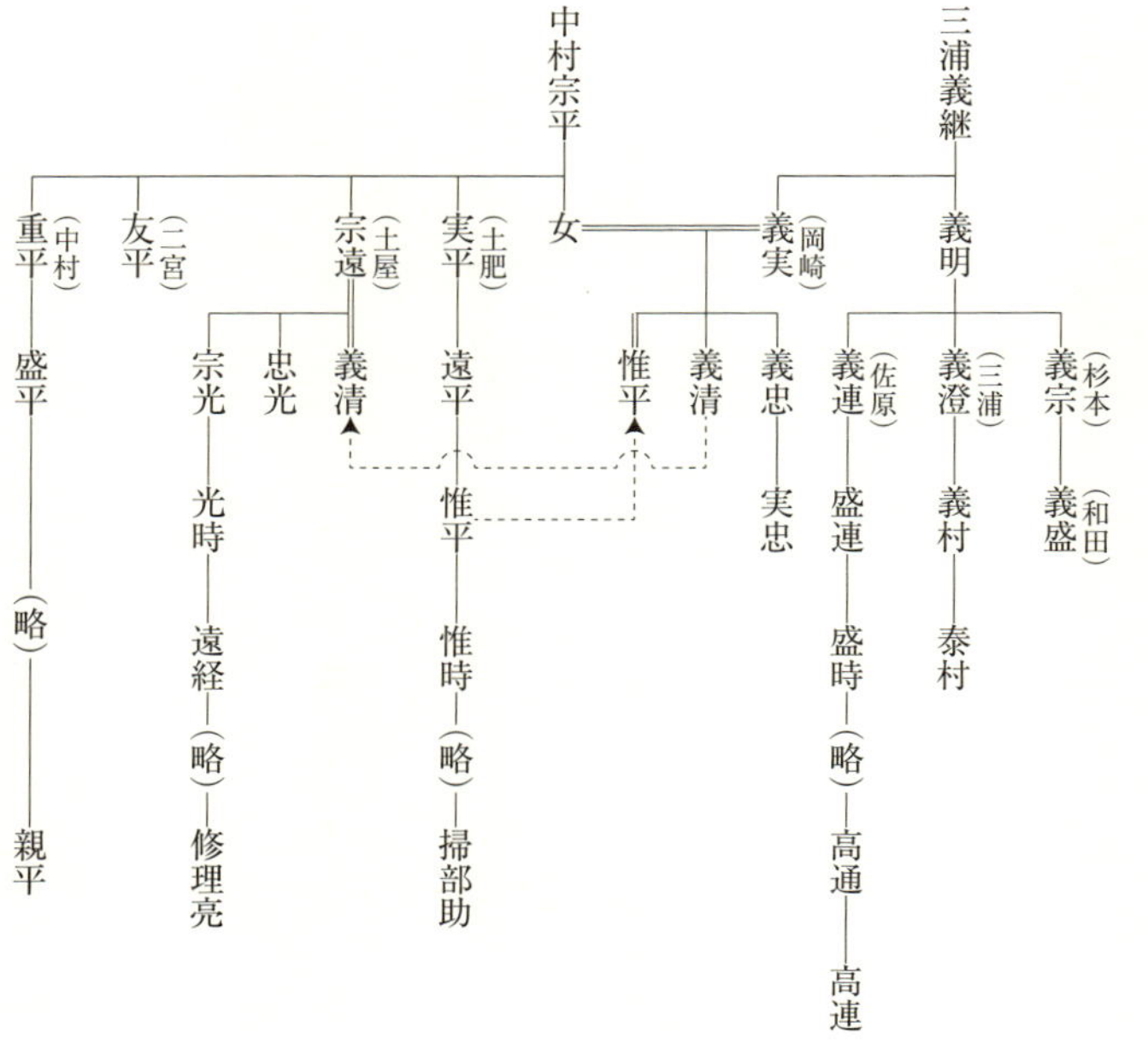

小国浩寿「相模平一揆成立の諸前提」をもとに作成。

て行動しており、両者は緊密な関係にあったことがうかがえる。実際、宗平の娘は義明《よしあき》の弟の岡崎《おかざき》義実《よしざね》に嫁いでおり、中村氏と三浦氏は姻戚関係を持っていた。後に宗平は、義明の子の義澄《よしずみ》とともに、源頼朝《よりとも》の命で相模国の貧民救済に携わっていることから（『吾妻鏡』文治二年〈一一八六〉六月一日条）、中村氏も三浦氏も相模国衙《こくが》の関係者だったことが知られ、この関係を背景に婚姻関係が結ばれたと見られる。

この後、中村氏は、三浦一族の岡崎氏との関係を深めていく（「中村氏・三浦氏関係系図」参照）。すなわち、宗平の子の土屋宗遠《むねとお》は、義実と宗平の娘との間に生まれた義清《よしきよ》を養子に迎えた。また、宗平の孫の土肥遠平《とおひら》は、子の惟平《これひら》を義実の養子とした。このように中村氏は、一族の土屋氏と土肥氏を中心に岡崎氏との関係を深めていったのだが、これが中村一族に災いをもたらすことになる。すなわち、建保元年（一二一三）に勃発した和田《わだ》合戦では、土屋義清と土肥（岡崎）惟平が、岡崎実忠《さねただ》（義実の孫）とともに和田義盛《よしもり》方に与し、滅亡したのである。岡崎氏と関係を持たなかった中村氏嫡流家と二宮氏は幕府（北条氏《ほうじょう》）方に与したため、族滅はまぬがれたものの、中村一族は勢力を大きく減退させてしまい、以降、鎌倉幕府体制下では相模の国御家人として長い雌伏の時代を迎えることになった。したがって、鎌倉幕府体制の崩壊を目指す尊氏の挙兵は、中村一族にとって起死回生のチャンスと捉えられたようであり、彼らはこぞって尊氏が主導した関東の討幕軍に加わっている。

足利氏のもとに参陣した中村一族は、嫡流家・土肥氏・土屋氏のそれぞれが尊氏に接近しており、なかでも嫡流家の中村親平《ちかひら》は、尊氏の近臣として活動したことが確認できる。中村一族は、尊氏に積極的に奉仕することで飛躍の道を切り拓こうとしたと見られるが、これが中村一族に新たな展開をもたらすことになった。

中村氏居館推定地の殿ノ窪（神奈川県小田原市）

すなわち、直義の追討後、鎌倉に滞在した尊氏は、鎌倉の防衛を担う直轄軍の編制を志向した。尊氏はまず、近臣の一人の河越直重が盟主を務める武蔵国の最大の武士団である秩父平氏《ちちぶへいし》を直轄軍に編制するべく、直重に働きかけた。これを受けた直重は、秩父平氏一族に周囲の他姓の武士団を加えて武蔵平一揆という集団を形成し、尊氏の直轄軍とした。尊氏はさらに、膝下の相模国においても直轄軍の編制を目論み、近臣の親平を輩出する中村一族に白羽の矢が立った。実は、中村一族と秩父平氏は、ともに平良文《たいらのよしふみ》の子の忠頼《ただより》を祖とする武士団という共通項を持っていた。尊氏は、この共通項を媒介に両者を合流させ、巨大な直轄軍を創り出そうとしたのである。この尊氏の要請を受け入れた中村一族は、嫡流家の親平を中心に、相模国内の同じ忠頼系平氏と周囲の他姓の武士団も加えて相模平一揆《さがみへいいっき》を形成し、武蔵平一揆とともに尊氏の直轄軍たる平一揆を構成したのである。

相模平一揆のその後

中村一族を中心とした相模平一揆は、武蔵平一揆と合流して尊氏の直轄軍＝平一揆を結成した。しかし、文和二年（一三五三）の尊氏の帰京にともなう措置は、両者の間に対立の契機をはらませることになった。

冒頭でも述べたが、尊氏は帰京に際し、相模国の守護に河越直重を抜擢した。新田《にった》義興《よしおき》・義宗《よしむね》兄弟を中心とする南朝勢力と、これと連携する上杉憲顕をはじめとする旧直義派の勢力とがいまだ上信越国境地域に潜伏している状況下では、武蔵国最大の武士団である秩父平氏の盟主を務める河越氏と、事実上その傘下にある武蔵平一揆の軍事力は、尊氏帰京後の鎌倉府に必要不可欠だったはずである。したがって、直重の相模守護への抜擢は、河越氏および武蔵平一揆を足利方に繋ぎとめ、これを改めて鎌倉府の直轄軍に位置づけることを一義とした措置と考えるのが妥当だろう。一方、直重にとっても相模守護への就任は、同盟者である相模平一揆を守護として公的に統制できる立場に立てることを意味したため、大きな実益として受けとめられたであろう。直重の相模守護就任は、こうした尊氏と直重双方の思惑の一致のうえに実現したと見られる。

しかし、直重の相模守護就任は、右のような政治的意図が含まれることから、相模平一揆に大きな波紋を投げかけることになったと思われる。というのも、相模平一揆と武蔵平一揆とは、ともに尊氏の直轄軍として同盟関係＝対等な立場にあったはずであるから、相模平一揆の側からすると、相手側の盟主である直重の統制を受けるという事態は、両者の同盟関係に支障を来すものとして受けとめられたと考えられるからである。この相模平一揆側の反感が表面化した事件として、康安元年（一三六一）の畠山国清の失脚が注目される。

国清は、尊氏の帰京に際し鎌倉府の執事に抜擢され、直重とともに尊氏から後事を託された鎌倉府の重要人物の一人である。延文四年（一三五九）、新将軍足利義詮《よしあきら》の主導のもと、室町幕府は畿内南朝勢力の追討戦に着手したが、鎌倉府もこの作戦に協力することになり、執事の国清が東国武士を率いて上洛した。このなかには、武蔵平一揆のメンバーとして河越弾正少弼《だんじょうのしょうひつ》（直重）と戸《と》嶋《しま》（豊島）因幡入道《いなばにゅうどう》、相模平一揆のメンバーとして土屋修理亮《しゅりのすけ》と同備前入道《びぜんにゅうどう》の姿を確認でき、平一揆も参加したことが知られる（『太平記』巻第三十四「畠山道誓《どうせい》上洛の事」）。ところが、畿内南朝勢力の追討自体は一定の成果を挙げたものの、国清は幕府内部で起きた政争に積極的に関与し、本来の目的からそれた行動をとったため、傘下の東国武士が勝手に帰国するという事態を招き、自身も帰国を余儀なくされた。鎌倉に戻った国清は、許可無く帰国した武士たちの所領を没収するという強硬措置に出たが、これがいっそうの反発を招き、ついに鎌倉を追われることになった。ここで注目すべきは、鎌倉から伊豆を目指して落ちていく国清一行を、中村一族で相模平一揆の一員でもあった土肥掃部助《かもんのすけ》が、途中の小田原宿《おだわらしゅく》で急襲したというエピソードが伝わっていることである（『太平記』巻第三十六「頓宮心《とんぐうこころ》替《がわり》の事 付《つけたり》 畠山道誓が事」）。ここから、相模平一揆も国清に無断で帰国し、その後の国清の措置に反発した勢力の一人だったことがうかがえるが、直重の盟友ともいえる国清を、直重の同盟者であるはずの相模平一揆のメンバーが襲ったという事件の背景には、相模守護として上位の立場に君臨しようとする直重に対する、彼らの反感もあったように思われるのである。

直重の相模守護就任によって生まれた武蔵平一揆と相模平一揆の溝は、結局修復されることはなかった。前述したように、貞治二年（一三六三）、旧直義派の憲顕を復帰させた鎌倉府は、旧尊氏派の人びとの排除に動き、直重も相模守護を更迭《こうてつ》された。これに対し、憲顕の復帰を決断した鎌倉公方足利基氏《もとうじ》の生存中は、旧尊氏派に表立った行動は見られなかった。しかし、貞治六年の基氏の死を機に、旧尊氏派は憲顕を排除するべく立ち上がる。直重は、応安元年（一三六八）三月、武蔵平一揆を率いて挙兵したのである。

ところが、相模平一揆が直重の挙兵に協力した形跡は見当たらない。むしろ、相模平一揆の一員である土肥入道が上杉方に付いたことが確認できることから（『南関』三四九五号）、相模平一揆は武蔵平一揆と袂を分けたと見られよう。相模平一揆の中心の中村一族も、かつては尊氏に近侍《きんじ》した存在だったが、直重に対する反感の蓄積が、武蔵平一揆との共闘というカードを選ばさせなかったのである。

閏六月、直重が籠もる河越館は上杉勢の攻撃の前に落ち、武蔵平一揆の反乱が終結した。相模平一揆は生き残ったが、一揆の形成を促した尊氏はいまや亡く、さらに同盟者の武蔵平一揆を壊滅させた以上、もはや相模平一揆の存続意義は失われており、その自然消滅は必然的な成り行きだったといえよう。

鎌倉府という重石

相模国には、室町幕府の東国支配政庁たる鎌倉府が置かれた。そのため、守護とは別に鎌倉府も相模国内に対する諸権限を保持・行使しており、守護の三浦氏をはじめとする同国の武士団に多大な影響を与えた。最後にその具体相を確認して、稿を閉じたい。

鎌倉府が相模国内に向けて行使した権限には、冒頭でも述べたように、まず「鎌倉中」の検断権がある。河越直重の守護在任期にかぎり、守護の関与が認められるが、それ以外の時期では確認できないため、これは基本的に鎌倉府の権限だったと考えられる。守護の重要な職務の一つである検断は、「鎌倉中」においては鎌倉府によって規制されたのである。しかし反対に、「鎌倉中」以外の相模国内の地域に対しては、鎌倉府が検断権を行使した事例は確認できない。したがって、当該地域の検断権は、守護が保持していたと見られる。

鎌倉府は「鎌倉中」の検断権を保持していたとすると、「鎌倉中」における所領の遵行権も、鎌倉府が保持していたと予想される。しかし、鎌倉公方基氏の死没直後の事例になるが、「鎌倉材木座」を佐々木《ささき》道誉《どうよ》へ交付するように命じる将軍義詮の御教書《みぎょうしょ》が、守護の三浦氏に発給された事例を確認できる（『南関』三四二九号）。また、前掲「三浦氏所領遵行活動一覧」№4の事例になるが、この後も、守護の三浦氏が「鎌倉中」の所領の遵行を行なっていることが確認できる。これらの事例から、「鎌倉中」の所領の遵行権は守護が保持したと見るのが妥当と考えられる。「鎌倉中」における検断権と所領の遵行権の行使者は、一体的に把握する必然性はないようである。前述したように、守護は相模国全域に対する遵行権を行使できたが、その対象には「鎌倉中」も含まれていたことになる。

検断権と所領の遵行権を見る限り、鎌倉府の相模国内への影響力はさほど大きくないように見える。ところが、国内武士団に対する軍事指揮権を見てみると、その様相は大きく異なってくる。

観応三年（一三五二）閏二月、尊氏と新田義興・義宗兄弟との決戦となった武蔵野合戦において、尊氏方に参陣した相模国の武士である波多野景高《はたのかげたか》の代官の佐藤経貞《さとうつねさだ》が、「侍所御手」に属して戦ったと証言する史料がある（『南関』二二三四号）。当時、相模守護は不設置であるので、これは守護の侍所とは考えられない。また、幕府の侍所頭人《とうにん》が尊氏とともに関東に下っていた可能性も想定できるが、当時の幕府侍所頭人の細川頼春《ほそかわよりはる》はほぼ同時期に京都で戦死しているので、この想定も成り立たない。したがって、この史料に現れる侍所は、鎌倉府のそれを指すことになり、十四世紀半ばの時点での相模国内の武士団に対する軍事指揮権は、鎌倉府が掌握していたことになる。これは、守護不設置の事態と照応しているといえよう。しかしながら、三浦氏の守護在任が確実な応永三年（一三九六）時においても、鎌倉公方の命を受けた関東管領が、波多野高経《たかつね》に対し「鎌倉警固」を命じた事例を確認できる（『神奈川県史資料編3上』五一六〇号）。そして、相模守護が国内の武士団に対して軍事指揮権を発動していることが認められる確実な事例は、応永二十三年の上杉禅秀《ぜんしゅう》の乱まで下るのである（『鎌倉九代後記《かまくらくだいこうき》』）。これらのことから、おそらく十五世紀初頭までは、鎌倉府が相模国内の武士団に対する軍事指揮権を掌握し続けたと考えられよう。相模国は、鎌倉公方の直臣団である奉公衆《ほうこうしゅう》を多く輩出したことが指摘されている。この要因の一つには、鎌倉府が相模守護に代わって、国内の武士団に対する軍事指揮権を掌握し続けたことが想定できよう。

また、相模国内に限定された権限ではないが、鎌倉府は裁判権を保持していたことが知られている。相模国の武士をはじめとする領主たちは、鎌倉府という守護の上位に位置する権力の裁判を容易に利用できる環境にあったわけだが、これにより同国の守護の裁判権は、鎌倉府に著しく規制されたように見受けられる。前に、余綾郡金目郷内の所領をめぐる光明寺と浄光明寺との相論の事例を見たが、ここで守護は紛争の実態を検分する権利と義務を持っていたと述べた。しかし、守護がそうした権利と義務を持っていたならば、訴訟は守護の法廷に提訴した方が合理的なように思える。だが、右の事例では、訴人の光明寺が三浦氏に訴えた形跡は確認できない。光明寺は、守護に紛争実態を検分する権利と義務があることを認識しながらも、提訴先に鎌倉府の法廷を選んだとすると、相模守護には独自の裁判権がなかったか、あるいは鎌倉府に著しく規制されていたと考えられよう。相模国は、鎌倉府の膝下にあったがために、同国の守護は独自に裁判権を行使するのが難しい状態に置かれたと見られるのである。

鎌倉府の存在は、相模国を動かした守護をはじめとする武士団の存在形態を大きく規定した。したがって、南北朝期以降の相模国の行方は、鎌倉府の動向によって大きく左右されていくことになるのである。

参考文献

小国浩寿「足利尊氏と平一揆」（『鎌倉府体制と東国』吉川弘文館、二〇〇一年）

小国浩寿「相模平一揆成立の諸前提」（浅野晴樹・齋藤慎一編『中世東国の世界2　南関東』高志書院、二〇〇四年）
落合義明「南北朝期相模守護と鎌倉」（『三浦一族研究』一二号、二〇〇八年）
清水　亮「平一揆の乱と源姓畠山氏」（黒田基樹編著『関東足利氏の歴史第2巻　足利氏満とその時代』戎光祥出版、二〇一四年）
高橋秀樹「相模武士河村氏・三浦氏と地域社会」（『三浦一族の研究』吉川弘文館、二〇一六年）
松本一夫「相模守護の特質」（『東国守護の歴史的特質』岩田書院、二〇〇一年）
山田邦明「鎌倉府の奉公衆」（『鎌倉府と関東―中世の政治秩序と在地社会―』校倉書房、一九九五年）
山田邦明「三浦氏と鎌倉府」（同右）
山田邦明「室町時代の三浦氏と三浦半島」（『新横須賀市史通史編　自然・原始・古代・中世』第三章第三節、横須賀市、二〇一二年）

コラム　相模武士の姿❷

山内首藤経俊　やまのうちすどう　つねとし

保延三年（一一三七）～嘉禄元年（一二二五）

久保田　和彦

山内首藤経俊は、相模国鎌倉郡山内荘（鎌倉市）を本領とする武士で、父は刑部丞俊通《としみち》、中村宗平《なかむらむねひら》の妹（摩々局《ままのつぼね》）を母として保延三年（一一三七）に生まれた。山内荘は現在の神奈川県鎌倉市全域、横浜市戸塚区南部と瀬谷区、藤沢市東部にまたがる広大な荘園であり、成立時期は不明であるが、建久二年（一一九一）十月に後白河上皇が九〇ヵ所の荘園を長講堂に寄進した目録に見えている。山内荘を名字の地とした山内氏は藤原秀郷《ひでさと》の子孫と称し、鳥羽院政期に京都で検非違使《けびいし》として活躍、主馬首《しゅめのかみ》に任じたことから山内首藤と名乗るようになる。

『山内首藤氏系図』によると、経俊の四代前の資清《すけきよ》が河内源氏源頼義の郎等《ろうどう》となり「守藤大夫」と号し、曽祖父資通《すけみち》は後三年合戦に源義家《みなもとのよしいえ》にしたがって参陣したと記されている。また、父俊通は相模国に住し「山内滝口」と号した。俊通の時代に鎌倉郡山内荘を開発して鳥羽上皇に寄進し、名字の地としたと思われる。天養元年（一一四四）に源義朝《よしとも》が大庭御厨《おおばのみくりや》に侵入した事件に関する記録である『天養記』に俊通の名前は見えないが、妻の兄である中村庄司宗平が事件に参加しているので、俊通も義朝に臣従したと考えられる。平治元年（一一五九）の平治の乱において、父俊通と兄俊綱《としつな》が義朝にしたがって参戦し六条河原で戦死したため、経俊が家督を継承した。平治の乱で河内源氏が壊滅すると、経俊も他の相模武士と同様に平家に臣従する。

治承四年（一一八〇）八月、源頼朝はかつての家人・郎等に挙兵への参加を呼びかけるが、使者として派遣された安達盛長《あだちもりなが》に対し、山内首藤滝口三郎経俊と波多野右馬允義常《はたのうまのじょうよしつね》等は挙兵を嘲笑し暴言を吐いたという。石橋山合戦においても、経俊は大庭景親の軍に属して参戦し、頼朝に向かって矢を放った。その後、富士川合戦で鎌倉方が勝利した直後の十月二十三日、経俊は捕虜となり山内荘は没収され、土肥実平《どひさねひら》に身柄を預けられた。
『吾妻鏡』十一月二十六日条によると、山内滝口三郎経俊は斬罪に処せられるべきであるが、経俊の老母

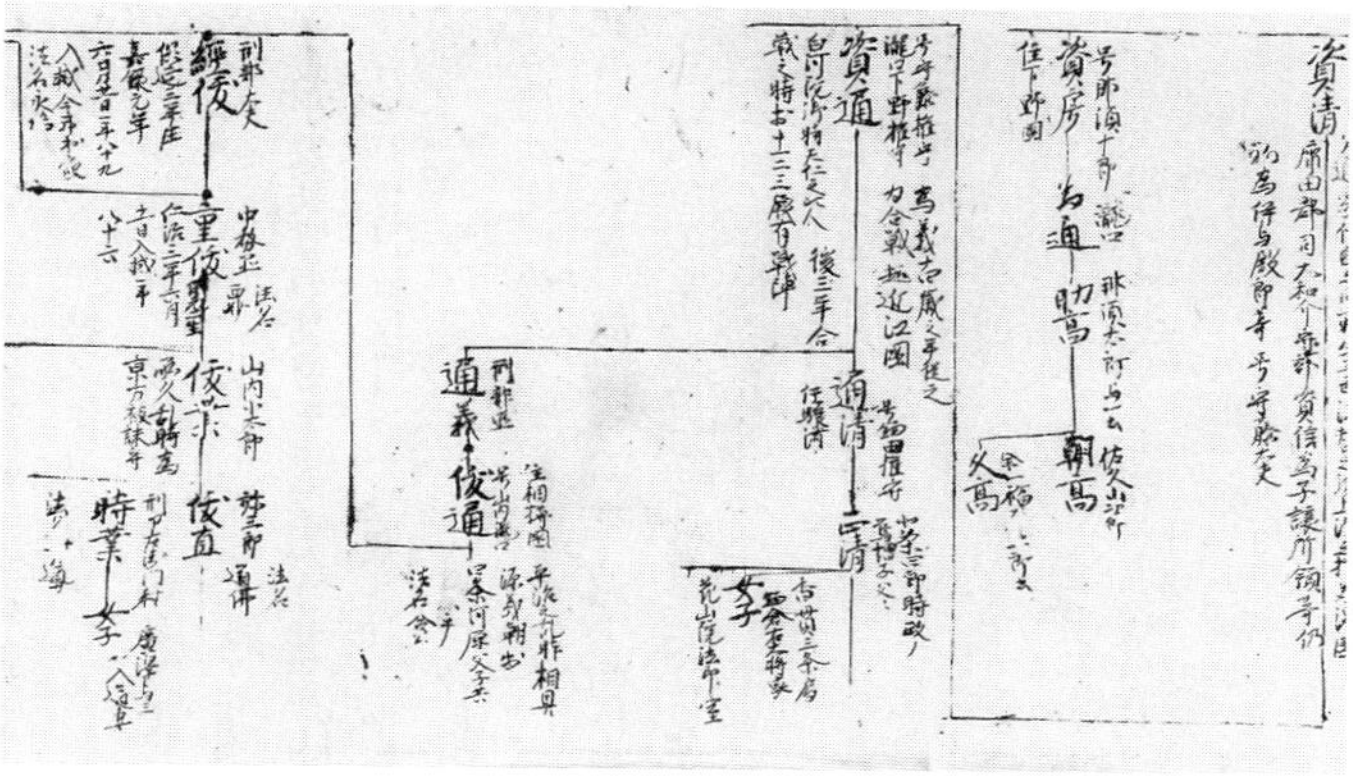
山内首藤氏系図（『山内首藤家文書』より，個人蔵）

（頼朝の乳母、山内尼）がこれを聞いて愛息の助命のため泣々参上し、資通入道が八幡殿《はちまんどの》（義家）に仕え、廷尉禅室《ていいぜんしつ》（為義）の乳母になって以来、山内首藤家は代々源氏に忠節を尽くし、特に俊通は平治合戦において六条河原で討ち死にした。今回、石橋山で経俊が大庭軍に属したのは平家の権勢を恐れたためである。先祖の功績に免じて経俊の罪を許していただきたいと嘆願した。頼朝は石橋山合戦で身に着けていた鎧と経俊の名前が記された矢を山内尼に見せ、経俊が頼朝を射たことの証拠は明らかであると述べた。尼は重ねての弁明ができず、涙をぬぐって退出した。しかし、経俊の罪は明らかであるが、頼朝は山内尼の悲嘆と先祖の功績に免じ経俊の罪を許したという。この女性は、義朝の乳母で頼朝誕生の際最初に乳付をした摩々局と同一人物で、摩々局は平治の乱後、相模国早河荘（小田原市）に下向しており、これは流人頼朝を援助するためだったと思われる。

　経俊は以後、鎌倉御家人として頼朝に仕え、伊勢・伊賀両国守護を勤め、元暦元年（一一八四）に志太義《しだよし》広《ひろ》と伊勢で戦い、平家の残党を討っている。文治元年（一一八五）には、頼朝から美濃国墨俣《すのまた》以東に下向することを禁じられた東国任官の輩二六人に名前が見え、

役に立たない者と頼朝から罵倒されている。元久元年（一二〇四）、伊勢・伊賀で平家残党の挙兵（三日平氏の乱）が起こり、伊賀・伊勢の各地で反乱が拡大すると、経俊は鎮圧に失敗して逃亡する事態となり、京都守護平賀《ひらが》朝雅《ともまさ》の加勢を得てようやく平定された。この事件で経俊は両国守護を没収され、平賀朝雅が同職を継承した。建保元年（一二一三）の和田合戦では、和田方に「山内の人々」が加担するが、経俊は北条方に味方している。同四年七月、源実朝に供奉して相模川に赴いた記事を最後に『吾妻鏡』に見えなくなり、系図によると、嘉禄元年（一二二五）六月二十一日に八九歳で没した。

III 相模武士団のその後

第1章　東遷・北遷する相模武士団

——奥羽そして北陸へ——

岡田清一

相模武士と奥羽・北陸道

鎌倉時代以降、奥羽《おうう》両国ばかりか、北陸道、とくに越後《えちご》国に移り住んだ東国の御家人は多い。しかし、当時の地理的感覚からすれば、奥羽こそ「東国」の果てであって、北陸道は北国であった。したがって、東遷とは奥羽への、北遷とは北陸道への移住を考えるべきだろう（なお、越後を北国と認識したかは検討を要しよう）。その際、かれら東国の御家人が、東遷ないし北遷する前提として、支配する所領が存在しなければならない。

さらに、それぞれの武士が遠隔地に所領を得たからといって、それが東遷・北遷といった移住に即座に結びつくものではない。本貫《ほんがん》の地を離れて新しい所領に移住するのは、「フロンティア精神」といってしまえばそのとおりだが、やはり大きな決断が求められたはずである。その背景も考えなければならない。

その際、相模国の特殊性を併せて考える必要がある。幕府が樹立された鎌倉が立地する点を考えた時、変転する幕政と関連づけて相模の武士の移住を理解することも必要となる。すなわち、北条氏の本貫地は伊豆《いず》国であるが、幕府内での政治的地位の確立とともに拠点を鎌倉を含む相模国に移していった。その時期については、明確な史料があるわけではないが、近年、注目されている御所之内《ごしょのうち》遺跡や円成寺《えんじょうじ》遺跡、満願寺《まんがんじ》跡などを含む伊豆韮山《にらやま》（静岡県伊豆の国市）の中世遺跡群の発掘成果をまとめた池谷初恵は、円成寺遺跡内の北条氏館の遺構・遺物から、十二世紀中頃から区画溝が確認され、十二世紀末〜十三世紀前半に最盛期を迎え、十三世紀中頃には建物跡もわずかになることを指摘している。

この指摘は、『吾妻鏡《あずまかがみ》』に記載される北条氏と伊豆国、とくに北条氏が建立した願成就院《がんじょうじゅいん》との関係が嘉禎二年（一二三六）以降、確認されない事実と符合する。北条義時《よしとき》が元久元年（一二〇四）に相模守《さがみのかみ》に就いたのを嚆矢として、建保六年（一二一八）には時房《ときふさ》が、暦仁元年（一二三八）には重時《しげとき》が相次いで相模守に就任し、相模国との関係が徐々に深まっていったともいえよう。したがって、北条氏の相模国への進出が、同国内の武士の去就に影響を与えたことは充分考えられ、幕府政治の変転に翻弄される場合が少なくなかったことを意味する。なお、相模国内の武士団は数多く、そのすべては描写し難い。三浦一族を中心にせざるをえなかったことをお断りしておこう。

頼朝挙兵と三浦一族

三浦一族が、相模国以外に所領を有するのは、頼朝《よりとも》の挙兵以後のことである。なかでも、和田一族が越後国奥山《おくやま》庄（新潟県胎内《たいない》市）を支配し、佐原《さわら》（蘆名《あしな》）氏が会津《あいづ》（福島県）を支配して蘆名を名のり、ともに戦国時代末期までその支配を維持しつづけた。では、奥山庄や会津を支配するのは、いつ、どのようなきっかけからであったろうか。

越後国奥山庄は、『源平盛衰記《げんぺいじょうすいき》』に、

越後国の住人に城《じょう》太郎平資職《すけもと》と云ふ者あり、後には資永《すけなが》と改名す。是は与五将軍維茂《これもち》が四代の後胤、奥山太郎永家が孫、城九郎資国が子なり。

とあり、この奥山永家が奥山庄の開発領主との指摘もある。その祖である維茂は、平貞盛の甥で、後に維茂の養子となった人物である。

木曽《きそ》義仲《よしなか》が信濃《しなの》国木曽《きそ》谷《だに》で挙兵したのは、頼朝に遅れること一ヵ月後の治承四年（一一八〇）九月初旬のこと。勢力を拡大する義仲に対し、平清盛《たいらのきよもり》は越後の豪族的領主城助職（資職）に追討を指示。これを受けて信濃国に進出した助職であったが、義仲の木曽党、信濃の佐久党、甲斐《かい》の武田氏らに攻撃されて敗退した。いわゆる、横田川原《よこたがわら》（長野市）の戦いである。

城氏は、九条兼実《くじようかねざね》の日記『玉葉《ぎよくよう》』治承五年七月一日条に、「越後国の勇士」として「城の太郎助家の弟助職、国人、白河《しらかわ》の御館と号すと云々」とあり、「白河の御館」＝白河庄（新潟県阿賀野市）を本拠に、越後国の下越地方を支配した有力者であった。

ところで、『玉葉』によれば、越後に戻った助職に対し、在庁官人以下が「宿意」を遂げようと攻撃した。そこで「藍津《あいづ》の城」に引き籠もったところ、平泉の藤原秀衡《ふじわらのひでひら》が郎従《ろうじゆう》を派遣して押領しようとしたため、さらに佐渡《さど》国に逃れ去ったというのである。真偽のほどは確認できないが、延慶本『平家物語』にも、

木曽横田の師（合戦）に切り懸ける頸とも五百人なり。即ち城四郎跡目に付き、越後府に付たれは、（越後）国の者共、皆源氏に順にけり。城四郎、安堵し難かりけれは、会津へ落にけり

とあって、『玉葉』と整合性がとれる部分も多い。しかも、延慶本『平家物語』は信濃に出陣する城氏の軍勢に「相津（会津）の乗湛房《じようたんぼう》、其の子平新大夫」が従軍していたことも記載するから、会津地方が城氏の影響下にあったことは確かだろう。なお、延慶本『平家物語』は、城四郎を長茂《ながもち》と記しているが、助職と同一人とする識者は多い。

その直後、平家は城助職を越後守に任じたが、城氏の勢力が失われるなかで、越後国府に入った義仲は、北陸道に大きな影響力を行使できるようになった。これは、頼朝の家人《けにん》が越後国内に所領を有するようになるのが、義仲没後の元暦元年（一一八四）一月以降でなければならないことを示している。したがって、はるか後代、建武三年（一三三六）二月、三浦一族の和田茂実《わだもちざね》が「先祖和田二郎義茂、木曽殿追討の賞として、累代相

伝知行してきた」ことを根拠に、足利尊氏《あしかがたかうじ》に所領の安堵を要請しているのも、必ずしも的の外れた主張ではない。

また、佐原氏が会津を支配するようになる時期も、会津が陸奥国内であることから、文治五年（一一八九）の頼朝による平泉攻略（奥羽合戦）後と考えられているが、既述のように会津が城氏の影響下にあったことを考えると、それよりも古く、奥山庄と同じように義仲滅亡の後を考えることが可能である。

たしかに『吾妻鏡』には、厚樫山《あつかしやま》の戦いで和田義盛《よしもり》・三浦義澄《よしずみ》・佐原義連《よしつら》らを含む軍勢が藤原国衡《くにひら》勢と戦い、小山朝光《おやまともみつ》や宇都宮朝綱《うつのみやともつな》らが背後を攻めたので、国衡勢はたちまち逃亡したことを伝えている。したがって、義連と会津との関係を文治五年に求めるのもわからないではない。しかし、平泉の藤原氏と会津の関係は、同時代の史料からは確認できず、両者の関係は希薄とする指摘も現れている。一方、会津と隣接する越後国の関係は近代になっても深く、明治四年（一八七一）に成立した若松県は、同十九年まで会津・耶麻《やま》・大沼・河沼《かわぬま》四郡と越後国蒲原《かんばら》郡の一部を領域としたほどであった。しかし、これらはいずれも状況証拠であって、同時代史料によって確認されるものではない。

会津と三浦・蘆名氏—得宗専制のもとで—

三浦一族・蘆名氏は、三浦義継《よしつぐ》の子為清《ためきよ》が三浦郡蘆名郷（横須賀市芦名）を支配して苗字の地としたことに始まるという。その後、為清の子孫が相伝したが、宝治《ほうじ》合戦で為清系から離れ、盛連《もりつら》一族に与えられ、その子光盛《みつもり》が、会津あるいは蘆名を称したとの指摘もある。たしかに、宝治合戦で三浦一族の多くが惣領家の三浦泰《やす》村《むら》とともに敗死したのに対し、わずかに残ったのが義連《よしつら》の子景連《かげつら》と盛連の系統であったから、蘆名郷が一族の盛連系に与えられたとも考えられる。

同時代史料がないなかで、佐原義連が「会津」を得た時期を、木曽義仲の滅亡（元暦元年一月）以後と推論したが、だからといって、義連が会津に下向・移住したわけではない。福島県喜多方市には義連の墓と伝えられる宝篋印塔《ほうきょういんとう》が残るが、義連に関する史料は、『吾妻鏡』がほとんどで、その行動範囲も奥羽合戦を除けば鎌倉およびその周辺であるから、後世の附会であろう。

ところが、鎌倉時代末期、「会津」を支配していたのは北条氏であった。すなわち、元弘三年（一三三三）七月、新田一族の岩松経家《いわまつつねいえ》が後醍醐《ごだいご》天皇から与えられた所領のなかに「出羽国会津　顕業《あきなり》跡」があった。顕業については明らかではないが、経家に与えられた他の所領、たとえば、陸奥国泉《いずみ》（会津坂下町坂本）・荒田《あらた》（会津若松市北会津町）や駿河国大岡庄は北条泰家《やすいえ》（得宗貞時《さだとき》の子）の旧領であったし、伊勢国笠間《かさま》庄もまた北条（大仏《おさらぎ》）宗宣《むねのぶ》の子維貞《これさだ》の所領であったから、顕業も北条氏の一族と考えてよいだろう。とするならば、いつ「会津」が北条氏の所領に組み込まれたか不明ではあるが、少なくとも鎌倉時代に蘆名氏が「会津」を支配したと理解することは容易ではない。

それに対して、三浦一族と「会津」との関係を示す確実な史料としては、建武二年（一三三五）九月に発給された足利尊氏の下文《くだしぶみ》がもっとも古い。すなわち、尊氏が三浦介高継《たかつぐ》に「会津河沼郡議塚ならびに上野新田父介入道道海跡本領」を安堵したものである。議塚や上野新田の現在地を比定できないものの、遅くとも入道道海＝時継の時代から会津に所領を有していたことが確認される。ただ、同時に安堵された所領「陸奥国糠部《ぬかのぶ》内五戸」については、寛元四年（一二四六）十二月、佐原義連の子盛時《もりとき》が、北条時頼《ときより》から「糠部五戸」の地頭代職《じとうだいしき》に補任《ぶにん》されており、北条氏が滅亡した建武二年当時、三浦氏の本領として、尊氏によって安堵されたのである。

とするならば、「会津河沼郡議塚ならびに上野新田」も同じように考えられる。すなわち、鎌倉時代中頃、佐原氏は北条氏から「会津」の地頭代職などに任命され、佐原氏と会津の関係が始まったとの理解である。しかも、その背景に三浦氏と北条氏との婚姻関係が指摘されている。すなわち、三浦義村《よしむら》の女子は初め北条泰時《やすとき》に嫁ぎ、嫡子時氏《ときうじ》（時頼の父）を出生したが、その後、盛連に再嫁して光盛や盛時を出生したのであり、得宗家との深い関係があった。こうした関係から、宝治合戦で三浦一族が全滅するなかで、盛連の子息たちは北条氏に味方したのである（『福島県史1』一九六九年）。その後、盛時が三浦介を継承したが、道海＝時継はその曽孫にあたるから、まさに「会津河沼郡議塚ならびに上野新田」は三浦氏相伝の所領と認識されていたとしても不思議ではない。

また、貞治四年（一三六五）当時、「会津蜷河《にながわ》庄内萱津《かいづ》村一分」の地頭職は「平井次郎三郎日奉明秀《あきひで》」の「重代《じゅうだい》相伝」の所領であった。明秀の地頭職がいつまで遡るか明らかでないが、かれの名のる「日奉」は、『吾妻鏡』寛喜三年（一二三一）四月二十日条の「（武蔵）在庁散位日奉実直、同弘持」と共通しており、武蔵国の在庁官人出身の可能性が高い。武蔵国は、北条時政《ときまさ》・義時《よしとき》が留守所惣検校職《そうけんぎょうしょく》でもあった畠山重忠《はたけやましげただ》を滅ぼして後、その影響下に置かれたものと考えられるから、明秀の地頭職も北条氏から給与された地頭代

三浦氏系図

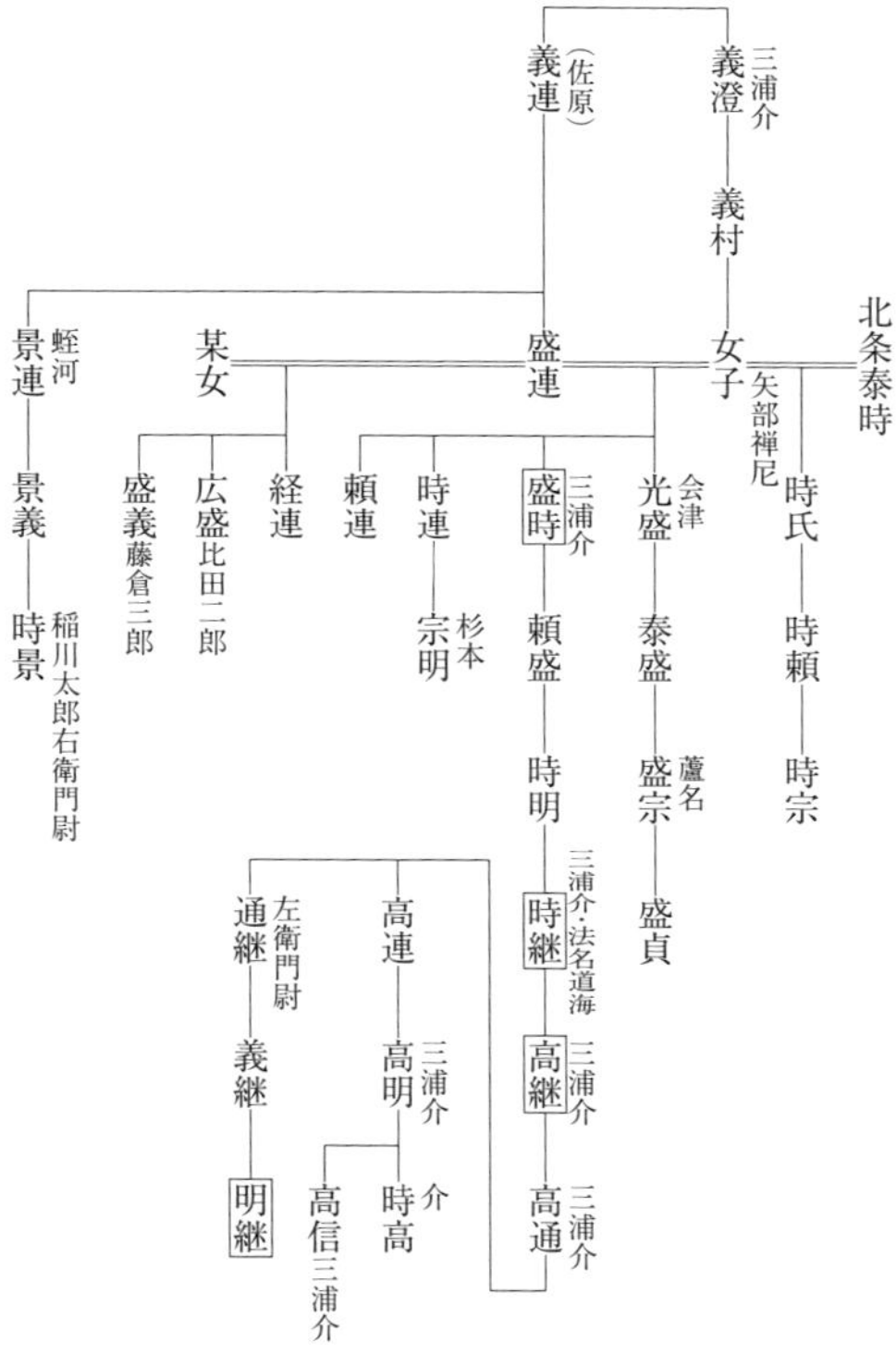

職に由来する可能性が高い。明秀は武蔵国の武士であるが、会津に下向・移住した事例であろう。

ただし、「会津」は北条氏の所領であったため、鎌倉幕府の滅亡後に没収され、建武新政権（後醍醐天皇）から岩松経家に給与されたのである。しかし、建武二年（一三三五）七月、北条高時の遺児時行《ときゆき》が信濃国で蜂起、鎌倉を攻撃しようとした際、経家は武蔵国女影原《おなかげはら》（埼玉県日高市）で敗死（「中先代《なかせんだい》の乱」）、「会津」が経家の子孫に安堵された痕跡は確認できない。

その直後、三浦介高継が「会津河沼郡議塚ならびに上野新田父介入道道海跡本領」を尊氏から安堵されたのである。さらに、喜多方市の新宮熊野神社に残る貞和五年（一三四九）七月に鋳造された鐘銘には「大旦那従満大姉」のほかに「同地頭平朝臣明継《あきつぐ》」とある（『福島県史7』一九六六年）。平明継は、建武二年に所領を安堵された高継やその父時継と「継」の字を共有しており、「三浦系図」（続群書類従）に記載される高継の玄孫である左衛門尉明継と思われる。以後、「会津」各地の所領は細分化されて、多くの武士が関与している事例が同時代史料から確認される。

そうしたなかで、蘆名を称して会津に移住し、南奥の有力戦国大名に発展するのは光盛の系統と考えられているが、光盛と会津の関係を示す史料は確認できない。湯山学は義連の嫡子景連（光盛の伯父）の家系が安貞年間（一二二七～二九）に会津の稲河（蜷河《いながわ》庄）を名のっていることから、会津との関係は義連の時代までさかのぼると考えている。

しかし、観応二年（一三五一）五月当時、「会津郡内蜷川庄勝方村」の地頭は真壁政幹《まかべまさもと》であり、翌三年正月以降、真壁政基（政幹）の代官薄景教《うすきかげのり》は「三浦若狭守」に属して会津郡内各地を転戦、河沼郡合河《あいかわ》・浜崎城、さらに蜷河庄政所楯《まんどころたて》を攻撃している。蜷河庄内が複数の武士に支配されるばかりか、南朝方が確保している「蜷河庄政所楯」が攻撃されるなど、複雑な紛争の地でもあった。

また、延元二年（建武四・一三三七）正月、陸奥守北畠顕家《きたばたけあきいえ》は、伊達《だて》氏の一族石田八郎入道に「大会津郡内高久《たかく》村三浦藤倉二郎三郎跡、河沼郡内中目《なかのめ》村椎名五郎兵衛尉跡」の知行を認めた。高久村は現会津若松市神指《こうざし》町に、中目村は現河沼郡湯川村に比定されるが、両村は阿賀川《あがかわ》に沿って南・北に隣接している。この高久村の旧領主は三浦藤倉《ふじくら》を名のっており、藤倉を苗字の地とした三浦一族であることは明らかである。しかも、その所領藤倉は河東町藤倉（現会津若松市）に比定され、高久・中目の東約三キロと指呼の距離にあった。

三浦藤倉二郎三郎の所領が北畠顕家によって石田氏に与えられた背景には、おそらく会津の三浦一族が足利尊氏方に与したため、その権利を否定されたものであって、三浦一族がこの地域を部分的ではあっても、支配していたことは否定できない。

さらに、観応三年十月、吉良貞家《きらさだいえ》は「会津大沼郡法用寺《ほうようじ》別当職」を「葦名禅師御房」に安堵しているが、「葦名禅師御房」が三浦一族であることは間違いない。さらに康安元年（一三六一）十月、佐原十郎高明は加納庄内鷲田《わしだ》村（喜多方市加納）の在家を実相寺に寄進したが、その所領は高明重代相伝の所領であった。高明もまた佐原義連の子孫であろう。

このように、三浦一族、より具体的には盛連の系統が「会津」を支配していたことが確認されるが、必ずしも光盛系蘆名氏だけではないし、この光盛系がどのように会津を支配するようになったのか明らかにできない。しかし、その子孫とされる盛政《もりまさ》（沙弥聖喜）が永享六年（一四三四）六月、子息盛久《もりひさ》に譲与した所領には、会津郡守護職を始めとして大沼郡、大会津郡、耶麻郡、河沼郡、蜷河庄、新宮庄、加納庄など、ほぼ「会津」のすべてが「当知行地」として含まれていたのである。

越後奥山庄と和田氏―得宗専制に翻弄されて―

鎌倉時代以降、越後国奥山庄（新潟県胎内《たいない》市）を支配した和田氏は、鎌倉時代に侍所別当《さむらいどころべっとう》を勤めた和田義盛の弟義茂《よしもち》の子孫である。もっとも義茂の子孫が奥山庄を支配するようになるには、複雑な事情があった。もともと奥山庄を支配したのは宗実《むねざね》で、建久三年（一一九二）十月、鎌倉幕府の政所が発給した下文によって地頭職を安堵された。しかし、この年七月に征夷大将軍に任ぜられた頼朝は、従来発給していた頼朝の花押が文書の右端（袖）に据えられた形式の文書に代わって、政所が下す形式の文書に切り替えていた。したがって、宗実が奥山庄を支配したのは、建久三年以前であり、その後、建久三年になってあらためて政所の下文が発給されたと考えられる。

奥山庄は、宗実の猶子となった重茂《しげもち》に相続されたが、建保元年五月、和田義盛が北条氏によって滅ぼされた、いわゆる和田合戦で討死すると、相模国南深沢《みなみふかざわ》郷とともに重茂の妻＝宗実の娘（後の津村尼）が安堵され、その子孫に相伝されることになる。

しかし、津村尼の相続については子息重綱《しげつな》とのあいだに訴訟が発生していた。とりあえず勝訴した津村尼は、嘉禎四年（一二三八）四月以降、奥山庄を分割して、その中心部ともいえる政所条を時茂《ときもち》に、黒河条を娘黒河《くろかわ》尼《に》に、さらに高野条を茂村《もちむら》に譲与したのである。かの女の死後、建治三年（一二七七）十一月、時茂は庄内政所条を茂連《もちつら》・茂長《もちなが》・義基《よしもと》という三人の孫に相続、嫡孫茂連の支配する中条、茂長が支配する北条、義基が支配する南条に分割されていったのである。

こうして奥山庄を支配する和田氏は、津村尼が相続した段階で、少なくとも重綱・津村尼の系統に分かれたが、さらに時茂・黒河尼・茂村の三系統に、そして時茂の子孫は茂連・茂長・義基の系統に細分割されていく。

しかし、分割相続による所領の狭隘化は、一族内部に所領を巡る相論《そうろん》を多発させた。当時の裁判制度は当事者主義であるから、関連する証拠文書はそれぞれ当事者が提出した。その際、裁判を有利に進めることを意図して、偽りの証拠書類＝謀書を提出することもあったようである。

ことの発端は、時茂の遺領をめぐって、娘尼意阿《いあ》と甥の茂連・茂長・義基とのあいだに相論が展開された。意阿は時茂の譲状を謀書、茂連は実書＝正当な譲状とそれぞれ主張したが、弘安十年（一二八七）九月になって幕府は実書と認定、意阿の提訴を却下した。さらに茂連の死後、次子茂泰《もちやす》は茂連の譲状を偽作し、兄茂明《もちあき》の支配を妨害しようとしたのである。茂明は幕府に提訴、永仁四年（一二九六）になって勝訴した。しかし、所領をめぐる争いはこれで終わらなかった。

敗訴した尼意阿が裁定に納得せず、永仁五年になって越訴《おっそ》＝再審請求におよんだのである。この越訴に対して、茂連が実書と主張した時茂の譲状を、茂連の子茂明は謀書と主張した。そこで幕府は、茂明に「奸謀」があると判断、茂連跡＝茂明の所領（奥山庄中条）を収公し、得宗貞時に与えられた。

和田氏系図

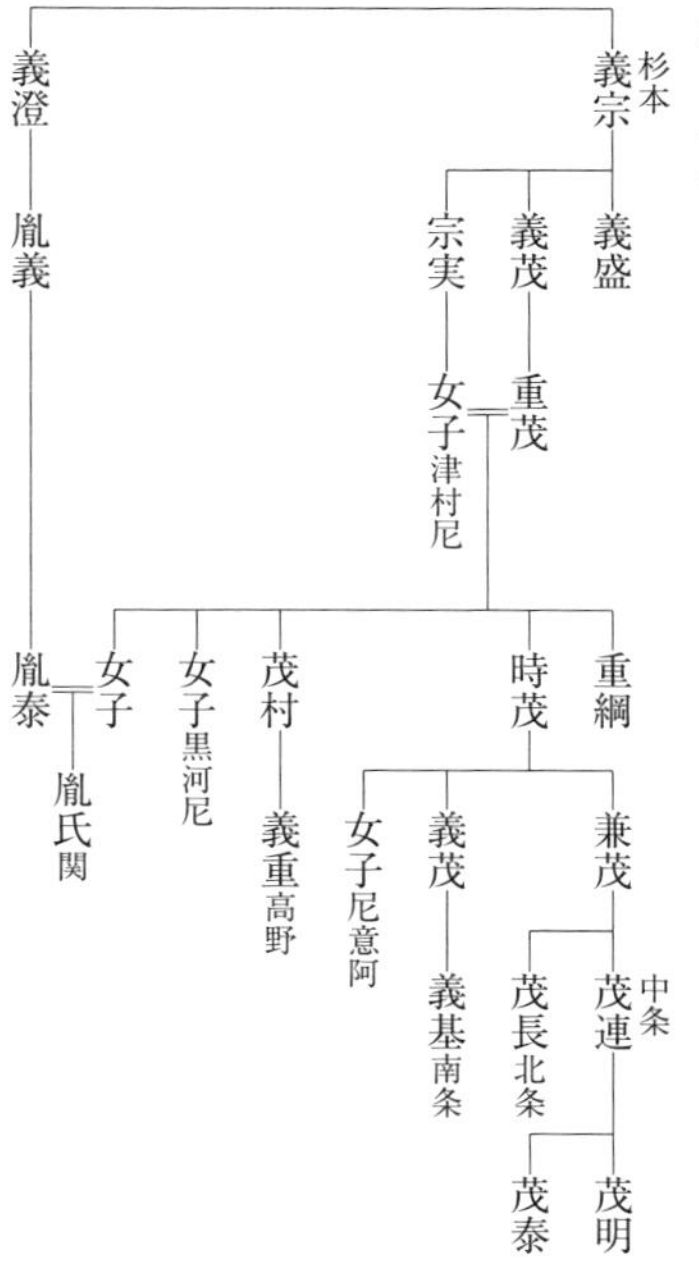

これを不服とした茂明は、越訴、正安三年（一三〇一）になってその主張は認められ、茂連跡の所領は茂明に返還されることになった。しかし、その後も北条規時《のりとき》が何らかの権利を保持していたようである。

この複雑ではあるが、一連の訴訟を概観すると、所領の相伝がいかに困難であったかがわかる。こうした困難に面した茂明のとった行動は、一つは幕府への提訴であったが、もう一つは得宗家の被官化、すなわち得宗家の家臣に組み込まれることであった。

すなわち、嘉元三年（一三〇五）四月、時の連署《れんしょ》北条時村《ときむら》が殺害された。時村は、北条時宗の連署として、あるいは執権として幕政を担当した北条政村《まさむら》の子であった。しかも『武家年代記裏書』は、その討手である和田茂明や工藤有清《くどうありきよ》ら六名を「御内人《みうちびと》」と記述し、しかも茂明のみが逐電《ちくでん》したことを伝えている。

正和六年（一三一七）正月、逃れた茂明は所領を嫡子茂継《もちつぐ》に譲与したが、その譲状には「代々の御下文・手継ぎの証文ら相副えて譲り渡す上は、申し給いて他の妨げ無く知行すべき也」とあった。おそらく、得宗家に申（請）して安堵を給うの意味と考えられ、得宗家の安堵を得ることによって茂明の所領支配と譲与が保全されたと考えられるのである。茂明の子茂継が幕府から出仕を許され、本領を安堵されるのは正慶二年＝元弘三年（一三三三）正月のことであるが、その直後の五月、鎌倉幕府、というより得宗政権が倒壊したのである。

これまで概述してきた和田一族の分割相続といくつかの相論から、和田一族が奥山庄に移住＝北遷した時期を明確にたどることはできない。しかし、元弘三年十一月から十二月にかけて、和田茂長《もちなが》の娘や和田茂泰《もちやす》の御家尼は越後国守の新田義貞に所領の安堵を申請し、翌月、外題に安堵の文言を得ているから、すでに奥山庄に移り住んでいたことが予想される。確証はないものの、嘉元三年四月、北条時村を討って逐電した茂明は、そのまま鎌倉に留まることをせず、奥山庄に逃避したのではないだろうか。もちろん、その背後には得宗家の支援があったはずである。

南北朝期、和田一族の多くは、その文書に「三浦和田」を記載する事例が多くなる。そこには、本来は関東御家人三浦一族であったとの自負が見え隠れしているようでもある。

津軽と曽我氏―得宗家の盛衰とともに―

北条氏は、幕府内の権力闘争のなかで諸御家人を圧倒し、各地に所領を増加していった。この増加する所領経営を担当する機関として公文所《くもんじょ》が成立、多くの被官が任用された。かれらは、その本貫地さえ不明瞭な者から、分割相続によって困窮した元御家人、そして政治的判断から御家人身分を保持したまま北条氏に奉仕する者まで多様であった。

北条氏の所領のなかで、とくに広大な地域を支配した一つが津軽地域である。北条氏が、津軽地域を支配した時期は不明だが、建保七年（一二一九）四月、北条義時が平（曽我）広忠《ひろただ》を平賀郡岩楯村《いわだて》（青森県平川市）の地頭代職に任命していることからすれば、侍所別当の和田氏を滅ぼしたいわゆる和田合戦などがきっかけであったろうか。

この広大な所領を支配するために多くの被官が派遣された。たとえば、青森県弘前市の長勝寺に残る嘉元四年（一三〇六）八月十五日銘の梵鐘は、得宗北条貞時の長寿を寿ぐために鋳造されたものであるが、ここに刻まれた一四名こそ、所領を支配するために派遣された被官たちであった。

曽我氏が北条の被官に組み込まれるきっかけは、曽我祐成《すけなり》・時致《ときむね》の兄弟が北条時政のもとで元服し、名のりの一字を与えられたことなどが考えられるが、建保元年（一二一三）の和田合戦に、北条・和田いずれの軍勢に合流するか逡巡するなかで、北条氏に与したことも指摘される。以後、既出の岩楯村を含む平賀郡ばかりか、名取郡土師塚郷《はじづか》・四郎丸郷《しろうまる》（仙台市太白区）などの地頭代職を北条氏から与えられ、その支配に腐心することになる。

貞応元年（一二二二）三月、曽我惟重《これしげ》は「親父曽我小五郎の時の例」を踏襲して、平賀郡内平賀村を「別納請所」とすることを義時から認められた。さらに、翌年八月には検非違所《けびいどころ》・政所の下級役人の入部停止も認められている。年貢の納入を確約して、検非違所や政所の干渉を減らそうとしたのであるが、その背景には曽我氏の自立しようとする姿勢をみることができる。

延応元年（一二三九）三月、惟重の子光弘《みつひろ》が、岩楯村の定田九町九段六〇歩分の年貢として布四九端余、紫（染料）四升九合余に布二〇端余を加えて納入することを確約した時も、その代償として「諸方の使いの入部」停止を申請している。年貢を増額して納入するかわりに、北条氏側の干渉を減らそうとしたのである。明らかに、代官としての立場を逸脱し、自立しようとしているのである。

元弘三年（一三三三）五月、鎌倉を攻撃されて北条氏はほぼ全滅したが、遠隔地においては、その残党と建武新政権とのあいだで武力衝突が発生した。同年十月頃、平賀郡大光寺楯に籠もる曽我氏の嫡流に名越時如《ときゆき》や安達高景《あだちたかかげ》らが合流、これに対して新政権に与した曽我光高《みつたか》は、工藤中務右衛門尉・尾張弾正左衛門尉らとともに攻勢を加えている。

この戦いは周辺に飛び火するだけでなく、曽我氏の嫡流とも考えられる曽我経光《つねみつ》が光高の大平賀《おおひらが》村に乱入するという事態も発生した。

この争乱は、建武二年（一三三五）十一月頃になってようやく終息したらしい。「津軽降人交名注進状案」には、北条氏与党として降人となった曽我郷房光円《こうえん》、曽我左衛門太郎重経《しげつね》・子息彦三郎、曽我太郎兵衛入道道性《どう》ら多くの曽我一族が記載され、津軽の北条氏領を支配するために多くの曽我氏が派遣されていたことがわかる。なお、ここに記載される曽我太郎兵衛入道々性の名は、弘前市内、津軽家の菩提寺ともなった長勝寺に残された嘉元四年銘の鐘銘に刻まれた「沙弥道性」と同一人と考えられており、有力代官のひとりであったことが推測される。

建武元年二月、曽我光高は岩楯・大平賀・沼楯《ぬまだて》の安堵を陸奥《むつ》国府に申請した。これに対して新政権は、沼楯村を除いた岩楯・大平賀両村を安堵したため、六月になって光高はふたたび申請、翌年三月、「勲功の賞」としてようやく宛てがわれた。

しかし、光高の変わり身は早かった。その直後に勃発した「中先代の乱」をきっかけに、光高は新政権に離反した足利尊氏のもとに加わり、南朝勢ばかりか北条氏の残党とも戦っている。

また、延文二年（一三五七）六月、曽我時助《ときすけ》は出羽国小鹿嶋《おがしま》（秋田県男鹿市）に対する安藤孫五郎の押領について訴状を提出。これに対し、国大将である石橋棟義《いしばしむねよし》の父和義《かずよし》は安藤太《あんどうた》・曽我周防守に時助への下地打渡しを命じている。当時、曽我氏が小鹿嶋を支配していたことを示すが、北条氏の庇護が消滅し、建武政権に落胆した後も、足利氏のもとで新たな所領確保に奔走していたことを窺わせる。

その後の、奥羽における曽我氏の動向は必ずしも明らかではない。しかし、文和元年（一三五二）閏二月、武蔵国に進出した新田義宗を迎撃した尊氏の軍勢に曽我周防守や同三河守・同上野介・同兵庫助が加わったことが『太平記』に詳述され、さらに『梅松論』には九州に敗走した尊氏が多々良浜で南朝方の菊池勢と戦った時、従軍する曽我師助《もろすけ》を詳述するなど、尊氏とともに各地で戦い続けたのである。しかし、各地を転戦するなかで、奥羽との関係は薄れ、以前から伝領し続けた相模国の本領に舞い戻ったのではないだろうか。

参考文献

池谷初恵『鎌倉幕府草創の地　伊豆韮山の中世遺跡群』（新泉社、二〇一〇年）
岡田清一『鎌倉幕府と東国』（続群書類従完成会、二〇〇六年）
奥富敬之『鎌倉北条氏の基礎的研究』（吉川弘文館、一九八〇年）
高橋一樹「城氏の権力構造と越後・南奥羽」（柳原敏昭・飯村均編『御館の時代』高志書院、二〇〇七年）
豊田武・遠藤巌・入間田宣夫「東北地方における北条氏の所領」（『東北大学日本文化研究所研究報告』別巻第七集、

一九七〇年）
羽下徳彦『惣領制』（至文堂、一九六六年）
湯山　学『相模武士』（戎光祥出版、二〇一一年）

第2章　西遷する相模武士団

長村祥知

相模武士の西遷

本章では、相模武士のなかでも西遷すなわち西国に本拠を移した武士を扱う。

相模武士は、武蔵武士とともに、鎌倉幕府の直轄軍というべき位置にあった。そのため、鎌倉幕府の勢力伸長にともなって西国での所領獲得の機会が増えた東国御家人のなかでも、相模武士の姿は目立つ。いま試みに、川島孝一の論文「西国に所職をもつ東国御家人一覧」から相模武士を抽出すると、海老名《えびな》、曽我、大友、二階《にかい》堂《どう》、波多野《はたの》、山内首藤、梶原・長尾、渋谷《しぶや》、土肥《どひ》・早川（小早川《こばやかわ》）、北条《ほうじょう》、三浦《みうら》・佐原・和田、毛利《もうり》、といった諸氏が見出せる。

いくつかの具体例をみておこう。桓武平氏土肥流の小早川氏は、相模国早川庄を名字地とする。平家追討戦中の元暦元年（一一八四）二月、土肥実平《さねひら》が備前・備中・備後の守護を命ぜられ、その男「早川太郎」遠平《とおひら》も追討軍に属していた（『玉葉《ぎょくよう》』六月十六日条）。遠平の頃に、平家没官領《へいけもつかんりょう》となった安芸《あき》国沼田《ぬた》庄の地頭職《じとうしき》に補任され、景平《かげひら》のとき、息男茂平に沼田庄（本庄）を譲り、季平《すえひら》に沼田新庄を譲った（「小早川」一一五）。

承久の乱後、小早川茂平は勲功賞として京方所領であった安芸国都宇《つう》・竹原《たけはら》庄の地頭職を与えられた。茂平自身は在京人として流鏑馬《やぶさめ》等に勤仕するとともに、沼田庄領家西園寺《さいおんじ》家にも近侍して沼田庄上司職《じょうししき》を得て、在地支配を進展させた［髙橋二〇一五］。茂平は息男雅平《まさひら》に沼田庄、政景《まさかげ》に都宇・竹原庄を譲り、それぞれの子孫から沼田小早川氏と竹原小早川氏が分立することとなる。

宝治元年（一二四七）六月に起こった宝治合戦では、北条時頼《ときより》方が勝利し、三浦泰村《やすむら》の一族とその姻族の千《ち》葉《ば》秀胤《ひでたね》・毛利季光《すえみつ》等が敗死した。合戦後、渋谷光重《みつしげ》は、千葉秀胤が地頭であった薩摩国高城《たき》郡・東郷別符《とうごうべっぷ》・入《い》来《き》院《いん》・祁答院《けどういん》を与えられた。渋谷光重は、太郎重直《しげなお》に相模国渋谷を譲り、他の五人の男子に薩摩の所領を分配した。そのうち、光重から入来院地頭職を譲られたのが、五男定心《じょうしん》であった。『入来院氏系譜』（入来院家文書）は、定心が宝治二年に入来院に下著したとする。この年か否かはともかく、たしかに定心の頃から入来院の在地支配も進展したことが、定心の子孫に伝来した「入来院家文書」からうかがえる。

小早川氏系図

実平―遠平―惟平＝景平―茂平―雅平（沼田小早川家）
　　　　　　　　　　　　　　　└政景（竹原小早川家）
　　　　　　　　　　└季平―国平―定平

一方、宝治合戦で毛利季光の主要な一族が滅亡した際、越後《えちご》国佐橋《さばし》庄にいて難を逃れた四男毛利経光《つねみつ》の子孫が、南北朝期に安芸国吉田庄に下向したことに始まるのが、戦国期に中国地方の雄となる毛利氏である。

藤原氏秀郷《ひでさと》流の大友《おおとも》氏は、鎌倉前期の大友能直《よしなお》の頃から豊後《ぶんご》の守護職《しゅごしき》や所領を得ていたが、豊後を本拠としたのは大友頼泰《よりやす》が蒙古襲来《もうこしゅうらい》に備えるために下向《げこう》して以後のことである。

以上の諸氏からもうかがえるように、複数の東国武士が西国に所領を獲得したり西遷したりする契機は、一一八〇年代の内乱、承久三年（一二二一）の承久の乱、宝治元年（一二四七）の宝治合戦、一二七〇年代以降の蒙古への対応、南北朝内乱など、国内・対外の戦乱や政変とその結果としての所領の再分配であった。

もちろん西国所領の獲得が即その地への移住となるわけではない。鎌倉時代前中期には、当主自身は主に東国で活動して、西国に得た所領には代官や庶子を派遣することで、全国に散在する複数の所領を有機的に経営するという一族が多かった。

やがて鎌倉後期から南北朝期には、遠隔地である西国所領の維持が困難となり、それらを手放して中世後期に至った一族がある一方で、東国所領よりも西国所領の方に重きを置くようになり、当主や嫡子自身が西国を主たる活動地とし、当地に子孫が分出する一族も増加する。ただし西遷の契機や時期は氏族によってまちまちであった。武士個々人の西国における活動の史料所見があったとしても、その地に定着しているのか一時的に滞在しているのかの判断が難しい場合が多く、西遷の契機や時期がはっきりとは分からない場合も多い。

とはいえ、とくに相模を名字地とする西遷武士には、既述の安芸の小早川氏・毛利氏、薩摩の渋谷（入来院）氏、豊後の大友氏など、まとまった史料の残る一族が複数挙げられる。なお、さきほど「当主や嫡子自身が西国を主たる活動地」にしたと述べたが、西国に下向した時点では庶子だった者の家に史料が残り、東国に残った嫡流家の史料は残らない傾向があり、庶子家の史料には自家を惣領《そうりよう》の如く粉飾するものもあるため［瀬野一九八五］、注意を要する。

以下では、こうした西遷武士の具体例として、相模国山内《やまのうち》庄を名字地とする山内首藤《やまのうちすどう》一族について、より詳しくとりあげたい。

平安後期の山内首藤氏

一般に西遷した東国武士といえば、古くから坂東八ヵ国で成長した武士団という印象が強いが、藤原氏秀郷流の山内首藤氏は、鎌倉御家人として西国に所領を得る前の段階で、中部以西に本拠を有していた。

鎌倉御家人としての初代である山内首藤経俊《つねとし》の五代前の資清《すけきよ》は、美濃《みの》国席田郡司《むしろだぐんじ》（「山内」五六八『山内首藤氏系図』）もしくは三河《みかわ》住人（『尊卑分脈』）とされ、主馬首《しゆめのかみ》の経歴から首藤を名のった。資通は源義家《みなもとのよしいえ》の「ことに身親しき郎等」（『奥州後三年記《おうしゅうごさんねんき》』下）とされ、親清《ちかきよ》は鳥羽院北面《ほくめん》に祇候《しこう》して左衛門尉《さえもんのじょう》まで昇進する等、院や清和源氏《せいわげんじ》との結合により東国武士の中で高い家格を有した［野口一九八二］。俊通《としみち》の段階で、相摸国鎌倉郡の

山内首藤氏系図

「山内」五六八以下、群書系図部集四―三三〇頁、［渡邊二〇一四］等による。

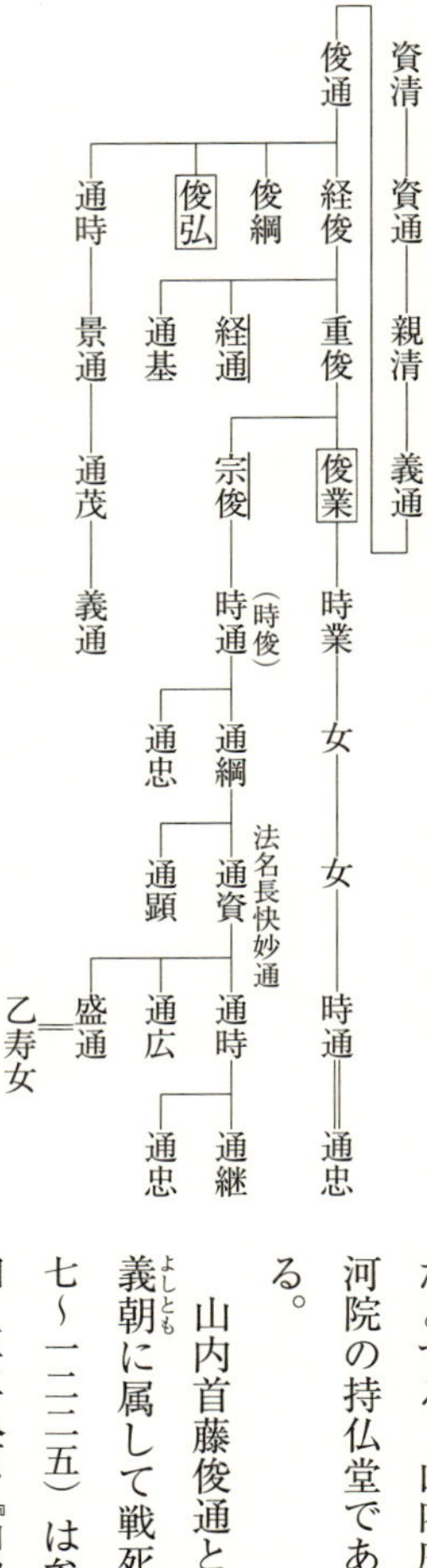

山内庄を名字地として、山内首藤と称したとする。山内庄は鎌倉時代には、後白河院の持仏堂である長講堂の所領とみえる。

山内首藤俊通と息俊綱《としつな》は平治の乱で源義朝《よしとも》に属して戦死したが、経俊（一一三七～一二二五）は参戦せず（群書系図部集四―三二八頁『山内首藤系図』は所労のためとする）、家督《かとく》を継いで平家の全盛期を迎えることとなる。

経俊は、治承四年（一一八〇）源頼朝挙兵直後の石橋山合戦では平家方の大庭景親に属して敗れた。合戦後、土肥実平に預けられ、源頼朝の乳母であった母摩《ま》々局《まのつぼね》（山内尼）の嘆願で斬罪を免れた（『吾妻鏡』十月二十三日条・十一月二十六日条）。このとき、山内庄は没収されたが、以後も山内首藤氏は早河郷内の一得名を領し、重俊《しげとし》→宗俊《むねとし》→時俊《ときとし》（時通《ときみち》）→通綱《みちつな》……と代々継承して（「山内」三・五・一〇など）、貞治四年（一三六五）六月一日の通継《みちつぐ》から通忠《みちただ》への譲与まで確認できる。

山内首藤経俊と伊勢・伊賀・京

平家追討戦中の元暦元年（一一八四）十一月十四日、経俊は刑部丞《ぎょうぶのじょう》に補任された（『吉記《きっき》』）。刑部丞は祖父義《よし》通《みち》、父俊通も任じた官職であった。また月日未詳ながら子の重俊も縫殿助《ぬいどののすけ》に補任された。しかし経俊・重俊とも成功《じょうごう》によらない任官であったため、翌元暦二年四月、頼朝の叱責を受けている（『吾妻鏡』四月十五日条）。

平家追討の頃から経俊は、守護（初期には惣追捕使・国地頭《くにじとう》等とも称されるが、以下便宜的に、のちに守護と称される一国単位の軍事・警察活動の責任者を守護とする）として伊勢の支配にあたり、反頼朝勢力に対処していた。元暦元年五月、山内首藤経俊は、波多野義定《よしさだ》・大井実春《おおいさねはる》、大内惟義《おおうちこれよし》の家人とともに、伊勢国羽取山で志太義広《しだよしひろ》を討った（『吾妻鏡』五月十五日条）。また経俊は、大内惟義郎従《ろうじゅう》・加藤景員《かとうかげかず》・光員《みつかず》父子とともに、伊賀国で蜂起した平田家継《ひらたいえつぐ》等に対処している（『玉葉』七月八日条、『吾妻鏡』六月十八日条）。この頃は大内惟義が伊賀国を知行《ちぎょう》しており（『玉葉』七月八日条）、『吾妻鏡』寿永三年（一一八四）三月二十日条は惟義を「伊賀国守護」と称している。その後、時期は未詳だが、伊勢守護の経俊が伊賀の守護を兼ねることとなった。

「東大寺文書出納《すいとう》日記」（東大寺文書。鎌遺四―二〇七六）には、建保二年（一二一四）正月十六日に取り出した文書として、おそらく文治年間頃の「伊賀惣追捕使、寺領黒田庄《じりょうくろだのしょう》等に入るべからざる事／一通　刑部丞経俊等書状」が挙がっている。

文治元年（一一八五）十月には、源義経が宣旨《せんじ》と称して動員した軍勢に伊勢国の「守護所《しゅごしょ》」を包囲された旨を、経俊の僕従が鎌倉に報告している（『吾妻鏡』十月二十三日条）。このときは、近江の佐々木定綱《ささきさだつな》、伊賀の大内惟義といった周辺国の有力御家人が鎌倉で行なわれた南御堂《みなみのみどう》（勝長寿院《しょうちょうじゅいん》）供養参列のために不在であり（『吾妻鏡』十月二十四日条）、経俊が留守役というべき立場にあったのである。

伊勢国大橋御園（御薗）では、元久元年（一二〇四）十二月日「僧継尊《けいそん》申状案」（醍醐寺《だいごじ》文書。鎌遺三―一五一三）に、僧継尊の上申の副進文書として、文治二年（一一八六）二月二十日「首藤刑部丞与判」が挙がっている。これは文治元年十二月・翌二年正月の鎌倉武士勢力による乱入に対して、大橋御薗司行恵が幕府に訴えた事件の際のものである（醍醐寺文書。鎌遺一―四四）。列挙された副進文書は武士の乱妨停止や安堵等であり、文治二年に経俊が与えた「与判」も守護として大橋御薗司行恵の権利を保護したものと考えられる［川合二〇〇四］。

一一八〇年代の内乱が文治五年の奥州合戦によって終息したのちも、守護は廃止されなかった。藤原長兼《ふじわらのながかね》の日記『三長記《さんちょうき》』建久六年（一一九五）十二月三日条に次の記事がある。

晴れ、参内、殿下御宿侍、凝華舎、

今日奏事、中次国行、

為定朝臣申す、伊勢国住人季廉等狼藉の事、仰せ、守護人経俊に仰すべし、

伊勢の大中臣為定《おおなかとみためさだ》から、在地領主であろう季廉の狼藉《ろうぜき》のことが報告された。藤原長兼がこのことを奏上《そうじょう》すると、後鳥羽《ごとば》天皇（一六歳）と関白九条兼実《かんぱくくじょうかねざね》は、同国の守護人である山内首藤経俊に対処させよと判断している。鎌倉幕府の守護が朝廷を含めた国家を支える制度として機能していたことを物語る。

後鳥羽院政期になると、西国守護は在京することが多くなった。山内首藤経俊も京と伊勢・伊賀を往返していたらしい。

建仁三年（一二〇三）十月十五日、後鳥羽院が近江国の山門堂衆《さんもんどうしゅ》追討のために動員した武士の中に、「斎（首カ）藤経俊」が確認できる（『天台座主記《てんだいざすき》』）。このときは、伊勢・伊賀の守護である経俊のほかに、近江守護佐々木定綱の一族や、畿内数ヵ国の守護大内惟義、但馬《たじま》守護安達親長《あだちちかなが》といった畿内近国守護に加えて、下総《しもうさ》の葛西清重《かさいきよしげ》・同重元や武蔵の豊島朝経《としまともつね》といった東国武士も動員されており、当時在京中の武士が動員されたものと考えられる［長村二〇一五］。

京での軍事活動の一方で、元久元年（一二〇四）三月、伊勢・伊賀平氏の進士基度《もとのり》等の謀叛に際して、山内首藤経俊は一時逃亡したため、伊勢・伊賀の守護職を没収された。この騒動ののち、鎮圧に功あった京都守護の平賀《ひらが》朝雅《ともまさ》が両国の守護となった（『吾妻鏡』三月九日条、五月十日条）。

元久二年閏七月二十六日、関東の命令を受けて、「在京武士」が平賀朝雅を追討するが、そのなかには経俊の息山内持寿丸（通基）も加わっていた（『吾妻鏡』）。平賀朝雅を追討した他の武士は、金持広親《かなもちひろちか》・安達親長・後藤基清《ごとうもときよ》・五条有範《ごじょうありのり》・佐々木広綱《ひろつな》・同経高《つねたか》・同盛綱《もりつな》・同高重《たかしげ》・同信綱《のぶつな》・隠岐前司《おきぜんじ》親重《ちかしげ》であり、畿内西国の守護級の武士が在京していたことがうかがえる。山内持寿丸は、幕命による平賀朝雅追討を、父の伊勢・伊賀守護職が奪われた遺恨を晴らす好機と捉えたのであろう。九月二十日、経俊は朝雅没後の伊勢・伊賀守護への復任を歎願したが、かなえられず、大内惟信が補任されることとなった。

伊勢・伊賀の地頭として

経俊の守護としての活動と並行して、山内首藤一族の地頭としての伊勢・伊賀における活動も見出せる。文治三年（一一八七）三月三十日「公卿勅使駅家《くぎょうちょくしうまや》雑事《ぞうじ》勤否散状」（『吾妻鏡』文治三年四月二十九日条）には、朝廷から伊勢大神宮に派遣された公卿勅使への所役を勤仕しなかった所領とその地頭・知行者が列挙されている。そのなかに、経俊の名が見える所領として、曽禰《そね》庄、慧雲寺領、黒田庄、英多《あがた》庄、光吉名、光吉得光渡吉清、辰吉、曽禰庄返田が挙がっている。

伊勢国曽禰庄は、承久四年（一二二二）正月日「醍醐寺解《げ》案」（醍醐寺文書。鎌遺五―二九二二）によれば、源頼朝が諸庄園に地頭を設置した頃に「首藤刑部丞経俊、事を奇謀に構え、其の職を掌るといえども、子細を触れ訴うるの日、頗《すこぶ》る経俊を勘発し、永く地頭を補せられ」なくしたという。治承・寿永内乱期には、御家人が占領した所領を源頼朝が地頭として追認するという事態が起こっており［川合二〇〇四］、経俊による曽禰庄地頭職掌握もその一例と位置づけられよう。しかし醍醐寺の訴えにより、経俊は地頭を解任されたのである。

伊勢国大橋御園（御薗）では、既述のごとく守護として大橋御薗司行恵の権利を保護したことが知られる。

その一方で、この大橋御園では、建久九年（一一九八）に「道時《みちとき》」なる人物が伊勢神宮から押領《おうりょう》を訴えられている（醍醐寺文書。鎌遺三―一五一三）。この道時は系図類に経俊の弟として記される通時であろう。このときは建久九年十月十日付の源頼朝の御教書《みぎょうしょ》により押領が停止されたというが、山内首藤氏の同地での行動は承久の乱後にも問題となっている。貞応元年（一二二二）八月八日「関東下《げ》知状《ちじょう》案」（醍醐寺文書。鎌遺五―二九八九）で、故首藤六道時の子息山内藤二景通《かげみち》が大橋御園で濫妨《らんぼう》したとして、その停止が命じられているのである。

その後も、景通・通茂・義通《よしみち》と数代にわたって伊勢国内に所領を有し続けたらしい。文永十一年（一二七四）、伊勢国河田《こうだ》郷地頭職をめぐる、山内通茂・義通と、棚橋律師通海代僧禎海との相論が裁許された。ここで山内通茂・義通は建久八年に通時が地頭に補任されたと主張したが、同年五月六日「関東下知状案」（醍醐寺文書。鎌遺一五―一一六五二）によって濫訴を停止された。

備後国地毘庄へ

承久三年（一二二一）五月十五日、後鳥羽院が発した北条義時《よしとき》追討命令に対して、東国武士は北条政子《まさこ》の命にしたがって東海道・東山道・北陸道の三道から上洛した。京方との諸所における合戦の結果は鎌倉方の勝利に終わった。六月十四日の宇治川《うじがわ》合戦では、北条泰時《やすとき》に属した「武蔵・相模の輩《ともがら》」が活躍したといい（『吾妻鏡』）、たしかに『吾妻鏡』六月十八日条所引の「承久宇治川合戦鎌倉方勲功交名」でも、武蔵武士に次いで相模武士の記載が多い［長村二〇一五］。

山内首藤一族では、『吾妻鏡』六月十八日条所引交名に、鎌倉方で討死した者として「山内弥五郎」（経通）が記されている。

一族の中には京方に属した者もおり、近親間の分裂も生じた。承久三年七月二十六日「関東下知状」（「山内」一。鎌遺五―二七八三）によれば、承久の乱では、備後国地毘《じび》庄地頭重俊《しげとし》の子息太郎俊業が京方に属して死去し、同次郎宗俊《むねとし》が鎌倉方に属して忠を致したとある。その他の史料所見も含めて、一四二頁前掲の「山内首藤氏系図」に承久の乱の京方を□で、鎌倉方を傍線で示した。

この頃の武士は、一族内の諸人が京・西国所領や鎌倉・東国所領の各地で活動するという分業をはかっており、承久の乱勃発時の所在地によって京方・鎌倉方に編制された者が多い。おそらく山内首藤一族では、俊業が京・西国所領での活動を分担し、宗俊が鎌倉・東国所領での活動を分担していたのであろう［長村二〇一五］。

承久の乱に勝利した北条氏は、京方の所領を没収して勲功を挙げた鎌倉方武士に配分することとなった。山内首藤宗俊も勲功賞として摂津国《せっつのくに》富島本庄地頭職を獲得し、のち宝治二年（一二四八）十二月二十一日、同地頭職を嫡子時俊（時通）に譲渡している（「山内」四。鎌遺一〇―七〇一九）。

永仁三年（一二九五）三月二十九日、時通は通綱に以下の四ヵ所を譲り、一期の後は通資《みちすけ》に譲ることを命じた（「山内」一〇）。

一所　備後国地毘庄内本郷幷公文職、かう山のもんてんの地頭職事、
一所　摂津国富嶋庄地頭職幷下司・公文名地頭職事、
一所　信濃国きふの符内下平田郷内公田捌町内伍町分地頭職事、
一所　相模国早河庄一得名内慈善分田在家・屋敷、

乾元二年（一三〇三）三月三日、通綱は四ヵ所の所領を通資に譲った（「山内」一二）。

四ヵ所の冒頭に記される地毘庄は、承久の乱以前に重俊が地頭となっていた（「山内」一）。貞和五年（一三四九）八月一日「山内熊寿丸代通円文書目録」（「山内」二四）や（応安二年〈一三六九〉六月二十五日）「山内氏重書目録案」（「山内」五三）に、元久元年（一二〇四）十二月三十日付けの「ちひのしやうの御くたしふみ」

複数所領の譲状

所　　領　　等	遺文	大文書
在管相模国足下郡早河庄内一得名田幷在家事 合 にしのかとのつほ肆段〈加幡馬作小定〉　大柳陸段〈百姓田〉　足小河弐段小　同所一段　みのわた五反　同所参段〈高別当作〉　権二郎作陸段　別当太作弐段　くわつほ壱町　大窪壱反　高みのわた四反内〈箱根大般若田一反〉　二宮々司宮大夫三郎作五反〈但加地子計也〉　こかけ参反〈同乍人〉 田子往古本屋敷一所〈限東倉後笠堀　限西若宮西笠堀　限北丸子河　限南大道〉 大柳一宇　権二郎一宇　伴細工一宇　別当太一宇　宮大夫三郎一宇　野畠ハ年来作々可付屋敷也	鎌遺6-3927	3
在相模国足下郡早河庄田子郷一得名内田地屋敷在家事 一　田地事 西門坪肆段内弐段　足小河弐段小 同所壱段　蓑輪田肆段〈此内筥根大般若田壱段〉 二宮々司宮大夫作伍段〈加地子定〉　木蔭参段同作人 一　本屋敷壱所事 四至〈限東井通北南，限南大道，限西堀大門通笠堀，限北丸子河〉 一　百姓分在家事 伴細工壱宇　宮大夫三郎壱宇	鎌遺10-7110	5
一所　備後国地毘庄内本郷幷公文職，かう山のもんてんの地頭職事 一所　摂津国富島庄地頭職幷下司・公文名地頭職事（但書略） 一所　信濃国きふの符内下平田郷内公田捌町内伍町分地頭職事（但書略） 一所　相模国早河庄一得名内慈善分田在家・屋敷（但書略）	鎌遺24-18790	10
相副慈善永仁三年三月九日譲状……所領能員数幷文書等者，彼譲状仁見	鎌遺28-21383-B	12
一所　備後国地毘庄本郷〈除高山門田以下〉地頭職事 一所　同庄多賀村一分地頭職事 一所　摂津国富島庄地頭職事 一所　信濃国下平田郷地頭職事 一所　相模国早河庄一得名内田子田畠在家屋敷等事 一所　鎌倉甘縄地事	鎌遺40-30977	16
一所　備後国地毘庄本郷〈除高山門田以下〉地頭職事 一所　同庄多賀村一分地頭職事 一所　摂津国富島庄地頭職事 一所　信濃国下平田郷地頭職事 一所　相模国早河庄一得名内田子田畠在家屋敷等事 一所　鎌倉甘縄地事	南遺中2-1601	22,23
一所　備後国地毘庄本郷〈除高山門田以下〉地頭職事 一所　同庄多賀村一分地頭職事 一所　摂津国富島庄地頭職事 一所　信濃国下平田郷地頭職事 一所　相模国早河庄一得名内田子田畠在家屋敷等事 一所　鎌倉甘縄地事	南遺中4-3397	52

南遺中として同様に略した。

山内首藤家文書のなかの

年　月　日	差　出	充　名　等
寛喜2年(1230)閏正月14日	中務丞藤原重俊(花押) ＊山内重俊	嫡男左兵衛尉藤原宗俊
建長元年(1249)8月21日	沙弥深念(花押) ＊山内宗俊	子息藤原時俊(＊時通) 家嫡
永仁3年(1295)3月29日	慈善(花押) ＊山内時通	嫡子弥三郎通綱 通綱一期之後者、孫可譲与長寿丸(＊通資)
乾元2年(1303)3月3日	慈善(花押) ＊山内時通	子息首藤三郎通資〈童名長寿丸〉
元徳2年(1330)3月18日	空覚(花押) ＊山内通綱	嫡子彦三郎通時
貞和3年(1347)12月3日	通時(花押)	子息熊寿丸(＊通継)
貞治4年(1365)6月1日	通継(花押)	舎弟刑部四郎通忠お為養子

遺文：『鎌倉遺文』24巻18790号を鎌遺24-18790の如く略した。『南北朝遺文　中国四国編』は
大文書：『大日本古文書　山内首藤家文書』の番号。

「地毘庄御下文」が挙がっており、それ以前に獲得したようである。湯山学は、根拠は挙げていないが、「地毘庄地頭職は、経俊の子通基が平賀朝雅を討った功績で与えられた」とする［湯山二〇一二］。たしかに時期的には、同年閏七月の平賀朝雅追討の勲功賞の可能性が高い。

『備後山内首藤系図』（「山内」五七〇）は、通資のときに備後国地毘庄に下向したとする。たしかに山内首藤家文書には、通資の時代以降の地毘庄に関わる文書が多く残存する。延慶元年（一三〇八）十二月には地毘庄本郷雑掌《ほんごうざつしょう》との相論で和与を結び、地頭請所《うけしょ》となった（「山内」一四）。文保元年（一三一七）には、地毘庄本郷惣領地頭である通資と叔父で一分地頭の慈観（通忠）との相論で和与が結ばれている（「山内」一五）。

元徳二年（一三三〇）三月十八日、沙弥長快《ちょうかい》（通資）は嫡子通時に六ヵ所の所領を譲った。このときの譲状には「後々末代たりといえども、長快跡においては、子孫の中一人を以て相続せしめよ」という嫡子単独相続の方針が明記されている。このときは永仁三年の時通譲状記載の四ヵ所に加えて、地毘庄多賀村《たかむら》一分地頭職と鎌倉甘縄《あまなわ》地も譲与された（「山内」一六）。この六ヵ所は、貞和三年（一三四七）十二月三日の通時譲状によって嫡子単独相続の方針を再確認して子息熊寿丸（通継）に譲られている（「山内」二二）。

なお、元徳二年の長快の譲状では「一所　備後国地毘庄本郷除高山門田以下地頭職事」とあるように、地毘庄本郷から「高山門田以下」が除かれていた。この「高山門田以下」は通資から暦応五年（一三四二）五月・文和四年（一三五五）七月に弟通顕と庶子の通広・盛通・乙寿女に分割相続された（「山内」五二八・五一九・五二二・五二九・五三四）。「高山門田以下」の地は水源地を含む地毘庄本郷の開発の中心拠点であり、通顕らの所領は水利系統が同じで個々の自立経営が不可能なため、一族が相互に依存する必要があった。長快は、惣領の嫡子単独相続と庶子の分割相続の二系統の相続によって、一揆体制を創出しようとしたのである［渡邊二〇一四］。

山内首藤一族と南北朝内乱

しかし山内首藤一族も南北朝内乱と無縁ではありえなかった。山内首藤通時は、貞和二年（一三四六）三月二十九日「足利直義袖判下文《そではんくだしぶみ》」によって地毘庄本郷と富島庄等地頭職を安堵され（「山内」二一）、貞和三年十二月三日、戦場に向かうにあたり、万一にそなえて熊寿丸（通継）に所領六ヵ所を譲る譲状を与えている（「山内」二二・二三）。

やがて足利尊氏・高師直《こうのもろなお》と、足利直義・直冬《ただふゆ》との対立が激化するなかで、貞和五年七月七日に通時が死去し（「山内」五六八）、熊寿丸（通継）が跡を継ぐこととなった。

貞和七年（一三五一）十月二日、「宮方」（南朝）、「将軍家」足利尊氏・「錦少路殿」足利直義の三派が争うなかで、熊寿丸代道円以下一一名が一族の同心を誓って「山内一族一揆契約連署起請文」（「山内」二五）を記した。この一一名はいずれも宗俊の子孫で、「武家御恩」を忘れずに「御方」への軍忠を致すことが記されている。中国地方において直冬方の動きが活発な状況下で、直冬の用いた貞和年号を文書に記しているが、「武家」「御方」とするのみで尊氏方か直義・直冬方かを明示していないのは意図的なものであろう［田端二〇〇六］。

備後国においては、尊氏・義詮《よしあきら》派の守護岩松頼宥と直義・直冬派の前守護上杉顕能《あきよし》が敵対していた。正平六年（一三五一）十月十八日「頼宥書状」によって、一族一揆構成員の山内通広が尊氏派と戦ったことが知られる（「毛利」一三八〇）。このように、当初、山内一族一揆は直義・直冬派に属していたが、延文二年（一三五七）七月には、足利義詮が派遣した中国管領細川頼之《ほそかわよりゆき》の命を受けて山内通継が遵行《じゅんぎょう》の使節をつとめており（「山内」二七）、この頃には尊氏・義詮派に属している［岸田一九八三］。

貞治四年（一三六五）六月一日、通継は子がないとして、実弟の通忠を養子として相伝所領を譲与した（「山内」五二）。

これ以前、通忠（幼名松若丸）は俊業系の時通の養子となっており、貞和元年（一三四五）六月十八日「山内時通譲状」によって俊業系の相伝所領を継承していた（「山内」四九）。

時通も、元亨四年（一三二四）三月二十九日に養母亀鶴から相模国早川庄内の所々や備後国地毘庄内下村をはじめとする諸国の所領を相伝していたが（「山内」三三）、なお自身は相模国を本拠として活動していたようで、建武三年（一三三六）の着到状《ちゃくとうじょう》では「相模国」住人と把握され（「山内」三四・三六）、鎌倉での合戦や警固《けいご》宿直《とのい》、下総国駒館城合戦、関《せき》・大宝城《だいほうじょう》合戦で斯波《しば》家長《いえなが》や高師冬《こうのもろふゆ》に属して軍忠をあげている（「山内」三五・三八・三九・四三・四六）。さらに時通は、貞和四年（一三四八）二月には高師直に属して大和国吉野《よしの》攻めに参じている（「山内」四七）。

貞和元年に時通から所領を譲られた松若丸《まつわかまる》（通忠）は、尊氏・義詮派として行動した。松若丸代官の景山時朝が文和四年（一三五五）に尊氏・義詮派の岩松頼宥に供奉して播磨《はりま》から京都に赴き、二月から三月にかけて摂津神無山・河内山南尾・山崎《やまざき》・西山峯堂・京都等の各所で警固の忠節や軍忠をあげている（「山内」五〇・五一）。景山時朝の活躍もあって、三月十三日、尊氏・義詮派は直冬から京都を奪還することとなった。

以上のように、山内首藤氏では、備後を本拠とする一族一揆の構成員である宗俊流の通継が直義・直冬派から尊氏・義詮派に転じ、相模を本拠とする時通の養子であった通忠は一貫して尊氏・義詮派に属していた。こうしたことも背景となって、貞治四年（一三六五）に俊業流の所領を継いだ通忠が、宗俊流の所領を継いだ実兄通継の養子となることで、通忠のもとに両系統の所領が一体化されたのである。

しかし、内乱の進展により、遠隔地所領の維持は困難となっていた。すでに暦応元年（一三三八）・二年には、俊業流の時通の代官行範が備後国地毘庄内下原村地頭職以下について、広沢《ひろさわ》小法師丸から押領を受けていることを幕府に訴えていた（「山内」四一・四二）。既述の通り、時通は関東を中心に畿内まで転戦していたが、遠隔地所領の経営は代官に任せており、押領される恐れがあったことがうかがえる。

宗俊流でも、通忠にあてた貞治四年六月一日「山内通継譲状」（「山内」五二）には、六ヵ所の所領が書き上げられているが、「所々の内、他国所領等、近年動乱に依り謂無く他人等押領せしむるものなり」とあって、備後国地毘庄本郷と多賀村以外の遠隔地所領が他人に押領されていたことが記される。

鎌倉時代の御家人は、一族もしくは被官が遠隔地に赴いて諸国に散在する所領を有機的に維持していたが、南北朝期にはこうした全国的な分業体制が内乱によって立ち行かなくなっていたのである［吉田二〇一三］。

かくして西遷した山内首藤一族は、備後に根ざした国人《こくじん》としての道を歩むこととなったのである。

参考文献

伊藤邦彦『鎌倉幕府守護の基礎的研究　国別考証編』（岩田書院、二〇一〇年）
川合　康『鎌倉幕府成立史の研究』（校倉書房、二〇〇四年）
川島孝一「西国に所職をもつ東国御家人一覧」（『栃木史学』一〇号、一九九六年）
岸田裕之『大名領国の構成的展開』（吉川弘文館、一九八三年）
瀬野精一郎『歴史の陥穽』（吉川弘文館、一九八五年）
髙橋昌明『洛中洛外　京は〝花の都〟か』（文理閣、二〇一五年）
田端泰子「鎌倉期・室町初期の山内氏と一族一揆」（『京都橘大学研究紀要』三二号、二〇〇六年）
長村祥知『中世公武関係と承久の乱』（吉川弘文館、二〇一五年）
野口　実『坂東武士団の成立と発展』（弘生書林、一九八二年）

湯山　学『相模武士　四　海老名党・横山党・曽我氏・山内首藤氏・毛利氏』（戎光祥出版、二〇一一年）
吉田賢司「武家編制の転換と南北朝内乱」（『日本史研究』六〇六号、二〇一三年）
渡邊浩貴「在地領主における嫡子単独相続の形成と二つの所領相伝関係―備後国地毘荘山内首藤氏を事例に―」（『鎌倉遺文研究』三四号、二〇一四年）

＊『鎌倉遺文』○巻△号は鎌遺○―△の如く略した。『大日本古文書　山内首藤家文書』○号は「山内」○の如く略し、『大日本古文書』の小早川家文書・毛利家文書についても同様に「小早川」「毛利」とした。

第3章　鎌倉府体制と相模武士

山田邦明

相模武士の顔ぶれ

鎌倉幕府の時代、相模の武士たちは御家人《ごけにん》として活躍し、有名な人も多いが、室町幕府の時代の相模武士の動向は、史料が乏しいこともありあまり知られていない。この時代、関東には鎌倉府《かまくらふ》という政権があり、将軍の一門の鎌倉公方《くぼう》が鎌倉にいて関東諸国（関東八ヵ国と伊豆・甲斐の計一〇ヵ国）を統轄していた。相模の武士たちは鎌倉府や鎌倉公方とどのような関係を結び、政治的位置を保っていたのだろうか。

相模国の武士たちは鎌倉御家人として並び立っていたが、鎌倉に近い東部の武士の多くは、政争に巻き込まれて没落してしまった。しかし、鎌倉から比較的遠い相模の中部や西部の御家人たちは、なんとか家と所領を保持したし、宝治《ほうじ》合戦で一族の大半が滅びた三浦氏も、残った一門が三浦介《みうらのすけ》を継ぐ形で家名を残した。北条《ほうじょう》氏が滅亡した段階で、相模国の各地にはかなりの数の御家人がいて、それぞれの所領を支配していたのである。

三浦半島を本拠とする三浦氏は、鎌倉幕府の重鎮として政治を主導したが、宝治元年（一二四七）に三浦泰《やす》村《むら》をはじめとする一門が鎌倉の法華堂で自害し、本宗家《ほんそうけ》はいったん滅亡した。ただこのとき一門の佐原《さわら》盛連《もりつら》の子息三人（佐原光盛《みつもり》・三浦盛時《もりとき》・佐原時連《ときつら》）は北条時頼《ときより》に味方し、このうち三浦盛時が三浦介を名のり、その子孫が三浦介を継承して家を保った。また佐原光盛の子孫から三浦の蘆名《あしな》を本貫《ほんがん》とする蘆名氏があらわれ、陸奥《むつ》の会津《あいづ》を本拠として勢力を広げ、佐原時連の子孫も三浦の横須賀などを拠点としながら地域の領主として力を保った。このように三浦氏は滅亡を免れたが、三浦介家の所領は三浦半島の南端部に局限され、一門の所領もわずかなものだった。幕府の担い手として活躍した時期とは比較にならない低い立場に三浦氏は置かれていた。

鎌倉の西北にあたる、相模川の東西にまたがる地域には、武蔵七党《むさししちとう》の一つである横山党《よこやまとう》の流れをくむ海老名《えびな》氏と、その一門の本間《ほんま》氏がいた。海老名氏は高座《こうざ》郡の海老名郷、本間氏は愛甲《あいこう》郡依知《えち》郷の本間を本貫とする武士である。彼らは地域の領主として残っていたようだが、海老名氏の中には足利氏の被官になる人があり、本間氏からは北条氏に仕える人が出ていた。独立した地頭御家人としてではなく、有力な御家人の被官に位置づけられながら活動するという選択もありえたのである。

相模の西部の山沿いの地域には、波多野《はだの》荘を本貫とする波多野氏と、その一門の松田氏・河村氏がいた。松田氏は松田郷、河村氏は河村郷を本拠とする領主で、この三氏は長年にわたって地域の領主としての地位を保った。また相模西部の海に近い地域には、余綾《よろぎ》郡中村荘を本貫とする中村氏の一門が各地に広がり、中村氏・土屋氏（本貫は大住郡の土屋）・土肥《どひ》氏（本貫は足柄下《あしがらしも》郡の土肥郷）・二宮氏（本貫は余綾郡の二宮）・小早川氏（本貫は足柄下郡の早川か）が並び立っていた。

相模の西部には波多野氏の一門と中村氏の一門が盤踞《ばんきょ》していたが、このほかに足柄下郡の曽我荘を本貫とする曽我氏がいた。また相模の東部に、秩父平氏の一流で高座郡の渋谷《しぶや》荘を本貫とする渋谷氏がいた。相模の東から西へ俯瞰《ふかん》してみると、三浦・渋谷・海老名・本間・波多野・松田・河村・土屋・二宮・中村・曽我・小早川・土肥というように、多くの武士たちが並び立っていたわけだが、所領の規模は大きくなく、トップの三浦氏にしても、三浦半島の支配もできていない状況だった。このような中で、新たに与えられた西国の所領に移住して発展を遂げようとする人もあり、大友氏や山内首藤《やまのうちすどう》氏などは、鎌倉期のうちに相模から去ってしまった模様である。また渋谷氏や小早川氏も西国の所領に重心を移し、一門の中で相模に残っている者がいるという状況だった。なお鎌倉郡梶原《かじわら》郷を本貫とする梶原氏は、景時《かげとき》の滅亡後も家名を残し、その後も関東での活動がみられるが、本貫地の梶原郷とのつながりは確認できず、相模の武士に含めるのは難しいと思われる。

足利氏の時代へ

正慶二年（一三三三）五月、新田《にった》義貞《よしさだ》の率いる軍勢が鎌倉に攻め寄せ、北条高時《たかとき》らの一門は滅亡した。京都では後《ご》醍醐《だいご》天皇が新政を始め、鎌倉には足利尊氏《あしかがたかうじ》の子息の千寿王《せんじゅおう》（義詮《よしあきら》）がいたが、やがて尊氏の弟の直義《ただよし》が下向して統治にあたった。戦いで鎌倉は被害を受けたが、都市としての機能は残り、足利氏の関東支配の拠点として位置づけられた。

北条氏の滅亡によって、その被官となっていた武士たちは滅びたが、独立性を保っていた地域の領主は家名を保ち、所領支配を続けることになった。建武二年（一三三五）七月、北条時行《ときゆき》（高時の遺児）が鎌倉を攻略すると、京都にいた足利尊氏は東海道を下り、時行を破って鎌倉に入った。このとき三浦時継《ときつぐ》（三浦介入道）と三浦時明《ときあき》は時行に味方して滅亡したが、時継の子の高継《たかつぐ》は足利尊氏のもとに参じ、本領安堵《ほんりょうあんど》の下文《くだしぶみ》を拝領している。

このあと尊氏は天皇に反旗を翻し、建武三年正月に京都に攻め入る。戦いに敗れて九州に逃れたものの、再起を果たして東に向かい、京都を制圧してあらたな武家政権（室町幕府）を樹立した。この戦いに三浦高継も参加していたが、九州には従軍せずに中国地方に留まり、足利軍の再起にあたり美作《みまさか》を出て合流している。また三浦一門の三浦貞連《さだつら》は足利軍の指揮官（侍所《さむらいどころ》）として活動し、京都の戦いで戦死している。相模の武士では曽我師助《もろすけ》が足利軍に加わり、九州の戦いで活躍したことが『梅松論《ばいしょうろん》』にみえ、『太平記』には「松田・河村・土肥・土屋」が足利軍に加わったと記されている。その一方で、本間忠秀《ただひで》のように後醍醐天皇方に属して活躍した武士もいた。

足利尊氏は光明《こうみょう》天皇を奉じて京都を制圧したが、後醍醐天皇は大和の吉野に逃れて対抗し、京都と吉野に朝廷が並び立つ事態になった（北朝と南朝）。各地の武士たちも両派に分かれて争ったが、北朝方（足利方）の優勢は明らかで、幕府政治も安定をみた。貞和元年（一三四五）には天竜寺の完成を祝う儀式が行なわれ、多くの武士が行列に加わった。その中に三浦遠江守（行連《ゆきつら》）・三浦駿河次郎左衛門尉・三浦越中左衛門尉・海老名尾張六郎・曽我左衛門尉（師助《もろすけ》）・土屋備前権守・土屋三河権守・土肥美濃権守といった相模の武士の名もみえる。当時鎌倉には尊氏の子の義詮がいて、関東の統轄にあたっていたが、関東の武士たちの多くは尊氏・直義兄弟にしたがい、京都に出て活動する人もかなりいたのである。

足利政権は順調に歩みを進めているようにみえたが、高師直《こうのもろなお》（尊氏の執事）と足利直義の対立が表面化し、武士たちが両派に分かれて戦うことになる。貞和五年の師直の決起と直義の引退、観応元年（一三五〇）の直義派の復活、観応二年二月の師直の滅亡、尊氏と直義の対立と事態は展開し、鎌倉の上杉憲顕《うえすぎのりあき》が直義を迎え入れるが、まもなく尊氏の軍勢が戦いに勝利して鎌倉を押さえる。文和元年（一三五二）二月に直義は死去したが、新田義興《よしおき》・義宗《よしむね》を中心とする南朝方が決起して尊氏も危機に直面する。尊氏は鎌倉を出て、武蔵で新田義宗を破り、隙をついて鎌倉を占拠した新田義興も、劣勢を悟って相模西部に逃れた。

この一連の内乱の中、相模の武士たちも各自の判断に基づいて行動した模様である。貞和五年の師直の決起の時、三浦遠江守（行連）・三浦駿河次郎左衛門・海老名尾張六郎・曽我左衛門尉（師助）・土屋備前守・土肥美濃守が師直方に属し、波多野下野守・因幡守が直義のもとに参じたと『太平記』に記されている。また文和元年に尊氏が武蔵に出陣した時には、土屋・土肥・二宮・曽我・渋谷・海老名・小早河・豊田の一族が久米川の陣に加わったと『太平記』にみえる。三浦高通《たかみち》（高継の子）は直義派で、上杉憲顕とも親しく、新田義興と協力して鎌倉に乗り込んでいる。また『太平記』によれば、松田や河村も新田にしたがって行動し、義興の鎌倉退去にあたっては、国府津《こうづ》山の奥に籠もることを勧めて、道案内をつとめている。相模の武士の多くは尊氏にしたがったようだが、直義派に属して戦った武士もあり、三浦高通は敗れていったん没落した。三浦高継の功績もあって三浦氏（三浦介家）は相模の守護職を獲得していたが、これも失うことになったのである。

鎌倉府の確立

鎌倉には当初足利義詮（尊氏の子）がいたが、貞和五年（一三四九）に弟の基氏《もとうじ》が鎌倉に下向して、関東のまとめ役になった（鎌倉公方）。文和元年（一三五二）に足利尊氏が鎌倉に入って統治にあたるが、翌年には京都に戻り、この後は鎌倉公方の足利基氏が、執事の畠山国清《はたけやまくにきよ》に補佐されながら政治を進めた。京都では南朝方との戦いが続き、文和四年には基氏が関東から援軍を派遣した。『源威集《げんいしゅう》』によれば、この中に相模の「土肥・土屋」も加わっている。

延文三年（一三五八）に足利尊氏が死去し、義詮があとを継いで将軍となった。南朝方との戦いは続いていて、延文四年には畠山国清が関東から軍勢を率いて上洛した。『太平記』には土屋備前入道と土屋修理亮が軍勢に加わったとみえ、また波多野景高《かげたか》は足利基氏から上洛を命じられている。ところが南朝方との戦いの中で、足利方が内部分裂を起こし、畠山国清は立場を失って関東に戻ってしまう。康安元年（一三六一）の冬、国清は鎌倉を退去して伊豆に落ちるが、一行が小田原宿に着いたところで、「土肥掃部助」がわずかの手勢で押し寄せて撃退されたと『太平記』に記されている。翌貞治元年（一三六二）に伊豆で戦いがくり広げられ、国清は結局没落するが、このとき相模の武士の波多野高道《たかみち》と中村定行《さだゆき》が公方基氏の命を受けて戦いに加わっている。

畠山国清が没落したあと、いったん失脚していた上杉憲顕が鎌倉に戻って関東管領《かんとうかんれい》に就任し、公方の基氏を支えて政治を担うことになった。憲顕の復帰に反発した宇都宮氏綱《うじつな》と芳賀高名《はがたかな》が決起し、武蔵の岩殿山《いわどのやま》で戦いがなされたが、このとき相模の中村定行と中村安芸守は公方の命を受けて戦いに参加している。かつての直義派だった上杉の復権によって政治体制は一変し、逼塞していた三浦高通も返り咲いて、相模の守護職も手に入れた。鎌倉公方の基氏は、京都の義詮と提携しながら関東の統治を進め、「鎌倉府」とよばれる政権も実質を帯びて、関東の武士たちもほとんどが鎌倉や本領にいて公方にしたがうことになった。鎌倉府の管轄下に置かれたのは関東八ヵ国（相模・武蔵・安房・上総・下総・上野・下野・常陸）に伊豆と甲斐を加えた一〇ヵ国で、この地域は独自の歴史的展開を遂げることになる。

曽我氏助《うじすけ》（師助の子）のように在京して将軍義詮に仕えていた人もいたが、相模の武士たちのほとんどは自らの本領に戻って鎌倉公方にしたがうことになり、なかには常に鎌倉にいて、公方の近習《きんじゅ》として活動する人もいた。貞治四年十月、基氏の近習たちがまとまって京都の六波羅蜜寺《ろくはらみつじ》に馬を奉納しているが、メンバーの中に「三浦下野守貞久《さだひさ》」「海老名美作守季明《すえあき》」「海老名氏貞《うじさだ》」の名がみえる。

貞治五年十月、足利基氏は武蔵国の六浦本郷を上杉能憲《よしのり》（憲顕の子）に与えるという下文を出したが、同時に渋谷三河入道と土屋備前入道にあてて御教書《みぎょうしょ》を出し、二人で現地に行って下地《したじ》を能憲に交付するよう命じている。六浦本郷は武蔵国内だが、鎌倉のすぐ隣なので、相模の武士たちに命令が出されたのである。所領を正当な知行人に交付する際には、二人の使節（両使）が現地に赴いて下地の打ち渡しを行なうのが通例で、渋谷と土屋は公方の命にしたがってこうした業務を担ったのである。

貞治六年四月、足利基氏が死去して子息の金王丸《こんのうまる》（のちの氏満《うじみつ》）があとを継いだ。翌応安元年（一三六八）、下野の宇都宮氏綱《うじつな》と武蔵の平一揆《へいいっき》の面々が鎌倉府に対する反乱を起こしたが、上杉憲顕は軍勢を招集して討伐にあたり、相模の武士たちも鎌倉に集められた。そのありさまは、十月になって提出された善波《ぜんば》胤久《たねひさ》の軍忠状からうかがえる。これによると、善波胤久は六月四日に「土肥入道」と同道して鎌倉に馳せ参じ、六日の夜に高大和入道と三浦下野入道らの「野心の輩」が没落したので、しばらく御所の警固にあたっている。この「三浦下野入道」は六波羅蜜寺に馬を奉納した「三浦下野守貞久」と同一人物だろう。その後善波は六月二十七日に討伐軍に加わって鎌倉を出発、江戸牛島《うしじま》に出て、下野の足利・宇都宮に向かい、八月二十九日の贄《にえ》木城の攻略の際に忠節を励み、九月六日には宇都宮城の壁のあたりで戦っている。関東で反乱などが起きたとき、相模の武士たちはまず鎌倉に馳せ参じ、そのあと軍勢に加わって戦いに参加していた。

宇都宮と平一揆の反乱は結局鎮圧された。上杉憲顕はまもなく死去するが、子息の上杉能憲と甥の上杉朝房《ともふさ》が関東管領として幼い公方を支え、鎌倉府の政治は安定をみせた。南朝方の動きもなりをひそめ、鎌倉府政権はようやく確立の時を迎えたのである。

小山氏の乱と相模武士

京都と吉野に朝廷が並び立つ状況は続いていたが、関東では内乱状況もとりあえず収まり、政治体制も安定した。相模の武士たちは内乱の中、それぞれの判断に基づいて行動し、戦いに敗れて逼塞《ひっそく》する者もいたが、家が完全に滅亡してしまうことはめったになく、ほとんどの武士がなんとか家名を守って所領支配を継続させることに成功した。三浦氏は相模の守護として地域の統治にかかわり、土屋・土肥・波多野・松田・河村といった相模中部・西部の領主たちもその勢力を保った。また海老名氏と本間氏は鎌倉公方の近臣（奉公衆）として活動し、三浦氏の一門の中にも公方に近侍した人がいた。

鎌倉を拠点とした鎌倉府は、公方の足利氏と関東管領の上杉氏が政治を司る形をとり、関東各地に本拠をもつ大名や国人たちは、基本的には公方にしたがって地域の支配にあたった。関東の中央部から北部にかけて並び立つ大名たちは、鎌倉の公方にしたがう立場に置かれたが、関東の統治を強く進めようとする公方に対し、自らの独自性を守ろうと対抗する大名もいた。康暦二年（一三八〇）五月、下野の大名の小山義政《おやまよしまさ》と宇都宮基綱《もとつな》が茂原《もばら》の地で戦って基綱が敗死するという事件が起き、鎌倉公方の足利氏満が小山の所行を非難すると、小山義政は公方の命にしたがわず、城に籠もって抵抗した。氏満は軍勢を差し向けて自らも出陣し、小山義政も降伏を申し入れたが、結局義政が出頭してこなかったので、翌永徳元年（一三八一）二月に再び討伐軍が出発し、氏満も出陣して義政の居城の鷲城《わし》に迫った。

小山氏の討伐にあたっては、関東各地の武士たちが動員されたが、相模国の善波胤久が提出した着到状（軍忠状）が遺されていて、この時の軍勢と善波の動きがよくわかる。この着到状に証判（内容を確認したことを示す花押）を据えた人物が一方の大将で、善波は彼にしたがって行動していたわけだが、「五月に下野の天名（天明）の陣に馳せ参じ、六月十二日と二十六日には本沢での戦いで先懸けをした。八月十二日には鷲城戸張口の戦いに参加し、十月十五日の夜の合戦にも加わった。十一月十六日の夜には、鷲城の外城の壁を破って内城に攻め込んで戦った」と、自身の戦功を具体的に記載している。相模の波多野荘の中に本拠をもつ善波胤久は、公方の命を受けてはるばる下野まで進み、大将の軍勢に加わって、半年あまりの間陣中にあり、戦いにも何度か遭遇したのである。

小山義政は戦いの末滅亡するが、子息の若犬丸は逃走し、至徳三年（一三八六）五月に決起して小山の祇園《ぎおん》城を奪回してしまう。しらせを聞いた公方氏満は、七月になって鎌倉を出発し、小山に向かって進んだが、このとき相模の波多野高道が公方の命を受けて鎌倉の警固をつとめている。この年の十一月に高道は着到状を提出し、「小山若犬丸の御退治のため御発向された時、相模国の軍勢等は鎌倉を警固するようにと仰せられたので、御教書の旨に任せて、「当御手」に属して、去る七月以来、十一月にお帰りになるまで、当参警固を致しました」とその中で述べている。指揮官の率いる軍勢（当御手）の一員として、七月から十一月までの間、波多野は鎌倉にいて「当参警固」を勤めたのである。軍勢をまとめていた人物は特定できないが、相模守護の三浦高連の可能性が高いと思われる。おそらく守護にしたがいながら相模の武士たちは鎌倉の防備にあたっていたのだろう。先に見た小山義政の乱の時には、相模の善波が前線に赴いているが、若犬丸の反乱に際しては、相模の武士たちは鎌倉にいて、鎌倉の警固にあたるという役割分担がなされていたのである。波多野高道の着到状に「御教書の旨に任せて」とあるので、公方の氏満が相模の武士たちにあてて御教書を発給し、鎌倉警固を命じたものと思われる。

小山若犬丸は祇園城から逃走し、常陸の小田氏のもとに身を寄せ、ここも軍勢に攻められると、陸奥の田村氏のところに隠れ、公方氏満は、応永三年（一三九六）に討伐軍を組織して北に向かわせた。若犬丸は田村を追われ、その後自害したとも伝えられる。この討伐の際にも、相模の武士たちは鎌倉の警固を命じられていたようで、六月に波多野高経《たかつね》が提出した着到状には「去る二月二十八日に小山若犬丸の退治のため、野州《やしゅう》から奥州田村城に御発向されて以来、鎌倉において一族を集め、「当御手」に属して、昼夜を問わず宿直奉公を致しました」と書かれている。

相模守護三浦高連

三浦半島の南端に本拠をかまえる三浦氏（三浦介家）は、三浦高継が足利尊氏にしたがい活躍したことにより飛躍の時を迎えた。高継は京都で幕府の侍所《さむらいどころ》をつとめ、相模の守護にも任じられた可能性が高い。高継のあとを継いだ三浦高通は、相模守護だったことが確実だが、足利政権の内部紛争に際して足利直義や上杉憲顕の陣営に属し、敗れて没落してしまう。しかし情勢の転換の中で復権を遂げ、相模守護にも帰り咲いた。そして高通の後継者の三浦高連は、長年にわたって相模守護をつとめ、活動の痕跡を多く残している。

明徳元年（一三九〇）三月、相模国大住郡の金目《かなめ》郷で事件が起きた。金目の光明寺と鎌倉の浄光明寺が寺領をめぐって訴訟を続けていたが、浄光明寺領の側の人たちが、光明寺領の中に乗り込んで百姓をなぐり、寺にまで押し寄せて壁を切り破り、茶園に入って茶をむしり取ったのである。被害を受けた光明寺の側は、四月になって申状をしたため、現地を検分してほしいと求めているが、この依頼を受けたのは相模守護の代官の岡聖《おかせい》州《しゅう》だったと考えられる。このあと岡聖州は金目郷の現地に赴いて実情を確認し、守護の三浦高連にあてて、「きちんと現地で確認をしました」という内容の注進状を書いた。そして聖州の注進状を見た守護の三浦高連が、「代官の注進状はこのようなものです」という内容の注進状を、鎌倉府の奉行所にあててしたためた。この守護代官の注進状と守護の注進状は、光明寺の雑掌《ざっしょう》に手渡されたようで、六月になって雑掌が鎌倉府にあてて申状（重ねての申状）を出したとき、証拠書類として奉行所に提出されている。

地域で事件が起きたとき、求めに応じて現地検分に当たったのは、守護代官の岡聖州だったのである。三浦氏は三浦半島を拠点としていたが、守護としての活動範囲は相模の全域におよんでいる。守護の三浦は鎌倉か三浦にいたようだが、相模国の管理を実質的に担っていた代官の岡聖州は、相模の中央部のあたりに拠点を構えていたのかもしれない。

同じ明徳元年に相模の西部においていくつかの事件が起き、岡聖州が関与していたことが史料からわかる。足柄下郡の厩川《うまやかわ》村は伊豆の走湯山雷電社《そうとうさんらいでんしゃ》の社領だったが、ここの支配をめぐって中納言律師明善《みょうぜん》と中村憲平《のりひら》が争い、鎌倉府は明善の主張を認めて、明善が現地を管理できるようにとりはからう（沙汰し付ける）ようにと、相模守護の三浦高連に命じた。そしておそらく三浦が代官の岡聖州に指示して、聖州が現地に赴いて下地の交付（沙汰し付け）を実行した。ところがすぐに中村憲平の代官が厩川村に乗り込み、明善の現地支配を妨害しようとした。これを知った岡聖州は、八月三日に実情をまとめた注進状を守護あてに提出し、守護の三浦高連は六日に鎌倉府の奉行所にあてて注進状（請文）を書き、「代官から注進状が出されたので提出します。よろしくご披露ください」と頼んでいる。

近くの中村郷でも問題が起きていた。走湯山領だった一〇町の畠の年貢をめぐってトラブルが生じ、中村憲平が訴えられたのである。憲平は中村郷の現地にいて、年貢を領主である走湯山に上納していたと思われるが、この年貢をめぐって走湯山の側が訴えを起こした。中村がきちんと年貢を納めないので、領主の側が訴訟に出たということだろうが、この訴えを受けたのは相模守護の三浦（実質的には代官の岡）だったようで、おそらく岡聖州が中村憲平に事情を聞き、八月九日に憲平が「請文」を提出した。そしてこれを受け取った岡聖州が十六日に守護あてに「注進状」を出し、守護の三浦高連は二十四日に鎌倉府の奉行所にあてて注進状（請文）をしたため、中村の請文と守護代官の注進状を提出するので審理してほしいと依頼している。中村の請文の内容はわからないが、「年貢はきちんと納めています」とか、「これからはきちんと納めます」といったものだったのだろう。

室町幕府の時代、列島の諸国には守護が置かれて、地域の支配を担い、さまざまな業務をこなしていた。守護の職務はさまざまで、上からの命令を受けて任務を遂行するという史料が多いが、相模守護の三浦の場合は、現地で紛争が起きたときにまず守護代官が対応し、その報告を受けて守護が上部（鎌倉府）に報告するという形の史料がみえることが注目できる。おそらく代官の岡聖州は相模の中央部にいて、なにか問題が起きると現地に赴いて対応していたのだろう。三浦氏の所領は多くはなく、大名といえるか微妙なところだったが、守護の任務を担うことによって、相模の人々とそれなりの関係を持ち、一定の社会的地位を築いていたとみてよかろう。宝治合戦で挫折したあとの三浦氏の歴史の中で、高連の時代は守護として高い地位を保った全盛期とみていいだろう。

上杉禅秀の乱と相模武士

関東において南北朝の対立にかかわる戦いが終息し、鎌倉府の支配体制が確立してから、小山氏の乱などはあったものの、鎌倉においてはめだった政争もなく、平和な時代が長く続いた。しかしこうした中でも政権担当者や大名たちの間の対立関係はおのずと生じ、領主たちを二分する大規模な戦いが発生してしまう。

鎌倉公方を補佐しながら政権を主導する関東管領の職には上杉氏が任命されたが、父子で世襲されたわけではなく、上杉憲方《のりかた》（憲顕の子）―憲定《のりさだ》―憲基《のりもと》と続く一流（山内家）と、上杉朝宗《ともむね》（憲顕の甥）―氏憲《うじのり》と続く一流（犬懸《いぬかけ》家）が並び立ち、交互に管領を勤める形になっていた。両家はライバルの関係にあり、互いの勢力を競いあうことになる。

鎌倉公方足利満兼《みつかね》が死去して、子息の幸王丸《こうおうまる》（持氏《もちうじ》）が若年であとを継いだとき、関東管領の職にあったのは上杉氏憲（入道禅秀《ぜんしゅう》）だったが、応永二十二年（一四一五）に氏憲は公方持氏と評定の場で争って管領職を辞し、かわって山内家の上杉憲基（憲定の子）が管領となった。上杉氏憲は引退することになったが、足利満《みつ》隆《たか》（持氏の叔父）と結びつき、さらに現在の体制に不満を抱えている関東各地の大名や国人たちと連絡をとって、決起の機会をうかがった。このときの様子については『湘山星移集《しょうざんせいいしゅう》』や『鎌倉大草紙』に詳しく記されている（『湘山星移集』は戦国時代の頃に成立した書物で、『鎌倉大草紙』はこうした記録を集成して編集された軍記である）が、相模の「曽我・中村・土肥・土屋」も氏憲（禅秀）の誘いを受けて協力を約束したという記事がみえる。

事件が起きたのは応永二十三年十月二日だった。上杉氏憲が足利満隆とともに鎌倉で決起し、公方持氏の御所を襲ったのである。異変に気づいた持氏は、御所から出て、上杉憲基の佐介《さすけ》の館に到着した。十月四日になると、持氏・憲基方と満隆・氏憲方の武士たちの布陣が固まったが、『湘山星移集』や『鎌倉大草紙』によれば、「気生坂《けわいざか》」に布陣したのは「三浦・相模の人々」だったという。相模守護の三浦氏（高明《たかあき》か）は、相模の武士たちを率いて持氏・憲基の陣営に加わり、気生坂（化粧坂）の守備に当たったのである。また上杉氏憲のもとに集結した関東の武士たちの中に「曽我・中村」の名がみえる。以前から氏憲と通じていた曽我と中村は鎌倉に来て、氏憲の軍勢に加わったのである。そして十月六日に鎌倉で戦いがあり、氏憲が勝利を収めて、足利持氏と上杉憲基は小田原に逃れた。これを聞いた「土肥・土屋の者共」が小田原に押し寄せ、持氏と憲基は小田原から逃れて西に赴いた。相模西部の土肥と土屋も早くから氏憲と通じていたが、鎌倉には行かずに本拠地に留まり、逃走する敵を襲撃するという役目を果たしたのである。

このたびの内紛において、相模の武士たちはそれぞれの立場で、どちらかの陣営に属して行動した。相模守護の三浦は持氏・憲基にしたがい、相模の武士たちの中には三浦と行動を共にして鎌倉に集結する者もいたが、相模の西部・中部に本拠をもつ土肥・土屋・曽我・中村といった面々は上杉氏憲と通じて行動を起こしたのである。

上杉氏憲のクーデターはとりあえず成功したが、京都の将軍足利義持が持氏支援の方針を定め、軍勢を派遣したことにより情勢は一変し、氏憲は苦境に立たされる。十二月になると駿河の今川氏の軍勢が相模に攻め入り、氏憲に味方した武士たちは戦いに敗れてしまう。『鎌倉大草紙』によれば、葛山・荒川・大森・瀬名といった今川の武将たちは足柄山を越えて「曽我・中村」を攻め落として小田原に布陣し、朝比奈《あさひな》・三浦をはじめとする一隊は箱根山を越えて「土肥・土屋・中村・岡崎」を攻め落として国府津川に陣取ったという。今川軍の攻撃を受けて、土肥・土屋・曽我・中村の面々は手痛い敗北を喫してしまったのである。今川勢はそのまま鎌倉に攻め入り、足利満隆と上杉氏憲は敗れて鎌倉の雪下《ゆきのした》で自害した。応永二十四年正月十日のことである。

足利持氏と上杉憲基は晴れて鎌倉に戻り、上杉氏憲とその与党の所領は没収された。相模西部の土肥と土屋は所領を没収され、功績のあった駿河の大森氏がそのあとを拝領して、小田原を拠点とすることになる。曽我と中村については史料がないが、少なくとも所領を削減されたことはまちがいなかろう。南北朝の内乱の際にはほとんどの武士たちが家名を保ったが、このたびの内乱（上杉禅秀の乱）の影響は大きく、土肥・土屋といった伝統ある武士が没落してしまう。そして大森氏が新たに台頭することになるのである。

永享の乱と三浦時高

上杉氏憲が鎌倉で決起した時、相模守護の三浦氏（高明か）は足利持氏方の一員として警備にあたったが、その後の戦いの中でどう動いたかはよくわからず、さほどの功績を残せなかった模様である。そしてこれからまもなくして、三浦氏は相模守護職を失ってしまう。応永二十八年（一四二一）十二月には上杉（小山田）定《さだ》頼《より》が守護だったらしい形跡があるので、三浦氏はこれ以前に守護職を没収されたものと考えられる。

足利持氏は幕府の援助を得て内乱を克服したが、やがて自立の動きを強めて京都の将軍と対立し、幕府と鎌倉府の関係は微妙なものになる。関東管領の上杉憲実《のりざね》（憲基の子）は、持氏を補佐しつつ幕府とのつながりも保って、将軍足利義教と持氏の間の調停につとめたが、自立を指向する持氏と、融和を求める憲実との間に溝が生じる結果となった。

上杉氏憲の滅亡によって、犬懸上杉氏は没落し、公方足利氏と管領上杉氏（山内家）がともに勢力を伸ばすことになった。足利持氏に直接仕える近臣たちが発言力を増したが、一方の上杉氏（山内家）でも長尾《ながお》一門をはじめとする家臣たちが力を伸ばした。また上杉一門の扇谷《おうぎがやつ》家も台頭し、山内家と協力しながら政治に関与するようになっていく。三浦氏にかわって相模守護となった上杉（小山田）定頼は扇谷家当主（幼少の上杉持《もち》朝《とも》）の代理人で、そのあと相模守護に任じられた一色持家《いっしきもちいえ》は公方の近臣だった。相模の守護職も公方や上杉氏の関係者が保持するものとなっていたのである。このように鎌倉府の内部の政治構造も変化し、足利氏と上杉氏のそれぞれにつながる人たちの対立が深まっていたが、京都の将軍の動きが作用して、やがて戦いが起きてしまうことになる。

永享十年（一四三八）八月、危機を悟った上杉憲実が上野に下向し、足利持氏は討伐軍を組織して、自身も鎌倉を出発した。このとき三浦時高《ときたか》は命じられて鎌倉の警固にあたったが、『鎌倉大草紙脱漏』によれば、持氏が鎌倉の警固を「先例に任せて」時高に命じたところ、時高は「近年は窮困して人もいないので、免除してほしい」と訴えたという。前述したように、小山氏の乱の時には三浦が相模の武士たちを率いて鎌倉の警固にあたっていたので、持氏もこうした先例にしたがって三浦に命を下したのだろう。ただ小山の乱のときには三浦氏（高連）は相模守護をつとめ、それなりの勢力を持っていた。守護職を失った今では力もないので免除してほしいと、三浦時高は訴えたのである。三浦氏の現実を反映した発言だろうが、守護職を没収した持氏に対する不満の吐露といえなくもない。

鎌倉を出た持氏は武蔵の府中に布陣したが、関東の異変を知った将軍義教が持氏討伐の意志を固め、軍勢を派遣したことにより、情勢は大きく転回することになる。九月十日のこと、幕府軍の先鋒として遠江の横地《よこじ》・勝間田《かつまた》らの軍勢が、伊豆守護代の寺尾四郎左衛門と同心して箱根山を越えようとしたところ、大森伊豆守と箱根別当が謀をめぐらして敵を悪所に引き込んで戦い勝利を収めたと、『鎌倉大草紙』には記されている。上杉氏憲の討伐に功を挙げた大森氏は、土肥・土屋氏の所領を拝領して小田原を拠点としていたが、このたびの戦いにあたっては持氏方の一方の中核に位置し、めだった活躍をしたのである。

緒戦は敗退したものの、幕府軍の勢いは強く、また上杉氏の軍勢も鎌倉に向かって進んできて、持氏は窮地に立たされた。そしてこうした中、鎌倉の警固にあたっていた三浦時高は、突然鎌倉を退去して三浦に帰ってしまう。十月三日のことだった。そして半月ほどあとの十月十七日、三浦時高は軍勢を率いて鎌倉に攻め入り、大蔵や犬懸などの一帯に火を放った。京都の将軍が持氏討伐を指令していると知った時高は、直接の主君である鎌倉公方に叛くことを決意し、その退路を断ったのである。十一月一日、三浦時高は上杉（扇谷）持朝の被官らとともに大蔵の御所に押し寄せ、足利義久《よしひさ》（持氏の子）と足利満貞《みつさだ》（持氏の叔父）を捕え、時高の家人である保田豊後守が鎌倉の警備にあたることになった。同じころに憲実の重臣の長尾《ながお》忠政《ただまさ》（入道芳伝）が葛原で持氏を捕捉し、いっしょに鎌倉に入ってきた。忠政は持氏を永安寺に送ろうとしたが、このとき保田豊後守らが鶴岡八幡宮の前にやってきて進路を塞いだので、しかたなく引き返し、持氏は浄智寺に入った。そのあと忠政と保田の間で話がまとまり、保田が赤橋近辺から退去したので、持氏は永安寺に入ることができた。『鎌倉大草紙脱漏』はこのときの様子を詳細に伝えている。

こうして大勢は決し、持氏の近臣たちも多くが命を落としたが、その中には相模出身の武士たちもいた。海老名尾張入道は武蔵六浦引越の道場、弟の海老名上野介は扇谷の海蔵寺で自害した。永享十一年二月、足利持氏は軍勢に攻められて永安寺で自害するが、このとき持氏にしたがって討死した近臣たちの中に「曽我越中守」の名がみえる。

鎌倉府の解体と相模武士

公方足利氏と管領上杉氏の戦いは後者の勝利に終わったが、公方につながる勢力は根強く、各地で決起した。永享十二年（一四四〇）三月、上杉重臣の長尾景仲《かげなか》らが公方派の討伐のため鎌倉から出陣したが、このとき三浦時高は鎌倉の警固をつとめている。公方につながる武士たちは下総の結城《ゆうき》城に籠もって抵抗したが、嘉吉元年（一四四一）に結城城が陥落して事態は収束した。ところがこの直後に京都で将軍義教《よしのり》が暗殺されると政治状況は一変し、持氏の遺児（足利成氏《しげうじ》）が鎌倉に迎えられて、鎌倉公方も復活することになった。しかし公方派と上杉派の対立は解消されず、享徳三年（一四五四）の暮に公方成氏が管領上杉憲忠《のりただ》（憲実の子）を謀殺したことをきっかけとして、公方（足利）方と上杉方の全面的な戦いが展開されることになった（享徳の大乱）。

公方成氏は上杉方の討伐のために鎌倉を出発するが、そのまま下総の古河《こが》を居所に定め、上杉方の陣営も武蔵の五十子《いかっこ》に置かれた。公方も管領も鎌倉にいないで互いに争いあう時代に突入したわけで、いわゆる「鎌倉府体制」は解体してしまう。こうした中、上杉（扇谷）持朝が相模守護の地位に立ち、東の三浦氏と西の大森氏がともに勢力を伸ばした。彼らは上杉方の一角として活動していたが、上杉陣営の中にも問題が多かったようで、三浦時高も大森実頼《さねより》も突然隠遁を表明して将軍足利義政《よしまさ》から慰留されたことがあった。

公方方と上杉方の対陣は長期化したが、文明八年（一四七六）に長尾景春《かげはる》が反乱を起こすと、情勢は急転する。景春は上杉（山内）顕定《あきさだ》の重臣だが、武蔵の鉢形《はちがた》城で挙兵して、顕定や上杉（扇谷）定正のいる五十子の陣を襲ったのである。上杉陣営の内部で発生した事件だったが、扇谷家の重臣の太田《おおた》道灌《どうかん》が軍勢を率いて景春方と各地で戦い、反乱は鎮定の方向に向かった。文明十年六月、太田資忠《すけただ》（道灌の弟）をはじめとする軍勢が相模の奥三保《おくさんぼう》に攻め入ったが、「本間近江守」と「海老名左衛門尉」が、甲斐の加藤らと相談して攻め手の陣所を襲った。太田資忠が搦手《からめて》から攻め込んだので状況は一変し、海老名左衛門尉は討ち取られた。本間と海老名は鎌倉公方の近臣の中にいたが、相模の本拠に残った一門もいて、このたびの内乱にあたっては長尾景春に味方して活動したのである。

この戦いのことは文明十二年十一月に太田道灌が高瀬民部少輔にあてて書いた長文の書状に記載されている。この書状の末尾にはこのたびの内乱に関係した関東の武士たちのことが列記されているが、その中には相模の武士にかかわる記事もある。「三浦介」（三浦道含）は親戚筋で、数度の合戦に参加してくれたし、「大森信濃守」（実頼）は父子・兄弟と別れて最初から味方になり、各地の戦いで戦功を挙げた。「河村大和」はどこでも戦功がなく、先年白井の陣が危機に陥った時も、断りもなく逃げ帰ってしまった。「松田左衛門尉」は河村と同宿していたが、こちらは残留してがんばってくれた。道灌は相模の武士について個別に評価を下しているが、このとき三浦・大森・松田・河村といった面々が相模のおもな武士として力を保持していたことが、この書状からわかる。

しかしまもなく、伊勢宗瑞《いせそうずい》の台頭によって相模は大きな変動を余儀なくされ、伝統的な武士たちも、ほとんどが姿を消すことになる。大森氏は居城の小田原を宗瑞に奪われて没落し、三浦氏（義同《よしあつ》）も宗瑞との長い戦いの末、新井城を落とされて滅亡した。松田氏は宗瑞にしたがったようで、子孫は北条氏の重臣として発展してゆくが、北条氏の家臣たちの中に、松田のほかには旧来からの相模の武士の名を見ることはできない。平安・鎌倉以来の伝統を持つ武士たちのほとんどは没落し、北条氏のもとで組織された新たな領主たちが地域を支配する時代が到来したのである。

参考文献

『新横須賀市史』通史編　自然・原始・古代・中世（二〇一二年）

コラム　相模武士の姿❸

土肥実平《どひ　さねひら》

生没年不詳

久保田　和彦

土肥実平は桓武平氏良文《よしふみ》の子孫で、続群書類従第六輯上所収の『般若院系図』によると、平忠常《たいらのただつね》の子山辺《やまのべ》禅師中尊《ぜんじちゅうそん》の三代目である中村庄司宗平《むねひら》の次男として土肥次郎実平の名前がある。兄は中村太郎重平、弟に土屋三郎宗遠・二宮四郎太夫友平が記されている。父宗平は相模国余綾郡《よろぎぐん》中村荘（足柄上郡中井町）の開発領主で、天養元年（一一四四）に源義朝《みなもとのよしとも》が大庭御厨《おおばのみくりや》に侵入した事件に名前が見えており、この頃から河内源氏に臣従した。

実平は足柄上郡土肥郷（湯河原町・真鶴町）、弟宗遠は大住郡土屋郷（平塚市土屋）、友平は余綾郡二宮郷（二宮町）を名字の地としており、宗平の子供は相模国南西部に勢力を拡大した。中村氏は相模国在庁官人であり、所領はいずれも国衙《こくが》領であったと思われる。また、宗平は相模・伊豆の有力な武士と姻戚関係を結び、妹摩々局《ままのつぼね》は山内首藤俊通《やまのうちすどうとしみち》に嫁し経俊《つねとし》を生み、娘は三浦一族の岡崎義実《おかざきよしざね》に嫁し佐奈田《さなだ》与一義忠《よしただ》を生み、もう一人の娘は伊豆の豪族伊東祐親《いとうすけちか》に嫁し河津祐泰《かわづすけやす》・伊東祐清《すけきよ》を生んでいる。摩々局は義朝の乳母で、頼朝《よりとも》誕生の際最初に乳付をした女性で、平治の乱で頼朝が伊豆に流されると、頼朝を援助するため甥の実平の所領である相模国早河荘（小田原市）に下向している。

治承四年（一一八〇）八月、源頼朝が伊豆で挙兵すると、中村氏は一族を挙げてこれに参加し、山木館の襲撃や石橋山合戦で大きな犠牲を払いながら、多大な勲功をあげた。特に石橋山合戦における佐奈田与一義忠の奮戦は、『平家物語』や『源平盛衰記』にも詳述され、後世に語り継がれた。合戦に敗れた頼朝に始終したがい、厳しい敵の捜索を切り抜け、無事に頼朝を海路安房《あわ》に逃すことができたのも、石橋山合戦が実平の所領内で行なわれ、地域の情報を実平が知悉《ちしつ》していたためと思われる。東海道線湯河原駅付近が土肥郷の中心地で、その近くの城願寺には五輪塔・宝篋印塔《ほうきょういんとう》など、土肥一族の墓が約五〇基並んでいる。

土肥一族の墓（城願寺）

鎌倉幕府が創設され、木曽《きそ》義仲《よしなか》や平家との合戦が始まると、土肥実平は源範頼《のりより》・義経《よしつね》の侍大将《さむらいだいしょう》として一の谷合戦で活躍し、最前線である備前・備中・備後三カ国の惣追捕使《そうついぶし》（守護）に任じている。その後、実平は屋島・壇ノ浦合戦にも参加し、鎌倉方の重鎮として遠征軍で活躍した。文治元年（一一八五）十一月、源義経・行家《ゆきいえ》が頼朝に叛旗を翻し挙兵すると、鎌倉軍の先陣として一族とともに上洛したのは実平であった。実平は武将としても行政官としても優秀な人物であり、頼朝の信頼も特に厚かった。

実平は文治五年の奥州合戦にも参陣しているが、建久二年（一一九一）七月、鎌倉で厩の立柱上棟の奉行を勤めている記事を最後に『吾妻鏡』には見えなくなる。

実平の子遠平《とおひら》は平家追討の功績により、安芸《あき》国沼田本荘・新荘（広島県三原市・竹原市）の地頭職《じとうしき》を与えられるが、遠平の子惟平は建保元年（一二一三）に鎌倉で起こった和田合戦に連座して滅亡する。このため、遠平の養子景平がこの地を継承し、相模国早河荘小早《こばや》川《かわ》の地名を名字として、その子孫が移住し、鎌倉時代には有力御家人・在京人、南北朝・室町時代には有力国人領主・奉公衆、後には戦国大名小早川氏として活躍する。

Ⅳ 特論・相模武士の群像

第1章　鎌倉北条氏の盛衰

菊池紳一

鎌倉北条《ほうじょう》氏は、伊豆《いず》国田方《たがた》郡北条（静岡県伊豆の国市）を名字の地とする伊豆国の武士である。初代時政《ときまさ》以前の北条氏に関しては系図の記載や伝承以外、謎に包まれている。系図では平直方《たいらのなおかた》（桓武平氏）の子孫と伝え、伊豆国の在庁《ざいちょう》ともいわれる。平直方は、鎌倉に館を持ち、源頼義《みなもとのよりよし》を婿に迎えその館を譲ったという伝承を持つ。北条氏が本来は鎌倉を本拠とする相模武士であったとする意味ともとれなくはない。北条氏が源頼朝《よりとも》を補佐して相模国鎌倉に移り、いかに相模武士として活躍したのか、その経緯を述べてみたい。

源頼朝挙兵以前の北条時政

保元の乱前後の北条時政については、伊豆国衙《こくが》の在庁として、伊豆守藤原経房《ふじわらのつねふさ》との交流を示す挿話が伝えられている（『吉口《きつく》伝《でん》』、藤原経房の子孫吉田隆長《たかなが》の著）。その後、配流先の伊豆大嶋で反乱を起こした源為朝《ためとも》追討軍に加わっていたという（『源平盛衰記』）。

時政の後妻牧方《まきのかた》の父牧宗親《まきむねちか》は、平頼盛《よりもり》領の駿河国大岡庄の庄官で、その母池禅尼《いけのぜんに》（平忠盛《ただもり》の妻、清盛《きよもり》の義母）の兄姉にあたる。時政の娘たちは、源氏の一族や武蔵国の畠山《はたけやま》一族、さらに京都の公家にも嫁いでおり、牧方を通した京都との人間関係がその背景にあり、時政のネットワークの広さを示している。

時政の娘政子《まさこ》が、流人源頼朝と恋仲になったのは治承元年（一一七七）前後のことと推定されている。この時点の伊豆の知行国主は源頼政《よりまさ》であり、おそらく在庁官人時政は、頼朝の監視と保護を命じられていたと思われる。

治承四年八月、源頼朝が伊豆で挙兵するが、その際の北条時政・義時《よしとき》父子の活躍は『吾妻鏡』に詳細に記されている。時政は頼朝の岳父としての活動以外、幕府の組織の役職に就くことはなく、政治の表舞台にほとんど顔を見せなかった。唯一、文治元年（一一八五）十一月、頼朝の命を受け源義経《よしつね》追補のため約一〇〇〇騎ほどの軍勢を率いて上洛している。京都における時政の任務は、いわば進駐軍の司令官（頼朝の代官）で、義経西下後の院近臣《いんのきんしん》の処分、京都守護等がその任務であった。九条兼実《くじょうかねざね》は「頼朝代官北条丸」とその日記『玉葉《ぎょくよう》』に記している。翌同二年三月、時政は鎌倉に下向する。治安維持は一族の北条時定《ときさだ》以下の武士に、朝廷との交渉は頼朝の義弟一条能保《いちじょうよしやす》にゆだねられた。おそらく在京して後白河法皇に近づくことの危険を感知し、慎重な政治的判断があったのではなかろうか。

北条時政は、寿永二年（一一八三）十月に源頼朝に東国行政権が与えられて以降、伊豆国に対する支配権（国衙指揮権や検断権《けんだんけん》）を与えられた。翌元暦元年（一一八四）六月、武田《たけだ》信義《のぶよし》が支配していた駿河《するが》国も、その子一条忠頼《ただより》が叛意ありとして誅された後、時政の支配下に入った。以降、この両国は北条氏嫡流（得宗《とくそう》）に伝えられ、時政の玄孫時宗《ときむね》の頃には得宗分国として領国化されている。

さらにその支配は西に伸張し、源頼朝没後の正治二年（一二〇〇）四月、時政は遠江守《とおとうみのかみ》に補任される。遠江国は、甲斐源氏の安田《やすだ》義定《よしさだ》（遠江守）の影響下にあった国で、義定は、建久四年（一一九三）十二月、嫌疑を懸けられて処刑された。時政は遠江守として臨み、東海道を西に勢力を延ばしていった。同国の支配は、のちに時政の子時房《ときふさ》に伝えられ、その子孫である大仏《おさらぎ》氏に伝領されている。

正治元年正月、源頼朝が没すると、嫡子頼家《よりいえ》が二代将軍となった。しかし、頼朝の後家北条政子は、専横《せんおう》の気味がある頼家の親裁を停止し、宿老《しゅくろう》一三人による合議を選択する。この一三人には北条時政・義時父子が加わっている。その他吏僚《りりょう》層から中原《なかはら》（後に大江《おおえ》）広元《ひろもと》・三善康信《みよしやすのぶ》・中原親能《ちかよし》・二階堂行政《にかいどうゆきまさ》の四人、有力御家人から三浦義澄《みうらよしずみ》・八田知家《はったともいえ》・和田義盛《わだよしもり》・比企能員《ひきよしかず》・足立遠元《あだちとおもと》・梶原景時《かじわらかげとき》の七人のほか、頼朝側近の藤九郎盛長《もりなが》が加えられた。時政はようやく幕府組織の中に地位を与えられ、以降広元をはじめとする吏僚層と手を結び、幕府内における地位を確立していくことになる。

前述したように時政は、源頼朝没後に従五位下遠江守に叙任されるが、頼朝の時以来、諸国の国司（守）に補任されたのは源氏一門だけであった。これまで無位無官であったこの時政の叙任は、北条氏と一般御家人との格の違いを認識させることになり、この背景に政子の指示か許諾があったと考えられる。

時政が幕府政治の中で主要な地位を確保するためには、頼家に代わる新しい将軍を立てる必要があった。源頼朝の乳母比企尼《ひきのあま》の養子比企能員（武蔵武士）は頼家の乳母父であり、また岳父でもあった。時政は、頼家の病気に乗じて、能員を名越《なごえ》（鎌倉）の自邸に招いて謀殺し、頼家の長男一幡を比企一族とともに滅ぼした（比企能員の変）。頼家は、母政子によって出家させられ、伊豆国修禅寺《しゅぜんじ》に幽閉され、その後殺害された。

三代将軍に実朝《さねとも》が就任すると、時政は幕府政所の別当に補任された。無位無官のままでは就任できない役職であり、前述した従五位下遠江守の叙任は大きな意味を持っていたことがわかる。時政は、幕府の中枢にいた広元を初めとする吏僚層と結び、将軍の意を奉じた関東下知状《かんとうげちじょう》を発給し、一般の御家人とは一線を画していった。

武蔵国は源頼朝以来将軍家の知行国（関東御分国）であり、幕府政所がその支配の中心となっていた。建仁三年（一二〇三）十月、源実朝は、侍所別当和田義盛を奉行として、「武蔵国諸家輩」に対して、北条時政に対する忠誠を誓わせている。これは頼朝の時以来鎌倉殿の直接指揮下にあった武蔵武士を時政の指揮下に置くことを意味していた。比企氏滅亡後、同国内の有力御家人は畠山重忠《しげただ》一族であった。重忠は時政の先妻の娘婿で、武蔵武士の中心的な存在であり、時政と利害が反することになる。しかも当時の武蔵守は、時政の後妻牧方の娘婿平賀《ひらが》朝雅《ともまさ》（信濃源氏）であった。この婿同士の対立も一因といえよう。重忠が謀叛を企てているという牧方の強引な訴えが幕府軍を動かし、元久二年（一二〇五）六月二十二日、北条義時を大将とする幕府軍は武蔵国二俣川で鎌倉に向かう畠山重忠を迎え撃ち、重忠以下一族は戦死する。

ところが、直後に重忠の謀叛は無実と判明し、さらに娘婿である京都守護平賀朝雅を将軍に擁立する計画が発覚すると、政子の意向で、時政・牧方夫妻は失脚、時政は出家し、伊豆国北条に隠棲させられてしまう。その後婿であった平賀朝雅や重忠の一族稲毛《いなげ》重成《しげなり》も討たれた。こうして、武蔵国の有力御家人の多くは滅亡していくのである。ちなみに、時政は、主殺しを企てたことで北条氏の祖としての存在は薄れていった。

義時と承久の乱

北条義時は、元久元年三月に従五位下相模守に叙任された。以降相模守は幕末まで北条氏が独占した。時政・義時父子が受領《ずりょう》に補任されたことは、北条氏の身分を諸大夫に確定し、他の御家人との差別化が進んだことを意味している。前述したように、三代実朝の時代の承元四年（一二一〇）正月には義時の弟時房《ときふさ》も武蔵守に補任され、以降武蔵守は北条氏が独占した。

父の地位（執権）や支配国（伊豆・駿河、そして武蔵）を継承した義時は、姉政子を背景に、吏僚の筆頭である中原（のち大江）広元とともに幕政を主導していった。その目指した政治は、北条氏を中心とする体制の強化であり、守護世襲制の廃止を目論むなど、有力御家人に対する抑圧政策もその延長線上で考えられる。

当時、侍所別当であった和田義盛は将軍実朝の覚えもよく、宿老として幕政に隠然たる勢力を持っていた。承元三年、義盛は上総介補任を実朝に申請するが、侍身分の者が受領になる先例はないとする母政子の意見に

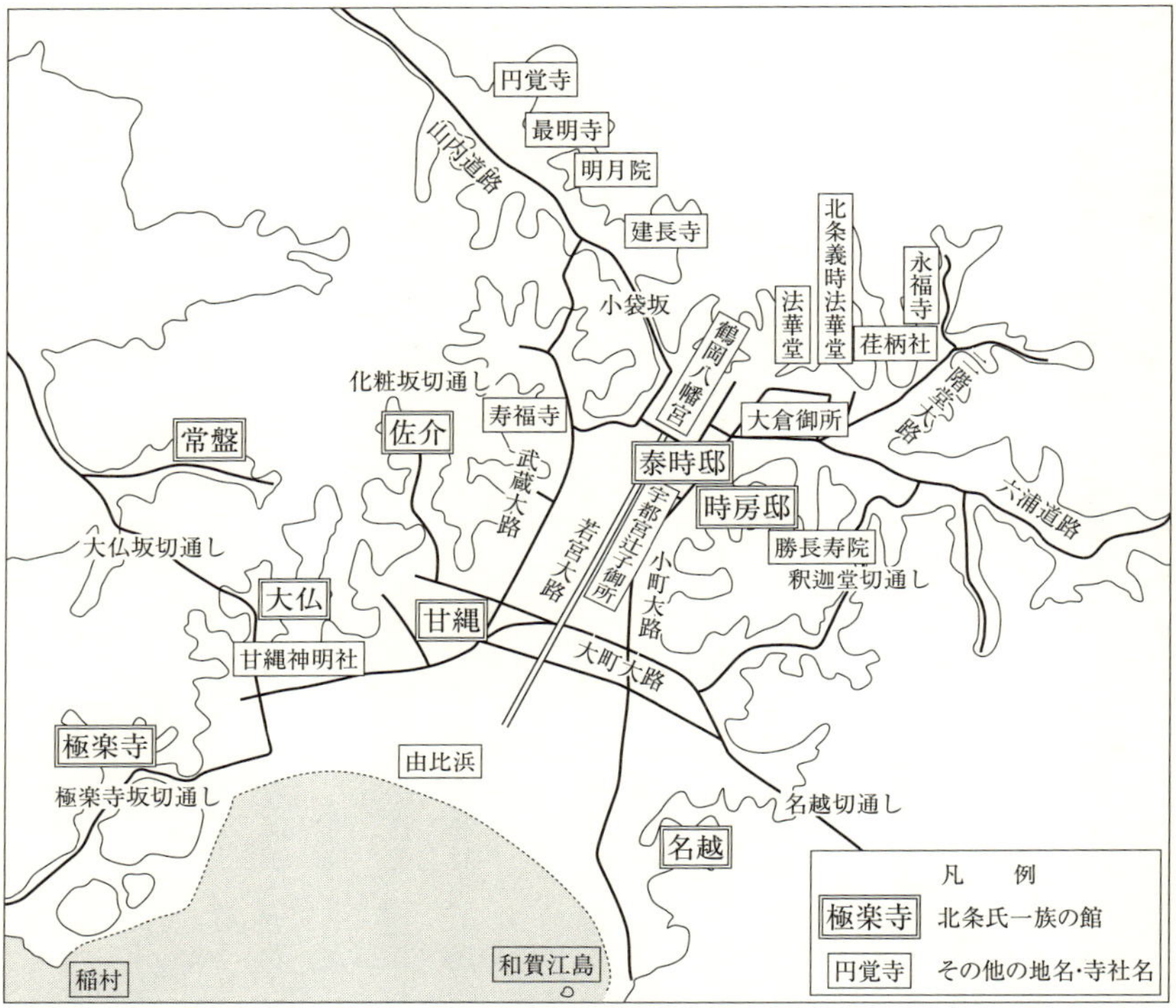

北条氏一族の居館と寺院

従った実朝はこれを許さなかった。

建保元年（一二一三）二月信濃国の御家人泉親衡《いずみちかひら》の陰謀が発覚する（泉親衡の乱）。そこに義盛一族を見出した義時は、硬軟両様さまざまに和田義盛を挑発し、同年五月に義盛を挙兵に追い込んだ。義時は苦戦を強いられたが、和田氏一族の三浦義村が義時方に寝返ったこともあり、和田方は敗北した。この戦いで相模・武蔵両国の有力御家人が没落し、義時は両国支配を強めることになった。義時は侍所と政所の別当を兼任し、独裁的権力を強化する。官位もその後四位で右京大夫に至るなど、異例の昇進を遂げている。

実朝の暗殺と承久の乱

将軍実朝には子供が無く、母政子

の主導により後鳥羽上皇の皇子を後継者に迎える予定であった。しかし、承久元年（一二一九）正月、実朝は鶴岡八幡宮における右大臣拝賀の儀式の最中、甥の公暁《くぎょう》によって暗殺される。これを聞いた後鳥羽上皇は皇子の鎌倉下向を白紙に戻し、鎌倉に対する圧力を強めていった。同三年五月十五日後鳥羽上皇は北条義時追討の宣旨を下した。これは、義時さえ追討の対象とすれば鎌倉幕府は自壊すると予想してのことであった。しかし、義時は頼朝の後家である姉政子を擁して、宿老大江広元や三浦氏の協力を得、この難局を乗り越えた。嫡子泰《やす》時《とき》は武蔵国の御家人を中心に、伊豆・駿河・遠江と西上しつつ軍勢を整え、京方を破って入洛した。

乱後、義時は、京都六波羅《ろくはら》に泰時・時房を滞在させて朝廷を監視する体制を整え、東国武士に西国の承久没官地を新恩地として宛行っている。鎌倉幕府を全国政権にまで押し上げたのは義時の政治的手腕といってよいであろう。

元仁元年（一二二四）六月十三日義時は没し、鎌倉の故頼朝法華堂の東の山上に葬られた。義時の子どものうち長男泰時は、小町に居を構えて北条氏得宗を継承する。次男朝時《ともとき》は時政の名越亭を継承して名越流の祖となり、三男重時《しげとき》は鎌倉の西に極楽寺を建立し極楽寺流の祖となった。重時の子孫には、常磐《ときわ》・塩田《しおた》（信濃国）・普恩寺《ふおんじ》の庶流が分かれる。四男政村《まさむら》は常盤に居を構え、五男有時《ありとき》は伊具《いぐ》（陸奥国）を通称とする。六男実《さね》泰《やす》の子実時《さねとき》は金沢《かねさわ》（武蔵国）に居を構え、金沢流の祖となる。その他、義時の弟時房からは、長男時盛《ときもり》が佐介《さすけ》流の祖となり、四男朝直《ともなお》から大仏流が始まる。このように、北条氏は義時の子の代以降、鎌倉とその周辺各地に居を構え、相模武士として定着していったのである。

泰時の改革および寛元の変と宝治合戦

父義時の訃報に接した泰時は、叔父時房とともに急遽京都から鎌倉に下向した。叔母政子の意向もあって、

北条氏略系図（北条氏の諸流を示した。通称は『吾妻鏡』等による）

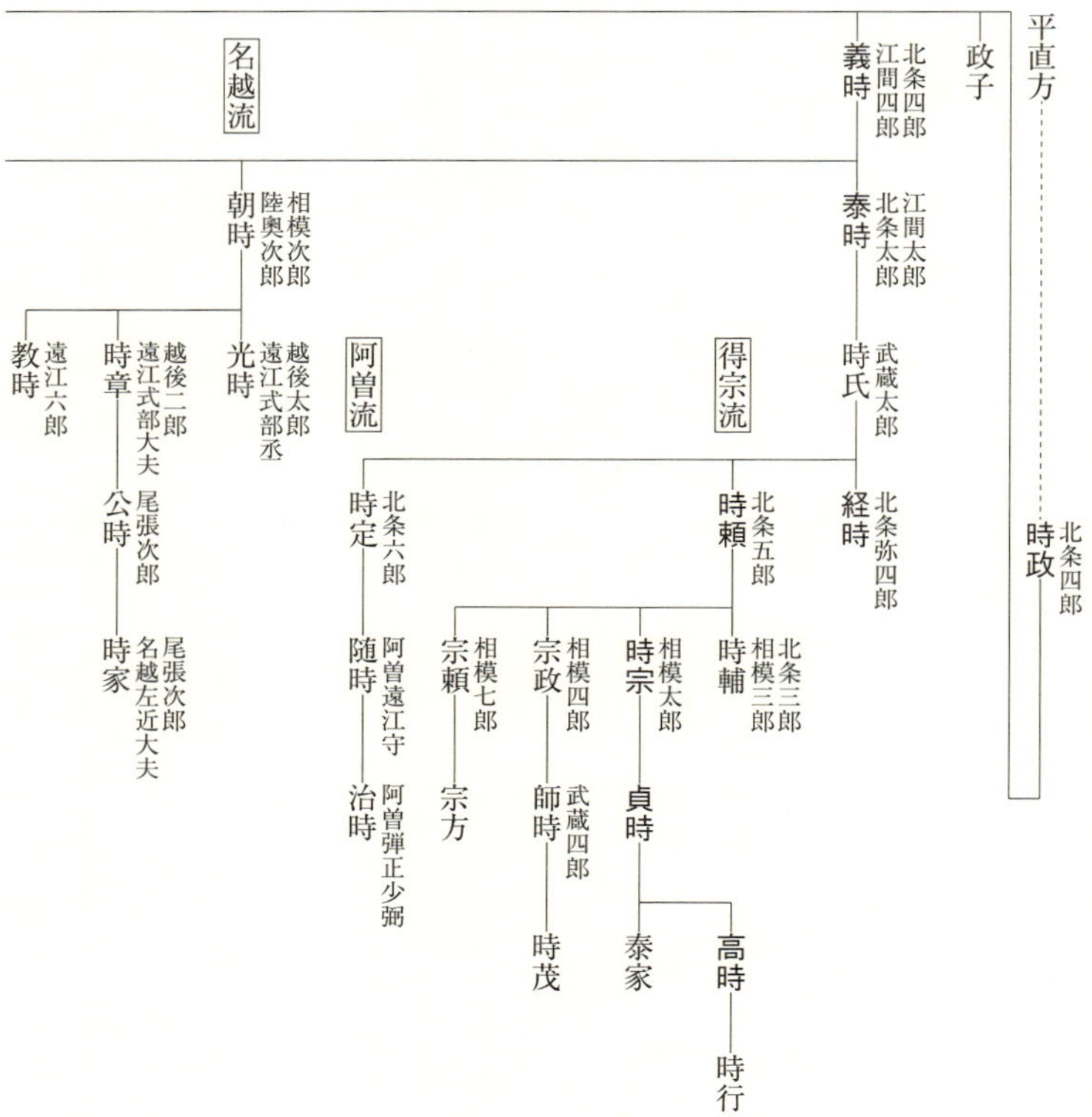

時房とともに両執権（鎌倉殿の後見）に就任。三浦氏の支持もあって父義時の後家伊賀《いが》氏の陰謀を未然に防ぎ幕政の安定に努めた。

翌嘉禄元年（一二二五）、北条政子や大江広元などの幕府草創の第一世代が姿を消すと、泰時は幕政の大改革を始める。政治的には父祖の権力集中の方途を採らず合議《ごうぎ》制《せい》を目指した施策を展開する。嘉禄元年幕府の最高裁決機関として、北条一門、吏僚、有力御家人からなる評定《ひょうじょう》衆《しゅう》を設置し、翌同二年には藤原頼経《ふじわらのよりつね》を四代目の征夷大将軍とした。さらに貞永元年（一二三二）には源頼朝以来の例を基準とする「御《ご》成敗式目《せいばいしきもく》」を制定する。

一方、泰時は鎌倉の町の整備を進めた。嘉禄元年、小町の自邸の南側

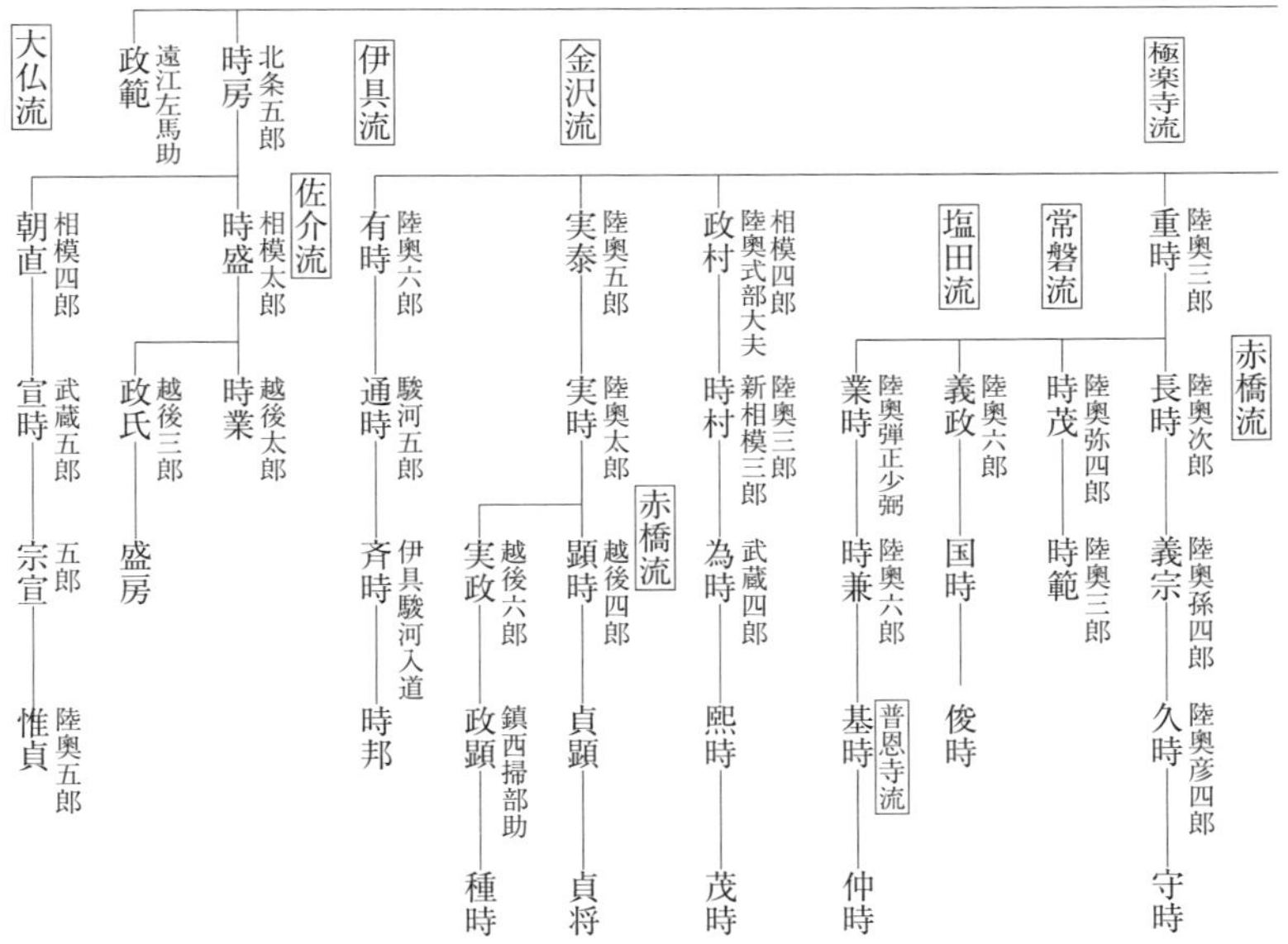

に三寅《みとら》（藤原頼経）の居館（宇津宮辻子御所）を建てた。若宮大路を軸として、鶴岡八幡宮をバックに、将軍邸を包み込むイメージである。その後、仁治元年（一二四〇）二月には、鎌倉中を保々《ほほ》に分けて、各保々に奉行人を置き、治安の取締りを担当させている。

　父義時の時に所領とした山内《やまのうち》荘（鎌倉市大船から横浜市戸塚区・栄区一帯）に通じる山内道路（小袋坂切通し）を整備した。泰時は、山内荘内に別宅（山内巨福《こぶくろ》礼別居）を構え、大船の常楽寺を建立し、泰時の墓所が同寺に残る。以降、時頼《ときより》の別荘（最明寺）や建長寺、時宗の円覚寺がその延長線上で建立され、鎌倉が北側に発展・拡大する基礎を築いている。

泰時は武蔵国内の開発や朝比奈《あさひな》の切通しの開削等の土木事業も進めた。特に後者は、三浦半島を本拠にその周辺の海域や相模灘等に勢力を有する三浦氏に対する重要な事業であった。この六浦道路の整備によって六浦《むつら》湾が鎌倉の外港の役割を果たすようになり、そこに金沢流北条氏が居を定めた。この結果、内海《うちうみ》（現東京湾）を経て、房総半島や下総国（下河辺荘《しもこうべ》など）へ容易に進出することが可能になった。こうした政策によって、北条氏一族は鎌倉やその周辺に盤踞し、相模武士として勢力を築いていくのである。

仁治三年正月、四条《しじょう》天皇が崩御すると、九条道家《くじょうみちいえ》は順徳《じゅんとく》上皇の皇子忠成王《ただなりおう》を推したが、泰時はこれを拒否し、鶴岡八幡宮の神意によるものとして土御門《つちみかど》上皇の皇子を推挙し、後嵯峨《ごさが》天皇として即位させた。北条氏の力は皇位継承も左右するようになったのである。

同年六月泰時は死去し、一九歳の嫡孫経時《つねとき》が家督を継承した。寛元元年（一二四三）二月、経時は、評定衆を三番とし、番ごとに沙汰日を定めるなど、幕政の改革を進めた。さらに、同二年四月、四代将軍藤原頼経を廃して、その子頼嗣《よりつぐ》（六歳）を五代将軍に擁立し、妹の檜皮姫《ひわだひめ》をその室とした。将軍家との関係を密にし、政局の安定を計った処置であった。しかし、経時は病弱であったため、寛元四年三月執権を弟時頼《ときより》に譲り、まもなく他界する。

執権が時頼に譲られたのは、経時の子が幼かったこともあるが、当時前将軍頼経（大殿）とその側近名越光《なごえみつ》時《とき》らによる不穏な動きがあったためである。時頼が執権となったわずか一ヵ月後、時頼は先手を打って頼経の側近であった三浦氏と結ぶことに成功し、五月二十四日、鎌倉を戒厳下におき、名越一族を孤立させた。翌二十五日になると、名越一族の中から脱落者（時章《ときあき》・時長《ときなが》・時兼《ときかね》）が出て勝敗は決し、張本とされた光時・時幸《ときゆき》は出家する（寛元の政変、宮騒動）。同年七月前将軍頼経は京都に送還され、時頼政権はここに確立した。一方、この事件は京都でも大きな転換期となった。これまで関東申次として朝幕間の重要事に関わり朝廷で絶大な権力を握っていた九条道家は、子の頼経の帰洛とともに除かれ、これ以降、関東申次《かんとうもうしつぎ》には西園寺実氏《さいおんじさねうじ》が就任し、後嵯峨院政も院評定制が敷かれるなど、朝政の刷新が行なわれていった。

翌宝治元年（一二四七）六月には相模国最大の武士団三浦氏が滅亡する。三浦泰村は泰時の女婿であったが、時頼の外戚安達氏と対立し、六月五日安達氏による奇襲が実行された。こうした事態に時頼も三浦氏討伐を決意し、三浦氏も多勢に無勢で戦うことをあきらめ、源頼朝の法華堂で一族五〇〇余人が自害し滅亡した。さらに上総国一宮大柳館で三浦氏の与党千葉秀胤《ちばひでたね》一族も滅亡する。こうして北条得宗家（嫡流）に対立していた名越流北条氏が衰退し、北条氏に匹敵する最後の有力御家人三浦氏が滅亡する。これ以降北条得宗家の惣領権が確立し、北条氏独裁・専制への道を開くことになった。

時頼から時宗へ

宝治《ほうじ》合戦のあった翌月（七月）、時頼は六波羅探題北条重時を鎌倉に連署《れんしょ》として迎え、幕政の改革を進めていった。同十二月には京都大番役の改革を行ない、滞在期間を六ヵ月から三ヵ月に短縮し、御家人の負担軽減を行なった。翌建長元年（一二四九）十二月には裁判の迅速化を計るため引付《ひきつけ》を設けた。泰時没後以来続いた政変による御家人の動揺を防ぎ、時頼への信頼を回復するため、最初に訴訟制度の改革・整備が行なわれたのである。宝治・建長年間に出された追加法を見ると、泰時の目指した政治の公正と御家人擁護の精神を継承していたことがわかる。具体的には、将軍に対する御家人の恒例贈物の禁止、博奕《ばくえき》・鷹狩の禁止、関東御家人ならびに鎌倉に居住する人々の過差の禁止等や、地頭による一方的な在地支配に対する抑制策、鎌倉内で商売地域の設定、沽酒《こしゅ》の禁止、日常使用する炭や薪《たきぎ》などの燃料代や馬の飼料代等の公定価格の決定等に関する追加法が発令されている。

翌建長四年三月、時頼は連署重時と相談して、将軍頼嗣を更迭し新将軍に後嵯峨上皇の皇子宗尊《むねたか》親王を迎えることとした。摂家将軍から親王将軍への転換である。

康元元年（一二五六）一月には連署重時が辞任し、その弟政村が連署に就任した。同年十一月時頼は、病のため執権を重時の子長時《ながとき》に譲り、翌日鎌倉の最明寺で出家した。まだ三〇歳であった。嫡子時宗は幼少であったため、執権職は時宗の眼代《がんだい》という名目で一時一族の長時に預けられたのである。このとき時頼が長時に預けたものは、政務や訴訟を司る政所の筆頭別当（執権）、御家人との主従制を司る侍所《さむらいどころ》別当、形骸化しつつあったとはいえ政務・訴訟等の最高決定機関であった評定衆の会議を行なう屋敷（鎌倉第）、鎌倉幕府の膝下にあり経済的にも軍事的にも鎌倉幕府を支えた武蔵国の国務という鎌倉政権の要となるものであった。これらを得宗家が伝領することは大きな意味があったのである。

時頼は出家後も政治の実権を掌握しており、最明寺の別荘で寄合を開いて独裁的に政治上の決定を下していた。こうして執権や評定衆は徐々に形式的存在となっていった。この寄合の構成員は、北条氏の他、安達氏や御内人《みうちびと》（得宗被官）が含まれていた。

時頼は、長男に宝治元年生まれの庶子時輔《ときすけ》（母は将軍家の女房讃岐）がいたが、次男である正妻（重時の女）の子時宗を嫡子（太郎）とし、交名等の公文書に自分の子を記載する場合、長幼の順ではなく、嫡庶の順、すなわち、時宗（太郎）、宗政（四郎）、時輔（三郎）、宗頼（七郎）の順に記載するよう定めている。これは、時頼が兄の子を差し置いて家督を嗣ぎ、政情が不安定になったことに対する反省であり、兄弟間の序列を確定することで得宗家を盤石にしようとする意図がみられる。

蒙古襲来と時宗政権

北条氏は、泰時と時房、時頼と重時というように、北条氏の長老が連署として執権を補佐する例がある。政村の場合もその例の一つである。

政村は、義時と後妻伊賀氏の子であったが、政子や泰時の沙汰で伊賀氏の変に連座することを免れた。その昇進は順調で、延応元年（一二三九）十月、三五歳で評定衆に就任、翌仁治元年から評定衆の筆頭となり、寛元四年（一二四六）五月に行なわれた、時頼亭における「深秘《しんぴ》の沙汰《さた》」に、北条実時（金沢流）・安達義景らとともに政村も加わっている。この時点で幕政の最有力メンバーの一人であった。

文永元年（一二六四）八月に執権長時が病没すると、六〇歳であった政村は一族の長老として執権に就任し、連署に就任した幼少の時宗を補佐する体制を確立する。執権在任中政村は、文永三年の将軍宗尊親王の京都送還とその子惟康《これやす》親王の将軍擁立や同年の引付衆廃止、翌四年十二月の御家人所領の売買・入質《ひとじち》を禁ずる法令の制定などの重要な政治課題の処理を行なった。同五年蒙古の国書が到来すると、同三月政村は一八歳となっていた時宗に執権を譲り、自分は連署に転任して再び補佐役に廻った。

その他に、政村は女を一族の実時（金沢流）、宗政《むねまさ》（得宗時宗弟）、業時《なりとき》（重時流）、時茂《ときしげ》（重時流）や安達顕盛に嫁がせ、北条氏一族の連帯強化の役割を果たすなど、時頼から時宗への中継的役割を全うした人物であった。

執権に就任した時宗は、数度にわたり元使の要求を拒否した。徐々に蒙古の襲来が必至となるにおよび、文永八年九月には、軍事力強化のため鎮西に所領を持つ東国御家人に、その所領への下向を命じた。これを契機に、東国の武士たちは次々と西国に移住していった。

一方、幕府の結束を固めるため、反時宗勢力の粛正が進められた。同九年二月十一日、鎌倉で名越流北条氏の時章・教時兄弟が殺害され、四日後京都では時宗の舎兄時輔（六波羅南方）が殺害された（二月騒動）。前者は、得宗時宗の命を受けた御内人が前将軍宗尊親王との陰謀を想定して先制攻撃をかけたもの、後者は、鎌倉の指示によって時宗の対抗馬になりうる時輔を討ったものである。

同十一年十月、元と高麗の連合軍は対馬《つしま》・壱岐《いき》をへて北九州に来寇したが、連合軍は大宰府への攻撃を中止して全軍が船に引き上げ、翌朝、元および高麗の指揮者の対立と風雨のため、元軍の船団の姿は博多沖の海上から夜陰にまぎれて撤退した。

この間、幕府は朝廷の了承を得て、これまで不介入を原則としていた本所領家一円地にまで権限を行使し、御家人ばかりでなく非御家人も動員して防禦にあたるよう命じている。

弘安四年（一二八一）六月、元軍は再び北九州沿岸に攻め寄せたが、石築地《いしついじ》に拠る日本軍のため上陸を阻まれ、閏七月一日、肥前国鷹島《たかしま》付近にいた蒙古船は、大暴風雨（大型台風）のため海の藻屑となって沈んでいった。

文永・弘安の両役の恩賞は主従制の根幹となることであり、幕府は慎重に処理する方針をとり、安達泰盛《あだちやすもり》が主導した。泰盛は、妹婿時宗の了解を取りながら、幕府政治を進めていった。泰盛は義時の任官した陸奥守となり、子宗景《むねかげ》を引付衆在職一年余で評定衆にするなど、北条氏に比肩する勢力を固めつつあった。しかも将軍＝公方《くぼう》と得宗＝御内の区別を明確にしようとしたため、御内人は泰盛に反発するようになる。時宗政権後半は、こうした外様安達泰盛と内管領平頼綱《うちかんれいたいらのよりつな》の対立があり、時宗がこれをバランスよく調整していたといえよう。

同七年三月末病に臥した時宗は、四月四日に最明寺で出家し、同日三四歳で急死した。その死を悼んで、泰盛をはじめとする評定衆・引付衆や一門近従五十余人が出家している。

貞時と霜月騒動・平禅門の乱

時宗が死去すると、子の貞時《さだとき》（一四歳）が家督を継ぎ執権となり、得宗分国である武蔵・伊豆・駿河・若《わか》狭《さ》・美作《みまさか》等の国々も継承する。安達泰盛は、時宗没後も貞時の外祖父・後見人として「弘安徳政」と称される改革を押し進めていた。しかし、貞時の乳母父で内管領の平頼綱を中心とする御内人との間で、権勢を争うようになる。その結果、弘安八年十一月、執権貞時を擁した平頼綱方は、安達泰盛を中心とする安達一族を急襲し、泰盛以下子息宗景《むねかげ》・弟長景《ながかげ》・時景《ときかげ》らは自害・討死した（霜月騒動）。この騒動以降、貞時には頼綱を統御する力はなく、内管領頼綱を中心とする恐怖政治の時代が到来する。

永仁元年（一二九三）四月、二三歳になった貞時は、鎌倉経師谷の平頼綱邸に討手を派遣し、その一族九十余人を討ち取った（平禅門《へいぜんもん》の乱）。その要因は不明だが、何か貞時を脅かすような陰謀があったといわれる。

政治の実権を握った貞時は、父時宗時代の復帰を目指して政治改革を進める。まず引付の改革が行なわれ、最初に番数を減らして三番とし、十月には廃止している。新たに執奏《しっそう》の職が置かれ、北条時村《ときむら》・北条公時《きみとき》・北条師時《もろとき》・北条顕時《あきとき》・北条宗宣《むねのぶ》等が新執奏に就任した。執奏の権限は、基本的に訴訟判決上必要な参考資料の提出および意見の具申であり、一切の最終決定権は貞時が握っていた。同三年十月には引付を復活させ、もとのように五番としたが、重要事項は貞時の直断とされた。この引付復活の背景には、御家人勢力の保護の目的があり、同五年三月には質入れ売買の禁止や金銭貸借に関する訴訟の停止を定めた徳政令が発布された。これは困窮する御家人に対する救済策であり、また訴訟の迅速化を目的としたものでもある。貞時にはまだ幕府を支える御家人に対する配慮があったのである。

正安三年（一三〇一）八月貞時は執権を従兄弟で女婿にあたる師時に譲り、にわかに出家した。しかし、その後も寄合衆を自邸に集めて幕府政治の実権を握っている。

嘉元三年（一三〇五）四月二十三日夜、侍所頭人北条宗方《むねかた》（得宗貞時の従兄弟）は、幕政の主導権をめぐって対立する連署北条時村を、貞時の命と偽って殺害した。この背景には、宗方の執権の地位を狙う、嫉妬と野望があったという。貞時は、五月二日、時村の討手御家人・御内人一二人の首を刎ねさせ、四日には宗方も誅している（嘉元《かげん》の乱）。この事件は、得宗の権力の継承を目指す者たちの内部対立が表面化したものといえる。この頃、将軍の存在は薄くなっており、得宗がその地位を左右していた。徳治三年（一三〇八）八月、貞時は将軍久明《ひさあき》親王を京都に返し、その子守邦《もりくに》王を将軍に据えている。

両統迭立と陸奥の反乱

応長元年（一三一一）十月貞時が没すると、得宗の家督は高時《たかとき》が嗣いだ。高時は若年（九歳）であり、執権には北条宗宣（時房流）、連署には北条熙時《ひろとき》（政村流）が就任し、内管領長崎高綱《ながさきたかつな》（のちの入道円喜《えんき》）と高時の岳父安達時顕《ときあき》が幕政を運営した。高時は若年で虚弱体質であり、政治的判断を下すことはできず、高綱と岳父時顕を中心とする御内人が、父貞時の先例を踏襲するという方針で補佐する体制であった。これら御内人たちの合意が意思決定の前提であり、緊急で重要な問題を先送りして、対応できない弱さを持っていた。

文保元年（一三一七）頃、京都では皇位継承をめぐる大覚寺・持明院両統の対立抗争が起きており、幕府は両統の迭立について立坊順序にしたがって譲位するよう朝廷に建議している（文保の和談）。この結果翌同二年三月には尊治《たかはる》親王（後醍醐天皇）の践祚《せんそ》が実現し、後宇多上皇の院政、後二条上皇の第一皇子邦良《くによし》親王の立太子が決まった。そして元亨元年（一三二一）からは院政が停止され、後醍醐天皇による親政が始まっている。

文保二年頃、奥州の蝦夷管領安東季久《あんどうすえひさ》と一族の安東季長《すえなが》との間で所領争いが起きていた。内管領長崎高資《たかすけ》は両者から賄賂をとり、解決を遅らせたため事態は混乱してしまった。結局幕府は、元亨二年武力鎮圧のため再三追討軍を派遣し、ようやく嘉暦三年（一三二八）十月に和談が成立する。結果、幕府の権威はまったく地に落ちてしまった。

幕府滅亡とその後の北条氏

正中元年（一三二四）九月、後醍醐天皇の近臣日野資朝《ひのすけとも》・俊基《としもと》らが無礼講という集会を通じて土岐《とき》・多治見《たじみ》等の武士と幕府の転覆計画を練るという事件が起きた（正中の変）。この時幕府は、天皇の関与について追及することなく、首謀者日野資朝を佐渡に配流するだけで、穏便に処置しただけであった。

嘉暦元年三月、高時は病気のため出家する。後任の執権には、内管領長崎高資の意向が反映され、連署北条（金沢流）貞顕《さだあき》が就任した。しかし、貞顕は就任後まもなく出家し、四月二十四日には北条守時《もりとき》・北条維貞《これさだ》が執権・連署に就任した。以降、幕政の実権は高資が握り、高時は政治を顧みず、田楽・闘犬・遊宴に耽るようになったという。この頃には御家人の困窮と対立が彼らの視野には入ってこなかったのである。

元徳三・元弘元年（一三三一）四月、後醍醐天皇の倒幕計画が露見する。幕府は首謀者の日野俊基・文観《もんかん》・円観《えんかん》らを捕らえて鎌倉に送り、俊基は斬罪、他は流罪に処した。しかし、事態は急変し、同年八月後醍醐天皇は遷幸《せんこう》して笠置《かさぎ》に立て籠もった。これが引き金となり楠木正成《くすのきまさしげ》が赤坂城に挙兵した。同九月幕府は大軍を上洛させ、九月中には赤坂城が、ついで笠置が落ち、天皇も捕らえられ、翌年三月隠岐《おき》島に配流となった。

しかし、翌元弘二・正慶元年十一月、吉野で護良《もりなが》親王が、千早《ちはや》城で楠木正成が、翌年正月播磨の赤松則村《あかまつのりむら》も挙兵する。結局御家人の支持を失った幕府は瓦解し、翌三年五月、京都では足利高氏《あしかがたかうじ》が六波羅を落とし、関東では新田義貞《にったよしさだ》を主将とする討幕軍が鎌倉に攻め込んだ。高時以下一族は、鎌倉の葛西谷東勝寺で自害し、北条氏は滅亡した。

北条高時の弟泰家は、幕府滅亡に際して、高時の長男邦時《くにとき》（万寿丸）は五大院宗繁《ごだいいんむねしげ》に、二男時行《ときゆき》（亀寿）は被官である諏訪盛高《すわもりたか》に託して落ち延びさせ、泰家自身も自害を装って奥州に逃れた。やがて改名して刑部少輔時興と名のった泰家は、西園寺公宗《きんむね》を頼り上洛する。建武二年（一三三五）六月、公宗らとともに、信濃の北条時行、北陸の名越時兼を語らって再挙を謀ったが、事が露見し逃亡した。一方時行は、諏訪頼重《よりしげ》・同時継《ときつぐ》や滋野《しげの》一族らに擁立されて挙兵し、同年七月武蔵に侵入した。時行軍は鎌倉街道上道を鎌倉に向かって南下し、各所で足利軍を破り鎌倉を占領した。時行軍は、同年八月東海道を下向する尊氏軍に各地で敗れ、鎌倉は尊氏の手中に落ちた。鎌倉を占拠して二十日あまりで時行は逃走した（中先代の乱）。

その後、泰家は同三年二月に信濃で南朝方として挙兵したことが知られる。時行は後醍醐天皇の許しを得て南朝方として活動し、文和元・正平七年（一三五二）の武蔵野合戦で敗れて捕らえられ、鎌倉の龍の口《たつのくち》で斬首されたという。

参考文献

相田二郎『蒙古襲来の研究』（吉川弘文館、一九五八年）
秋山哲雄『北条氏権力と都市鎌倉』（吉川弘文館、二〇〇六年）
網野善彦『蒙古襲来』（小学館、二〇〇一年）
新井孝重『蒙古襲来』（吉川弘文館、二〇〇七年）
石井　進『日本の歴史七　鎌倉幕府』（中央公論社、一九七四年）
石井進編著『別冊歴史読本　鎌倉と北条氏』（新人物往来社、一九九九年）
上杉和彦『源平の争乱』（吉川弘文館、二〇〇七年）
上横手雅敬『北条泰時』（吉川弘文館、一九五八年、一九八八年新装版）
上横手雅敬『鎌倉時代―その光と影―』（吉川弘文館、一九九四年、二〇〇六年復刊）

奥富敬之『相模三浦一族』（新人物往来社、一九九三年）
奥富敬之『北条時宗―史上最強の帝国に挑んだ男―』（角川書店、二〇〇〇年）
奥富敬之『鎌倉北条氏の興亡』（吉川弘文館、二〇〇三年）
筧　雅博『蒙古襲来と徳政令』（講談社、二〇〇九年）
川添昭二『蒙古襲来研究史論』（雄山閣出版、一九七七年）
川添昭二『北条時宗』（吉川弘文館、二〇〇一年）
菊池紳一「鎌倉幕府の政所と武蔵国務」（『埼玉地方史』六四号、二〇一一年）
黒田俊雄『蒙古襲来』（中央公論社、一九六五年）
河内祥輔『日本中世の朝廷・幕府体制』（吉川弘文館、二〇〇七年）
佐藤和彦編『北条高時のすべて』（新人物往来社、一九九七年）
清水亮編『畠山重忠』（戎光祥出版、二〇一二年）
白根靖大『中世の王朝社会と院政』（吉川弘文館、二〇〇〇年）
関　幸彦『神風の武士像―蒙古合戦の真実―』（吉川弘文館、二〇〇一年）
関　幸彦『北条政子―母が嘆きは浅からぬことに候―』（ミネルヴァ書房、二〇〇四年）
関　幸彦『北条時政と北条政子―「鎌倉」の時代を担った父と娘―』（山川出版社、二〇〇九年）
高橋慎一朗『北条時頼』（吉川弘文館、二〇一三年）
永井　晋『鎌倉幕府の転換点　「吾妻鏡」を読みなおす』（日本放送出版協会、二〇〇〇年）
永井　晋『金沢貞顕』（吉川弘文館、二〇〇三年）
永井　晋『北条高時と金沢貞顕―やさしさがもたらした鎌倉幕府滅亡―』（山川出版社、二〇〇九年）
長村祥知『中世公武関係と承久の乱』（吉川弘文館、二〇一五年）

日本史史料研究会監修・細川重男編『鎌倉将軍・執権・連署列伝』（吉川弘文館、二〇一五年）
貫　達人『畠山重忠』（吉川弘文館、一九八七年）
福島金治『安達泰盛と鎌倉幕府―霜月騒動とその周辺―』（有隣堂、二〇〇六年）
北条氏研究会編『北条時宗の謎』（新人物往来社、二〇〇〇年）
北条氏研究会編『北条氏系譜人名辞典』（新人物往来社、二〇〇一年）
細川重男『鎌倉政権得宗専制論』（吉川弘文館、二〇〇〇年）
細川重男『北条氏と鎌倉幕府』（講談社、二〇一一年）
細川重男『鎌倉幕府の滅亡』（吉川弘文館、二〇一一年）
本郷和人『新・中世王権論』（新人物往来社、二〇〇四年）
村井章介『北条時宗と蒙古襲来』（NHK出版、二〇〇〇年）
村井章介『北条時宗と蒙古襲来―時代・世界・個人を読む―』（日本放送出版協会、二〇〇一年）
森　幸夫『北条重時』（吉川弘文館、二〇〇九年）
安田元久『北条義時』（吉川弘文館、一九六一年、一九八六年新装版）
安田元久編『鎌倉将軍執権列伝』（秋田書店、一九七四年）
安田元久編『鎌倉・室町人名事典』（新人物往来社、一九八五年）
山本幸司『頼朝の天下草創』（講談社、二〇〇一年）
渡辺　保『北条政子』（吉川弘文館、一九八五年）

第2章　三浦一族を考える

——系譜と称号——

高橋秀樹

平安時代末期から鎌倉時代にかけて、数ある相模武士団のなかでも、三浦《みうら》一族が最有力であったことは疑いがなかろう。平氏政権下の一時期、三浦氏の立場が大庭《おおば》氏に取って代わられていたと見る研究者もいるが、それは当たらない。また、義澄《よしずみ》・義村《よしむら》・泰村《やすむら》とつづいた三浦氏の流れが、宝治《ほうじ》合戦で滅んだ後は、急速に力を失ったかのようなイメージがあるが、国衙《こくが》雑事《ぞうじ》を統括する「三浦介《みうらのすけ》」の地位、国衙所在の大磯《おおいそ》郷や平塚の古国府の地は、宝治合戦後も佐原《さはら》系の三浦氏によって維持されていた。

このように相模武士団の最有力者の地位を保ち続けた三浦一族に関して、本章ではいくつかの問題を考えてみたい。出自や国衙との関係をめぐる問題意識は、他の相模武士団や東国武士団を考える上でも示唆を与えようると考える。そこで必要に応じて他の武士団の例にも言及したい。

桓武平氏出自説に対する疑問

桓武《かんむ》天皇の曽孫高望王《たかもちおう》や北家藤原氏の流れをくむ藤原秀郷《ふじわらのひでさと》の子孫が関東地方に割拠し、前者からは千葉氏・畠山《はたけやま》氏・中村氏などが、後者からは小山《おやま》氏・足利《あしかが》氏・山内首藤《やまのうちすどう》氏・波多野《はたの》氏などが出て、東国の中世武士団になったといわれてきた。しかし、東国全体が無主の荒野の地であったならいざしらず、郡司《ぐんじ》層や古代寺院を建立したような在地勢力がいたはずであるから、桓武平氏や秀郷流藤原氏が彼らを跡形もなく駆逐したり、取って代わることが果たして可能だったのか。そんな素朴な疑問を禁じ得ない。鎌倉時代に成立した史料に書かれた祖先に関する記事や自称、中世後期に作られた系図の記載をそのまま信じていいものだろうか。そもそも系図作成時点から数百年前の始祖伝承の部分は系図の中でももっとも作為に満ちた部分である。そこで、中世に成立した、あるいはその原形が中世に成立した系図から、三浦氏の系譜意識を読み取り、桓武平氏につながる系譜の創作性について考えてみたい。

いずれの系図においても、為継—義継《よしつぐ》—義明《よしあき》の父子三代の部分には違いがない。『吾妻鏡』建保元年（一二一三）五月三日条に「曩祖《のうそ》三浦平太郎為継、八幡殿に属し奉り、奥州の武衡《たけひら》・家衡《いえひら》を征してより以降、飽くまでその恩禄を啄《ついば》む所なり」、あるいは延慶本『平家物語』第四に「かの義澄は東八か国第一の弓取り三浦平太郎為継とて柏原天皇の御末にて候」とあるように、鎌倉時代には、十一世紀後半の人物である為継が実在する「家」の始祖として認識されていた。源義家《よしいえ》のもとで、『奥州後三年記』にも語られるような活躍をした為継は、「家」の始祖にふさわしい人物であった。鎌倉時代の三浦一族の人々にとって、記憶と記録に残るこの三代は、現実的な「家」の歴史時代であるから、系図においても異説は生じていない。

ところが、三浦の「家」にとって神話時代ともいえる為継より前の部分になると、系図史料による異同が著しい。為継の父を為通《ためみち》（為道）とする系図が多いが、『諸家系図纂』の「桓武平氏系図」（続群書類従所収）は為直、『尊卑分脈』は公義もしくは孝輔とし、『源平闘諍録』の文章系図は為名とする。諱《いみな》（実名）には違いがあるが、為直・為名としている系図も、「平大夫《へいだいふ》」あるいは「権大夫」の通称を注記している。実名の定かではない為継の父が、五位の有位者を意味する「大夫」を称する在地の有力者であったことは間違いあるまい。いくつかの系図が記す「平大夫」の称号は、この頃には平姓を称していたことを示すものでもある。

十一世紀後半の相模国に「権大夫」を称する者がいたことは『水左記《すいさき》』承暦三年（一〇七九）八月三日条から確認できる。五味文彦は、この史料に登場する「権大夫為季」が為継の父であった可能性を指摘している

（「相模国と三浦氏」『三浦一族研究』二、一九九八年）。一方、この為季を『尊卑分脈』師尹《もろただ》公孫の藤原為季に比定する竹内理三の研究がある（「相模国早河荘（2）」『神奈川県史研究』九、一九七〇年）。近藤好和は、三浦氏の桓武平氏出自を疑う筆者の説を前提に、五味・竹内両氏の説を取り合わせることで、三浦氏の本姓が藤原氏であった可能性を導き出している（『新横須賀市史　通史編自然・原始・古代・中世』横須賀市、二〇一二年）。しかし、師尹公孫の為季に比定する竹内説の根拠は薄弱である上に、公達《きんだち》・諸大夫・侍に区分される当時の貴族社会の身分秩序と観念のなかで、公達の家格に属する貴姓の藤原氏一流が、系譜を改ざんしてまで、下位身分で

『諸家系図纂』「桓武平氏系図」

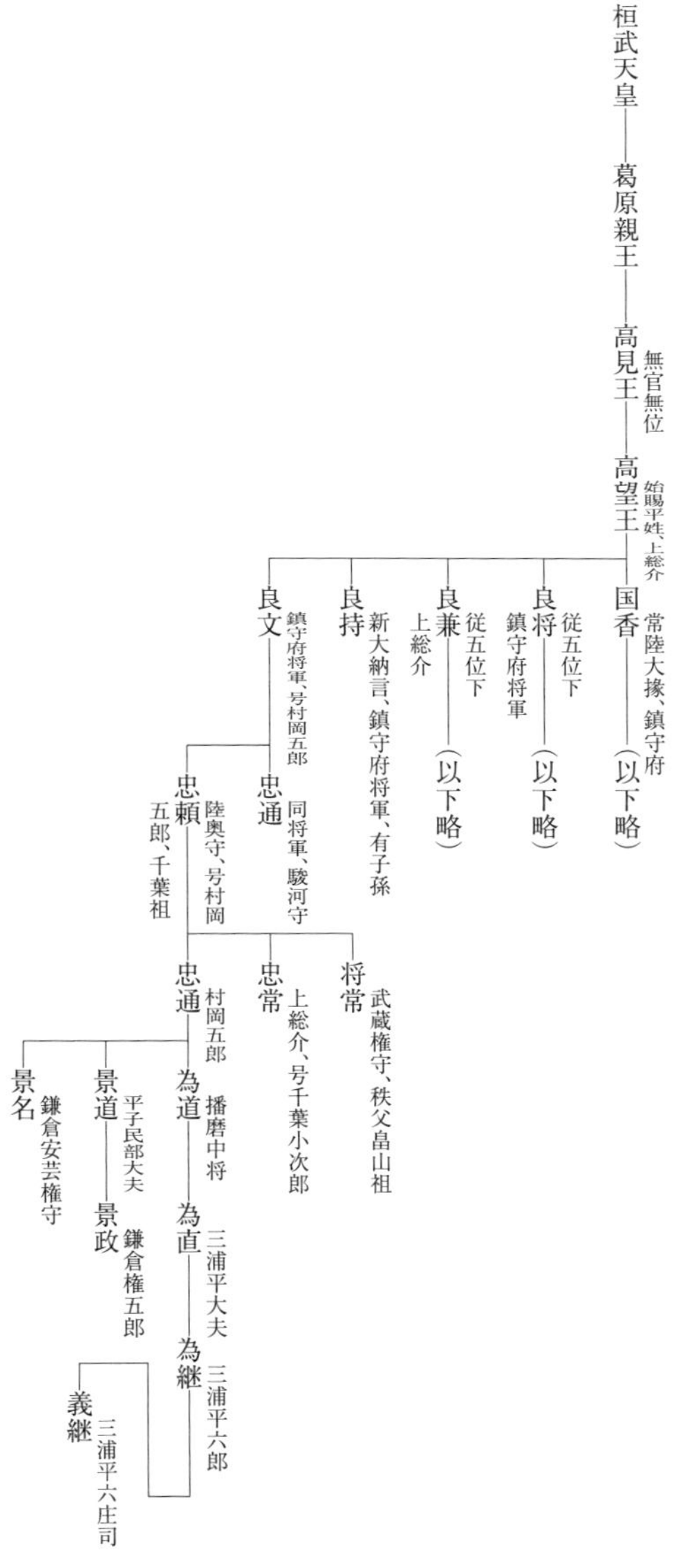

山門家本「桓武平氏系図」

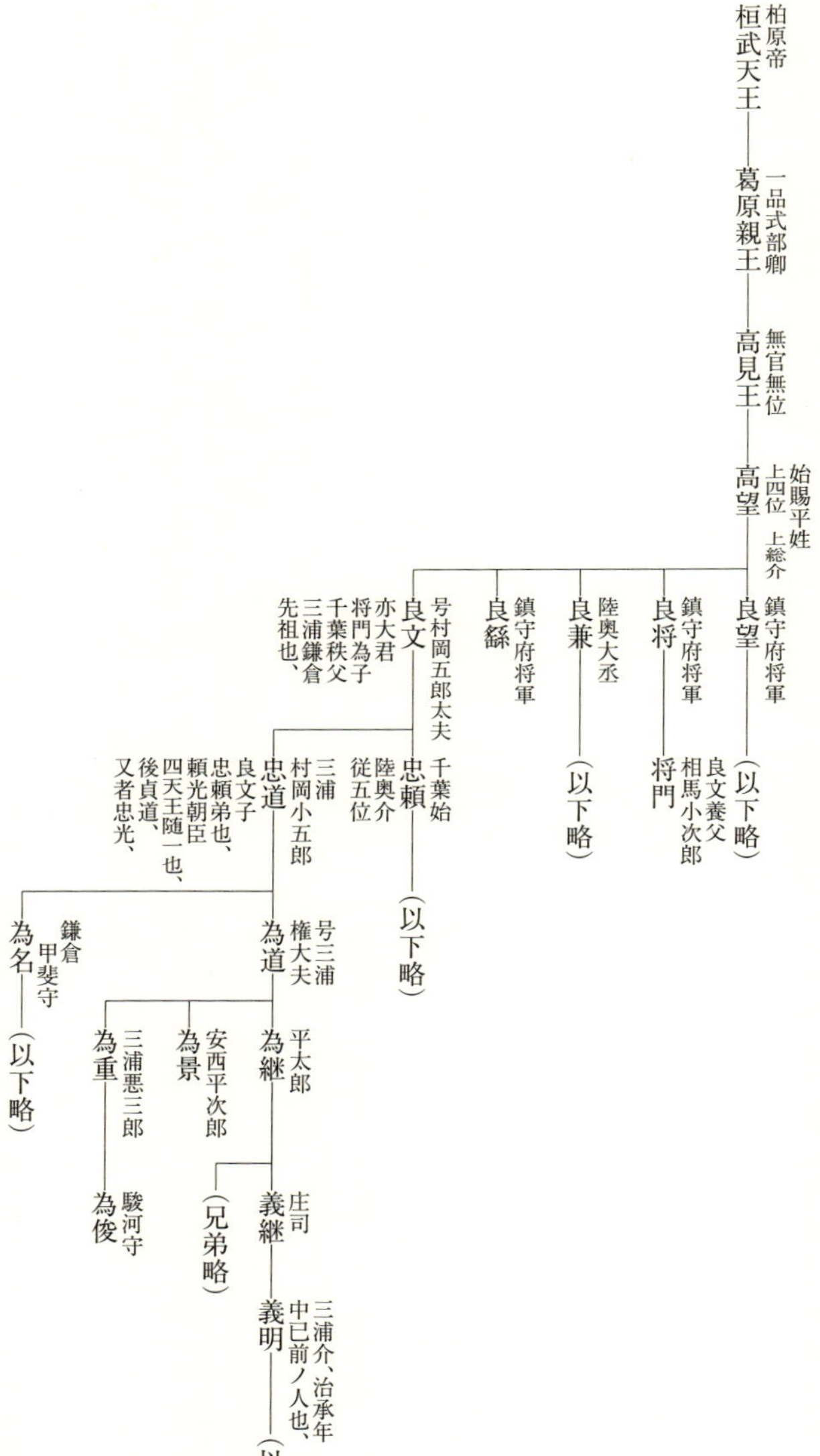

ある侍の家格に属する桓武平氏に自らを位置づけるなど、通念上、あり得る話ではない。

為継より前の系譜部分では、いずれの系図においても、「村岡五郎」あるいは「村岡小五郎」を称する人物が登場する。為継の祖父に当てるか、曽祖父、高祖父に当てるかは一定していないが、多くの系図が複数の人物に「村岡五郎」の称を記載しており、『諸家系図纂』の「桓武平氏系図」に至っては、父子三代にわたって

「村岡五郎」の通称が継承されていたかのように記している。この時代の「家」のあり方や通称の役割から考えて、こうした「村岡五郎」の名が襲名されたような記載は現実的ではない。この記載からは、とにかく「村岡五郎」という伝説的な「つはもの」に系譜をつなげたいという系図作成者の意識を読み取るべきだろう。

山門《やまと》家本・入来院《いりきいん》家本の「桓武平氏系図」は、為継の祖父として、村岡五郎を称する忠道という人物を置き、彼が頼光《よりみつ》四天王の一人で、後に貞道、あるいは忠光と呼ばれたと記す。

『今昔物語集』には、源頼光の郎等《ろうどう》として「平ノ貞道」「村岡ノ五郎平ノ貞道」という人物が見える。『今昔物語集』が流布するのは江戸時代の版本刊行以降であるから、中世段階では直接『今昔物語集』を見たわけではないが、同源の伝承の中に、源家嫡流と「村岡五郎」の主従関係を見いだしたことで、「村岡五郎」の称が共通する「忠道」（忠通）と「貞道」とを同一人物として系図の注記に取り入れたのであろう。続群書類従本「平群系図」の「法性寺関白《ほつしようじかんぱく》以来、世の人、忠の字を改め、さだ道と称す」の注記に見られる、摂関家の藤原忠通との同名をはばかって世間では貞道と呼ばれるようになったのだという説明を信じる研究者もいるようだが、忠通と貞道を同一人物と見なすための後付けの説明としか考えられない。

三浦氏の「家」創造神話

為継の祖父を忠光《ただみつ》として語るものに、『源平闘諍録』の文章系図がある。『源平闘諍録』は千葉氏周辺で作られたといわれている『平家物語』の一異本で、東国武士団の伝承を多く載せている。その中で、三浦氏の始まりは次のように記されている。

> 彼の良文《よしぶみ》に四人の子有り。（中略）三男忠光駿河守をば権中将と云ふ。将門の乱に依《よ》つて常陸《ひたち》国信太《しだ》の島へ配流せらる。仍《よつ》て常陸の中将と云ふ。赦免の後は、船に乗つて三浦へ着き、青雲介の娘に嫁し、三浦

郡・安房国を押領す。三浦の先祖是なり。

貴種《きしゅ》が配流され、その流刑地で在地領主の娘と結婚して子が生まれ、子孫が繁栄するというこの話型は、貴種流離譚《りゅうりたん》とも称される在地縁起伝承の典型である。ここで注目されるのは、忠光が「権中将」「常陸の中将」と称されている点である。同書で忠光の兄弟とされる忠頼《ただより》が「武蔵国の押領使《おうりようし》」、忠頼の子が「下総権介《しもうさごんのすけ》」、その子が「武蔵の押領使」など、関東地方の国衙系官職を有したとされるのとは異なり、忠光は天皇の親衛隊である近衛府の次将の官を帯びる人物として描かれている。この伝承は、他のいくつかの系図にも痕跡を残しており、『諸家系図纂』の「桓武平氏系図」や妙本寺本「平家系図」では忠通の子為道に「播磨《はりま》中将」の称を付している。『日光山縁起』や東国の神社縁起を集成した『神道集』などでは、説話に登場する多くの貴種に「中将」の称が用いられており、中には大臣の「中将」も登場するので、こうした在地伝承の世界では「中将」は貴種を示す記号であると考えていい。『源平闘諍録』に記された他の東国武士団の始祖伝承に「中将」は登場しないから、三浦氏のみに貴種性を強調した伝承が存在したことになる。常陸に流されたために「常陸の中将」という名付けがされていることからすると、「播磨中将」の称は播磨に流された貴種を示すことになろう。そうであるとすれば、播磨国明石《あかし》に流された光源氏や源高明《みなもとのたかあきら》が想起される。三浦氏の始祖については、東国の枠を超えた、より貴種性の高い伝承が存在していた可能性もあるのではなかろうか。

なぜ三浦氏の始まりのみが、一般的な、軍事貴族の移住・開発・土着という型、あるいは征服・討伐という型ではなく、貴種の婿入《むこいり》という平和的な話型で語られるのだろうか。三浦半島は関東平野の湿地帯とは異なり、古東海道も通る先進地域であり、そこに既存の有力支配者が存在することは自明であった。伝承の世界で、既存の支配者と貴種とを接合する方法としてよく用いられるのが貴種婿入譚であり、『源平闘諍録』の三浦氏の始祖伝承もこれにほかならない。卑姓の在地勢力による桓武平氏冒姓を隠すための「家」創造神話だったのだろう。

相模武士団の冒姓例

卑姓による貴種冒姓を隠す系譜創作手法には、こうした婿入型のほかにも、いくつかの型がある。

秀郷流藤原氏を称する波多野氏が、『陸奥話記《むつわき》』に登場する源頼義《よりよし》麾下《きか》の相模国住人佐伯経範《さえきのつねのり》の子孫であることは、波多野荘の立荘過程などから見てほぼ間違いない。ところが、『尊卑分脈』や『系図纂要』は経範を秀郷流藤原氏の公光《きみみつ》の子として載せ、母を佐伯氏とし、『諸家系図纂』の「波多野系図」（続群書類従所収）は経範の存在を無視して、秀郷流藤原氏として位置づける。本来の出自をまったく無視して貴種の系譜につなげたり、本来の氏を母方として語るのも典型的な手法である。

宝賀寿男編著『古代氏族系譜集成』所収の「佐伯氏系図」が相模目代《もくだい》佐伯権大夫経資《つねすけ》の子として経範を載せ、経範に「妻相模守藤原公光の女、藤原公光の子となり改姓す」と注記することを文字通り信じて、波多野氏の系譜を説明する著作も見られる。しかし、この時代の身分観念や貴族の通婚対象を考えると、諸大夫層に属する相模守の公光が身分層のまったく異なる目代、あるいは目代の子に娘を嫁がせ、婿あるいは外孫が公光の養子となって藤原氏に改姓したという説明は事実とは認めがたい。この注記は経範の子孫が秀郷流藤原氏を称するようになったことに対する後付けの説明でしかない。

また、山内首藤氏の系図には、秀郷流藤原氏につなげるものと師尹公孫の藤原氏につなげるものとがある。前者の『尊卑分脈』は、秀郷流の公清《きみきよ》と山内首藤氏の祖とされる助清《すけきよ》（資清）をつなげて「猶子」の注記を施し、「守藤の字の事、あるいは守の字を用う。本姓守部氏の故と云々」と記して、本姓は守部《もりべ》氏である助清が秀郷流藤原氏の公清の養子となり、「守藤《すどう》」の苗字に本姓の名残を留めたと説明する。後者の続群書類従本

「山内首藤系図」は、資清に「父通家《みちいえ》住国の間、生まるる所なり。得替の後、上洛の時、美濃国において席田《むしろだ》郡司大和介守部資信《すけのぶ》、子として所領等を譲る。よって初めて伊予殿の郎等となり、守藤大夫と号す」の注記を載せる。大納言藤原済時《なりとき》の曽孫として、父の任国の上野国あるいは下野国で生まれた資清が上洛途中に美濃国の豪族守部資信に預けられて養子となり、その所領を相続して、源頼義の郎等になったというのである。養子となって改姓したというのも冒姓系譜の典型的な手法である。

同系図は父通家に「関白道長の孫、権大納言長家の子なりとも云う。秀郷将軍五代の孫相模守公光の子となりて武士となる」との注記もつける。波多野氏の場合といい、山内首藤氏の場合といい、有名な「つわもの」秀郷の子孫で相模守を経歴したとされる公光は、相模の武士団が系譜をつなげるにはもってこいの人物だったのだろう。こうした系図の「家」草創の部分は、いかに中世の人々が、名だたる武士の系譜と貴種性の両方を手にしたいと望んでいたかを物語っている。

三浦氏も、系図によって良文流か良茂《よしもち》流かという違いはあれ、桓武平氏であることは間違いないとして説明されてきた。しかし、途中の計算式がこれだけ違うのに、答えだけは合っているということなど、あり得ないだろう。こうした系図史料からは、正しい答えではなく、何とかして答えにつなげようとする努力の跡、すなわち系譜創作の痕跡と、それを作り上げようとする意識の問題を読み取るべきである。十一世紀の東国武士研究は、往々にして、こうした系図を頼りに行なわれ、どちらが正しいかというような議論に陥りがちである。しかし、後世の創作物から事実は生じない。数百年間にわたる一族の口承が系図の形で表出したと考えるのも無理があろう。また他の文献との整合性から系図の史料批判を試みたとしても、系図がその文献あるいは同様の伝承を取り入れて作られていたら、その考証は創作の巧妙さを示すものでしかない。東国の多くの武士団が桓武平氏や秀郷流藤原氏であることを前提とした武士論は考え直さないといけない。

三浦介の内実

三浦義明・義澄と二代にわたって「三浦介」を称し、義村・泰村もその地位を有していた。宝治合戦で泰村が滅んだ半年後には、佐原系三浦氏の盛時が三浦介を称するようになり、以後、永正十三年（一五一六）に三浦道寸が伊勢《いせ》宗瑞《そうずい》（北条早雲）に滅ぼされるまで、歴代が三浦介を称した。一族滅亡から六〇年余り後の天正九年（一五八一）には、奥州で戦国大名に成長していた一族末裔の蘆名《あしな》盛隆《もりたか》が三浦介の称号を正親町《おおぎまち》天皇から許されている。三浦氏の子孫にとって「三浦介」の地位と称号は自身のアイデンティティを表象するものであった。室町時代の文化人三条西実隆《さんじようにしさねたか》と大内義隆《おおうちよしたか》との有職《ゆうそく》問答にも三浦介の話が登場するから、三浦介の存在は中世社会に広く知られたものであったのだろう。

その「三浦介」の性格については、これまでもいろいろと言及されてきた。主たる論点は、国司としての相模介との関係、職掌の内容（とりわけ検断権や守護との関係）、授与者の有無などである。

『吾妻鏡』建久三年（一一九二）七月二十六日条に、三浦義澄が源頼朝に代わって勅使から征夷大将軍の除《じ》書《しょ》を受け取った際に、勅使の「景良《かげよし》らが名前を尋ねたところ、介の除書がいまだ到着していないので、三浦次郎と名乗った」と記されていることから、三浦介は朝廷の除目《じもく》で補任《ぶにん》されるものではないので、晴れがましい儀式における勅使の前で自ら称することができない一国内で流通する称号であったとの説や、いずれ除書が到着するというのは相模介のことを指すのだという説が立てられていた。この有名な話は、ほとんどの研究者が依拠する新訂増補国史大系の『吾妻鏡』（吉川弘文館）の本文に基づくのであるが、『吾妻鏡』写本中の最善本である吉川本では、この部分が「景良らは除書がいまだ到着していないので、名前を尋ねたところ、三浦次郎と名乗った」となっていて、「介」の文字は出てこない。ここでいう「除書」は頼朝の征夷大将軍補任を記した除目聞書を指す。本来、介の話が出てこないこの『吾妻鏡』の記事から、三浦介の性格を論じることはできないのである。

延慶本『平家物語』は勅使と義澄とのやりとりを、「そもそも御使は誰人にておわし候ぞと尋ね申して候しかば、三浦介とは名乗り候わで、三浦荒次郎義澄と名乗り候て、宣旨を請け取りまいらせて」と記している。勅使は帰洛までの間に義澄が三浦介を称する人物であることを認知していたのであろう。その称を名乗らなかったことに関心を寄せているが、故実に通じた実務官人でもある勅使は「三浦介」の存在や名乗ること自体を否定していない。この『平家物語』の記事から見ても、晴れがましい場の勅使の前では自称できない一国内のみで流通する称号とは言えないだろう。

『吾妻鏡』正治二年（一二〇〇）正月二十三日条の義澄死没記事では、伏見宮本のみが「相模介平朝臣義澄卒」と記しているが、吉川本・北条本・島津本など他の諸本はすべて「三浦介平朝臣義澄卒」としている。伏見宮本の「相模介」は誤記であろう。貴族の日記や故実書を見ると、義明や義澄が三浦介を称していた時期に、相模介や相模権介が別に存在している。『職原抄《しょくげんしょう》』に「介・権介は、弁官・近衛中少将等これを兼ぬ」とあるように、鎌倉時代の諸国の介や権介は現地で活動する国司ではなく、在京している五位クラスの貴族が兼ねる官職になっていた。相模介と三浦介がまったくの別物であることは疑いない。

『吾妻鏡』承元三年（一二〇九）十二月十五日条には、守護補任の証拠文書の提出を将軍源実朝から求められた千葉成胤《なりたね》・三浦義村《よしむら》・小山朝政《おやまともまさ》の言い分が載せられている。義村の「祖父義明、天治以来、相模国の雑事に相交わるにより、同御時、検断の事、同じく沙汰を致すべきの旨、義澄これを承りおわるの由これを申す」という言動から、義明以来の三浦介が相模国の「雑事」に関与する地位で、それによって検断権《けんだんけん》を持つに至ったと説明され、論者によっては「雑事」を軍事・警察的な権断の職と考えている。

しかし、「相模国の雑事」に交わることは義明の時代からの由緒があるが、検断の事は義澄が頼朝の時代に初めて付与されたものであるというのであるから、「相模国の雑事」に検断権は含まれていないと理解するのが順当であろう。十二世紀前半の加賀国の雑事が網羅的に書き上げられている半井本《なからい》『医心方《いしんぽう》』紙背文書の一通を見ても、国衙雑事は行政事務・仏神事・田制・税制・農事、国内生産物の管理、海陸の交通・運輸、芸能などに関わることで、裁判や軍事に関する内容は含まれていない。義澄が頼朝から疲弊救済のため相模国内の有力百姓への米配給を命じられていること（『吾妻鏡』文治二年六月一日条）、奥州の藤原泰衡から京都に献上する貢馬・貢金・絹を大磯駅で抑留するかどうかを義澄が頼朝に問い合わせていること（同四年六月十一日条）、頼朝が義澄に対して相模国内の寺社の恒例仏神事をこれまで通り執行することを命じていること（建久五年四月二十二日条）などが、三浦介である義澄が相模国雑事に関与していたことを示す具体例となる。

では、平安時代末期に相模国の軍事権は誰が担っていたのか。先に紹介した承元三年の守護職の由来を述べる『吾妻鏡』の記事の中で、小山朝政が祖先豊沢の下野国押領使に検断権の由緒を求めているように、押領使あるいは追捕使が国衙の検断権を担っていた。十一世紀後半の『水左記』にも相模国の「押領使景平」の存在が記されている。この景平については、「景」を通字とする鎌倉系の武士とみる説と、「平」を通字とする中村系の武士とする説があるが、中条家本「平氏諸流系図」や延慶本『平家物語』附載の「坂東平氏系図」が中村宗平《むねひら》・土肥《どひ》実平《さねひら》兄弟の父常宗《つねむね》に「笠間押領使」「土肥押領使」の肩書きをつけていることを考えると、中村系の武士が相模の検断権を担ってきたのだろう。

そもそも三浦介は国衙軍を指揮するような役職ではなかったから、平氏政権下において大庭氏によって指揮権が奪われていたというような理解は成立しない。しかも頼朝の挙兵時に大庭景親が動員したのは国衙軍ではなく、延慶本『平家物語』がいうように鎌倉党の武士を中心とした「すべて平家に志ある者」であった。長く平家知行国となっていて、国衙軍制によって総動員をかけられた武蔵国と、後白河院の近臣が国司となっていて、平家が国衙そのものを直接動かすことができない相模国とでは、事情が違っていた。

三浦介の成立

先の承元三年（一二〇九）の記事で、義村は、義明が天治年間（一一二四～二六）に相模国雑事に関与するようになったと述べている。天治の年号を具体的に示しているのにはどのような意味があるのだろうか。

治承四年（一一八〇）に七九歳で討たれた義明は、天治年間には二三～二五歳で、父義継は健在であった。十二世紀前半の相模守は白河院に近い人物が就いていたから、三浦氏の本領三崎《みさき》荘の本家である摂関家を通じた関係では、天治年間に相模国の雑事に関わるようになったことを説明できない。この時の相模守は藤原盛重《もりしげ》であった。『尊卑分脈』の注記や『十訓抄《じっきんしょう》』の説話によれば、盛重は周防《すおう》国の住人の子で、国守源顕仲《あきなか》の父顕《あき》房《ふさ》が派遣した目代に見いだされて上洛した。さらに東大寺別当の稚児となっていたのを白河院に召し出されて寵愛を受け、童形《どうぎょう》で北面に候して、その後、検非違使《けびいし》や諸国の受領《ずりょう》を歴任した人物であった。その盛重の寵童時代に今犬丸・千手丸と並び称されたのが平為俊《ためとし》である。その為俊について、延慶本『平家物語』は「千手丸は本《もと》は三浦の者なり」と記す。駿河守平為俊が三浦氏出身だというのである。国守盛重とかつて同僚であった為俊との所縁によって、為継の孫義明が相模国の雑事に関与するようになったことが想定できるだろう。

ただし、この天治年間からただちに義明が三浦介を称していたわけではない。相模国の田所目代と源義朝の代官らが共謀して伊勢神宮領大庭御厨に乱入した事件について記す天養二年（一一四五）の史料にも「三浦庄司平吉次《よしつぐ》・男同吉明《よしあき》」と記されているのみである。この時の三浦氏は在庁官人とも位置づけられていない。十二世紀後半の三浦一族の動向を記す史料は少なく、鎌倉時代に成立した『保元物語』『平治物語』がわずかにそれを伝えるのみである。しかし、その記述内容は信用に足るものが多い。『保元物語』の古態本とされる半井本は、義明を「三浦介」とは呼んでいない。ところが『平治物語』の古態本である陽明文庫本は、義澄を「三浦介二郎義澄」と呼んでいる。「三浦介二郎」とは三浦介の次男という意味であるから、この段階では義明が三浦介を称していたことになる。両物語の人名表記を信じれば、保元の乱（一一五六年）から平治の乱（一一五九年）までの間に、三浦義明は三浦介を称するようになったことになる。その頃の義明は五十代の後半であった。

その時期は、相模国衙が大住《おおすみ》郡から余綾《よろぎ》郡に遷ったと考えられている時期であり、三浦氏が国衙に近い大住郡の岡崎に進出した時期でもある。国衙移転は知行国主・国守と目代が主導したのであろうから、三浦氏がどの程度関与したかは不明であるが、これらの事象が一連の動きである可能性はあるだろう。

延慶本『平家物語』や『源平盛衰記』『曽我物語』は、義明が三浦介であった時代の義澄を「三浦別当」と称している。「別当」は「所」と名の付く機関の長官を指すことが多い。国衙も納所《なっしょ》・細工所・調所《ちょうしょ》・船所《ふなどころ》などの「所」から構成されていた。別当と呼ばれる人物としては、義澄のほかにも武蔵国の斎藤別当や常陸国の佐竹別当が知られる。いずれも平氏知行国の平氏家人で、国衙とも密接な関係を持っていたとみられる人物である。義澄は、相模国衙のいずれかの「所」の長官として国衙雑事を分掌していたと考えられる。

三浦介と源頼朝

平氏の追討軍を追い返した源頼朝は、治承四年（一一八〇）十月二十三日に相模国衙で挙兵後初の論功行賞を行なった。『吾妻鏡』は、頼朝にしたがった武士たちを本領に安堵し、あるいは新恩を給したことを記した上で、義澄が三浦介となったことと、行平《ゆきひら》が元通り下河辺《しもこうべ》庄司となったことを記している。北条時政《ときまさ》・武田信《のぶ》義《よし》・安田義定《やすだよしさだ》・千葉常胤《つねたね》以下のそうそうたる顔ぶれが列座している中で、義澄の三浦介と行平の下河辺庄司のみが特記されている意味と、義澄の三浦介が頼朝によって与えられた職なのかどうかを考えよう。

下総国下河辺荘は八条院を本家とする荘園で、源頼政《よりまさ》を介して寄進された荘園であると考えられている。おそらく頼政は領家の地位にあり、五月の頼政の敗死で、領家の地位は空席になっていた。その下河辺荘の荘官を再任する頼朝の行為は、頼政の地位を継ぐことを宣言する意味があった。それを考え合わせると、義澄の三浦介の地位についても、頼朝がそれを進退できるようになったこと、すなわち相模国衙の掌握を宣言する行為だったのだろう。石橋山合戦の敗戦後、房総半島に渡った頼朝は、南関東の国衙を押さえながら進んできた。この論功行賞が鎌倉ではなく、相模国衙で行なわれていることの意義は大きい。

ただし、頼朝が任命権者であるかというと、それには慎重にならざるを得ない。その部分の『吾妻鏡』の文章は本領安堵・新恩給与が行なわれたことを記した次に、「亦義澄為三浦介」となっている。「また」でつながれているから、本領安堵・新恩給与の一環ではないことがわかる。さらに、頼朝の意思を示す助動詞の「べし」を用いた「義澄をもって三浦介となすべし」とはなっておらず、「義澄」を主語とする「義澄、三浦介となる」もしくは「義澄、三浦介たり」と読むような文章になっているのである。頼朝の行為は、義明の死を受けて、子息義澄が三浦介を称することを承認する程度の実態だったと考えられる。

三浦介が国守から任命された職であるかのように説明されることも多いが、国守が任命したものであるとすると、三浦介の地位が国守の意向に左右されることになり、他の者に三浦介や他の○○介の地位が移動することになってしまう。下野国の「権大介職」が小山朝政の譲状に載せられて嫡孫長村《ながむら》へと譲られていることや、千葉介なども父子継承されていることを考えると、目代は知行国主や国守の異動によって交替するが、介以下の在庁官人は知行国主や国司が代わっても、ずっとその地位にあって、しかも父子継承されていくと考えた方がいいだろう。三浦介は国衙雑事を統括するような実力者に対する称号であり、国守に何らかの権限があったとしても、それは頼朝同様、実態を承認する程度のものだったのだろう。

なお、上総介広常の「上総権介」も三浦介・千葉介などと同様に論じられるが、親王任国で介を実質的な最上級国司とする上総国の、しかも国名を冠する「上総権介」を、郡名を冠する三浦介や千葉介と同質のものとみなすべきではないと考えていることを付言しておきたい。

本章では、紙数の関係もあって、相模武士団としての三浦氏にとって重要であると考えられる出自や三浦介の問題を取り上げたのみで、和田氏や佐原氏などを含めた鎌倉時代以降の「三浦一族」全体の問題を考えるには至らなかった。それらについては、最近刊行した拙著『三浦一族の研究』(吉川弘文館、二〇一六年)で取り上げており、本章の論点もさらに詳しく述べている。あわせて参照していただきたい。

参考文献

上杉孝良『改訂　三浦一族』(横須賀市、二〇〇七年)
高橋秀樹『三浦一族の中世』(吉川弘文館、二〇一五年)
高橋秀樹『三浦一族の研究』(吉川弘文館、二〇一六年)
峰岸純夫編『三浦氏の研究』(名著出版、二〇〇八年)
横須賀市編『新横須賀市史　通史編自然・原始・古代・中世』(横須賀市、二〇一二年)

第3章　小田原北条家の相模経略
――戦国時代の到来――

黒田基樹

伊勢宗瑞の登場

小田原北条家が相模国の領国化を遂げたのは、初代伊勢《いせ》宗瑞《そうずい》（新九郎盛時・早雲庵宗瑞）の時のことであった。相模国は、北条家の最初の領国となった伊豆国に続いて領国化された地域であり、北条家の基本的な領国であった。宗瑞が相模に進出したのは、相模西郡の軍事拠点である小田原城を攻略し、同郡の国衆《くにしゅう》であった大森氏を没落させ、同郡を領国化したことにともなうものであった。ところが北条家にとってきわめて重要な事項となる、この小田原城攻略の時期、すなわち相模進出の時期については、現在においても確定されていないのである。

宗瑞の小田原城攻略時期については、かつては明応四年（一四九五）九月のこととみられていた。これは『鎌倉大日記』（『小田原市史　史料編』中世Ⅰ三〇四号）に「伊勢早雲、攻落小田原大森入道」とあることによっている。しかしながら同史料は後世の編纂史料であり、必ずしも同時代の記載とはいえないものであった。そうしたところ、明応五年に比定される七月二十五日付上杉顕定《うえすぎあきさだ》書状（「宇津江文書」前掲書三〇八号）があり、そこに小田原大森家がいまだ宗瑞と味方同士であったことが確認できるのである。

これは山内《やまのうち》上杉顕定が、対立していた扇谷《おうぎがやつ》上杉家の領国である相模西郡に侵攻した状況を伝えているもので、年代は『勝山記《かつやまき》』明応五年条（前掲書三〇九号）の記載に対応することから同年であることは確実である。そこでは西郡の扇谷上杉勢力の筆頭に「大森式部少輔」があげられ、山内軍の侵攻によって扇谷上杉勢力が在城する「要害」が「自落」し、それにより「西郡一変」となったことがみえている。西郡の政治帰属を変化させる城郭は、大森家の本拠である小田原城しか考えられないので、この「要害」は小田原城を指し、それが山内方に開城したために、西郡が山内方に帰属したことを示している。

したがってこの書状の存在から、明応五年七月の小田原城落城の時点まで、大森家は扇谷上杉勢力に属し、小田原在城衆の筆頭として記載があるように、その城主として存在していたことが認識される。しかもこの時、宗瑞の弟弥次郎が扇谷上杉軍の一員として参加しており、そのことは先の書状と『勝山記』にみえている。宗瑞はその三年前の伊豆侵攻開始にともなって扇谷上杉家と連携しており、この時の参戦もそれへの援軍のためであった。そのため宗瑞は、この時点まで大森家とは味方同士の関係にあったことがわかる。

この史料の存在によって、小田原城主大森家の存在は、この明応五年七月までは扇谷上杉方として健在であったこと、この後は山内上杉方として存在したことがわかる。このことは先の『鎌倉大日記』の記載内容とは、明確に齟齬するものとなる。どちらの内容を優先すべきかは自明であり、当時の史料である書状を優先すべきものとなる。これによって宗瑞の小田原城攻略は、明応五年七月より後のことであったことがわかる。

それに対して宗瑞が小田原を領有していたことが確認されるのは、それから五年後の文亀元年（一五〇一）三月まで下ってしまう（「走湯山什物」『戦国遺文　後北条氏編』七号）。そのため宗瑞の小田原城攻略時期は、明応五年七月から文亀元年三月までのこと、という以上には推定できない状態にある［黒田二〇一三a］。なお通説の小田原城攻略時期への疑問は、黒田［二〇一三b］。

ここで大森家が扇谷上杉方から山内上杉方へ転じた背景について考えてみることにしたい。大森家は、駿河《するが》国駿東郡《すんとうぐん》北部の御厨《みくりや》地域を本拠とした国人であった。その大森家が相模西郡に進出してきたのは、室町時代後期の応永二十三年（一四一六）の上杉禅秀《うえすぎぜんしゅう》の乱の結果として、西郡に所領を獲得したことにともなうものであり、さらにその後には鎌倉《かまくら》府の御料所《ごりようしよ》であった小田原関所の預かり人になっている。またそれ以前、大森家の一族が、箱根権現社の別当職《べっとうしき》についていて、同社は箱根道に大きな影響力を有していて、その関係から大森家は、同社領支配を通じて、御厨地域から西郡にかけての地域支配に関わるようになっていた。明確な西郡への進出は、その延長のものであった［佐藤二〇〇六］。

ところが大森家は、関東戦国史の幕開けとなる享徳の乱（一四五五〜八二）において、御厨を本拠とする氏《うじ》頼《より》・実頼《さねより》父子と、小田原を本拠とする嫡流で氏頼の兄憲頼《のりより》の子成頼《しげより》とに分裂した。氏頼・実頼は、扇谷上杉家の支援をうけて成頼を滅亡させて、それに代わって小田原城を本拠とするようになった。そして氏頼・実頼は、この戦乱のなかで、相模西郡・駿河御厨を領国とする国衆へと展開していき、その後は扇谷上杉家に従属する立場をとっていった。

伊勢宗瑞は駿河国守護今川家の姻戚の出身で、今川家が長享元年（一四八七）に氏親（宗瑞の姉の子）によって継承されて、戦国大名化すると、宗瑞はその御一家衆として、事実上、家宰《かさい》の役割を果たしていた。そして明応二年（一四九三）から、今川家とそれにしたがう駿東郡南部の国衆の葛山《かずらやま》家、関東の扇谷上杉家の支援をうけて、伊豆に侵攻し、伊豆の国主であった堀越公方《ほりごえくぼう》足利茶々丸《あしかがちゃちゃまる》との抗争を展開していった。その際、扇谷上杉方であった大森家とは、当然ながら連携していたものと思われる。しかし宗瑞の伊豆侵攻はすぐには終わらず、足利茶々丸をようやく伊豆から没落させたのが二年後の同四年のことであった。茶々丸は扇谷上杉家と抗争関係にあった山内上杉家と結び、さらに甲斐国守護武田家とも結んで、翌明応五年には甲斐から駿河御厨に進出してきている（『勝山記』）。

この茶々丸の駿河御厨侵攻と、山内上杉方の相模西郡侵攻との時期的な前後関係は不明だが、ともに山内方が扇谷方の大森家の領国に侵攻しているという状況から考えると、両者は連動したものとみてよいであろう。

大森家は、山内方に転じたことで、西郡の国衆としての存続は果たしたが、御厨地域についてはどのようになったのか明らかではない。そこで注目されるのが、後に御厨の国衆として存在したとみられる垪和《はが》家の存在である。垪和家が御厨の国衆として存在していたことが推定されるのは、大永五年（一五二五）からみえる「氏堯」と考えられる［黒田一九九七ａ］。

　足利茶々丸が明応五年に御厨に侵攻してから、少なくとも文亀元年までの宗瑞による西郡経略によって、大森家は国衆としては没落を遂げている。しかしこの間、大森家の御厨領有については史料がなく、全く不明である。垪和氏と推定される「氏堯」は、この大永期に御厨の国衆として存在し、そうした状況は天文十四年（一五四五）の、北条家（当時は宗瑞の孫氏康《うじやす》）と今川家（当時は氏親の子義元《よしもと》）とが駿河東部の領有をめぐって抗争した「河東一乱《かとういちらん》」が終結するまで、継続されていたとみられる。

垪和家という存在

大永期以降、御厨地域は今川家の領国であったから、その時は今川家にしたがう存在であったとみられる。そして天文六年（一五三七）の「河東一乱」の展開により、垪和家は北条家にしたがったと推測される。そうすると少なくとも、大永五年（一五二五）以前に、垪和家は御厨を領国とする国衆となり、今川家にしたがったと考えられることになる。足利茶々丸の御厨侵攻から、「氏堯」の登場まで、御厨の支配者についてはそれを示す史料がないため全く不明である。しかしここで一つの推定を提示したい。それは垪和家の出自の推定にともなうものである。

　この垪和家は、「河東一乱」後は、北条家の重臣となるが、その時の当主は「氏続」といった。北条家の通字も「氏」であるが、北条家ではこれを家臣に与えることはないので、垪和氏続の「氏」は、今川家から与えられたか、代々の通字になっていたか、いずれかと考えられる。ちなみに今川家でも、戦国時代になってから氏親以降は、「氏」を通字としていた。しかしそもそもこの地域に堺和家は存在していない。堺和氏は、美作《みまさか》国の出身で室町幕府奉公衆《ほうこうしゅう》となっていた一族であった。したがってこの地域に堺和家が存在するようになるには、戦国時代のある時点で西国から下向してこない限りありえないのである。

その場合、その可能性が最も高いと考えられるのが、堀越公方足利政知《まさとも》の伊豆下向である。政知は、室町幕府奉公衆の一族の多くを、自己の奉公衆として組織していたとみられ、後に宗瑞が伊豆経略を果たしたのち、北条家の重臣としてみられる松田・遠山・富永・布施・大草・蔭山《かげやま》氏などは、堀越公方家奉公衆の出身とみられている〔家永二〇〇〇〕。こうした状況を踏まえると、堺和家も堀越公方足利家の奉公衆の出身であったとみてよいであろう。

ところが堺和家は、他の松田氏らとは異なって、堀越公方家の滅亡にともなって伊勢宗瑞の家臣になったのではなく、今川家にしたがう関係にあったとみられながらも、国衆として自立的に存在していたと考えられるのである。堀越公方家の奉公衆がそのような状態を獲得することができるのは、同家の滅亡以前に、御厨に領主として存在するようになっていたことしか想定できない。そうすると先の足利茶々丸の御厨侵攻との関係が想起される。確証はないが、茶々丸の御厨侵攻により、大森家の領国であった御厨は、茶々丸に経略され、その家臣であった堺和家が支配にあたるようになったのではないか、そして茶々丸が滅亡した明応七年（一四九八）頃に、今川家にしたがったのではないか、と推測される。御厨の国衆として存在した堺和家の成立事情については、このように考えたい。

足利茶々丸の御厨侵攻により、御厨を領国として喪失していたとしたら、大森家が本領の西郡への大規模な侵攻をうけた際、山内上杉家にしたがう選択をしたのも納得される。せめて西郡のみは、領国として維持するためであったろう。しかしこれにより宗瑞の伊豆経略はかなりの危機的状況に陥る。宗瑞はこの段階では伊豆北部の経略を遂げていたにすぎず、中部の経略をすすめていた状況にあった。そうしたなかで、伊豆北部に隣接する相模西郡が敵方になり、さらに葛山家の領国に北接する御厨も敵方であったことで、宗瑞はそれら敵対勢力に囲まれる状況になったからである。しかし明応七年八月二十五日の「明応大地震」を機に、茶々丸を自害させることに成功し、それにともなってようやくに伊豆一国の経略を遂げるのである。

小田原城の攻略時期

ところで宗瑞の小田原城攻略時期について、先に、それまでの明応四年（一四九五）九月ではなく、少なくともその後の、同五年七月から文亀元年（一五〇一）三月までのことと考えられることを述べた。しかしその後、旧説の明応四年九月説を維持する見解が出されるようになっている。それらが根拠としているのは、一つは『鎌倉大日記』の記載は、当時に近い時期のものであるからその年月は信用できるとするもの［片桐二〇一四］、もう一つは同史料に記載のある明応四年八月十五日の相模湾地震を前提にして、地震津波被害に連動して宗瑞の小田原城攻略が遂げられたとするものである［金子二〇一六］。

いずれも『鎌倉大日記』の記載が事実を示していることを前提にしたものである。しかし翌年の上杉顕定書状の内容はそれとは相容れない。それとの矛盾に関して片桐昭彦は、山内方の大森家と扇谷方の大森家の両派が存在したとみることで解消しようとしているが、実際に当時、大森家の分裂状況が確認できるわけではなく、あくまでも『鎌倉大日記』の記載を活かそうとするなかでの推測にすぎず、反証たりえていない。しかも同史料は年代記であることからして、数年の誤記載もありうるものである。そのことを踏まえれば、何よりも上杉顕定書状の内容を優先すべきである。

そうしたところ、相模湾地震の年代については、『勝山記』の地震記載などをもとに、それから五年後になる明応九年六月四日のことであり、宗瑞の小田原城攻略は、それをうけてのことであったとする見解が出された［盛本二〇一五］。すなわち明応四年相模湾地震は、当時の史料に所見がなく、逆に同七年から九年にかけて地震があったこと、相模湾に大きな被害を与えた地震は、同九年と考えられることが指摘された。そもそも明応四年地震の存在が想定できなくなり、『鎌倉大日記』をもとにした先の諸説は全く成立しなくなる。

ではあらためて宗瑞の小田原城攻略の時期は何時と考えられるか。盛本昌広は、明応九年六月の相模湾地震の後に、それがあったという想定をしている。その前後関係は不明なものの、明応七年地震の結果として、足利茶々丸を自害させていることからすると、ここも地震災害の後に、攻略を果たした可能性が高いとみてよいであろう。そして宗瑞が小田原を領有していたことを示す確実な初見は、それから九ヵ月後の文亀元年三月のことであった。こうした状況からすると、盛本の推定は、状況の整合性からも妥当と考える。

ここにきて宗瑞の小田原城攻略時期については、明応九年六月から翌文亀元年三月までの間までに絞られることになった。とはいえ決定的な時期についてはいまだ明らかにならない。これについては今後における新史料の出現を待つほかはない。けれどもその時期は、この範囲であることはほぼ間違いないといえる。ちなみにこの時期、山内上杉家と扇谷上杉家とは、前年明応八年十月に和睦《わぼく》を成立させていた。しかし宗瑞と今川家は、山内上杉家とは和睦を成立させていなかったらしく、山内上杉家は、今川家と遠江国の領有をめぐって抗争していた斯波《しば》家と結んで、文亀元年五月には今川家の領国である駿河、具体的には御厨への侵攻を画策していた［黒田二〇一三ａ］。

事態の展開状況からすると、宗瑞と今川家は、山内上杉家とは和睦しておらず、それが文亀元年三月までの宗瑞による小田原城攻略、それにともなう山内方国衆の大森家の没落、宗瑞の西郡領国化へと展開したとみられる。そうするとあるいは、御厨の国衆として展開していた垪和家が、それまでは山内上杉家にしたがう存在であったが、それが今川家に服属したのも、同時のことであったかもしれない。山内上杉家は、御厨・西郡が今川家・宗瑞に相次いで経略されたことへの報復として、それへの侵攻を図っていたとみられるであろう。

伊勢宗瑞の相模経略

伊勢宗瑞の西郡領国化は、国衆大森家を没落させ、その領国を接収したことによるものであった。その際、それまで大森家にしたがっていたとみられる、従来から存在していた相模武士のうち、この時に宗瑞にしたがって、その後に北条家臣として存続したものは、松田新次郎（康隆）家と篠窪《しのくぼ》民部丞・修理亮の篠窪二階堂氏の二人、合計でわずか三人しか確認されない。このうち松田氏は、平安時代末期以来の代表的な相模武士の一つであった。もう一方の篠窪二階堂氏は、鎌倉幕府以来の吏僚《りりょう》二階堂氏の一族で、室町時代以来の存在であった。

このことからすると、享徳の乱による戦乱の恒常化、大森家による西郡の領国化のなかで、それまで存在していた相模武士のほとんどは没落していたことがうかがわれる。わずかに存続を果たしていたのが、松田氏と篠窪氏であった。なおその後に北条家臣として、西郡河村郷出身の河村氏の存在も確認される。この河村氏も平安時代末期以来の武士である。しかし北条家臣となった河村氏は、すでに所領は西郡には所在しておらず、中郡渋沢を本領にしている（『北条家所領役帳』）。このことからこの河村氏は、それまでに本領河村郷からは没落しており、その一族が中郡に所領を与えられて存続していたことがうかがわれる。

扇谷上杉家との抗争

宗瑞がさらなる相模経略を開始するのは、西郡領国化から一〇年ほど経った、永正六年（一五〇九）八月からのことであった。もっともこの時は、山内上杉・扇谷上杉両家の連携による反撃をうけて、逆に西郡支配の拠点としていた小田原城まで攻撃されるという失敗であり、宗瑞はやむを得ず扇谷上杉家と停戦和睦を結んでいる。しかしそれから二年後の同九年八月から、宗瑞は再び扇谷上杉家に敵対し、その領国への侵攻を展開する。この時、扇谷方として宗瑞との抗争を全面に立って展開したのが、三浦郡南端に位置する三崎新井城を本拠とし、すでに三浦郡の国衆として存在していた三浦道寸《みうらどうすん》（義同《よしあつ》）であった。

三浦家は、いうまでもなく前代における名家であり、享徳の乱においては姻戚の扇谷上杉家に味方していた。しかしその後の山内・扇谷両上杉家の抗争である長享の乱（一四八七～一五〇五）においては、当初は山内方に味方し、そのため扇谷方と抗争を展開した。その過程で、三浦郡を領国とする国衆へと展開し、そのうえで明応三年（一四九四）九月に扇谷方から攻撃をうけて、その結果として扇谷方に帰属した。そしてその後は、扇谷方の有力国衆として存在し、永正七年の宗瑞への反撃のなかで、扇谷上杉家から相模中郡の支配を委ねられたらしく、同郡岡崎城を拠点に、同郡支配を展開していた［黒田二〇〇一］。

宗瑞の永正九年八月から展開された相模経略は、その三浦家の岡崎城攻略から始められた。八月十二日、宗瑞は道寸が在城する岡崎城に向けて進軍し、岡崎台での合戦に勝利し、これによって岡崎城の攻略を遂げ、翌十三日には東郡鎌倉に侵攻し、道寸を三浦郡と東郡の境界にあたる住吉城まで後退させた。十月には、東郡の軍事拠点として玉縄城《たまなわじよう》を取り立てたとされ、十二月には東郡に隣接する武蔵国久良岐郡《くらきぐん》南部に制札を出している。これによって宗瑞は、中郡と東郡、さらには武蔵久良岐郡南部の経略を遂げたとみられる。

それらの地域は、いずれも享徳の乱以来、扇谷上杉家の領国になっていた。中郡については、この後において、北条家の家臣として、中郡を本領にした旧来の相模武士の存在はみられていない。ということは、享徳の乱以来の戦乱のなかで、それまでの相模武士はほとんど没落していたとみられることになる。わずかに享徳の乱のなかで、山内上杉家宿老《しゆくろう》の長尾《ながお》景春《かげはる》の被官で、小磯城にいた越後五郎四郎の子孫とみられる越知弾正忠が、中郡三田の領主としてみられる程度にすぎない。

また東郡については、鎌倉在住であった後藤氏、関東上杉氏の一族で東郡永谷を所領としていた宅間《たくま》上杉氏がみられる程度であり、久良岐郡南部についてみても、杉田郷を所領としていた間宮氏がみられる程度にすぎない。もっともこの間宮氏は、宗瑞の段階では攻略されなかった久良岐郡北部の神奈川郷を本拠にしていたとみられるから、杉田郷の獲得が、北条家にしたがう前からのものであったのか、その後に北条家から新たな所領として与えられたものなのかはわからない。

いずれにしても、この時に宗瑞が領国に編入した、相模中郡・東郡・武蔵久良岐郡南部は、享徳の乱以来の戦乱のなかで、扇谷上杉家の領国として展開した地域であった。そしてそれら戦乱のなかで、それ以前から存在していた相模武士は、基本的には没落していたとみられ、宗瑞が新たに経略した際には、そうしたかつての相模武士はほとんど存在していなかったのが実状であった。新たに宗瑞にしたがった旧来の領主としてみられたのは、ほとんどは上杉氏段階からの存在であったとみられる。

ちなみに中郡の北部に位置した津久井郡《つくいぐん》については、扇谷上杉家の宿老とみられる内藤大和入道が津久井城に在城していたと推測されるが、宗瑞はこれより同十五年までのうちには、内藤家を服属させて、津久井郡の経略も遂げたと考えられる［黒田一九九七b］。

三浦道寸との攻防

宗瑞と道寸は、それぞれ玉縄城と住吉城とにあって、しばらく対峙したとみられるが、翌十年（一五一三）正月、両者の間で激しい攻防が繰り広げられたらしく、それによって東郡藤沢の遊行寺が焼亡している。しかしこの攻防は宗瑞が勝利したようで、道寸は、住吉城には弟の道香《どうこう》を置き、自身は住吉城から本拠の三崎新井城に後退した。四月には、宗瑞はその三崎新井城攻撃を開始している。そして七月、住吉城を攻略し、東郡の完全制圧を遂げている。

この頃、三浦家を従えていた扇谷上杉家は、山内上杉家と抗争していたが、同十一年三月から五月にかけて、本拠江戸城の近くにあたる武蔵国荏原《えばら》郡での対戦をうけてか和睦を結んだらしい。それにより扇谷上杉家は、三浦家への支援を行なうことが可能となったようで、五月には家宰の太田永厳《えいげん》の軍勢が、宗瑞が支配する相模西郡に侵攻している。また六月から九月頃にかけては、宗瑞は扇谷上杉家の領国下にあった久良岐郡北部の神奈川郷に侵攻したようである。

神奈川郷は、伊豆国下田・相模国三崎とともに、伊豆諸島支配のための拠点であった。すでに下田を制圧していた宗瑞は、三崎を本拠とする三浦家、神奈川郷を支配下に置いていた扇谷上杉家との間で、伊豆諸島の支配をめぐる攻防を展開していた。ここでの神奈川郷への侵攻は、そうした伊豆諸島支配を確保するためと思われる。ただし同郷については、その後しばらくは扇谷上杉家の領有下にあるようなので、攻略までには至らなかったとみられる。宗瑞が経略した久良岐郡は、この神奈川郷よりも南の地域にとどまったようである。

一方の三浦道寸は、本拠の三崎新井城での籠城を続けたらしい。永正十二年には、宗瑞と道寸との間では、三崎城の攻防ではなく、伊豆諸島の支配をめぐる攻防がみられている。四月に三崎にあった勢力が八丈島に帰島して勢力回復を図るが、これに対して宗瑞は、六月に伊豆国下田から軍勢を派遣して、三浦方と合戦し、これに勝利した。これによって宗瑞は、伊豆諸島から三浦家と扇谷上杉家の勢力の排除に成功し、伊豆諸島支配を確立させている。

次いで永正十三年の中頃（おそらく六月頃であろう）、扇谷上杉家は三浦家への援軍として、当主朝良《ともよし》（当時は法名建芳）の嫡子朝興を大将とする軍勢を、相模中郡に侵攻させたらしい。扇谷上杉家の嫡子を大将としているのであるから、これは同家の本軍であったと推測され、この時の三浦家への援軍は、かなり本格的なものであったことがうかがわれる。しかし宗瑞は、これへの迎撃に成功し、扇谷軍をその本拠の江戸城に後退させた。そしてこれをうけて、宗瑞は今度は一気に三崎新井城攻略に転じ、同城への攻撃を行なった。そうして七月十一日、ついに同城を攻略、三浦道寸・義意父子は戦死し、三浦家は滅亡を遂げた。同時に宗瑞は、三浦郡の経略を果たした。

ここに宗瑞は、ついに相模一国の経略を遂げることになる。宗瑞が相模国西郡に進出したのは、明応九年（一五〇〇）か翌文亀元年（一五〇一）のことであったが、実際に中郡への侵攻を展開しはじめたのは、それから一〇年近く経った永正六年（一五〇九）からのことであった。そして同九年に侵攻を再開すると、同年のうちに中郡・東郡、さらには武蔵国久良岐郡南部までを経略し、そこからは三浦郡の経略にとりかかって、この永正十三年七月になって、ようやくそれを遂げたのである。中郡以東への侵攻開始から数えると、八年を費やしての結果であった。また相模経略の最終段階は、三浦家との攻防として展開されたが、それとの攻防にも五年が費やされていた。

戦国大名としての領国支配

三浦家の滅亡後、宗瑞は三浦郡の領国化にあたって、三浦郡の支配拠点として、三浦家が本拠としていた三崎新井城ではなく、新たに半島南端に三崎城を構築したと考えられる。またそれまで三浦家に被官化していたもののうちで、宗瑞にしたがってきたものについては、そのまま被官とし、おそらくそれらを三崎城に配属したと思われる。これらの集団が、その後に三浦衆もしくは三崎衆ともいうべき集団となる。ところがそれらの面々をみてみると、確実に三浦家にも家臣化していたことが確認できるものは、ほぼ皆無といってもいいくらいである。

三浦衆のなかには、「三崎十人衆」という集団があり、これは三浦郡支配の拠点であった三崎城周辺に在住する土豪層と推測される。彼らは宗瑞に被官化する以前に、三浦家にも被官化していた可能性が高いとみられるものの、確実ではない。また三浦衆のなかには、永島氏や小林氏など、三浦郡の土豪層とみられるものが存在しているが、それらもまた彼ら自体が、それ以前から三浦家に被官化していたかまでは確認できない。

かりに彼らが宗瑞に被官化する以前に、三浦家にも被官化していたとしても、彼らは在地に居住する土豪層であり、いわゆるそれ以前からの相模武士とは性格が異なる存在である。彼らのような土豪層が、戦国時代の領域権力に被官化するのは、まさに戦国時代になってからのことであったから、たとえ彼らが宗瑞への被官化以前に、三浦家に被官化していたとしても、その被官化は、戦国時代のなかでの、三浦家の国衆化にともなってのことと考えられるのである。

このようにみてみると、宗瑞による相模経略は、いずれも戦国時代に入ってから展開してきた、戦国大名・国衆という領域権力の領国を経略することによるものであったことが認識されるであろう。相模西郡は大森家、中郡・三浦郡は三浦家、東郡・久良岐郡南部は扇谷上杉家の領国であったものであり、それを経略したものであった。そのなかで、室町時代までさかのぼって存在が確認されるのは、三浦家のみであった。これこそが従来からの相模武士といえるものであろう。

またそれらの領国を経略した際に、あらためて宗瑞にしたがって、存続を遂げた室町時代以来の武士としては、西郡の松田氏・篠窪氏、東郡の宅間上杉氏などの存在がみられたにすぎず、そのうち鎌倉時代までさかのぼるのは、松田氏のみであった。そこでは戦国時代における領域権力化という過程のなかで、室町時代以来の領主のほとんどは、すでに没落をみていた状況にあったのである。

宗瑞の相模経略は、最終的には、三浦家を滅亡させることによって遂げられている。そしてこの三浦家は、平安時代末期に始まり、少なくとも鎌倉時代以降においては、相模武士として最も家格が高い存在であった。しかも戦国時代に入っても、国衆へと転身を遂げて、三浦郡さらには中郡までも領国とした有力な存在であった。宗瑞は、三浦家という、まさに相模国を象徴する武家を滅ぼすことによって、相模国の経略を遂げたことになる。すなわちそれは、平安時代末期から展開された相模武士の時代を終わらせることに一致するものであった。

そして宗瑞は、その後は、それまでの時代とは異なる、戦国大名による支配の展開をもたらした。西郡の小田原城、東郡の玉縄城、三浦郡の三崎城をそれぞれの地域支配の拠点とし、領域支配という在り方による領国支配を展開していくことになる。また相模津久井郡については、三浦家と同じく戦乱のなかで国衆へと転身を遂げた、もと扇谷上杉家の宿老出身の内藤家を服属させて、それを通じた支配を展開していくことになる。宗瑞の相模経略は、相模国に、戦国大名による領国支配という、新たな時代への転換をもたらすものであった。

参考文献

家永遵嗣「北条早雲研究の最前線」（北条早雲史跡活用研究会編『奔る雲のごとく』北条早雲フォーラム実行委員会、

二〇〇〇年）
片桐昭彦「明応四年の地震と『鎌倉大日記』」（『新潟史学』七二号、二〇一四年）
金子浩之『戦国争乱と巨大津波―北条早雲と明応津波―』（雄山閣、二〇一六年）
黒田基樹「駿河葛山氏と北条氏」（『戦国大名領国の支配構造』岩田書院、一九九七年a）
黒田基樹「津久井内藤氏の考察」（『戦国期大名領国の支配構造』岩田書院、一九九七年b）
黒田基樹「戦国期の三浦氏」（『戦国期東国の大名と国衆』岩田書院、二〇〇一年）
黒田基樹「伊勢宗瑞論」（黒田基樹編『伊勢宗瑞』戎光祥出版、二〇一三年a）
黒田基樹「北条早雲の事蹟に関する諸問題」（黒田基樹編『伊勢宗瑞』戎光祥出版、二〇一三年b）
佐藤博信「大森氏とその時代」（『中世東国足利・北条氏の研究』岩田書院、二〇〇六年）
盛本昌広「『温古集録』収録の竜華寺棟札銘」（『金沢文庫研究』三三五号、二〇一五年）

コラム　相模武士の姿❹

波多野義通《はたの よしみち》

生没年未詳

久保田　和彦

波多野義通は藤原秀郷《ふじわらのひでさと》の子孫で、摂関家領波多野荘（秦野市）を名字の地とした武士である。『尊卑分脈』によると、波多野氏は秀郷の末子千常《ちつね》の曽孫公光《きんみつ》が相模守となり下向、その子経範《つねのり》の時代に波多野荘を開発して土着し、相模中央部で大きな勢力を築いた。『陸《む》奥話記《つわき》』に登場し、前九年合戦で河内源氏源頼義《みなもとのよりよし》にしたがい、天喜五年（一〇五七）に戦死した佐伯経範と同一人物である（佐伯は母方の姓）。波多野氏は在地支配を続けながら天皇家にも仕え、経範の孫秀遠（成親）は刑部丞《ぎょうぶのじょう》・鳥羽《とば》院蔵人所衆《いんくろうどころしゅう》、曽孫遠義《とおよし》は筑後守に任じている。このため、波多野氏は和歌にも優れ、続群書類従第六輯下所収の『波多野系図』によると、秀遠（成親）は歌人・『千載集《せんざいしゅう》』作者、遠義の子秀高にも歌人の注記が見え、波多野氏は坂東武士としては異例の存在といえる。『千載和歌集』巻一三恋歌三に次の歌がある。

　鳥羽院の御時、蔵人所に侍りける時、女に替りて詠める　藤原成親

　枯れはつる小笹が節を思ふにも少かりけるよの数かな

遠義の子孫は河村（足柄上郡山北町）・松田（松田町）・広沢（秦野市）を称し、相模国余綾《よろぎ》郡・足柄上郡に勢力を拡大した。遠義の長子義通は源義朝《みなもとのよしとも》の家人となり、妹を義朝に嫁し、生まれた朝長《ともなが》を松田亭で養育した。この婚姻を契機に、義通は保元元年（一一五六）の保元の乱で義朝に属して戦い、戦後に義朝の幼い弟たちを涙ながらに斬首したという。『吾妻鏡』によると、保元三年に義通は主君義朝と不和となり、波多野荘に下向したと記されている。しかし平治の乱では再び義朝軍にしたがう義通の姿が見える。

波多野氏と京の朝廷との関係は深く、三浦義明《みうらよしあき》の娘と義朝との間に生まれた長男鎌倉悪源太義平《よしひら》が無位無官であったのに対し、義通の妹が生んだ次男の朝長は、保元元年に左兵衛尉《さひょうえのじょう》、平治元年（一一五九）には中宮《ちゅうぐう》

少進《しょうじょう》に任じている。義通の長男義常《よしつね》（経）は右馬允《うまのじょう》、二男忠綱《ただつな》は中務丞《なかつかさのじょう》に任官している。波多野義常の任官した右馬允は、蔵人所に属する滝口《たきぐち》の武士か、院の武者所の武士として一定期間その職務に従事する必要があった。義常はかなり頻繁に京都での生活に従事していたといえる。

　治承四年（一一八〇）八月、伊豆で反平家の挙兵をした源頼朝は、かつての家人・郎等に挙兵への参加を呼びかけるが、使者として派遣された安達盛長《あだちもりなが》に対し、波多野右馬允義常と山内首藤《やまのうちすどう》滝口三郎経俊《つねとし》等は挙兵を嘲笑し暴言を吐いたという。同年十月十七日、頼朝の呼びかけに応じず、悪口をはいた義常を討つため、頼朝は下河辺《しもこうべ》行平《ゆきひら》を派遣したが、義常はこれを聞き、行平の軍勢が到着する前に松田郷の屋敷で自殺した。義常の嫡子有経《ありつね》は同四年四月三日の鶴岡八幡宮臨時祭で流鏑馬《やぶさめ》射手として抜群の芸を披露し、波多野荘内の一村を頼朝から給わっている。

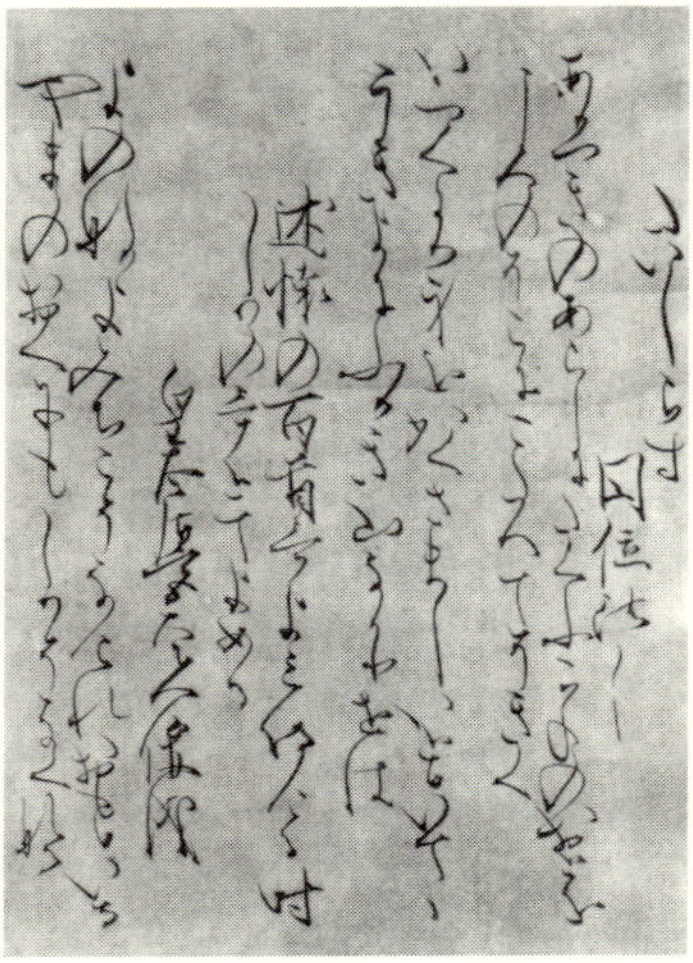
『千載和歌集』断簡
（東京国立博物館蔵）

　波多野荘がこの時に没収されたかどうか不明であるが、文治四年（一一八八）八月、波多野本荘北方をめぐり波多野義景と岡崎義実《おかざきよしざね》の間で相論があり義景が勝訴しているので、少なくとも北方は波多野氏の領有が継続したことがわかる。また、同五年正月五日条に、伊勢国で御家人として勲功を挙げた波多野小次郎忠綱（義通の二男）と三郎義定《よしさだ》（義通の孫）の名前が見える。両名について、『吾妻鏡』は「故波多野義通の遺跡を相伝して当国に住す」と記され、義通の時代から波多野氏が伊勢にも所領を有していたことがわかる。忠綱の子義重《よししげ》は出雲守に任じ六波羅《ろくはら》評定衆《ひょうじょうしゅう》として在京した。

Ⅴ　相模武士を歩く

第1章　古戦場を巡る

下山　忍

相模国には武家の都鎌倉がある。源頼朝によって幕府が開かれて武家政権の本拠地となり、鎌倉幕府滅亡後も室町幕府によって鎌倉府が置かれ、武家政治の一つの中心であり続けた。その鎌倉と京都を結ぶのが東海道であり、東国の各地ともいわゆる鎌倉街道の上道《かみのみち》・中道《なかのみち》・下道《しものみち》などで結ばれていた。日頃は往来する多くの人々で賑わったことであろう。しかし、いったん戦となればこれらの道を軍馬が行き交った。歴史を紐解くと、いくたびかの合戦がおこっている。本章では、源　頼朝《みなもとよりとも》挙兵から足利尊氏《あしかがたかうじ》挙兵に至る一五〇年余りの歴史の中の古戦場のいくつかを相模国を中心に巡ってみたい。

頼朝の挙兵と戦場―石橋山および小坪―

石橋山（神奈川県小田原市）は相模湾に面し、ＪＲ東海道本線の早川駅と根府川《ねぶかわ》駅の中間に位置している。付近はミカン畑である。現在、ここには、頼朝の先陣をつとめて討死した佐奈田与一義忠《さなだよいちよしただ》（三浦氏一族の岡崎義実《よしざね》の子）を祀った「佐奈田霊社」と、義忠の郎従《ろうじゅう》でその討死後、敵陣に切り込んで八人を討ち取り壮絶な最期を遂げた文三家康《ぶんぞういえやす》を祀る「文三堂」が戦いの激しさを今に伝えている。

治承四年（一一八〇）挙兵し、八月十七日に平氏方の伊豆国目代山木《やまき》兼隆《かねたか》を討ち取った源頼朝は、八月二十日には、頼みとする三浦氏との合流を図るため相模に進出した。しかし、相模にはまだ大庭《おおば》景親《かげちか》ら平氏方の勢力が強く、東海道を西に進んで頼朝の進路に立ちはだかった。そのため、頼朝は石橋山に陣を構えこれと対峙

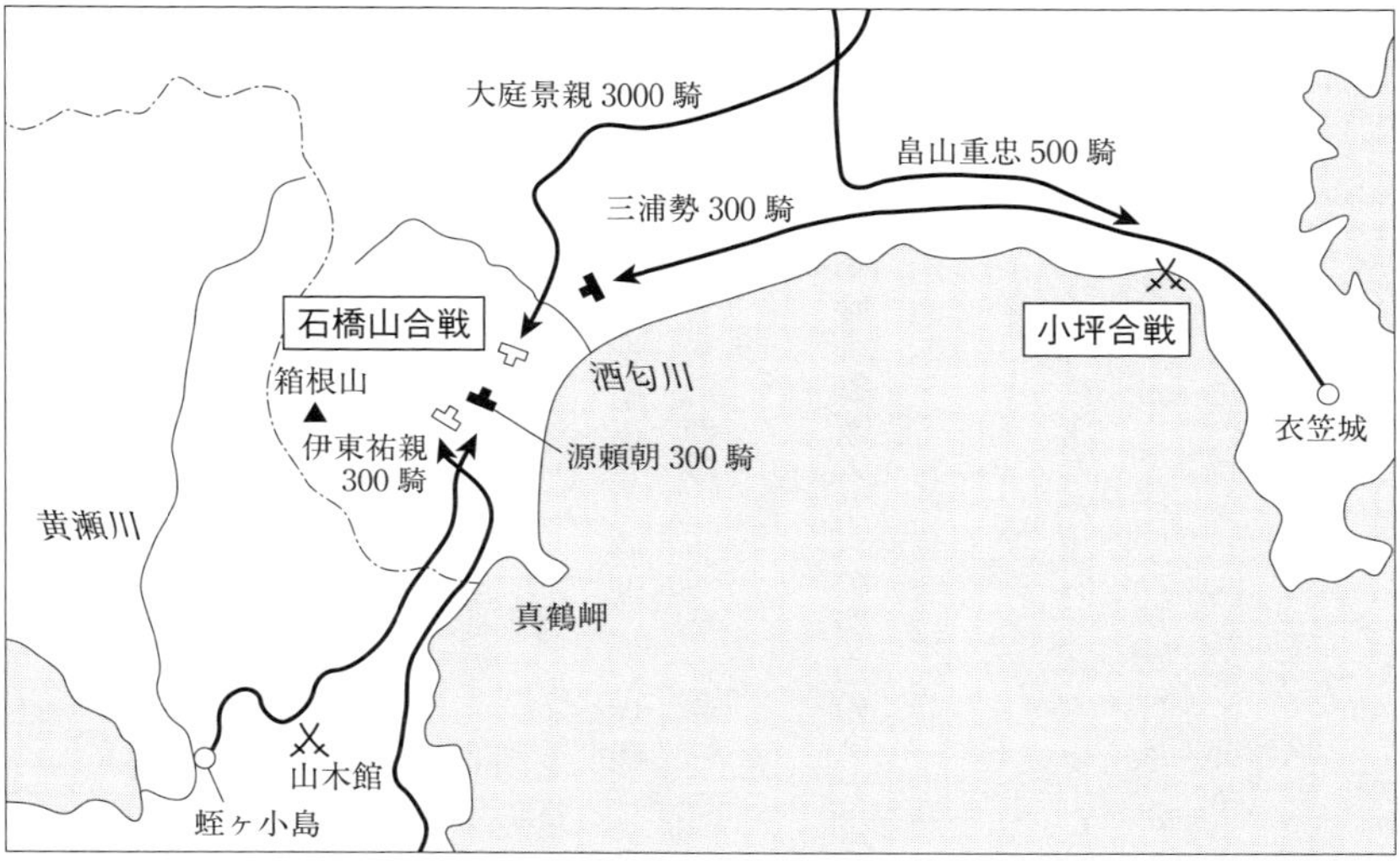

石橋山合戦・小坪合戦関係図

したのである。頼朝方は三百余騎、対する大庭景親方は三千余騎という。これとは別に同じ平氏方である伊東祐《いとうすけ》親《ちか》の三百余騎も伊豆から頼朝軍を追撃して背後に迫り、これを挟撃する形をとった。

大庭景親は、三浦勢が加勢する前に頼朝軍を殲滅しようとして、八月二十三日夕刻から、激しい暴風雨をついて攻撃を開始した。頼朝軍も奮戦したが、兵力差はいかんともしがたく、もろくも敗れた。配下の勇士で戦死する者も多く、生存した軍兵も四散し、頼朝自身も命からがら山中に逃れたのである。頼朝はその後、土肥実平《どひさねひら》らの手引きで海路安房《あわ》に赴き、ここで再起し、やがて鎌倉に入ることになるが、この時にはそれを確信できていなかったであろう。

東海道をさらに東に進むと小坪《こつぼ》（神奈川県逗子市）に至る。鎌倉から葉山・三浦方面に通じる道筋であり、現在小坪坂には隧道《すいどう》が通っている。石橋山合戦の直後、治承四年八月二十四日に由比ヶ浜《ゆいがはま》から小坪にかける場所で頼朝方の三浦勢と平氏方の畠山重忠《はたけやましげただ》による合戦があり「小坪合戦」と呼ばれている。

源頼朝の挙兵に合流しようとした三浦勢であるが、酒匂川《さかわがわ》（神奈川県小田原市）の増水に阻まれて果たせなかった。さらに石橋山での頼朝方の敗戦を知って、本拠の衣笠城《きぬがさじょう》（神奈川県横須賀市）に戻る途中、この場所で平氏方の畠山勢と遭遇したのである。三浦勢は三〇〇騎、畠山勢は五〇〇騎という。数刻におよぶ戦いとなり、五〇人の被害を出した畠山重忠が退去し、三浦勢も衣笠城に戻った。この敗戦に怒った重忠は、河越重頼《かわごえしげより》や江戸重長《えどしげなが》らの秩父氏一族を糾合して、八月二十六日に三浦氏の本拠である衣笠城を攻め落とした。この時、三浦義澄《よしずみ》・和田義盛《わだよしもり》らは海路安房に逃れ、老齢（八九歳）の三浦義明《よしあき》はここにとどまって討ち取られた。

さて、小坪合戦は偶発的な遭遇戦のような印象があるが、畠山勢は鎌倉を経由して小坪に至ったと思われる。武蔵国男衾郡《おぶすま》（埼玉県深谷市）を本拠地とする重忠が、石橋山で大庭景親軍と合流することを目指したのならば、鎌倉街道上道を南下し、藤沢から片瀬《かたせ》（神奈川県藤沢市）へと進んだはずである。これより東の鎌倉を経由して東海道に入ったのは、三浦勢を捕捉するという戦略的目的が当初からあったことも想起される。

鎌倉での市街戦―御家人たちの興亡のあと―

源頼朝は、治承四年十月に鎌倉に入り、十二月には大倉《おおくら》（大蔵）御所を新造した。大倉御所は頼朝の私邸であり、政権の所在地でもあった。後の「宇津宮辻子幕府《うつのみやずしばくふ》」、「若宮大路幕府《わかみやおおじばくふ》」と対比から「大倉幕府」とも呼ばれる。また、由比郷にあった鶴岡八幡宮を小林郷北山《こばやしごう》（現在の地）に遷して社殿等を整備するとともに、寿永元年（一一八二）三月には鶴岡八幡宮の社頭から由比浦までを直線に貫く若宮大路が造られた。鶴岡八幡宮を平安京の大内裏《だいだいり》に、この若宮大路を朱雀大路《すざくおおじ》になぞらえたとも言われる。葛石《かずらいし》（長方形の石）を積んで一段高くしたことから段葛《だんかずら》という。いわば武家政権の権威と権力を整える都市づくりであった。古戦場という表現にはなじまないが、この鎌倉市中でもいくつかの戦いが行なわれている。

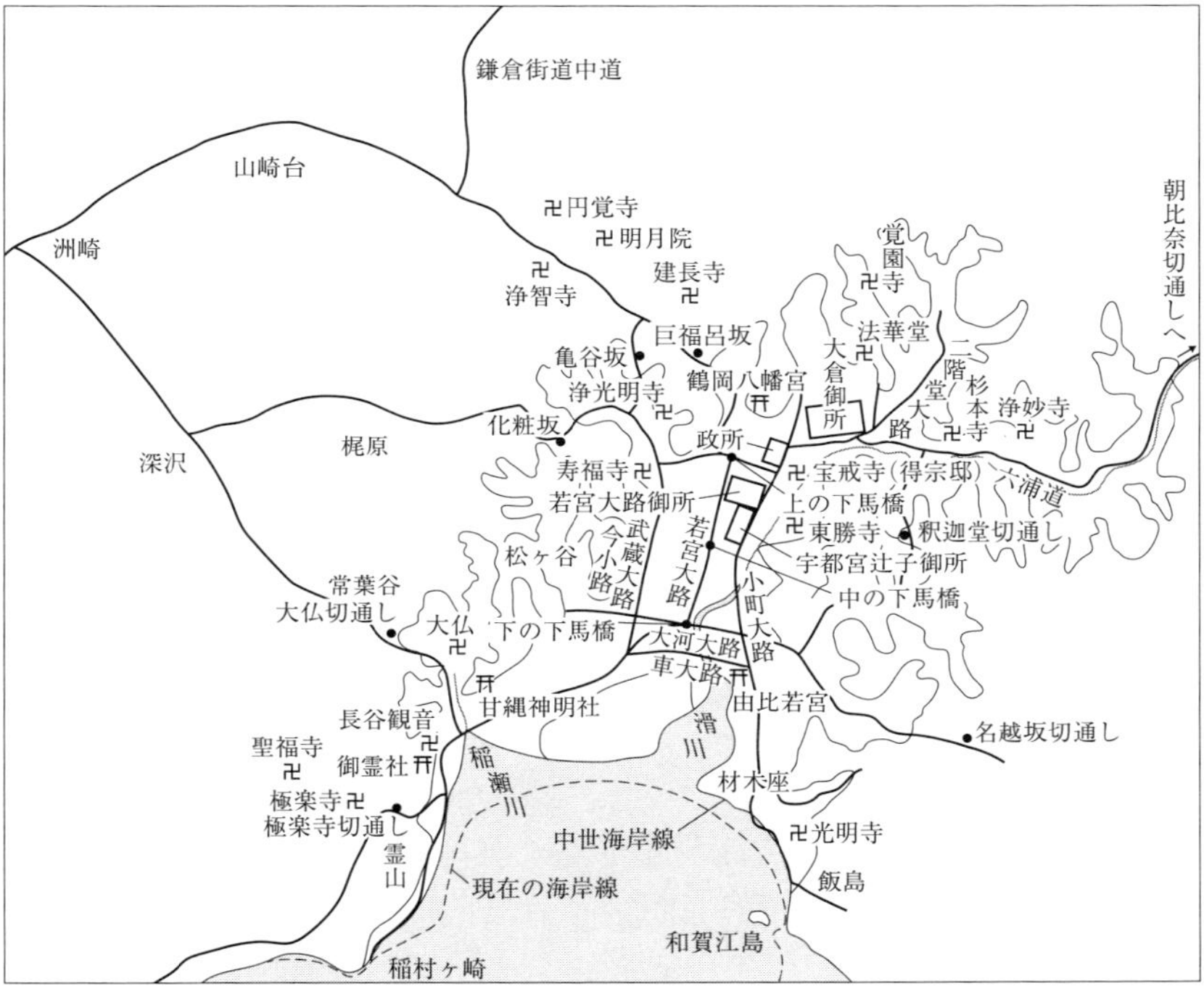

鎌倉の合戦関係図

鎌倉市中を舞台とした最も大きな戦いは、建暦三年（一二一三）の和田合戦であり、二日間にわたる激しい戦いが繰り広げられた。執権北条義時《よしとき》のたび重なる挑発に耐えかねた和田義盛が挙兵し、五月二日、一五〇騎をもって大倉御所を攻めたことに始まる。大倉御所は現在の鶴岡八幡宮の東に隣接する地にあった。この和田方の先制攻撃により御所は焼失したが、将軍実朝《さねとも》の確保や北条義時の排除は果たせず、このことが明暗を分けたといえる。

五月三日の明け方になって、兵も疲れ矢も尽きた和田勢が由比ヶ浜方面に退却すると、幕府方は反転攻勢に転じ、若宮大路を南下して、二の鳥居辺りにあった「中《なか》の下《げ》馬《ば》橋《ばし》」を固めた。ここは小《こ》町大《まちおお》路《じ》と若宮大路が交差する結節点であった。若宮大路は鶴岡八幡宮の参道であるが、軍事的にも整備されており、当時道の両側には幅三メートル、深さ一・五メートルの側溝があって横断を遮っていた。鶴岡八幡宮前の「上《かみ》の下馬橋《げばばし》」、二の鳥居付近の「中の下馬橋」、現在の下馬《げば》四つ角付近の「下《しも》の下馬橋」の三ヵ所のみで、それぞれ横大路《よこおおじ》・小町大路《こまちおおじ》・大町大路《おおまちおおじ》への連絡が可能だったが、そこには厳重に柵が設けられていたという。三つの下馬橋を防衛ラインとした戦いは、後述する新田義貞の鎌倉攻略の時にも見られる。

翌日になると各地から両軍に新手の軍勢が到着したが、こうなると将軍を擁した幕府方が俄然有利である。次第に幕府に味方する御家人たちも多く参集し、やがて大勢はほぼ決した。進退窮まった和田義盛は由比ヶ浜方面から再度の大倉御所への突入を図るが、若宮大路・小町大路などを固める幕府方になすすべなく、ついに義盛も討ち取られて戦いが終わった。義盛らの首実検は由比ヶ浜で行なわれ、その後晒《さら》された首は二三四におよんだという。現在、観光客で賑わう若宮大路に古戦場の面影を見いだすことは難しいが、江ノ島電鉄和田塚駅付近に「和田一族戦没地」の石碑が残る。

和田合戦以外の鎌倉市中を舞台とした戦いもあった。北条氏による権力掌握の過程で、建仁三年（一二〇三）の比企《ひき》氏の乱、宝治元年（一二四七）の宝治《ほうじ》合戦、弘安八年（一二八五）の霜月騒動など市街戦ともいえるいくつかの合戦も起こっている。詳しくは触れないが、ひとことといえば、鎌倉時代の有力御家人たちは自らの本拠地のほかに鎌倉にも邸宅を構えていた。古戦場とはいえないが、当然、戦時には敵方からの攻撃目標となった。この場合は、偶発的な戦いや奇襲攻撃が多く、自らの所領から配下の軍勢を召集する準備のないままに戦ったため、動員兵力はそう多くなかったといえる。なお、承久三年（一二二一）の承久の乱は歴史上重要な意義をもつが、幕府軍の出撃策により相模国内での合戦は行なわれなかったので、本章では触れないこととする。

幕府終焉の遺跡をめぐる

鎌倉は、三方を山、一方を海に面した要害の地といわれる。そこで実際に激しい戦いが行なわれたのが、鎌倉幕府滅亡時のことであった。元弘三年（一三三三）五月八日、新田義貞が上野国新田《にった》荘の生品《いくしな》神社（群馬県太田市）で鎌倉幕府打倒の兵を挙げ、鎌倉街道上道を南下した。新田軍は、菅谷《すがや》（埼玉県嵐山町）、笛吹峠《ふえふきとうげ》（埼玉県嵐山町・鳩山町）、堀兼《ほりかね》（埼玉県狭山市）などを経て、五月十一日には小手指原《こてさしがはら》（埼玉県所沢市）、十二日には久米川《くめがわ》（東京都東村山市）、十五・十六日には分倍河原《ぶばいがわら》（東京都府中市）で迎撃する幕府軍を破り、十七日には関戸《せきど》（東京都多摩市）で陣を整えた。挙兵から一〇日ほどで鎌倉付近まで迫る破竹の勢いであった。また、鎌倉街道中道・下道から攻め寄せた小山秀朝《おやまひでとも》や千葉貞胤《ちばさだたね》も迎撃する金沢貞将《かねさわさだゆき》を鶴見（神奈川県横浜市）で破り、鎌倉に迫ったという。

湘南モノレールに沿った道路の湘南町屋《しょうなんまちや》駅と湘南深沢《ふかさわ》駅のちょうど中程に「洲崎《すざき》古戦場」の碑が残る。新田軍は、関戸から村岡《むらおか》（神奈川県藤沢市）に進撃し、五月十八日、洲崎で合戦の火ぶたが切って落とされた。洲崎は化粧坂《けわいざか》にも巨福呂坂《こぶくろざか》にもつながる要地であり、ここを突破されれば鎌倉に突入される。幕府方も必死となり、執権赤橋守時《あかはしもりとき》が自ら出撃して防いだ。洲崎は小高い地で村岡方面への見通しもよい。一日に六五度まで切り結ぶという激戦であったが、ついに敗れて山内《やまのうち》まで退き、守時や侍大将南条高直《なんじょうたかなお》ら九十余人が自害して果てたという。付近の深沢多目的スポーツ広場内のフェンスに囲まれた一区画の中に、「陣出《じんで》の泣塔《なきとう》」と呼ばれる高さ二㍍ほどの宝篋印塔《ほうきょういんとう》がある。

化粧坂を越えると、寿福寺《じゅふくじ》から鶴岡八幡宮の西に通じる武蔵大路《むさしおおじ》につながる。まさに鎌倉の中心部に直結する重要な入口であり、新田義貞・弟義助《よしすけ》ら新田軍の主力がここを攻めたという。化粧坂の山上から北側が葛原《くずはら》岡《がおか》である。源氏山公園につながるS字形の狭い急坂であり、木々が生い茂り、所々に自然湧水《ゆうすい》も見られる。岩を削った石段や道の中央に置かれた巨石は、往時を想像させる景観である。曲がりくねった狭い坂道は、大軍の迅速な突破を許さず、あたかも城郭でいう「虎口《ここう》」の役割を果たしたことであろう。幕府方は、北条高成《たかなり》と金沢忠時《かねさわただとき》が守りを固めていた。前執権の北条基時《もととき》もこれに加わり五日間にわたって死守したが、稲村ヶ崎から新田軍が鎌倉に侵入するのを知って退いたという。

建長寺から鶴岡八幡宮へと向かう巨福呂坂は今よりも高い所にあった。現在は民家があって通行はできないが、青梅聖天社《おうめしょうてんしゃ》付近にその面影を残している。巨福呂坂は山内《やまのうち》から鎌倉に入る入口であり、新田軍を率いる堀《ほり》口貞満《ぐちさだみつ》は洲崎から山崎・台を経由して侵入してきたものであろう。洲崎方面から山内に入ると巨福呂坂の手前に亀谷坂《かめがやつざか》がある。ここから扇谷《おうぎがやつ》に入ることができ、化粧坂にも通じているから、ここを守る幕府軍の背後に回って挟撃することも可能であった。その意味からも幕府方は亀谷坂も死守したに違いない。『梅松論』は「山《やま》内小袋坂《のうちこぶくろさか》」とし、また別の史料には「山内合戦」とも見えるが、こちらの呼称の方が実態に近いのかもしれない。また、山内は北鎌倉駅北方の水堰橋《すいせきばし》手前で鎌倉街道中道につながっていた。金沢貞将《さだゆき》が率いる幕府軍を鶴見（神奈川県横浜市）で破った小山秀朝や千葉貞胤が鎌倉に攻め入ったとすれば、この口からであったはずである。『梅松論』によれば五月十八日から二十二日まで戦われたというから、化粧坂同様、最後まで防戦に努めていたものであろう。

極楽寺坂・稲村ヶ崎の戦いは極楽寺から長谷に至る坂道で行なわれた。これは、鎌倉の西の正面にあたる。現在は自動車も通る緩い坂となっているが、これは近代以降の改修工事によるもので、かつては成就院《じょうじゅいん》の門前の高さを通過していた。大館宗氏《おおだちむねうじ》の率いる新田軍はここから攻め寄せた。『太平記』は、五月十八日卯《う》の刻（午前六時頃）に、村岡（神奈川県藤沢市）・藤沢（同）・片瀬（同）・腰越《こしごえ》（神奈川県鎌倉市）・十間酒屋（不明）、五〇ヵ所に火をかけたとする。村岡は前述の洲崎の合戦のことであり、さらに藤沢から東海道に出て片瀬、腰越と進撃したということであろう。『太平記』では、洲崎の戦いに勝利した新田義貞が三軍に分けて鎌倉に攻め入らせたとするが、道筋から考えると、洲崎の戦いの前に藤沢から片瀬・腰越方面に別働隊を向けていたとする方が合理的である。幕府軍は大仏貞直《おさらぎさだなお》を大将として、極楽寺坂一帯に堅固な防衛線を敷いていた。霊山山《りょうぜんさん》（仏法寺《ぶっぽうじ》）からも激しく矢を射かけて来たという。その激戦の中、五月十九日に主将の大館宗氏が戦死した。「十一人塚」は後に大館主従一一人の遺骸を埋め霊を弔った場所といい、江ノ島電鉄稲村ケ崎駅からほど近いところにある。

『太平記』では、大館宗氏の戦死を聞いた新田義貞が五月二十一日に化粧坂から駆けつけたとする。そして、鉄壁の防衛線を前に、稲村ヶ崎で黄金作りの太刀を海中に投じて祈念すると、にわかに潮が引いて道ができ、ここから突入することができたというハイライトシーンとなる。その当否については古来より議論のあるところであるが、極楽寺切通開削以前の旧東海道は海伝いの道を通っており、新田軍はそれを利用したということであろう。なお、『太平記』の記述通りとすれば、新田義貞は化粧坂から稲村ヶ崎に兵を回すが、この時に大《だい》仏坂《ぶつざか》切通を越えれば極楽寺坂・霊山山で守る北条方の背後に出て、これを挟撃できたはずである。それをしなかったのは大仏坂が険しく軍勢の移動が不可能だったためであろうか。

稲村ヶ崎を突破した新田軍は、由比ヶ浜から甘縄《あまなわ》に出て、下の下馬橋から若宮大路に入ったと思われる。稲《いな》瀬川《せがわ》や由比ヶ浜の民家も焼失したというから、海伝いの道をさらに南方から攻め入った部隊もあったことだろう。鎌倉攻防戦は「鎌倉中の口々、合戦の時聲《ときのこえ》、矢呼び、人馬の足音、暫くも止む時なし」（『梅松論』）という激しい戦いであったが、稲村ヶ崎を突破されたことにより、各口で戦っていた幕府軍守備隊も市中に退却し、最後の合戦に備えた。新田軍が目指したのは、将軍御所や得宗邸であった。得宗邸は現在の宝戒寺（宝戒寺は北条高時の菩提を弔うためにその館跡に建立した寺院）にあったから、幕府方の最終防衛ラインは中の下馬橋、上の下馬橋、塔の辻（筋替橋）辺りであったろうか。『太平記』は小町口（中の下馬橋）における長崎高光《ながさきたかみつ》・高泰《たかやす》父子の奮闘を描いている。なお、この時に若宮大路の将軍御所も炎上したという。また、扇谷や天狗堂山《てんぐどうやま》（御成小学校背後の山）でも合戦が起こったとするが、これは化粧坂方面から突入した新田軍との戦いであったと思われる。側溝を掘り東側を高くした若宮大路は西側からの攻撃に備えていたともいうから、ここでも激しい戦いが行なわれたことだろう。しかし、ついに勝敗は決し、五月二十二日、北条高時は得宗邸から裏山を越え、葛西谷《かさいがやつ》の東勝寺に退いて自害した。『太平記』はこの時に高時と運命を共にした北条氏一門、郎等らを八百七十余人とする。なお、東勝寺跡は何もない平場であるが、その奥の昼なお暗い場所には「腹切やぐら」が残り、北条氏一門の悲しみを今に伝えている。

中先代の乱以後

建武二年（一三三五）、北条高時の子時行が北条氏の再興を図って挙兵した。中先代というのは北条氏の先代、足利氏の後代に対しての呼称である。信濃《しなの》の諏訪《すわ》氏のもとにかくまわれていた時行は、六月に西園寺公宗《さいおんじきんむね》らの建武政権打倒計画が破綻すると、七月初旬に挙兵した。七月十四日に守護小笠原貞宗《おがさわらさだむね》の軍を破ると、鎌倉を目指して武蔵を南下し、女影原《おなかげはら》（埼玉県日高町）、小手指原（埼玉県所沢市）、府中《ふちゅう》（東京都府中市）で足利直義の派遣した渋川義季《しぶかわよしすえ》・岩松経家《いわまつつねいえ》・小山秀朝《おやまひでとも》・佐竹義直《さたけよしなお》らの軍を破り、井出沢《いでさわ》（東京都町田市）まで出撃してきた直義も破って、七月二十五日には鎌倉を占拠した。信濃守護を破ってから鎌倉街道上道を約一〇日で南下したのは、新田義貞の鎌倉攻略と同様の迅速さであった。しかし、義貞の時のような要害をめぐる激しい戦いはなく、直義は鎌倉を放棄し、監禁中の護良親王を殺害すると三河まで退去した。三河国には足利氏の所領が多く、細川・仁木・今川・一色らの一族も蟠踞しており、拠点ともいえる場所であった。

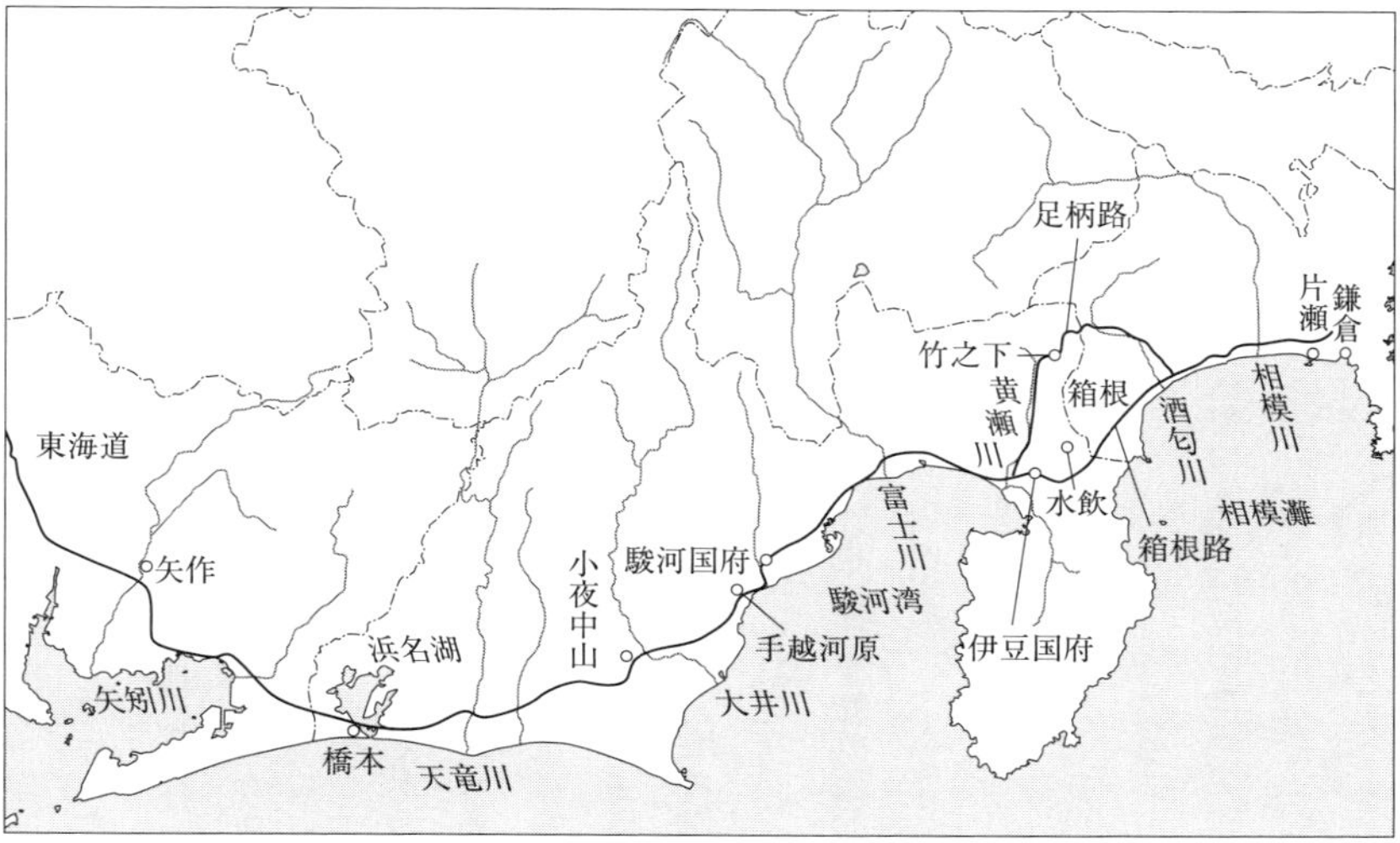

中先代の乱，箱根・竹之下の戦い関係図

京都で中先代の乱の報に接した足利尊氏は、建武二年八月二日に後醍醐天皇の命令を待たずに軍を率いて下向し、三河国矢作《やはぎ》宿（愛知県岡崎市）で直義と合流するとすぐに鎌倉に向けての進撃を開始した。北条時行もこれを途上で迎撃する態勢を取ったため、東海道に沿って両軍の戦いが繰り広げられた。

結果は足利方の連戦連勝であった。八月九日の橋本（静岡県新居町）の戦いに始まり、十二日小夜中山《さよのなかやま》（静岡県掛川市）、十四日駿河国府（静岡県静岡市）、十七日箱根（神奈川県箱根町）、十八日相模川（神奈川県平塚市・茅ヶ崎市）、十九日には辻堂・片瀬（神奈川県藤沢市）で北条時行軍を破って鎌倉に入った。この時も要害をめぐる激しい戦いはなく、諏訪頼重らは自害し、時行も逃亡して中先代の乱は鎮圧された。

これらの戦いのうち、箱根の戦いを見てみよう。足利軍は足柄路ではなく箱根路を進撃した。北条時行方もここで迎撃したため、箱根が戦場となったのである。「足利尊氏下向宿次・合戦注文」（国立国会図書館所蔵文書）によれば、尊氏は建武二年八月十六日に伊豆国府（静岡県三島市）に宿営し、翌十七日には水飲《みずのみ》（静岡県三島市）・蘆河《あしかわ》（神奈川県箱根町）・大平下（同）・湯本地蔵堂（同）で戦っている。「水飲」は箱根峠か山中城跡付近、「蘆河」は現在の箱根関所跡に近い芦川付近、大平下は現在も大平台の地名が残り、湯本地蔵堂は現在の正眼寺と考えられている。三島から箱根峠を越えて鷹巣山・湯坂山の尾根道を通って湯本に出るいわゆる湯坂道が中世の箱根越えであったが、足利勢はわずか一日でここを突破するという怒濤の進撃であった。

後醍醐天皇は、中先代の乱を鎮定した足利尊氏に対して帰洛を命じたが、独立色を強めた尊氏は鎌倉を動かず、恩賞を配下の武士に与えてその掌握に努めた。さらに、新田義貞と対立すると、建武二年十一月に義貞追討のための軍勢催促を行ない、後醍醐天皇に義貞追討を奏上した。これに対し後醍醐天皇は、逆に新田義貞に足利尊氏・直義追討を命じたため、両者の決裂は決定的となった。

後醍醐天皇の命令を受け、その皇子・尊良親王を擁した新田義貞は、建武二年十一月十九日に京都を発ち、東海道を東に進んだ。この報に接した足利直義は、閑居していた尊氏に代わって指揮を執り、十一月二十四日には三河守護所のあった矢作東宿（愛知県岡崎市）に到着し、翌日矢作川で最初の激突があった。新田方優勢の中で足利方が鷺坂《さぎさか》（静岡県磐田市）まで退いたが敗れ、さらに十二月五日、安倍川河畔の手越河原（静岡県静岡市）の戦いでも新田方の勝利となり、足利直義は箱根まで退却した。

この情勢を見て、鎌倉に閑居していた尊氏は、十二月八日に出陣し東海道を西上した。この時尊氏は箱根路ではなく足柄路を進み、箱根に布陣する直義と合流しない二方面作戦を採ったが、これは中先代の乱の時と異なる展開であった。『梅松論』は敵の意表を突く作戦とする。義貞もこれに対応し軍勢を二手に分けて、弟脇《わき》屋《や》義助《よしすけ》に別動隊を任せて足柄路に向かわせ、自らは本隊を率いて箱根路に向かった。箱根峠付近での足利直義軍と新田義貞軍の戦い、足柄路の竹之下《たけのした》（静岡県小山町）付近での足利尊氏軍と脇屋義助軍の戦いを総称して

「箱根・竹之下の戦い」と呼んでいる。

足柄峠を越えて攻め寄せた尊氏軍は、十二月十一日に藍沢原《あいざわはら》（静岡県小山町・御殿場市）で脇屋軍を一蹴した。退いた脇屋軍は佐野山（静岡県裾野市）で陣形を立て直したが、大友貞載《おおともさだのり》らの足利方への寝返りもあって、十二日にはここも打ち破られた。味方の敗戦を知った新田義貞は敵の挟撃をさけるために箱根から撤退したが、十二月十三日にその途中の伊豆国府（静岡県三島市）で足利方の追撃を受けて敗れ西走した。ＪＲ御殿場線足柄駅近くの小山町役場足柄支所入口には「竹之下古戦場の碑」が残る。また、この地で討死した新田方の公家二条為冬《にじょうためふゆ》を祀る白幡神社（静岡県小山町）や佐野原神社（静岡県裾野市）も往時を忍ぶよすがとなろう。

参考文献

秋山哲雄『都市鎌倉の中世史』（吉川弘文館、二〇一〇年）
稲葉一彦『鎌倉の碑めぐり』（表現社、一九八二年）
奥富敬之・奥富雅子『鎌倉古戦場を歩く』（新人物往来社、二〇〇〇年）
神奈川県高等学校教科研究会社会部会歴史分科会『鎌倉歴史散歩二四コース』（山川出版社、一九九三年）
神崎彰利・福島金治編『鎌倉・横浜と東海道』（吉川弘文館、二〇〇二年）
埼玉県教育委員会『鎌倉街道上道』（歴史の道調査報告書第一集、一九八三年）
櫻井　彦『南北朝内乱と東国』（動乱の東国史4、吉川弘文館、二〇一二年）
笹間義彦『鎌倉合戦物語』（雄山閣出版、二〇〇一年）
静岡県日本史教育研究会『静岡県の歴史散歩』（山川出版社、二〇〇六年）
下山　忍「鎌倉の古戦場を歩く」（福田豊彦・上横手雅敬・関幸彦編『「鎌倉」の時代』山川出版社、二〇一五年）

日本の歴史と文化を訪ねる会『武家の古都鎌倉を歩く』（祥伝社、二〇一三年）
芳賀善次朗『旧鎌倉街道探索の道』上道編（さきたま出版会、一九七八年）
北条氏研究会編『北条氏系譜人名辞典』（新人物往来社、二〇〇一年）
松山　宏『武者の府鎌倉』（柳原書店、一九七六年）
湯浅治久『蒙古合戦と鎌倉幕府の滅亡』（動乱の東国史3、吉川弘文館、二〇一二年）

第2章　鎌倉街道と相模国

角田朋彦

鎌倉街道の呼称

古代東海道に属していた相模国には、伊豆国府から相模国府そして鎌倉を通って三浦半島から海を渡り安房《あわ》国府へ通じる海岸沿いの道と、相模国府から武蔵国府に向かって北上する道があり、「⊥」状のように官道が敷設されていた。もちろんこのほかにも、国内各地に展開する集落を結び、多くの人々や物資が行き交う流通路もそれなりにあったであろう。このような中、治承四年（一一八〇）十月、源頼朝が相模国に入り鎌倉を拠点としたのであった。新たな権力体が鎌倉に誕生すると、当然、この鎌倉を起点とする道が次第に整備されることになる。もともと存在したものを利用しながらも、鎌倉から関東各地へと主要幹線道路が放射線状に広がり、さらにこれらの幹線道路を結んだり、各集落から幹線道路へと繋がる枝葉となる道路も整備された。これらの道筋が、いわゆる「鎌倉街道」「鎌倉道」と呼ばれる道で、主要な幹線道路として「上《かみ》つ道《みち》」「中《なか》つ道」「下《しも》つ道」の三筋があった。

この鎌倉街道という呼称は、中世の段階ではみられず、江戸時代になってからの呼称であると一般的にはされている。しかし、これに類するとみられる名称もうかがうことができる。元亨元年（一三二一）八月□日に山川暁尊が下総国結城《ゆうき》郡毛呂《もろ》郷《ごう》内の所領を武蔵国称名寺《しょうみょうじ》に対して寄進しているが（金沢文庫文書）、その寄進した所領の区切りの中に「鎌倉大道お限る」との表現がみえている。この「鎌倉大道」は、位置的にいわゆる「中つ道」とよばれる「奥大道《おくのおおみち》」（『吾妻鏡』建長八年六月二日条）と同じ道と考えられる。「鎌倉大道」は鎌倉に

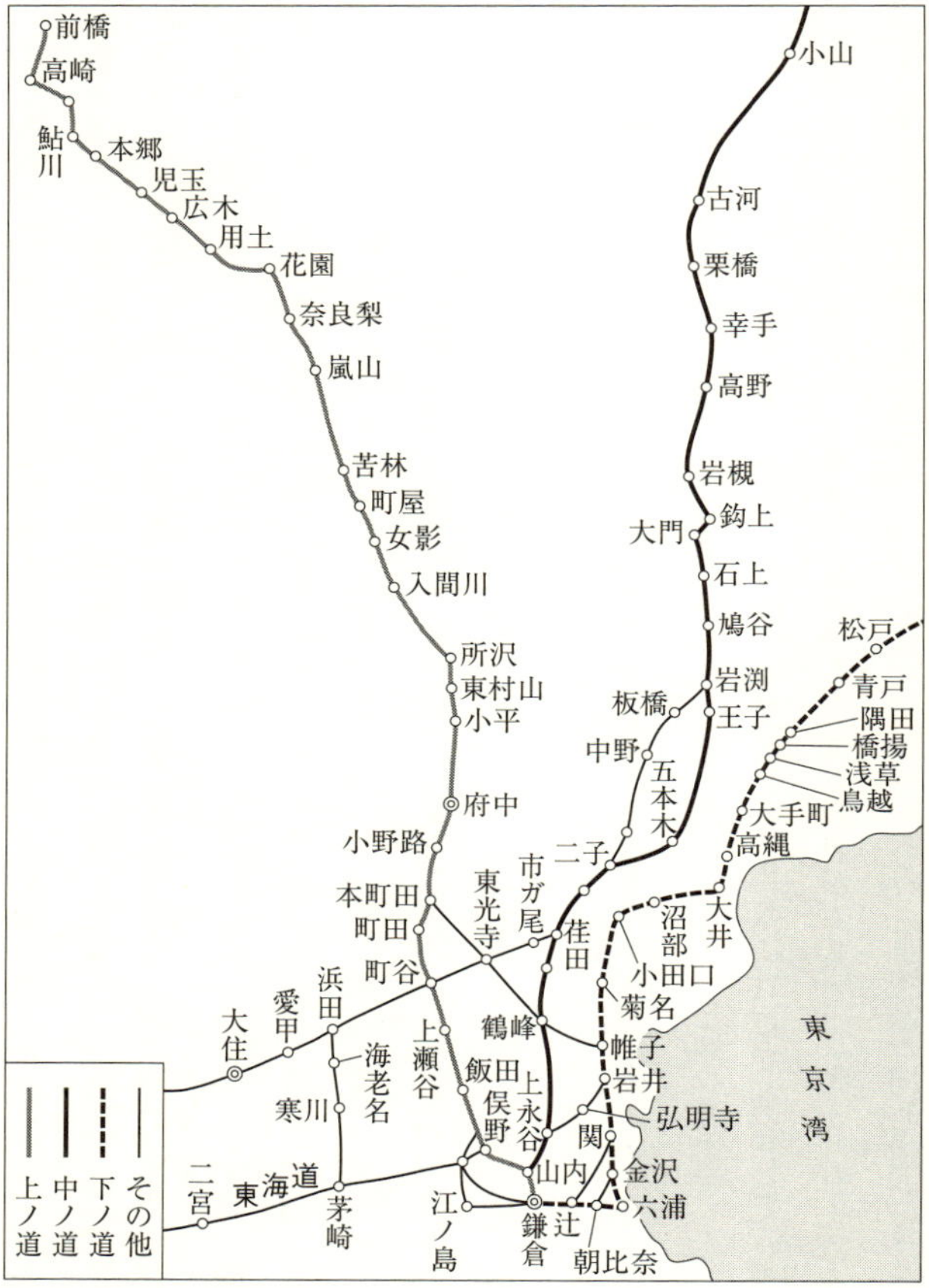

鎌倉街道（芳賀善次郎『旧鎌倉街道探索の旅』より作成）

向かう道、「奥大道」は奥州に向かう道の意味であろう。そうすると、主要幹線道路を「大道」と呼び、それがどこに向かうか行き先を冠して「〇〇大道」と称していたと考えられる。

この呼称のことは、後に触れる「武蔵大路」でも同様に考えられる。武蔵大路はたんに鎌倉内部の道路の呼称というわけではなく、現在の寿福寺《じゅふくじ》前を南北に通る道筋から亀ヶ《かめが》谷《やつ》を越えて武蔵国に通じる道で、いわゆる鎌倉街道の「上つ道」にあたる道路のことである。これも「大路（大道）」と呼び、武蔵国に向かうため「武蔵大路」と呼称されていたと考えられる。なお、「大道」も「大路」もともに「おおじ」と読めるので、「大道」は「たいどう」でも「おおみち」でもなく、「おおじ」と読んでいた可能性もある。

こうした呼称は、ほかに類証が得られないので確定はできないが、可能性の一つとして考えていいだろう。さて、いわゆる鎌倉街道の「上つ道」「中つ道」「下つ道」は、主に北関東へ向かって延びる三つの道筋である。この主要幹線道路は、鎌倉時代から室町時代にかけて、物資の流通や軍勢の通行などに利用され、合戦の舞台にもなっていた。次にこれら三つの道と、もう一つ鎌倉と京都を結ぶ重要な道であった東海道について、概観していくことにする。

鎌倉街道上つ道

鎌倉街道上つ道は、一般的には、鎌倉と武蔵国府を結び、そこから上野《こうずけ》国・信濃《しなの》国・越後《えちご》国などを繋ぐ道であり、鎌倉・室町時代を通してもっとも重要な位置を占めた幹線道路であった。このルートがもっとも早く見られるのは、養和元年（一一八一）九月十六日のことである。上野国の武士桐生六郎が、源頼朝に敵対した主人足利俊綱の首を持参した記事の中に、「武蔵大路」の名称が見えている（『吾妻鏡』同日条）。桐生六郎が上野国から鎌倉に向かった道筋をこのように表現しているのであるが、これはのちに主要幹線道路として整備され呼称された「武蔵大路」を当てはめたものであろう。この段階では、各地の道を結びながら鎌倉に向かったものと考えられる。

文治五年（一一八九）に源頼朝が奥州平泉の藤原氏を攻めたさいには、頼朝の属す大手軍・東海道軍・北陸道軍の三手に軍勢を分けて進めている。そのうちの北陸道軍が「下道を経て」上野国の御家人を催促して越後国から出羽国に廻るよう命じられている（『吾妻鏡』同年七月十七日条）。この「下道」と表現されているルートが、こののち上つ道と称される道に該当する。この時は平泉へ向かって、東海道軍＝上、大手軍＝中、そして搦手軍が下の認識であったのであろう。もっとも、この段階で主要幹線道が成立していたわけではなく、こののち建久四年（一一九三）三月から五月にかけて行なわれた武蔵国入間野《いるまの》・信濃国三原《みはら》・下野国那須野《なすの》での巻狩《まきがり》（『吾妻鏡』同年三月二十一日ほか条、『曽我物語』）や、同八年三月に行なわれた信濃国善光寺《ぜんこうじ》への参詣（『相良家文書』）などで、徐々に整備されていったものであろう。上つ道（武蔵大路）がいつ頃成立したかはわからないが、頼朝の治世下には成立したものであろう。

　さて、上つ道のルートであるが、これは鎌倉時代後期の『宴曲抄《えんきょくしょう》』（『続群書類従』）に収められた「善光寺修業」の一節から類推されている。それは「（前略）吹き送る由井の波風音たてて、しきりによする浦浪を、なを顧みる常葉山、かはらぬ松の緑の、千年もとをき行く末、分け過ぐる秋の叢、小萱苅萱露ながら、沢辺の道を朝立て、袖打ち払う唐衣、きつつなれにしといひし人の、干飯たうべし古も、かかりし井手の沢辺かとよ（後略）」と歌にある言葉から、相模国内では鎌倉の由比ガ浜→常葉《ときわ》（鎌倉市）→村岡（藤沢市）→柄沢《からさわ》（藤沢市）→飯田（横浜市戸塚区）と進み、武蔵国の井出の沢（町田市）へと通じる道筋であったことがわかる。ここでスタート地点が由比ガ浜となっているのは、善光寺に向かうための潔斎を由比ガ浜で行なったためであろうか。

　この上つ道へと向かう鎌倉の出入口については、『宴曲抄』のコースだと大仏坂《だいぶつざか》がそれに該当する。しかし、大仏坂だけではなく、巨福呂坂《こぶくろざか》・亀ヶ谷坂・化粧坂《けわいざか》からも上つ道に通じていたものとみられる。先にみた桐生六郎は武蔵大路を山ノ内に向かい、そこから鎌倉には入れず、深沢を廻って腰越《こしごえ》へ進むよう命じられている。このようにそれぞれの切通しを越えてから、村岡付近で合流し、そこから影取《かげとり》で丘陵部を越えて境川に沿って進むようになっていたのであろう。さらに、村岡まで進まなくても、山ノ内から腰越までを繋ぐ枝道も存在していたことも考えられる。

なお、山ノ内から大船・二俣川・荏田《えだ》などを経由して武蔵国府に向かう道筋（元久二年〈一二〇五〉六月に謀叛の嫌疑をかけられた畠山重忠《はたけやましげただ》が鎌倉に向かう途中で討たれているが、その時に重忠が南下した道として知られる）を中つ道とする見解もある。しかし、この道筋はどこに向かう道なのかということを考えると、これは中つ道ではなく上つ道の別道として考えるべきであろう。

この上つ道を利用して鎌倉を攻めたのが新田義貞《にったよしさだ》であった。元弘三年（一三三三）五月、上野国に挙兵した義貞の軍勢は上つ道を南下し、鎌倉を攻めている。これを迎え撃つため、桜田貞国が大将となって武蔵・上野両国の軍勢を率い「上路ヨリ入間河へ向」っている（『太平記』）。こののちも、建武四年（一三三七）十二月に鎌倉を通過した北畠顕家《きたばたけあきいえ》、観応《かんのう》の擾乱《じょうらん》終結後の文和元年（一三五二）閏二月に鎌倉を占領した新田義宗《よしむね》らなど、北関東から鎌倉を攻撃する軍勢は、ほぼこの上つ道を利用していた。

一方、鎌倉側から出陣する場合も、たとえば暦応二年（一三三九）に常陸小田《おだ》城に拠る北畠親房《ちかふさ》を攻めたときや、康暦二年（一三八〇）に下野国の小《お》山《やま》義政《よしまさ》を追討したときに、鎌倉府軍が利用したのはこの上つ道であった。このように、上つ道は鎌倉・室町時代を通して関東におけるもっとも重要な幹線道路であった。これは、相模・武蔵という重要な国の中央を縦断し、両国の武士を糾合するのに都合が良かったからであろう。また、中つ道・下つ道よりも重視されていたのは、多摩川の渡河点の関係も視野に入れる必要があるかもしれない。

鎌倉街道中つ道

鎌倉街道中つ道は、鎌倉から武蔵国東部を通り、下野国を経て陸奥国に至る主要幹線道路で、最初にみたように「奥大道」ともよばれていた。文治五年（一一八九）の平泉攻めで、源頼朝の大手軍が進んだ「中路」

（『吾妻鏡』同年七月十七日条）がこの道にあたる。建長八年（一二五六）六月には、奥大道で夜盗や強盗が蜂起しているため往還を行き来する旅人に煩いがあるとして、その取り締まりを沿道の御家人らが命じられている（『吾妻鏡』同年六月二日条）。

中つ道のルートについては、鎌倉から巨福呂坂を通って山ノ内→大船と進み（ここは上つ道と同じ）、そこから北へ進路を変え、永谷（横浜市港南区）→柏尾《かしお》（横浜市戸塚区）と過ぎて境木付近（横浜市保土ヶ谷区）で武蔵国に入り、二俣川（横浜市旭区）→鶴ヶ峰（同区）と進む道筋であった。このうち戸塚から相模・武蔵の国境付近までのルートは、江戸時代に設定・整備された東海道の道筋に並行するような位置にあるが、江戸時代の東海道が戸塚から品濃坂に向かって川沿いの谷筋を進んでいるのに対して、中つ道は、大船から先は柏尾川の東側の丘陵部の尾根筋を北進するように道筋が設定されている。

この中つ道＝「奥大道」としてのメインとなる部分は、武蔵・下野・陸奥国の道筋であったためか、史料上ではあまり確認できない。武蔵国二俣川より南側の道筋は、上つ道の別道と重なる部分でもあり、上つ道を舞台とする攻防戦などでは、中つ道も上つ道と同じような状況であったことが考えられる。元弘三年（一三三三）五月の新田義貞による鎌倉攻めでは、陸奥守貞通（『太平記』では大仏貞直《おさらぎさだなお》）が「中の道の大将」となっているが（『梅松論』）、鎌倉を出発してすぐの化粧坂上の葛原《くずはら》で合戦となってしまい、敗れ退いているため、その先、どの道筋を進もうとしていたのかは不明である。

鎌倉街道下つ道

鎌倉街道下つ道は、武蔵国の湾岸を北上し、隅田（東京都墨田区）付近で道が二つに分かれ、一方は北上して常陸国へ、もう一方は東進して房総半島へと向かう道筋である。文治五年（一一八九）の平泉攻めでは「東海道」と表記されていて、千葉常胤《ちばつねたね》・八田知家《はったともいえ》が大将となって常陸・下総両国の武士を率いるよう命じられており、まさにこの両国と鎌倉を結ぶ道筋であった。

このルートについては、上つ道の柄沢（藤沢市）から右へ折れて最戸《さいど》（横浜市港南区）へ向かう道、あるいは中つ道の永谷（横浜市港南区）で分かれて最戸へ向かう道とする説など複数ある。しかし、地理的なことなどを考慮すると、鎌倉から朝比奈坂を越えて武蔵国に入り、六浦《むつら》（横浜市金沢区）→金沢（同区）→保土ヶ谷（同市保土ヶ谷区）→帷子《かたびら》（同区）→神奈川（同市神奈川区）→鶴見（同市鶴見区）と湾岸に沿って丘陵地を縫いながら北上する道筋と考えていいだろう。

御所台の井戸

元弘三年（一三三三）の新田義貞らの挙兵時には、金沢貞将《かねさわさだゆき》が大将となって「下の道」を北上している（『梅松論』）。しかし、武蔵国鶴見まで進んだところで千葉貞胤《ちばさだたね》らと合戦となり、やはり敗れて引き退いている。貞将の出陣は、上総・下総両国の武士を糾合して、義貞ら「敵ノ後攻《ごづめ》」をすることが目的であった（『太平記』）。

また、文和元年（一三五二）閏二月に新田義宗らが挙兵し鎌倉に攻め込んでくるとの報に接した足利尊氏は、鎌倉を脱出して武蔵国狩野川《かのがわ》（横浜市神奈川区）へ逃走している（『園太暦』）。尊氏は、上つ道を南下する新田軍と鉢合わせするのを避けるため、この下つ道を利用したものと考えられる。

相模国ではないが、弘明寺（横浜市南区）から丘陵部を越えて保土ヶ谷に下っていく石難坂《いわなざか》（石名坂）には「御所台《ごしょだい》の井戸（政子の井戸）」と呼ばれている井戸が残されている。この井戸は、北条政子がここを通りかかったとき、この井戸水を化粧に使用したと伝えられているものである。話の真偽は別にして、この道筋が下つ道であったことを物語っているものである。

東海道

東海道は、鎌倉と京都を結ぶ重要な幹線道路である。一般的には京鎌倉往還とよばれ鎌倉街道とよばれることはないが、きわめて重要な道なので、ここで触れておきたい。

この道筋は、古代東海道のルートとして源頼朝以前から敷設されていた道であるが、頼朝による街道整備も早くから確認できる。文治元年（一一八五）十一月二十九日には「駅路の法」を定め、街道筋の各所に伝馬を設置しようとしている（『吾妻鏡』同日条）。さらに建久五年（一一九四）十一月八日には、早馬《はやうま》や匹夫《ひっぷ》を設置して街道の駅々を支配させること、また新宿の加増などにも触れている（『吾妻鏡』同日条）。京都と鎌倉を結ぶ街道としての重要性や、頼朝の上洛にともなう街道の整備といった意味合いがあったのであろう。

この東海道のルートは、鎌倉からは大仏坂あるいは極楽寺坂から西へ向かい、藤沢（藤沢市）→懐島《ふところじま》（茅ヶ崎市）→大磯（大磯町）と進み、現在の国府津《こうづ》付近で道筋は二手に分かれる。北側へ進む道は、曽我（小田原市）→関下《せきもと》（南足柄市）と進み、足柄峠を越えて駿河国竹ノ下（静岡県小山町）へと通じる足柄路と呼ばれる道筋である。この足柄路には、途中、東海道と分かれ籠坂《かごさか》峠を越えて甲斐国に向かう道もあった。『海道記』の作者は、この足柄路を越えている。また、観応の擾乱の中で甲斐国須沢《すさわ》で討ち取られた高師冬《こうのもろふゆ》も、このルートを逃亡したものと考えられる。

もう一方の西進する道筋は、酒匂《さかわ》（小田原市）→湯本（箱根町）と進み、箱根峠を越える湯坂路《ゆさかじ》と呼ばれる道筋である。『十六夜日記』を残した阿仏尼《あぶつに》や『東関紀行』の作者らは、この湯坂路を通っている。現在もルート上に元箱根石仏群などが残り、旧道としての雰囲気を伝えている。

建武二年（一三三五）十一月、北条時行の乱を鎮めたあと鎌倉に籠もった足利尊氏を追討するため、新田義貞を中心とした軍勢が鎌倉に下っている。翌十二月には、足利軍と新田軍の合戦が、伊豆・駿河・相模の国境で行なわれた。いわゆる「箱根竹ノ下の戦い」とよばれるものであるが（『太平記』）、箱根は箱根峠付近の湯坂路での合戦、竹ノ下はもう一方の足柄路での合戦であった。

このほかに、官道の東海道としては設定されていないが、相模国と伊豆国を結ぶ道には、もう一つ真鶴《まなづる》方面へ進んで熱海から三島へ通じる道もあった。頼朝は走湯山《そうとうざん》（伊豆山）権現・箱根権現に三島社を参詣する二所詣を行なっていたが、その際にこの熱海周りのルートが使用されていた。この道も東海道の間道のような位置付けであったのであろう。

元箱根石仏群・五輪塔

鎌倉街道の記憶

これまで、鎌倉街道と称される道のうち、主要な幹線道路について概観してきた。これらは、源頼朝が鎌倉に幕府を開いて以来、鎌倉と各地を結ぶ重要な道路として機能していた。しかし、室町時代も半ばになると、その様相に変化がみられるようになってくる。康正元年（一四五五）六月、関東管領上杉氏との対立・抗争から、関東公方足利成氏《しげうじ》が下総国古河《こが》に拠点を移すことになった。これに対処するため、扇谷上杉氏や関東管領山内上杉氏は武蔵国五十子《いかっこ》に布陣している。文明十四年（一四八二）十月に和睦がなっても、公方成氏は拠点を鎌倉に戻すことをしなかった。そのため、相模国内の道は鎌倉を起点としたものではなく、代わって相模国守護であった扇谷上杉氏の拠点を結ぶ道が基幹道路となっていく。扇谷上杉氏の本拠地である糟屋《かすや》（伊勢原市）を中心に、七沢《ななさわ》（厚木市）・大庭《おおば》（藤沢市）・真田《さなだ》（平塚市）・岡崎（平塚市・伊勢原市）などを繋ぐ道がそれである。さらに、明応四年（一四九五）に伊勢長盛が小田原を奪取し拠点にして以後、戦国大名北条氏による関東支配が進められるようになった。そのため、小田原を起点とした道筋が相模国における基幹道路へと推移していくことになる。こうして鎌倉を起点とした鎌倉街道（主要幹線道路とその枝道）は廃れることになり、地域の記憶の中に残されることとなった。

このことは、江戸時代の天保十二年（一八四一）に成立した『新編相模風土記稿』に垣間見ることができる。試しに「鎌倉古道」「鎌倉古街道」の記述がみられる地域をピックアップしてみよう（〈　〉は割書）。

大住郡南原村（平塚市）
　村西より東に通じて中原道〈幅一丈、下同〉係れり、此道の内、金目川の辺に至り、幅一間許に挟まりし所、鎌倉古街道なりと云、
大住郡徳延村（平塚市）
　北方村境に波多野道係れり〈幅八尺〉、鎌倉古道なりと云伝ふ、
大住郡松延村（平塚市）
　村北に小径〈鎌倉往還と唱ふ〉在、
大住郡公所村（平塚市）
　東南の間より入る一路を鎌倉往還と唱ふ〈幅九尺〉、

高座郡座間宿村（座間市）

村の中程に鎌倉古道と唱ふるあり、入谷村星谷寺より新戸村に通ず、

鎌倉郡柄沢村（藤沢市）

建久四年四月、右大将頼朝武州入間野に狩せし路次、当所を歴て武州関戸宿に到りし事【重須本曽我物語】に見えたり〈曰《いわ》く、鎌倉殿、浅間山・腰離山・三原狩倉共を見る、建久四年癸丑四月下旬、鎌倉中を出で、気幸坂を打超し柄沢・飯田を過ぎ武蔵国関戸宿に着す〉、今も武州多磨郡木曽町辺へ通ぜしといふ、鎌倉古道村内に係れり、蓋し此道なるべし、

鎌倉郡上町谷村（鎌倉市）

鎌倉古道村内にあり、

ざっとみても、実は武蔵国（『新編武蔵風土記稿』に所載のもの）に比べて記載が非常に少ないことがわかる。これは、あるいは立地的に鎌倉に近いため、鎌倉へ向かう古くからの道が江戸時代になっても実際に「鎌倉道」として利用されていた結果かもしれない。実際に、鎌倉周辺では「鎌倉道」として日常的に使用している村が、一八件ほど検索できる。

さて、ここにピックアップした村のうち、現在は平塚市に含まれる大住郡南原《みなみはら》村・徳延《とくのぶ》村・松延《まつのぶ》村・公所《ぐぞ》村の鎌倉古道・鎌倉往還は、中世段階の東海道筋にあたるとみられる。江戸時代には五街道の一つの東海道が新たに設置・整備されたため、それ以前の東海道とは道筋が変わってしまっている。そのため、中世の東海道筋を鎌倉古道と表現していたものとみられる。

現在は座間《ざま》市に含まれる座間宿《ざまじゆく》村の道は、地理的に、これまでみてきた鎌倉街道の主要幹線道路の三筋ではないことがわかる。道筋をみると、現在の小田急電鉄小田原線の座間駅にほど近いところに所在する入谷《いりや》の星《しょう》

谷寺《こくじ》から北北西に進路をとって、現在は相模原市南区の南端に位置する新戸《しんど》に向かっているものである。こうした道筋にみられる鎌倉古道という表記を、単に古い道であることを示すための表現方法としてしまっていいのだろうか。そうではなく、たとえ本道（幹線道路）ではなかったとしても、「いざ鎌倉」と馬を走らせた鎌倉武士の通り道、枝道としての鎌倉街道として考えていいのではないだろうか。神奈川県に限らず、各地に残る鎌倉街道の伝承は、本道・枝道ともに含めて、鎌倉武士が走り抜けた鎌倉街道であったと考えていいだろう。

次の、現在は藤沢市に含まれる柄沢村の鎌倉古道は、鎌倉街道上つ道のところでみたように、主要幹線道路の上つ道を指している。古道の説明として引用しているのも『曽我物語』である。この道も、戦国時代から江戸時代にかけて行なわれていった道路の再編成によって廃れてしまったものであろうか。

最後にピックアップした鎌倉郡上町谷村《かみまちや》は、現在は柏尾川沿いに位置し、藤沢市に隣接する上町屋《かみまちや》のことである。この道は、大仏坂や化粧坂を越えて村岡に向かう道筋の途中にあり、柄沢村と同様、鎌倉街道上つ道にあたるものである。ここも道筋の再編成によって古道の扱いになってしまったのであろう。

以上、『新編相模国風土記稿』にみられる鎌倉街道の〝記憶〟について概観してみた。江戸時代には、主要幹線道路の上つ道・中つ道・下つ道でなくても、鎌倉古道と表現している道があることがわかった。また、「どこそこへ通じる」としていながら、その通じる先の村では鎌倉古道の表現がなく、これら村ごとの鎌倉街道に対する認識の違いも興味深いものがある。

最後にもう一つ、鎌倉街道の記憶について触れておきたい。それは、現在は横浜市戸塚区柏尾町に所在する王子神社についてである。この王子神社は、『新編相模国風土記稿』には、下柏尾村の項にその鎮守として次のように記されている。

王子社　上下柏尾村二村の鎮守なり、例祭十一月朔日、成正寺持、

王子神社

江戸時代の段階では、情報がこれだけで詳細はよくわからない。ところが、現在では次のような話を伝えている。「首洗井戸四ツ坑跡」に建つ石碑に刻まれた由来を要約しておく。

建武元年（一三三四）十月、足利尊氏の隠謀によって護良《もりよし》親王は鎌倉に幽閉されてしまった。親王の有事を予期した万里小路《までのこうじ》藤房《ふじふさ》は、後醍醐天皇に対して諫言を残して朝廷を去り、大和国十津川《とつかわ》で親王に供奉していた関係者数名とともに変装して柏尾の地に潜入し、親王の奪還の機会をうかがっていた。しかし、親王は翌年七月二十七日に渕野辺《ふちのべ》義博《よしひろ》によって殺されてしまった。藤房らは首だけでもと奪取して柏尾に至り、清水で首を洗い清め、丁寧に埋葬した。その首塚に建立されているのが王子神社である。

というものである。

後醍醐天皇に仕えながらも政権批判をし、建武元年に出家・遁世して歴史上から姿を消した万里小路藤房を登場させるなど、なかなか凝った伝承となっている。この護良親王の首塚伝説がいつ頃附加されたのかは知る由もない。しかし、江戸時代の様子なども加味すれば、この伝説は早くとも、護良親王が幽閉されていた東光寺跡地に親王を祭神とする鎌倉宮が建立された明治二年（一八六九）以降のことと考えられ、比較的新しく成立した伝承と思われる。

この伝承の是非は別にして、なぜここにこの伝承が附加されたのかについては興味を引かれる。その理由の一つに、鎌倉街道の〝記憶〟があったのではないだろうか。現在、王子神社は江戸時代の東海道を背にして、南側に参道が延びている。その参道が延びた先、丘陵部の尾根筋に沿って通っていたのが、鎌倉街道中つ道であった。親王が討たれた鎌倉にほど近く、その首を奪って逃走するために利用する主要幹線道路の一つに面したところであり、伝承を創造するのには適した場所であったと考えられる。

幹線道路の再編成によって、鎌倉街道そのものは廃れていっているが、街道の〝記憶〟は色々なところに見え隠れしていることがわかるのである。

源頼朝が鎌倉に入部して整備されていった鎌倉街道。鎌倉が相模国のなかでも東端に位置していたため、鎌倉を起点とする主要幹線道路である三つの道筋＝上つ道・中つ道・下つ道は、ほぼ相模国の東側を縦に貫く状態であった。しかし、相模国の中央部から西部にかけても鎌倉御家人は存在していたのであり、彼らが鎌倉に向かって駆け抜ける枝道も、鎌倉街道として十分機能していたのであった。そして、これらの街道は、拠点となる地域が変化していくなかで、徐々に廃れ失われていく結果となった。現在、鎌倉街道と伝承されている場所は、幹道・枝道関係なく、鎌倉武士の記憶が息づいているのである。

参考文献

木村茂光『頼朝と街道—鎌倉政権の東国支配—』（吉川弘文館、二〇一六年）
齋藤慎一『中世を道から読む』（講談社現代新書、二〇一〇年）
芳賀善次郎『旧鎌倉街道　探索の旅』全三巻（さきたま出版会、一九七八〜八二年）
山野井功夫「館・城・街道」（関幸彦編『武蔵武士団』吉川弘文館、二〇一四年）

第3章　館・山城を探る

山野井功夫

「城」というと、読者の方々はどのような城を思い浮かべるであろうか。世界遺産でもある姫路城や、松本城・犬山城・彦根城・松江城など国宝の天守閣を伝える城など、多くの方々の頭に浮かぶのは近世の城郭ではないだろうか。しかし、城跡は全国におよそ四万はあるといわれ、その九九％が中世の城館跡である。そして、その多くは「城」という文字が「土」と「成」から成り立つことが示す通り、堀切《ほりきり》で尾根を遮断したり、空堀《からぼり》や土塁《どるい》で周囲を囲んだりしただけの「土の城」である。文献史料には登場せず、遺構や伝承・城郭関連地名のみを今に残す無名の城館も多い。

旧相模国域（川崎市と横浜市の大半を除いた神奈川県域）にも多くの中世城館跡が存在する。江戸後期に幕府が編纂した『新編相模国風土記稿』（以下、『新編相模』と略す）も多くの屋敷や城館・要害に関する記述を載せ、それらは今日でも城館研究の基本史料となっている。大正時代から昭和初期には個々の城郭の歴史的な研究が始まり、やがて赤星直忠『三浦半島城郭史・上下』（一九五五年）など、遺構や縄張にも論及した研究がなされるようになった。『日本城郭大系　六　千葉・神奈川』（一九八〇年）はその集大成ともいえ、陣屋《じんや》や幕末の台《だい》場《ば》なども含めて神奈川県内三八二の城館を立項する（巻末の一覧表を含む）。一方、中世城館跡の発掘調査も広く実施されるようになったが、そのほとんどは開発を前提とした調査であり、遺構は破壊される運命にあった。そのなかで、昭和五十三年（一九七八）に藤沢市の大庭城《おおばじょう》が史跡公園として保存されることとなった。

本章では、源《みなもとの》頼朝《よりとも》の挙兵から伊勢《いせ》宗瑞《そうずい》（北条早雲）が相模国を制圧した戦国前期まで、五つのテーマに沿って相模武士の城館跡を取り上げていくこととする。

衣笠城―三浦氏旗揚げの地―

治承四年（一一八〇）八月の源頼朝の挙兵にあたり、三浦半島の豪族三浦氏は大雨による増水に阻まれて石橋山合戦に間に合わず、戻る途中で平家方の畠山重忠《はたけやましげただ》の軍勢と遭遇して合戦になった。これが小《こ》坪《つぼ》合戦（逗子市）で、畠山勢は敗退したが河越重頼《かわごえしげより》・江《え》戸《ど》重長《しげなが》らの加勢を得て盛り返し、三浦一族は衣笠城《きぬがさじょう》（横須賀市衣笠町・市史跡）に立て籠もった。大手《おおて》の東木戸口には三浦義澄《よしずみ》・佐原義連《さはらよしつら》が、西木戸口には和田義盛《わだよしもり》らが布陣して畠山勢を迎え撃ったが衆寡敵せず、三浦一族は城を捨てて海上へと逃れた。八九歳の三浦義明《よしあき》は源氏再興の時に巡り合えたことを喜び、一人城に残って討死した。

『新編相模』は衣笠城について、「頂上に金峯蔵王権現社あり、此所本城の蹟と云、南へ下ること若干歩にして平地あり、こゝを二丸の蹟と云、則《すなわち》箭執不動の堂地なり、東面を大手口と云り」と記し、前九年合戦に従軍した三浦為通《ためみち》が康平年間（一〇五八～六五）に築いたとする。大善寺（曹洞宗）のある山が城跡で、寺の背後が主郭とされるが、土塁や堀切などの遺構は確認できない。要害の衣笠山に立て籠もり、敵の進撃路に若干の防備を施したというのが実態であろう。『源平盛衰記』も、合戦直前に義明が「堀切」の造成や「木戸」「逆茂《さかも》木《ぎ》」「掻楯《かいだて》」「矢倉」の構築を下知したと記す。山頂に「衣笠城址」の碑が建ち、その下に物見岩と呼ばれる大岩がある。大正時代、その下から銅製経筒・白磁水滴・白磁合子《ごうし》・銅製草花蝶鳥鏡・火打鎌・刀子《とうす》残欠などが発見された。平安末期の経塚で、三浦一族によるものと推測される。白磁の水滴と合子は景徳鎮窯《けいとくちんよう》のもので、東京国立博物館に保管されている。

鎌倉時代、三浦氏は執権北条氏と並ぶ有力御家人として重きをなした。三浦半島の各所に庶子家が分立し、鐙摺《あぶずり》城（葉山町堀内。町史跡）・芦名城（横須賀市芦名一丁目）・大矢部城（同大矢部六丁目）・佐原城（同佐原三丁目）・怒田《ぬた》（沼田）城（同吉井一丁目）・小矢部《こやべ》城（同小矢部一丁目）などの城館跡が、衣笠城を取り囲むように分布する。鐙摺城は小坪合戦で、三浦義澄がここに旗を立てて合戦の様子を遠望したことから旗立山《はたたてやま》、あるいは軍見山《いくさみやま》ともいい、その一角に頼朝に敵対して自害した伊東祐親の供養塚（町史跡）がある。また、怒田城は少数の兵で守れる要害で、和田義盛が三浦義明にここでの籠城を勧めたことが『源平盛衰記』にみえ、吉井貝塚（県史跡）のある丘陵が城跡である。しかし、これらの城館群と衣笠城との関係については、伝承があっても史料的な裏付けがないものや、時代的に一致しないものもある。

衣笠城の周辺には大善寺をはじめ、三浦義明の坐像（国重文）や廟所（市史跡）がある満昌寺（臨済宗）と御霊神社（横須賀市大矢部町一丁目）、三浦義澄の墓がある薬王寺跡（大矢部町一丁目）、三浦為通・為継《ためつぐ》・義継《よしつぐ》三代の廟所（市史跡）がある清雲寺（臨済宗。大矢部町五丁目）、和田義盛の創建と伝え運慶作の阿弥陀三尊像（国重文）などがある浄楽寺（浄土宗。同芦名二丁目）、佐原義連の墓と伝える五輪塔がある満願寺（臨済宗。同岩戸一丁目）など、三浦氏ゆかりの史跡や文化財が集中する。城館跡とあわせて巡れば、三浦一族の歴史とその仏教文化を偲ぶことができる。

衣笠城の碑

上浜田遺跡と東田原中丸遺跡―発掘された武士の館―

『法然上人絵伝』に描かれた美作国の押領使漆間《うるま》時国《ときくに》の館や、『一遍上人絵伝』の筑前国の武士の館など、絵巻物から中世武士の館の様子をうかがい知ることができる。近年では、発掘調査からも中世武士の館の実態が解明されつつある。

上浜田《かみはまだ》遺跡（県史跡。海老名市浜田町）では、中世の掘立柱建物群が牧などの関連施設とともに確認された。建物群の規模や出土した陶磁器類などから有力武士の館跡と推定され、瀬戸の天目《てんもく》茶碗や中国産の陶磁器などからは、喫茶を嗜む暮らしぶりがうかがえる。館主は不明だが、鎌倉時代のこの地の領主は渋谷《しぶや》氏である。遺跡のある一帯を大谷といい、渋谷重国《しげくに》の孫重茂《しげもち》（重諸とも）が大谷四郎を称していて、関連がうかがわれる。渋谷氏は桓武平氏秩父氏の一族で、重国は平治の乱で源義朝にしたがい、源頼朝の挙兵時は平家方にあったが、降って御家人となった。渋谷氏は宝治合戦で薩摩国に多くの所領を獲得して下向し、重茂は鶴田（鹿児島県さつま町）の地を譲られ、子孫は鶴田氏を称した。遺跡はこの地に残った渋谷一族の館跡であろう。

遺跡は相模川東岸の丘陵の南端、標高四〇～六〇㍍の舌状台地に位置し、東側の緩斜面を二段に削平して館が建てられていた。丘陵裾の東と西は湧水地や沼地の細長い谷戸《やと》である。発掘調査で中世の掘立柱建物跡八棟、竪穴状遺構一軒などが確認された。また、丘陵上にも付属的な掘立柱建物跡一棟などが確認された。掘立柱建物群はⅠ～Ⅳ期（十三世紀中頃～十五世紀以降）に区分される。土塁・堀などの防御施設はともなわないが、中世武士の館を知る上で貴重な遺跡である。

調査結果をもとに、推測を交えてⅢ期の館を復元したのが次のイラストである。板葺屋根の主屋は庇《ひさし》まで入れると七×五間と大きく、室内は板の間で一部には畳が敷かれていた可能性がある。主屋の背後には倉があって廊で結ばれ、その北側には二棟の厩《うまや》があった。厩の前の厨《くりや》には竈《かまど》が設けられ、その背後の一段高い所に井戸があった。館の最も奥の建物は持仏堂か隠居所であったと思われる。西側の丘陵地には馬を放牧する牧があり、溝と土塁を巡らし柵が設けられていていた。館の門を下った先は谷田《やとだ》で、周辺には下人の小屋や農民の住居が並んでいたであろう。館主は一帯を支配する領主であると同時に、下人らを使って農業経営を行なう農場主で

東国武士の館の復元図（中西立太画）

もあった。遺跡の大部分は宅地造成により消滅したが、史跡指定を受けた中世建物跡の一帯は浜田歴史公園として保存され、建物跡などの配置がタイルで表示されている。

東田原中丸《ひがしたわらなかまる》遺跡（秦野市東田原）も発掘調査で確認された中世の屋敷遺跡で、波多野《はたの》氏関連の館跡とみられる。波多野氏は前九年合戦で源頼義にしたがって討死した佐伯経範《さえきつねのり》を祖とし、源頼朝の異母兄で平治の乱で死んだ朝長《ともなが》の母は波多野義通《よしみち》の妹である。波多野氏は西相模一帯に松田氏や河村氏などの一族を派生させ、承久の乱で新恩地を得て全国に拡大した。曹洞宗の開祖道元を越前国に迎えた波多野義重《よししげ》もその一人である。

源実朝首塚

従来は伝波多野城（秦野市寺山字小附）が波多野氏の城館跡と伝えられ、大正時代に地元の人々によって「波多野城趾」の石碑が建てられた。しかし、城郭遺構は認められず、発掘調査でも中世の陶磁器片を若干出土したのみであった。近年では東田原中丸遺跡が波多野氏の館跡として有力視されている。遺跡は伝波多野城の西一キロほどの舌状微高地の先端部に位置する。発掘調査によって二一棟の掘立柱建物群や段切遺構・柵列などが確認され、かわらけや国産・中国産陶磁器、釘・鉄滓《てつさい》・銭などが出土した。現在は東田原ふるさと公園となっているが、遺構が確認できるような施設はない。園内には源実朝の首塚とされる石造五輪塔（市史跡）がある。鎌倉の鶴岡八幡宮で甥の公暁《くぎょう》によって暗殺された実朝の首は、武常晴《たけつねはる》という三浦の武士によってこの地に葬られ、五輪の木塔（現在は鎌倉国宝館に収蔵）を建てて供養したという。近くにある金剛寺（臨済宗。開山は北条政子剃髪の戒師を勧めた退耕行勇《たいこうぎょうゆう》）は実朝や波多野氏と深いゆかりがあり、建長二年（一二五〇）には波多野忠綱（忠経）が実朝の菩提を弔うために伽藍を整備している。

鎌倉時代の武士の館跡で、現代にその遺構を明瞭に残すものは少ない。また、遺構が残っていても、中世城館の多くは南北朝期や戦国期に拡張・改修を受けて「進化」を遂げている。したがって、鎌倉時代の武士の館跡であったとしても、現在みられる遺構はその最終段階のものである。また、城館主の伝承は名字との一致などからくる付会の場合も多い。しかし、現地の景観を眺め、墓所や寺社など周辺の史跡を訪ねれば、その故地を思い描くことができる。続いて、そのような相模武士の故地をいくつか紹介しよう。

大庭城（藤沢市大庭）は、石橋山合戦で頼朝を破った大庭景親築城の伝承をもつ丘城である。しかし、発掘調査では大庭氏時代の遺構や遺物は見つかっていない。永正九年（一五一二）に伊勢宗瑞（北条早雲）が扇谷《おうぎがやつ》上杉氏から奪い、玉縄城（鎌倉市城廻・植木）が整備されるにともない廃城となったとみられる。現在は大庭城址公園として郭や空堀などの遺構が保全され、主郭には発掘調査で確認された建物跡の柱穴位置が表示されている。また、管理事務所内に城の復元模型などの展示スペースがある。

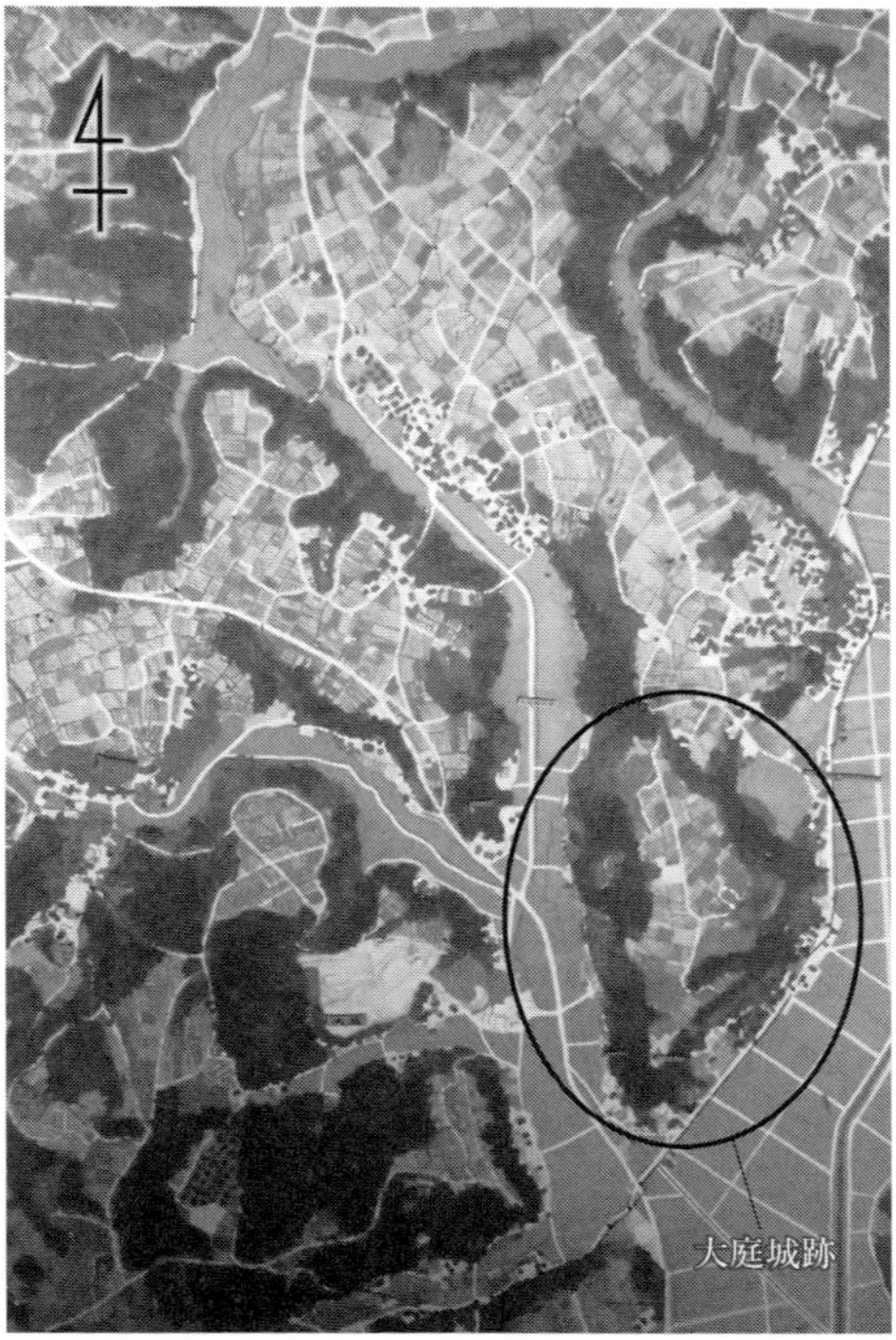

大庭城復元模型（部分，藤沢市大庭城址公園提供）

土肥《どい》館（湯河原町城堀字御庭平）は土肥実平《さねひら》の館跡と伝えられ、現在は土肥氏の菩提寺である城願寺（曹洞宗）が建つ。遺構は残らないが、本堂の左方に土肥一族の墓所（県史跡）があり、宝篋印塔《ほうきょういんとう》や五輪塔など数十基の石塔群が建ち並ぶ。土肥氏は西相模に勢力を張った中村氏の一族で、実平は石橋山の合戦で大敗した頼朝を巧みに海路安房へと逃してその再起に貢献し、平家追討にも活躍した。城願寺の北西の城山（標高五六四メートル）には土肥城（湯河原町宮下城山。町史跡）がある。土肥館が土肥氏の居館で、土肥城はその詰の城ともいわれたが、土肥城の遺構は室町・戦国期のものである。山頂部にある主郭から東側に伸びる尾根に沿っていくつもの郭を並べた連郭式の山城で、それぞれの郭を切岸や堀切で遮断して防御していた。城跡はハイキングイコースになっていて相模湾の眺望がよく、山頂には「土肥城趾」の石碑が建つ。また、近くには頼朝が身を隠したという「しとどの窟《いわや》」（県史跡）もある。

岡崎城（平塚市岡崎・伊勢原市岡崎。伊勢原市史跡）も頼朝の挙兵にしたがった岡崎義実《おかざきよしざね》（三浦義明の弟）が築いたとされるが、現在うかがえる遺構は十五～十六世紀のものである。無量寺（浄土宗）を中心に遺構が確認され、近くには義実の墓が残る。

小沢城―長尾景春方の難城―

享徳三年（一四五四）、鎌倉公方足利成氏《しげうじ》は対立する関東管領上杉憲忠《のりただ》を謀殺し、幕府の追討を受けて下総《しもうさ》国古河《こが》（茨城県古河市）へと逃れた。こうして東国支配の要であった鎌倉府体制は崩壊し、関東の諸将は成氏（古河公方）方と関東管領山内《やまのうち》上杉氏・扇谷上杉氏方とに分裂し、関東一円は戦乱の渦に巻き込まれた。応仁・文明の乱（一四六七～七七）に先んじて始まった関東のこの大乱を享徳の乱（一四五四～八二）という。

享徳の乱の最中の文明八年（一四七六）、山内上杉氏の重臣であった白井《しろい》長尾家（群馬県渋川市）の長尾景春《かげはる》は、家宰職《かさいしき》補任をめぐる不満から主君顕定《あきさだ》に背き、武蔵国鉢形城《はちがた》（埼玉県寄居町）で挙兵した。景春は古河公

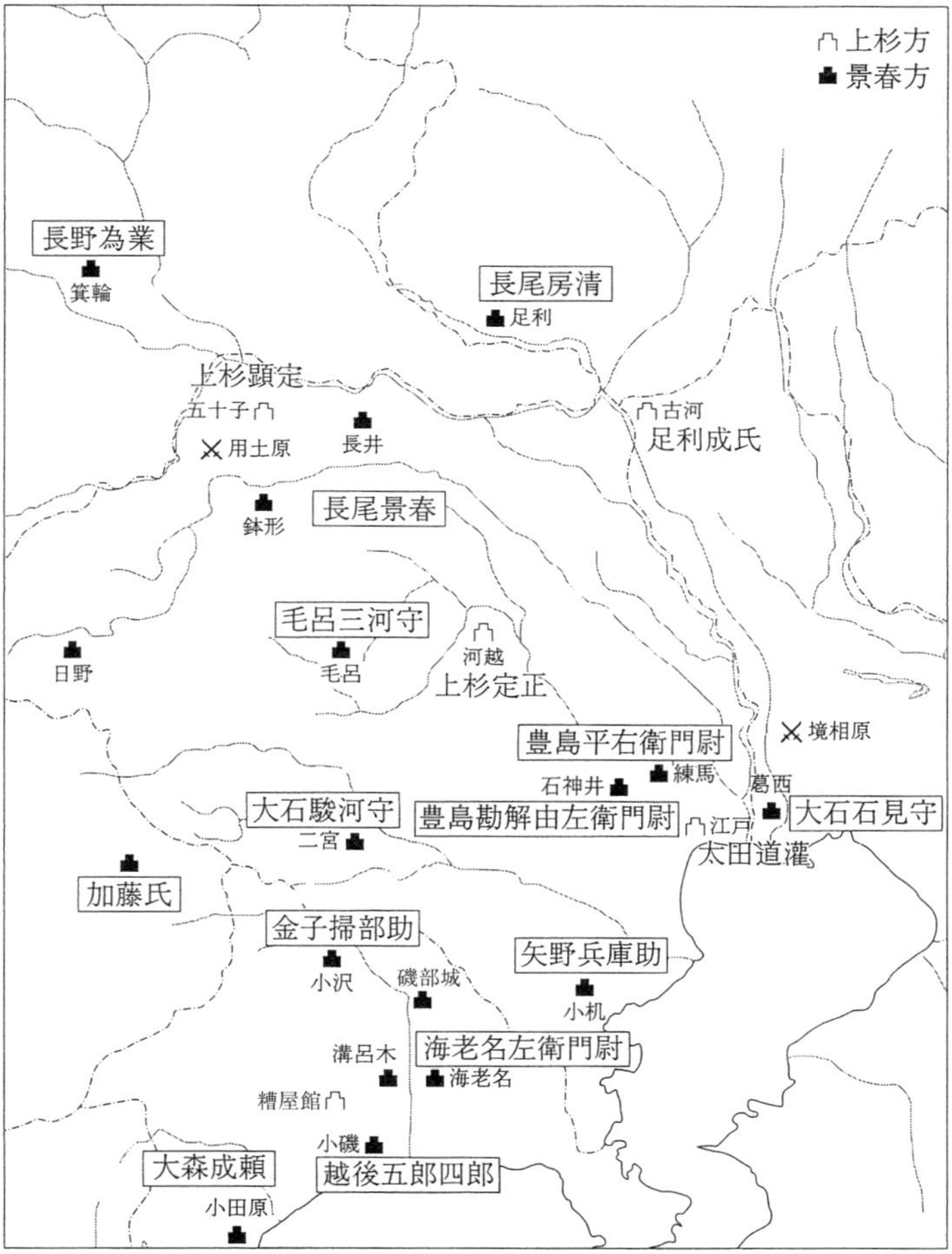

長尾景春与党配置図（則竹雄一『古河公方と伊勢宗瑞』より，一部加筆）

方成氏と結び、さらに関東一円には景春に同調する勢力も多かった。扇谷上杉氏の家宰太田道灌《おおたどうかん》は景春と顕定の和解を試みたが失敗し、景春追討に乗り出した。一方の景春は、扇谷上杉氏の地盤である相模国を撹乱するため、溝呂木《みぞろぎ》・小磯・小沢《こさわ》の三ヵ所で被官や与同勢力を蜂起させた。道灌は文明九年三月に軍勢を遣わし、一日のうちに溝呂木某が籠もる溝呂木要害を自落させ、小磯要害の越後五郎四郎を降伏させた。ついで、金子掃《か》部助《もんのすけ》の小沢城を攻めさせたが「難城」で容易に落ちず、景春方の援軍が後詰したこともあって、落城したのは一ヵ月後のことであった。しかし、金子掃部助はその後も小沢城を再興して抵抗を続けた。そして、文明十年四月、景春方の南関東における重要拠点であった矢野兵庫助の武蔵国小机《こづくえ》城が落城し、さらに小沢城の支城磯部城が降伏して小沢城も自落した。この間の経緯は、景春の乱を収束させた道灌が山内上杉氏に送った「太田道灌状」［黒田二〇〇九が全文と現代語訳を載せる］に記される。

その小沢城（愛川町角田《すみだ》）は相模川中流西岸の岬状に突き出た河岸段丘上にあり、八王子と小田原方面を結ぶ街道の渡河点を見下ろす。比高六〇㍍ほどの急峻な崖を利用した要害で、ややいびつな方形の郭（城《しろ》の内《うち》と呼ばれる）を、幅一〇㍍ほどの堀切で南側の台地から切り離した単郭式の構造である。遺構の残りはあまりよくないが、小さな説明板が建っている。県道を挟んで小沢古城があるが、こちらは武蔵七党の一つである横山党小沢氏の城とされる。

磯部城（相模原市南区上磯部）の城主や城の規模は不明である。磯部は武蔵府中（東京都府中市）からの大山街道が相模川を渡り、伊勢原方面に向かう要衝である。景春方は糟屋《かすや》（伊勢原市）を拠点とする扇谷上杉氏に対抗して、相模川の渡河点に磯部城を築いたのであろう。城跡は以前には下磯部の御嶽神社や能徳寺付近と推定されていた。しかし、相模原市教育委員会の調査の結果、一㌔北の上磯部に長さ六〇㍍にわたってL字型に残る土塁が、磯部城に関連する遺構として市史跡に登録された。「太田道灌状」には「相州磯部の城々」とあり、複数の城砦が連携して防禦線を形成した可能性もある。

溝呂木城は厚木市にあったとされるが、よくわからない。小磯城は大磯町の大磯城山公園が比定地だが、明確な遺構は確認できない。ただし、標高四九メートル《メートル》の小丘陵は、麓を通る東海道を監視するには最適で、小磯城の所在地に相応しい。

小机城（横浜市港北区小机町）は旧武蔵国橘樹《たちばな》郡域だが、南関東における景春方の拠点としてあげておきたい。城域の西側は第三京浜道路の建設で破壊されたが、主郭や二の郭部分は小机城址市民の森として整備・保存され、空堀や土塁がきわめて良好な状態で残っている。小田原北条氏の時代にはその支城に位置づけられ、小机衆が編成された。

糟屋館―太田道灌謀殺の舞台―

四年にわたった長尾景春の乱の結果、相模国や武蔵国南部の武士の多くが扇谷上杉氏にしたがうようになり、平定作戦を指揮した太田道灌の名声は関東一円を覆った。しかし、そのことは上杉氏の宗家にして関東管領の山内《やまのうち》家と、台頭した扇谷《おうぎがやつ》家の関係に徐々に亀裂を生じさせる結果となった。道灌は景春方の武士で降伏に応じた者の山内家への帰参を取り成したり、味方した者たちの功績を訴えたりしたが、山内顕定や家宰長尾忠景（景春の叔父で総社長尾氏。群馬県前橋市）はその要請に十分に応じようとはしなかった。「太田道灌状」には山内家に対する道灌の不満が書き記されている。また、道灌の名声は扇谷家内部において、主君定正やその側近勢力、宿老の上田・三戸《みと》・荻野谷氏らの警戒心を呼び起こすことにもなった。

文明十八年七月二十六日、道灌は主君定正《さだまさ》の館に招かれて謀殺された。風呂場で定正側近の曽我兵庫助に襲われ、「当方（扇谷家）滅亡」と叫んで息絶えた。享年五五。定正が道灌謀殺を命じた背景には、扇谷家内部

丸山城の横矢掛り

の対立があったとも、扇谷家の台頭を恐れた山内家の策謀があったともいう。道灌暗殺の翌長享元年（一四八七）には、山内家（顕定）と扇谷家（定正・朝良）の間で長享の乱（一四八七〜一五〇五）が勃発し、伊豆国の伊勢宗瑞（北条早雲）の相模国進出を許すこととなった。

道灌が暗殺された定正の館について、道灌とも親交があった詩僧万里《ばんり》集九《しゅうく》の『梅花無尽蔵《ばいかむじんぞう》』には「相陽（相模国）糟屋之府第《ふてい》」とあり、後世には上杉館・糟屋館と呼ばれてきた。従来は立原《たてはら》・的場・馬防口《ませぐち》などの地名から、産業能率大学のある台地が伝上杉館（伊勢原市上粕屋）とされ、市の史跡に指定された。しかし、大学建設にともなう発掘調査では館跡としての明確な遺構は発見されず、また台地が広大で防御性に乏しいことからも否定的な見解が強まった。『伊勢原市史』は「戦国期には、上粕屋一帯は「秋山郷」と呼ばれており、「糟屋」の地名で呼ばれたのは、下糟屋地域一帯に過ぎなかった」としており、近年では下糟屋の丸山城跡を上杉館跡とする見方が有力である。

丸山城（伊勢原市下糟屋）は発掘調査が行なわれ、現在は丸山城址公園となっている。『新編相模』は鎌倉時代の御家人糟屋有季《ありすえ》の館とするが、現在残る遺構は十五〜十六世紀のもので、扇谷上杉氏の時代に合致する。城跡の南側を東西に走る国道二四六号線はかつての大山街道で、交通の要衝である。南側は国道に削られてしまったが、比高一三メートルほどの台地の縁辺に東西一三〇×南北一五〇メートルほどの主郭が築かれ、東西に大きな横矢掛りが確認される。主郭を巡って一部に重厚な土塁が残り、発掘された堀は埋め戻されて遊歩道となっている。また、一段下がって帯郭状の平坦地が主郭を取り囲み、城域は国道の南側の高部屋神社までおよんでいたとみられる。

高部屋神社は式内社《しきないしゃ》（「延喜式」神名帳に登載された神社）の一つで、鎌倉時代に糟屋有季が館の近くに移築したとされる。「至徳三年（一三八六）」銘の銅鐘（県重文）には当社が糟屋荘の惣社であったと記され、有季の館もこの付近にあった可能性がある。下糟屋には道灌が再興した大慈寺（臨済宗）があり、道灌の持仏とされる木造聖観音菩薩坐像と道灌画像（ともに市重文）を伝え、近くには道灌の墓（首塚。市史跡）がある。また、上粕屋には道灌が中興開基の洞昌院（曹洞宗）があり、その隣にも道灌の墓（胴塚。市史跡）がある。付近には道灌謀殺の際に最後まで戦って討たれた道灌の家臣らを祀る七つ塚（七人塚）、伊勢宗瑞が道灌の冑を納めて祀った五霊神社もある。

新井城―三浦氏終焉の地―

京急油壺《あぶらつぼ》マリンパークやヨットハーバーがあり、神奈川県下有数の行楽地である三浦市三崎町小網代《こあじろ》には、かつて中世を通じて三浦半島に君臨した名族三浦氏が、伊勢宗瑞（北条早雲）との三年にわたる籠城戦の末に最期を迎えた新井城があった。鎌倉中期、三浦泰村とその一族は、宝治《ほうじ》合戦で執権北条時頼《ときより》と安達景盛《あだちかげもり》に敗れて滅亡した。三浦介《みうらのすけ》の名跡は北条方についた一族の佐原盛時が継承したが、その勢力は大きく後退した。南北朝期、三浦氏は勢力を回復して一時は相模国守護職に任じられ、享徳の乱に始まる十五世紀半ば以降の関東の戦乱では、扇谷上杉氏の重臣として三浦半島から相模国中部へと勢力を拡大していった。そして、三浦時高の代に主君持朝の次男高救《たかひら》を養子に迎えた。

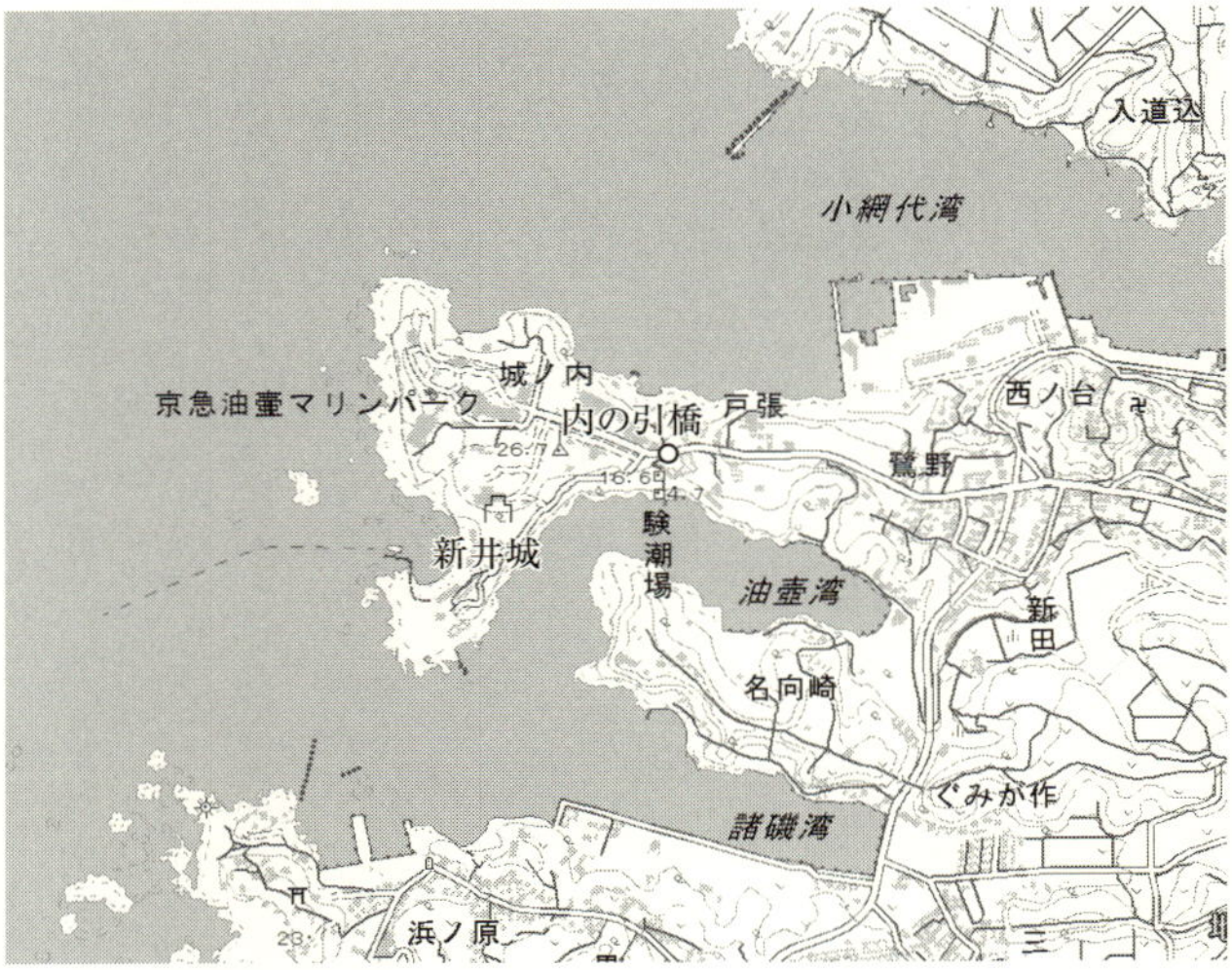

新井城（国土地理院電子地形図25000「三浦三崎」より）

高救の子義同《よしあつ》（法名道寸《どうすん》）の代になると、伊勢宗瑞の相模国侵攻が本格化した。義同とその子義意《よしおき》は永正九年（一五一二）以降、岡崎城（平塚市・伊勢原市）で宗瑞を迎え撃つも敗れ、新井城に籠城した。当初は新井城東方約三キロの引橋（三浦市初声町下宮田・三崎町小網代・南下浦町菊名の境に「引橋」地名が残る）を中心に尾根を掘り切り、三浦半島南端を独立させて防衛線を構築し、それを突破されてから新井城に籠もったようである。永正十三年七月、兵糧が尽きた新井城はついに落城し、義同・義意父子は城を打って出て討死したとも自刃したともいう。この時、城の入江は城兵の血で油を流したようになり、それが油壺の地名の由来だとする伝承がある。

新井城について『新編相模』は「東を首とし西を尾とす、北は網代湊南は油壺の入江にして海中に突出せること三十町許《ばかり》、（中略）東の一方のみ陸に接す、則大手の跡にして其地を引橋と号す、（中略）籠城の時橋を引、疏鑿《そさく》して海水を湛ふれば柵域一箇の島嶼となれり」と記す。小網代湾と油壺湾に挟まれ、北・西・南側は崖面が切り立つ握り拳状の小半島の先端部に築かれ、現在は陸橋でつながっているが、かつては東端の手首部分の細く狭まる「引橋（内の引橋）」地名の所を掘り切って、そこに引橋が架けられていた。『北条五代記』も、海上に突き出た島城で、難攻不落の堅城と記す。城跡の中心部分は観光施設の建設によって破壊されたが、東大地震研究所のある「引橋」の南側の一画と東大臨海実験所がある南西側の主郭跡一帯に、土塁が良好な状態で残る（ただし、施設内には立入禁止）。近年、主郭の中央部が発掘調査され、礎石や掘立柱建物跡と焼土痕が検出され、陶磁器片や多数の人骨が出土して激しい籠城戦が裏付けられた。

マリンパークの北側には義同・義意父子の墓があり、さらに周辺には義同開基の海蔵寺（曹洞宗）や義同再建の永昌寺（臨済宗）、義同ゆかりの白髭神社や真光院（浄土宗）がある。なお、三浦氏の本拠を同時代の史料は「三崎要害」と記しており、そうなると義同が最後の拠点とした新井城と三崎城（三浦市城山町）との関係が問題になる。『新横須賀市史』は、「三崎要害」とは三崎地域に含まれる新井城のことで、新井城落城後に小田原北条氏によって三崎城が新たに取り立てられたため、それと区別するため「三崎要害」を新井城と称するようになったのであろうとする。

その三崎城は、三崎の町と港を見下ろす北条湾奥の西側の丘陵先端部（城山）にある。『新編相模』は三崎城（北条山、城山とも）について、「城址の界域今知るべからず、（中略）地形海岸の高丘にして佳景の地なれは其旧址ならんか、城郭を築きし其始は知べからす、永正の頃は三浦道寸の持城なり、（中略）道寸滅亡の後、北条早雲当城を修築し、（中略）房州里見氏の押として此にあらしむ」と記す。三崎城が三浦氏による築城であったとしても、その存在が重要となるのは小田原北条氏の時代に入ってからである。江戸湾を挟んで安房国の里見氏と対峙した北条氏にとって、相模湾側の新井城より三崎城の方が戦略的価値は高く、防御的にも前面を城ヶ島が防波堤のように塞いで堅固な海城であった。北条氏に服属した三浦氏旧臣たちは三崎（三浦）十人衆に編成され、海賊衆（水軍）として里見氏に備えることとなった。

現在、城跡は市役所や小学校などの建設によってほとんど旧状を留めていない。旧青少年会館の周囲に大規

その他の主な中世城郭

国史跡	小田原城（小田原市）	天守閣と常盤木門は昭和の再建。平成の発掘調査を経て銅門（あかがねもん）や馬出門（うまだしもん）が復元され，天守閣の展示もリニューアル。近世の小田原城（小田原城址公園）だけでなく，中世の小田原古城（八幡山古郭）にも遺構が残る。また，小田原北条氏が総延長9キロにわたって築いた，城下町全体を包摂する惣構の大堀切が市内の各所に残る。小田原市のHPからパンフレットや史跡地図がダウンロードできる。
	石垣山城（小田原市）	石垣山一夜城歴史公園。豊臣秀吉が小田原城攻めのために築いた総石垣の城跡。一夜城と呼ばれるが，実際にはのべ4万人を動員して約80日で完成させた。天守台跡や本丸以下の郭，野面積みの石垣などが残る。
県史跡	河村城（山北町）	河村城址歴史公園。波多野氏の一族河村氏の築城とされ，小田原北条氏の持城となった。郭の配置の様子が近世の絵図に残り，発掘調査で畝堀（障子堀）・竪堀などの空堀や橋脚遺構，絵図にない腰郭等も確認された。山北町のHPで河村城跡紹介動画を閲覧できる。
	早川城（綾瀬市）	早川城山公園。堀跡や土塁・郭・物見塚などの遺構が残る。鎌倉時代の御家人渋谷氏の城というが，現在残る遺構は14〜15世紀のもの。渋谷氏は薩摩国に下向し，その一族に東郷氏がいる。物見塚の上には東郷平八郎による「東郷氏祖先発祥之地碑」が建つ。
その他	岩原城（南足柄市・市史跡）：扇谷上杉氏の重臣で相模国西部を領した大森氏の城で，伊勢宗瑞（北条早雲）により落城。遺構の残りはよくないが，見張台跡に案内板と大森氏頼と伝える墓がある。 松田城（松田町・町史跡）：波多野氏の一族松田氏による戦国期の山城。堀切や郭などの遺構，松田惣領・松田庶子・根小屋などの地名が残る。 津久井城（相模原市緑区）：津久井湖城山公園。小田原北条氏の対武田最前線の要害。山頂を中心に郭を階段状に配置し，堀切や竪堀，一部に石積も残る。根小屋地区のパークセンターに展示スペースがあり，公園のHPからも資料がダウンロードできる。 深見城（大和市）：深見歴史の森。戦国期の城郭で，空堀や土塁・郭・馬出などの遺構が残る。 玉縄城（鎌倉市）：鎌倉の北側を押さえる要衝に小田原北条氏が築いた重要支城。玉縄ふるさと館（鎌倉市植木）に城の復元模型などの展示があり，七曲坂・太鼓櫓址・ふわん坂とたどれば，かつての面影を偲ぶことができる。	

模な土塁が残っており、明治時代の測量図や赤星直忠氏による概略図とあわせて、かつての水軍城の面影を偲ぶことができる。三崎には和田義盛開基と伝わる光念寺（浄土宗。三崎一丁目）や、源頼朝が三崎に建てた「桜の御所」跡とされる本瑞寺（曹洞宗。三崎一丁目）、「桃の御所」跡の見桃寺（臨済宗。白石町）、「椿の御所」跡の大椿寺（臨済宗。向ヶ崎町）など、周辺には頼朝や三浦氏に関係する史跡も多い。

筆者が住む埼玉県に比べて、神奈川県では自治体による中世城館の史跡指定がきわめて少ない。神奈川県は東京近郊であることに加えて、首都圏と名古屋圏・関西圏など東西を結ぶ交通の要衝である。開発によってすでに失われた城館跡もあり、開発は今後も進むであろう。近世城郭と異なり、「土から成る」中世城館は、時代とともにその遺構は崩壊・埋没してわずかな痕跡を残すだけとなり、やがて開発によってその痕跡すらも失われてしまう。最後に、本章で取り上げきれなかった主な中世城館跡を載せる。見学の入門編としても適しているので、これらの城館跡の見学を通じて、多くの方々が消滅の危機にある地域の城館跡にも関心を向けてくださることを願っている。

参考文献

黒田基樹『図説太田道灌―江戸東京を切り開いた悲劇の名将―』（戎光祥出版、二〇〇九年）
児玉幸多・坪井清足監修『日本城郭大系　第六巻　千葉・神奈川』（新人物往来社、一九八〇年）
『新訂増補　週刊朝日百科日本の歴史　中世Ⅰ　①源氏と平氏　東と西』（朝日新聞社、二〇〇二年）
西股総生・松岡進・田嶌貴久美『神奈川中世城郭図鑑』（戎光祥出版、二〇一五年）
峰岸純夫・齋藤慎一編『関東の名城を歩く　南関東編』（吉川弘文館、二〇一一年）

村田修三編『図説中世城郭事典　二』（新人物往来社、一九八七年）
横須賀市編『新横須賀市史　通史編　自然・原始・古代・中世』（二〇一二年）

第4章 「墨書木簡」が語る鎌倉の御家人たち

伊藤一美

鎌倉市内から発掘される出土品に「墨書木簡《ぼくしょもっかん》」がある。板に墨で書かれたもので、文字・絵画・記号等、内容はさまざまだ。その内容を読み取ることができれば、中世鎌倉人の生活やトラブル、信仰と願いなど、いろいろわかっておもしろい。

地下から見つかる文字情報と文献史料との接点から、鎌倉にやってきた御家人の姿や彼らをめぐるさまざまな問題を考えてみよう。

「段葛」周辺は誰が造ったか

夕暮れの若宮大路《わかみやおおじ》。お灯明がほのかに浮き上がる。改修されて新たになった鶴岡八幡宮への入口「段葛《だんかずら》」。あの源頼朝《みなもとのよりとも》も通ったかと思うと感慨深い。

鎌倉時代は、その全体の道幅はおよそ三三メートル、東西には一・五メートルの溝があった。寿永元年（一一八二）北条《ほうじょう》政子《まさこ》の安産祈願のために頼朝を初め、多くの武士がこの道づくりに参加したという。室町時代の絵図の一部に「置石」と書かれた直線道があったことは明らかだが、地下の構造はほとんどわかっていない。

ただ側溝の構造だけは発掘でわかっている。礎石《そせき》上に束柱《つかばしら》、横板と梁《はり》などで崩れないようにした構造である。こうした規格の溝は、八幡宮三方堀や小町大路・横大路、さらに今小路西遺跡（市立御成小学校敷地）からも見つかっている。規格があることは公共性の強いことを示すものだろう。

若宮大路側溝東の一角から、文字のある「木簡」二枚が見つかった。「一丈伊北《いほう》太郎跡」（長二四・二センチ）と「一丈くにの井の四郎入道跡」（長二八・五センチ）と墨書されていた。ともに鎌倉時代にふさわしい人名だ。「伊北」氏とは、鎌倉初期、上総《かずさ》国一帯に強い力をもった上総広常《ひろつね》の一族で『吾妻鏡』にはよく見える。「くにの井」氏とは常陸《ひたち》国那珂《なか》郡国井保《くにいほ》（水戸市上・下国井）を名字の地とする武士である。ともに「跡」とされていることは、彼らの祖父や父が幕府御家人として政所《まんどころ》に登録されていたことが明白だ。この木簡は側溝の底に沿って敷かれた木材の下で見つかり、ともに地面に差し込めるよう下側がとがっている。この名前の主はこの側溝工事の請負責任者とみてよい。

さらに若宮大路西側の溝からは「口二丈あかぎ□□入道」記載の墨書木簡も見つかった。しかもその溝の工事分担単位は一丈（三メートル）である。しかし実際は彼らが他人を雇って工事をさせたのだろう。

この木簡が出た場所は雪ノ下一丁目で北条泰時《やすとき》・時頼《ときより》邸跡付近、幕府有力者の目が光っていた場所だ。だから手抜きはできなかったにちがいない。

同様の木簡は若宮大路周辺からも出た。「二けん　かわしりの五郎」、「二けん　まきのむくのすけ」、「二けん　ぬきの二郎」と墨書されてある。ただし、場所は若宮大路側溝ではなく、小町大路に面した西の側溝からだった。

十三世紀のこの付近は、湿地帯で排水が必要な場所だった。「二けん」とは「二間」＝三・六四メートルのことだろう。「丈」単位とも異なっており、出土場所も鎌倉後期にはいる。

これらの武士名は福島県石川町付近に広がる武士石川氏一族であることがわかっている。円覚寺に残る北条貞時《さだとき》十三回忌の史料に彼らの名前が固まってでてくることから、十四世紀始め、鎌倉時代の終わり頃にあたる。北条家得宗《とくそう》に仕える「御内人《みうちびと》」たちもこの貞時回向《えこう》に大勢参加したことを考えると、御家人たちとは異なる単位で彼らに工事負担をさせていたのかもしれない。

京都ではすでに後《ご》醍醐《だいご》天皇らによる幕府転覆計画も噂されはじめていた。木簡の発見場所が「北条氏小町邸」跡西側で、若宮大路に面する場所だけに警備の工事を始めていたのかもしれない。さらに同遺跡内で半分に割れていたが「三けんハ　とし□　徳二郎　きつとあるへし」とよめる木簡も出た。「間」の負担といい、ほぼ同じ時期にあたるものだ。

嘉禄元年（一二二五）、幕府最初の御所「大蔵御所」は宇津宮辻御所へ移転した。その跡地から「三丈せきのやま分　宗近」「地　ひとりさワ□い世二間一尺」と読める墨書木簡が出た。やはり木組みの溝から見つかり、鎌倉時代後期のものだという。これもまた御家人に溝の普請工事を命じたものだろう。彼は横浜市金沢区「氷取沢」の武士だろうか。

以上のようにみてくると、幕府北条氏は十二世紀初めに「段葛」を中心にして道造りを行ない、十三世紀前半から御家人と北条氏家臣の御内人らに東西の側溝を整備させ、町としての体裁を整え始めたといってよいのだろう。

館を守る武士たち

鎌倉駅西口「紀ノ国屋」北側の今小路西遺跡御成町（マンション建設地）から文永二年（一二六五）五月の日付と武士の名前が書かれた板（長一五・五センチ、幅四〇・四センチ、厚一・〇センチ）が見つかった。墨書文字がかすれていたが、鶴見大学文化財学科を中心にした研究グループが赤外線をあてて最初に解読している。

書き出しが「定め」とあり、一番から三番まで各三人ずつ合計九人の名前が記される。「きんしの事」とは「勤仕の事」で「務めること」という意味だ。最後に「右□□むね《（旨）》をまほり《（守）》て、けたい《（懈怠）》なく一日一夜御つとめ《（勤）》

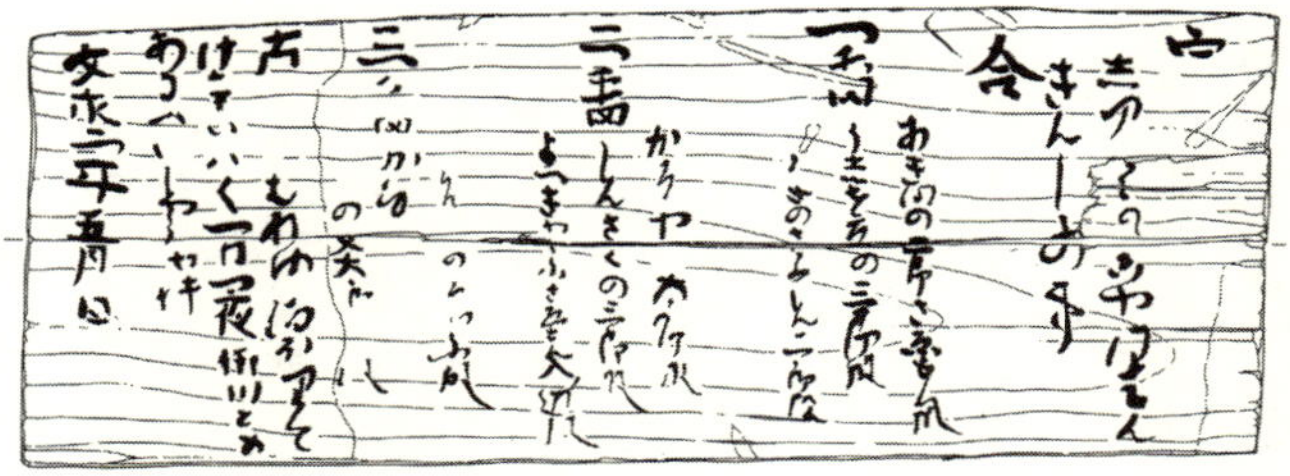

木札
（『今小路西遺跡（№.201）発掘調査報告書』斉藤建設，2008年より）

あるへきしやう（状）、如件」とあることから、一昼夜の警備（不寝番）担当者名の定め書きであることがわかる。

警備担当の武士名一番は「あきまの二郎さゑもん殿」「うしをだの三郎殿」「さゝきのさゑもん入道殿」、二番は「かすやの太郎殿（または、かたやま太郎殿）」「しんさくの三郎殿」「きへきやうふさゑもん入道殿」、そして三番は「美王□の□□ふ殿」「かせ□□□……」「ヲの又太郎…殿」と読まれている。

名字だけからはその出自をすぐには決め難いが、この木板が出た場所は大きな武士の屋敷跡とされている。この背後の山、佐助トンネル右側の谷間に有力御家人安達《あだち》氏の菩提寺「無量寺」「無量寿院」があったことがヒントになる。『吾妻鏡』などから御家人安達氏の屋敷は「甘縄《あまなわ》」にあることがわかっている。特に安達景盛《かげもり》の娘は北条時頼の母松下《まつした》禅尼で、時頼・時宗《ときむね》政権を支える有力な御家人一家であった。この板が出た場所こそ「甘縄」の地であり、安達氏の屋敷跡とみてよい。

特に安達氏（盛長《もりなが》）は、鎌倉初期の元暦元年（一一八四）から上野国奉行人、建暦二年（一二一二）に守護となり、以後子どもの景盛も継承する。また同氏は武蔵国とも関わりが深く、その別荘が橘樹《たちばな》郡鶴見《つるみ》郷にあった。

ならば先の武士たちの出身は安達氏と関わる地域の者とみてよいだろう。「飽間」氏は上野国碓氷《うすい》郡飽間《あきま》郷（群馬県安中市秋間）の武士、「潮田」氏は武蔵国橘樹郡潮田（横浜市鶴見区潮田）出身の武士、「佐々木」氏は上野国に屋敷地を持つ佐々木盛綱《もりつな》の子孫か、または鎌倉武蔵大路下に宅のあった佐々木氏子孫と考えられる。

「糟谷」氏は小野姓横山党の糟谷《かすや》氏と思われ、「甘縄の城入道南いながき左衛門入道宿所」（金沢文庫古文書）からでた火事で鎌倉市扇ケ谷付近にあった「糟谷孫三郎入道」宿所も焼けた記事がある。彼の家も「甘縄」地区にあった。

また「片山」氏とよむ場合は武蔵七党児玉党《こだまとう》出身で上野国多胡《たご》郡を名字の地とする武士で、後の安達泰盛の乱に一族が安達方として討たれている。「しんさく」氏は武蔵橘樹郡新作（川崎市高津区新作）の武士、「きへ」氏は小野姓猪俣党《いのまたとう》木部氏（埼玉県美里町木部）だろうか。

三番のグループ、「みわ」氏は武蔵国小山田庄内の三輪地域、または上野国山田郷の美和社出身者と考えられている。「かせ」氏は武蔵国橘樹郡賀勢庄（川崎市幸区、中原区の加瀬）の出身で安達景盛の部下に「加世次郎」がいる。「をの（または、まの）」氏は武蔵七党横山党《よこやまとう》小野氏かと考えられる。

以上のように木板に記された武士たちの名前は、安達氏が関わる武蔵国や上野国に何らかの縁を持つ人名であることがわかった。しいていえば彼らは安達氏の庇護をうけるような立場ではなかったか。だから安達氏宿所での宿直警護を要請されるような関係であったと考えられる。

この出土した木板の書き方と同じような事例が『吾妻鏡』（正嘉元年〈一二五七〉十二月二十四日条）にある。将軍宗尊《むねたか》親王の幕府御所「廂番《ひさしばん》」役で「一日一夜結番の事」とあり、一番から六番の編成となっている。人数は各番一〇名で京都から来た公家を筆頭に北条氏以下御家人らが勤めている。彼らは格段にランクが高い。そして何よりも漢字表記であり、先の出土木板の仮名書きの文章とは異なる。

なお、この「廂番」結番制度は京都の上皇が行なっていた様式を、「勅許」を得て取り入れたものであることも鎌倉では新しい方式であったことがわかり、出土木板の時期につながる。

では、この木板はどこに掲示されたのだろうか。発掘担当者は、その墨書部分に風化の跡が見られないところから室内に掲げられたのではないかとしている。

『吾妻鏡』には、「臨時の御出供奉人の事」について、遅刻者が多く、催促の奉行人も迷惑しているとして、あらかじめ記したものを「小侍所」で清書し、「台所の上」に張り出すようにしたという（寛元元年〈一二四三〉七月十七日条）。この素材が「紙」か「板」かは不明だが、掲示場所は「台所」だったことは間違いないだろう。それから思い当たることは、この出土木板の裏面には「刀子《とうす》」による「疵《きず》」がたくさんついていた。つまり、この木板は掲示が終わった後に「まな板」としてその「台所」でリサイクルされていたこともよく理解できる。ならばこの木板の出土した屋敷地内の場所が「台所」地区であったことを示唆している。

文永元年（一二六四）、幕府の体制は北条政村《まさむら》が執権《しっけん》、時宗が連署《れんしょ》となり、時頼死後の政局を整え、引付《ひきつけ》制度も何度か改めながら新たな政治改革が始まっていた。翌二年六月三日に「秋田城介義景《あきたじょうのすけよしかげ》」の十三回忌仏事が行なわれた（『吾妻鏡』）。義景は安達氏の重鎮である。この日まで無量寿院にて三日間にわたり、一切経や十種供養が行なわれた。導師は若宮別当僧正の隆弁《りゅうべん》である。彼への布施物だけでも「被物十重、太刀一、南挺《なんてい》（銀）五、砂金三十両、銭百貫文」であった。後の北条貞時十三回忌での、北条一門の負担とほとんど変わらないほどだ。

正日の三日には二階堂行願《ぎょうがん》（行綱《ゆきつな》）、武藤心蓮《しんれん》、二階堂行一《ぎょういち》（行忠《ゆきただ》）など幕府中枢の有力御家人らが結縁出席した。説法の最中に洪雨となり、山上に設けていた「聴聞仮屋」が傾き、逃げ遅れた男女二人が山峰から道の北側に落ちて大けがをしたという。翌日も「亀谷並びに泉谷所々」が山崩れをおこして人馬が押しつぶされたが、数人が存命していたという。「甘縄」地区はまさに緊急災害地区となってしまったのだ。

安達氏にとっても、これだけの大掛かりな回向《えこう》儀礼の準備は短期間では無理だろう。また安達屋敷ではこれらのためにさまざまな物品と人の手配が必要であったと思われる。多数の聴聞客への接待品やいわゆる精進落としのための食物の用意など、安達家の下人所従、中でも「台所」や「釜殿《かなえどの》」にいる男女の使用人らへもその内容が事前に伝えられていたはずだろう。特に警護役担当の人物が誰なのかは、彼らが知っておくべき大切な事柄となる。だから彼らも読める「仮名」文字で書かれていたといえるだろう。そのことは、この回向行事自体が安達家のみの私的行事であることをはかなくも示しているのである。

こうした点でも安達屋敷では事前の準備が求められていたのだ。特に木板に記載された「一日一夜おつとめ」が三番編成であることは、この回向仏事が六月の一〜三日までの「三日間」であることと対応している。つまり、この木板は故安達義景十三回忌にともない、文永二年六月一日から三日までに行なわれた「仏事」に関わるものであること、その間に宿直警護を行なった安達家所属の武士たちで、その担当者名であったと結論付けられる。

そして「仏事」終了の六月三日「正日」を迎えて、この木板は廃棄処分となり、そのまま「台所」の掲示場所からはずされて包丁調理人の「まな板」として使用されていったことも合理的によく理解できる。

地方御家人たちの宿所問題

寛元三年（一二四五）、相模国御家人の渋谷定心は嫡子三郎明重に鎌倉の「屋地」を譲ることにした（同年五月十一日渋谷定心置文、入来院文書）。

兄弟で恨みなどがない円満な弟には「鎌倉の屋地《やち》」に「しゆく《（宿）》」させなさい。鎌倉では他人を「やと《（宿）》」させるのに「をと々《（弟）》」には貸さないケースがよくあることだ。これは親の命に背くことである。もしこういうことになれば、幕府北条氏に訴えて厳しく対処してもらう。

地方御家人らは幕府へのお勤めで鎌倉に出張する。また訴訟等のことで出ることもあった。御家人のみならず、庶民や僧侶などさまざまな人たちも同様であった。鎌倉に「屋地」を持っている者ならば簡単だが、ない者にとっては重大問題となる。そこで「屋地」持ちの人たちに便宜を図ってもらうこととなる。つまり「やどさせてもらう」こととなる。「やどや（宿屋）」という言葉は他人の「屋地」を一時だけ借りて泊まることであり、タダではすまない。先の渋谷定心の言葉は「身内からは金は取れないが、他人ならばできる」という、都市鎌倉の「屋地」と「宿泊」問題をはしなくも教えてくれる。もちろん鎌倉に「宿泊施設」がなかったわけではない。いわば国家公務員ともいえる鎌倉幕府御家人たちでも自前で滞在宿舎を持てる者とそうでない者がいたことは想像がつく。持っていたとしても常に使っていたわけではないのである。

こうしたケースでは栃木県宇都宮を本貫地《ほんがんち》とする御家人宇都宮氏の事例がわかりやすい。弘安年間（一二七八〜八八年）、その家内部を統制する法令「宇都宮家式条」に次のようにみえる。

鎌倉屋形以下、土地のことについて、主人の宇都宮氏から、「給人」として鎌倉にあてがわれた屋形・土地は勝手に子孫に譲ってはいけない。仕事が変われば別人を「給人」とする。また兼ねてから言うようだが、「白拍子、遊女、仲人等の輩」を屋形内の地に住まわせてはいけない。

白拍子・遊女とは宴席で歌舞音曲を行なう女性たちで、仲人とはこのような女性を紹介する口入れブローカーであろう。発掘される大量の「かわらけ」でもわかるように、宴会がたくさん開かれていた都市鎌倉では、求められていた職業人たちといえなくもない。彼らは、鎌倉にある「屋形」にその持ち主（御家人）ではなくて、委託された者（給人）から借りて住んでいたのだ。もちろんその家賃は給人の懐に入ったことだろう。

いわば、都市鎌倉のこうした業種世界の人たちが暮らしていた屋形内でのすまいの様子は、今小路西遺跡（御成小学校敷地）の発掘で具体的にわかってきた。南北に並ぶ二口の大きな武家屋敷があり、その区画は土塁と底板をきちんと敷いた溝で区切られていた。北側の武家屋敷には、礎石付きの殿舎《でんしゃ》や渡殿《わたどの》、六角井戸や厩舎《きゅうしゃ》などのある奥座敷があり、庭には白砂が敷かれた前栽がしつらえてあった。いわば接待する場所と考えられている。火事にあったが大量の輸入陶磁器も見つかった。北側の屋敷地は広さが三六〇〇〜三九〇〇平方㍍くらいで（南北六〇×東西六〇〜七〇㍍）、鎌倉「屋地」の単位「戸主《へぬし》」に換算しても八戸主となるという。それだけの屋敷を構える豊かな人々がいたのである。

北屋敷の土塁を越え、南側は全く異なる空間となる。せまい所に掘立柱建物跡がたくさんあった。柱の太さや柱間もまちまちで、転用材を使っていたらしい。おまけに小さな空き地はゴミ捨て場となり、藁や折敷《おしき》、漆器椀皿、下駄、草履など廃棄物がたくさん出ていた。どうもここは下人や職人なども住んでいたらしい。もしかするとこういう場所に、先のような遊女、白拍子、仲人なども屋敷の「給人」からまた貸しを受けていたのかもしれない。

宿所のありかた

改めて問うが、「宿所」とは一体何か。『吾妻鏡』からはいろいろな事例がみえる。「京都宿所」「(三浦)義澄旅宿」「(北条時政)遠江守名越宿所」「鎌倉宿所」など、本拠地とは別で宿泊できる場所を表している。

文永三年（一二六六）の北条教時《のりとき》の事例では、自分の住まいである「薬師堂谷亭」から「塔辻宿所」に家臣を引き連れ、武装して移動していた。つまり「宿所」とは幕府への出仕の折に使われるべき「宿泊場」といえるものだろう。

同年の政所奉行人二階堂行久《ゆきひさ》の場合も「鎌倉宿所」が「西御門入る奥地」にあり、ここは伝来の「領地」であった。さらに「浜蔵半分」ずつを子どもに譲るが、そこは借用地なので以後も「地主」に「地子《ぢし》」を払いなさい、と命じている（二階堂文書）。こうした事例は、研究史では「本邸・別荘・宿所」の三点セットといわれるもので、本来これらを確保していてこそ「鎌倉御家人」なのである。

自前で持てない御家人や所用で来鎌する人たちはどうしたのだろう。「宿」が無ければ社寺の軒下に泊まるか野宿しかない。需要と供給の原理がそこで働く。

実は「宿所」跡らしき遺構が御成町の市営駐輪場用地と在宅福祉サービスセンター用地の地下（十三世紀中葉）から出てきた。基本は五間×五間の総柱建物で、通り土間が続く内部は板壁で区切られ、板張り土間と囲炉裏がそれぞれに切ってあった。脇には物置的な小建物も付属している。居住・炊事・軽作業などができる、まさに鎌倉時代の「ワンルームマンション」ともいえるようなものであった。

同様な建物跡は佐助ケ谷遺跡からも見つかっているが、柱がそろっていなくてみすぼらしい。出土品も日常の雑器ばかりしか出てこなかった。ここは少し値段の落ちる部屋らしい。

武家の都・鎌倉には「鎌倉番役《かまくらばんやく》」勤めの関東武士が毎月のようにやってくる。公用で出張する武士や貴族、僧侶・神官などならば、幕府関係者の宿所や知人の御家人宿所、寺社に泊まることも可能だろう。訴訟人らももしかしたら「公事宿」みたいな訴訟関係の事務を代行するような専門宿があったのかもしれない。商工業運送者であれば海岸付近に倉庫をもって営業する者たちのネットワークがあってもおかしくはない。大町、材木座付近では鎌倉石を敷き詰めたりっぱな倉庫跡も見つかっている。同業の誼《よしみ》で泊めてもらったかもしれない。

いずれにしても鎌倉には先住者がすでにわがもの顔にふるまっており、あらたに鎌倉を訪れた御家人たちは、ある問題に悩まされるのである。

旅籠振る舞いと鎌倉の宿所

弘長元年（一二六一）二月、幕府は侍所で働く雑仕《ぞうし》以下の下部（下級職員）らが「御家人宿所」で饗応をうけることを禁止した。雑仕以下の下部とは、小舎人《こどねり》・朝夕雑色《ちょうじゃくぞうしき》・御中間《ごちゅうげん》・贄殿《にえどの》・執当《しっとう》・釜殿《かなえどの》など侍所で日常の雑務をこなす者たちであった。彼らは正月や所用の折に御家人の「宿所」にいき、いつも「盃酌」を強要するという。下級の者とはいえ幕府「侍所」の職員たちだから、断ればあとでどうなるか、と来鎌したばかりの御家人らは考えたはずだ。そこで「はい。どうぞ一杯を」となる。いっぽう、来鎌御家人のケースと異なり、雑仕らが堂々と「饗応」を求めることができるのは奉行人の所だけであった。これもまた断れば、彼らはすんなりと動いてはくれなくなるだろう。日常的な上司と部下の関係は今もあまり変わらないようだ。

この年幕府は、都市鎌倉に関して多数にわたる一連の法令を出している。「弘長新制」といわれ、幕府お膝元での風潮に「襟を正す」意味あいもあった。

この「弘長新制」の一環だが、宴会にかかわる特異な記事がある。「群飲」つまり大勢で集まって飲んではいけない、という。その実態は、遠近にかかわらず、所用で鎌倉に出張してきた御家人があれば、「旅籠振《はたごぶる》舞《まい》」と称して大勢の者たちが押し掛け大宴会をやるという。そして最後には引出物が参会者に配られてお開きとなるのであった。この法令の趣旨は「群飲」と「過分」をおさえ、余計な支出をおさえようとすることにある。

「旅籠」の言葉は、本来は食べ物を入れる籠のことで、平安時代に国司などが着任あるいは終任の折に人々にそれを用いて饗応することをいう（『平安時代史辞典』）。それはすでに『本朝世紀《ほんちょうせいき》』や『宇津保《うつぼ》物語』などにも見えている。

じつは鎌倉で実際にこれが行なわれていたことがわかったのだ。食事や宴会に使う折敷《おしき》の断片で「はたこふるまい□」と墨で書かれたものが発掘された。場所は北条時房《ときふさ》・顕時《あきとき》邸宅跡の雪ノ下一丁目で、十三世紀後半

「はたこふるまい」と書かれた折敷
（『北条時房・顕時邸跡』東国歴史考古学研究所、一九九九年より）

から十四世紀の初めに属する地層からでたものという。出土地と八幡宮赤橋とは一〇〇《メートル》も無いほどの近さである。

北条時房は時政の子どもで承久合戦には泰時とともに上洛、その後に六波羅探題南方の初代となって、鎌倉に帰還後は元仁元年（一二二四）に死去するまで連署として泰時に仕えた。

北条顕時は金沢実時《かねざわさねとき》の子で、幕府引付衆、評定衆を歴任。弘安八年（一二八五）霜月騒動で安達泰盛《やすもり》一統の粛清事件に連座し、下総国埴生庄《はぶのしょう》に蟄居《ちっきょ》した。その後、執権北条貞時から幕府要職への復帰依頼をうけ、引付頭人となるが、すぐに辞職している。彼の死去は正安三年（一三〇一）である。

出土した地とその地層時期からみれば、この「旅籠振舞」墨書は北条顕時の時代にあたる。彼の周辺を少し探ってみよう。

金沢称名寺の僧釼阿《けんな》は鎌倉顕時邸で聖教《しょうぎょう》「金剛界伝法灌頂作法」他いくつもの宗教儀式の本を書き写している。それらには「鎌倉赤橋殿」「赤橋壇所」「鎌倉若宮小路越州禅閤之鳳亭」「鎌倉赤橋辺越州禅閤之亭」とある。北条顕時の屋敷が八幡宮に近い赤橋邸であったこと、そこに護摩《ごま》を焚く壇所が造られていて、釼阿はここで儀式の経本などを書写していた。その屋敷地跡は北側が八幡宮前の横大路、南は若宮大路から聖ミカエル境界前、東は三井住友銀行前から八幡宮前までの、東西約一〇〇《メートル》、南北約二〇〇《メートル》の長方形の屋敷地であった。

若宮大路側には側溝があり、入口はそちら側には無い。墨書の折敷が出た場所は、当時は屋敷地の裏手に当たっていた。そこからは板壁掘立柱建物や長屋風建物しか見つからない。だからほとんどが屋敷内の家人や従者の家と考えられている。しかし出土品からは舶来陶磁器や動物文様のある漆器、双六盤《すごろくばん》など、かなり裕福な屋敷の主人の従者（住人）にふさわしいものであった。

顕時にはそれだけ多くの付き合いがあった。幕府要人としてはもちろんだが、親族として多くの有力者たちとつながっていた。顕時の兄弟関係では、庶兄に鎮西評定衆時直《ときなお》、姉妹では長井《ながい》宗秀《むねひで》妻、名越《なごえ》長頼《ながより》妻、飛鳥井《あすかい》雅有《まさあり》妻などもいた。さらに自身が嫡流として妻に安達泰盛女（無着）を迎え、その女子（釈迦堂殿）は足利高義（高〈尊〉氏兄・早世）の母となっていく。顕時の側室で幕府奉行人遠藤為俊《ためとし》の女から甘縄顕実《あきざね》、金沢貞顕《さだあき》らが生まれた。もう一人の側室からは、顕弁《けんべん》・顕景《けんけい》など京都の寺にでる僧籍の子、さらに千葉胤宗《たねむね》妻、名越時《とき》如《ゆき》妻などが出た。

このように、北条顕時は北条氏有力者系（常葉・名越流）、安達氏、足利氏、千葉氏などと親密な関係をもっており、それだけ彼の周りにはたくさんの人たちが集まることとなったのだ。

彼の鎌倉赤橋《あかはし》鳳《おおとり》邸《てい》は各地からの訪問客でにぎわったことだろう。ここから出土した「はたこふるまい□」と記された墨書の折敷は、こうした来客者があった時に使われたお膳の一つであったと考えたくなる。

大勢の来客が使う折敷をおそらく事前に用意して、台所部屋に重ねておいたのだろうか。それが一目でわかるように裏返してそこに墨でメモしておいたのかもしれない。そして宴会がおわり、客人に出した折敷類はそのまま従者たちが屋敷の裏側（若宮大路側）に片付けておいたか、捨てたのかもしれないのである。

「旅籠振舞」とは、鎌倉を訪れた御家人たちが地元の人々（知人・下級役人等）を「旅籠」に招いて大宴会をもつもので、お開きの折には「引出物」を出す習慣となっていた。だからこそ「群飲」と表現されるのである。中には侍所の小役人たちのように、押しかけてくるような、招かれざる客もいたことだろう。

こうしてみると、地方の御家人にとって、鎌倉はたまにしか行かない武家の首都であり、「宿所」のないものにとっては「旅籠」に泊まるしかなかった、ともいえるだろう。たとえ知り合いの御家人「宿所」に「やど」したりしても、結局は気を使いながら、多くの出費がいったことだろう。御家人の「宮仕え」とは、金と気を使うものなのだ。

さて、「旅籠振舞」の慣行は、ほかでも行なわれたものなのだろうか。南北朝期暦応五年（一三四二）以降の某書状に「はたごふるい」とある（金沢文庫所蔵湛稿戒八十一裏文書・神奈川県史3上三五六二号）。先祖は三浦氏であるが越後出身で鎌倉か六浦あたりに常に滞在していたらしい武士和田黒川氏や加地近江守景綱らを越後奥山庄からやってきた現地管理者が称名寺あたりで宴会を儲けて招いたらしい。

加地景綱に「はたこふるい」をしたが、多くの人たちが集まったなかで茶を行なったところ、景綱をはじめ諸人がおもしろがった、という。前後が欠けていて文章の意味がとりにくいが、地方からやってきた人物が宴会を儲けていたことは事実である。まさに「旅籠振舞」は、都市というべき所へたまにやって来る人たちの、先住者への挨拶とともに飲食儀礼の一つであったことがわかる。

呪符と宿所

いまでも人々は神社や寺で「お守り」「お札」をいただいて大切に祀る。自分や家族、最愛の人へ、家と身の安全、幸せを願ってのことだ。所用で来鎌する人々のみならず住人たち、中世鎌倉人もまた同様だった。『吾妻鏡』には将軍家や幕府有力者が「陰陽師《おんみょうじ》」に占ってもらい、別の所に「方違《かたたがえ》」をして難をさける事例が多数出てくる。藤原将軍頼経の頃からそうした傾向が強い。「四角四境祭《しかくしきょうさい》」や「七瀬祓《ななせのはらえ》」など、特定地域から外に魔物を追い払う儀式も幕府は盛んに行なっていた。

鎌倉若宮大路の東側にある北条義時・泰時邸跡遺跡（雪ノ下郵便局付近）では「蘇民将来子孫宅也　急々□（如カ）律令」と書かれた札が出た。上部はゆるい山形、釘穴があき、下部は少しすぼんでいる。墨書の部分が少し盛り上がって残る。長期間外に打ちつけられていたことを示すものだ。

「蘇民将来《そみんしょうらい》」の護符は信濃国分寺八日堂や各地の神社などで今でも戴くことができるが、その伝承は『備後国風土記逸文』以来良く知られている。幕府トップ北条氏の屋敷など、対立者から狙われることも多いだろうが、それより目に見えない「魔物」のほうがもっと怖かったのだろう。ちなみにこの札は大路の側溝に流れ落ちていた。泣く子も黙る得宗専制時代となってその役目がおわったのだろうか。

もう一つ、今の我々も欲しくなる「札」が出た。「もろもろ乃なをのそくふた」、つまり「諸々の難を除く札」の意味だ。墨字はしっかりと残り、磨滅していない。上部が山形で御幣形、風化した背面左側に鉄釘が残っていた。これは家内の柱かどこかに釘で文字面を隠すように打ちつけていたことを示す。「火防・難除」の何にでも利く護符の一つであった。

『吾妻鏡』に源頼朝は鎌倉に入った時、山ノ内の知家司《ちけいじ》兼道《かねみち》宅を仮の屋敷とするため移築したことが記されている。安倍晴明の書いた札を張り付けてあったので、火事にもならずに残った家だった。まさにこの「お

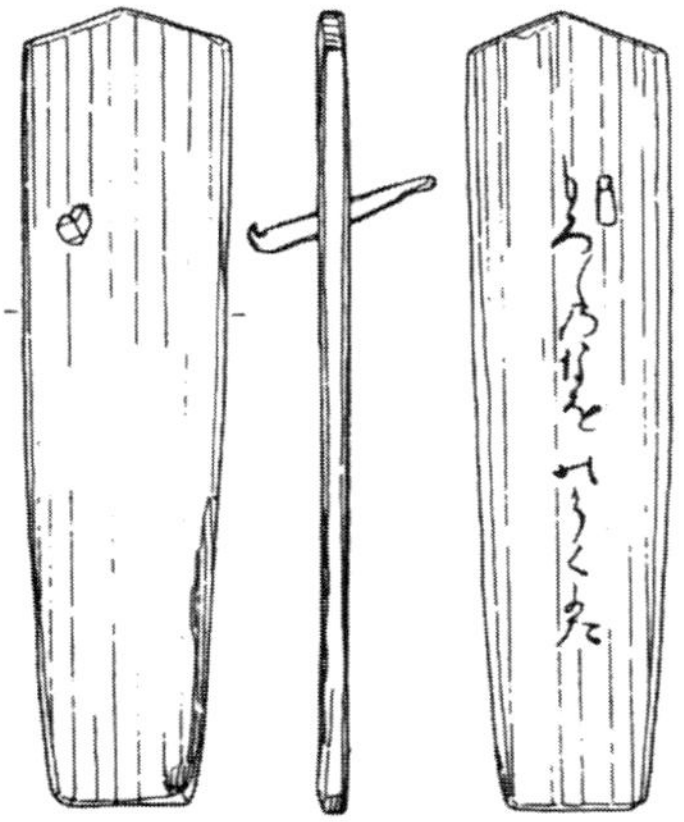

「もろもろ乃なをのそくふた」呪符木簡
（『鎌倉市埋蔵文化財緊急調査報告書 6』鎌倉市教育委員会，1990 年より）

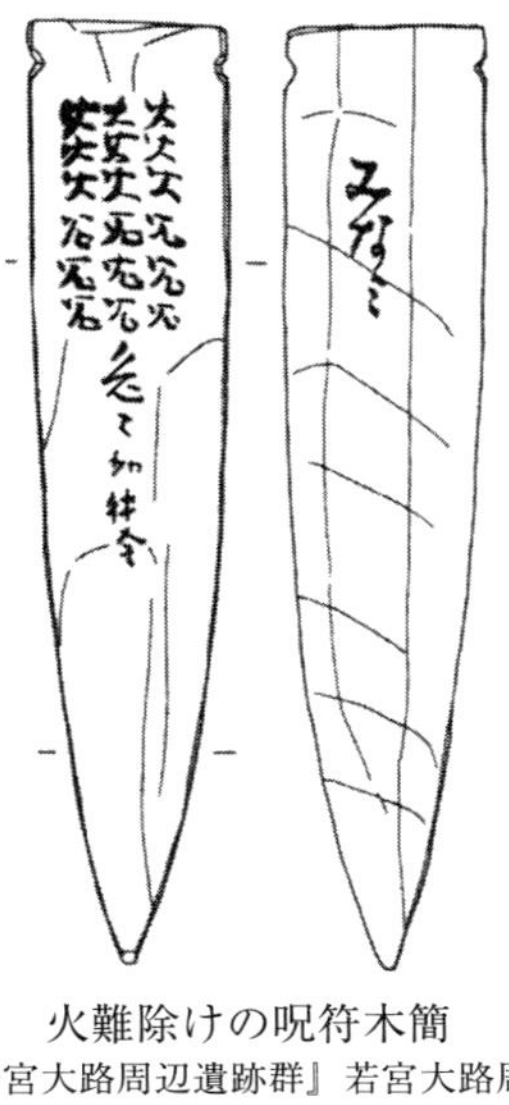

火難除けの呪符木簡
（『若宮大路周辺遺跡群』若宮大路周辺遺跡群発掘調査団，1999 年より）

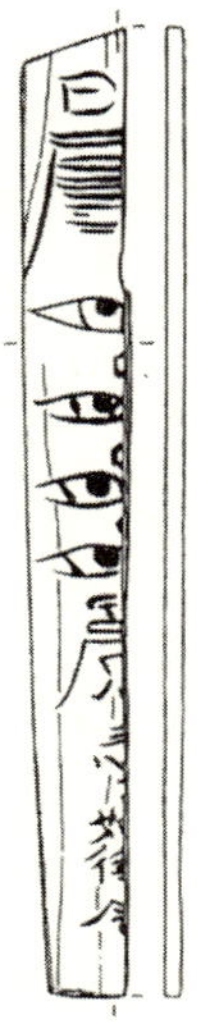

「急々如律令」呪符木簡
（『鎌倉市埋蔵文化財緊急調査報告書6』鎌倉市教育委員会、一九九〇年より）

「鬼急急如律令」呪符木簡
（『千葉地遺跡』千葉地遺跡発掘調査団、一九八二年より）

札」に近い。

こんな札もあった。「火」字が六段に三列、一八文字記され、下に「急々如律令」、裏面には「みなミ」の文字がある（二七八頁左下の図）。出土地は若宮大路周辺遺跡小町一丁目である。上部はひもが結べるように刻みを入れ、下部はとがっている。地面にさすか、つりさげて南の方角からの火事を防ごうとしたのだろう。これもまた火難除け呪符の一つだ。

呪符とは災難を除くものであり、護符とは予防を図るものとされる。ともに似ているが、その目的は異なる。若宮大路周辺から出土したものに、「□鬼　急々如律令　九九八十一」「山　鬼（以下一四の鬼文字）急々如律令」、また「鬼」字の下に「眼」が四つ描かれ、「急々如律令」というのもあった（二八八頁右上の図）。これは眼の病気を治すためのものだろう。

中には上部に「天」が二字、その下には「口」字が六個五段、その下に「山」と「口」字を二つ結んで、「鬼　急々如律令」と記されていた（二八八頁右下の図）。これは腹痛を予防するものという。中世鎌倉人も寄生虫に悩まされていたらしいことはトイレの土壌分析でわかってきている。

また「鬼」字が上から下に徐々に減ってゆき、「急々如律令」とまとめてあるものもあった。これは病を作る鬼が減ることを願う呪符だという。

また「日」字が三段九字、「鬼」字の下に「つき□□」とも読めるものも佐助ケ谷遺跡（税務署用地）から出た。これは端午《たんご》の節句に掛けておくと息災となる呪いである。

これらはいわゆる「符録《ふろく》」とよばれる、中国の道教から伝わったものである。市内各地からこうした文言のものが出るが、今ではどのように使ったのかはわからないものも多い。いずれにしても板の形は下部が細くとがったものが多く、地面に刺して使ったことがわかる。なかには杓子《しゃくし》を利用したものもある。

多くが「九九」と「急々如律令」のセットとされていることから、これらを「物忌札《ものいみふだ》」とも見ることもできる。奈良の元興寺には「種字　物忌　九九八十一　九九八十一（逆向記載）　急々如律令」と記されたものがいくつも伝来しており参考となる。『今昔物語』には、死者の家に鬼が来るのを防ぐため、陰陽師が「物忌」するようにと家人に伝え、門に「物忌札」立てて「桃木」の枝を切って門をふさぐようにしろ、とその方策を伝授している。これらは人を呪うものではなく、自分の家と家族などを守護する役目をもった護符木簡というべきだろう。「桃」にはそうした力があるのだ。

以上のような「呪符」と「護符」は鎌倉の「宿所」や「旅籠」などにも活用され、来鎌する旅人を守ってくれていたのである。

まだまだ鎌倉の地下には私たちの気がつかない史料が多数あるはずだ。たとえ断片であっても読み解いていくことができれば新たな謎解きが始められる。今回は墨書木簡に焦点を絞り、鎌倉在住の有力者や所用でたまにくる御家人たちの「宿所」問題、そして下級職員や住人との関わりに光を当ててみた。

参考文献

秋山哲雄『都市鎌倉の中世史』（吉川弘文館、二〇一〇年）

石井進・大三輪龍彦編『よみがえる中世3・武士の都鎌倉』（平凡社、一九八九年）

伊藤一美「『渋谷定心置文』にみる御家人役と一族規範」（『藤沢市文化財調査報告書』三八、藤沢市教育委員会、二〇〇三年）

宇都洋平「若宮大路側溝の再検討」（『考古論叢神奈河』一七、二〇〇九年）

小和田哲男『呪術と占星の戦国史』（新潮社、一九九八年）

鎌倉考古学研究所編『中世都市鎌倉を掘る』（日本エディタースクール出版部、一九九四年）

鎌倉考古学研究所編『集成　鎌倉の墨書』（二〇一七年）

鎌倉市教育委員会編『鎌倉の埋蔵文化財』一～一九（鎌倉市教育委員会、一九九六～二〇一五年）

河野眞知郎『中世都市鎌倉』（講談社、一九九五年）

世界遺産登録推進・三館連携特別展『武家の古都・鎌倉』（神奈川県立歴史博物館、二〇一二年）

高橋慎一朗『中世の都市と武士』（吉川弘文館、一九九六年）

松吉大樹「鎌倉市今小路西遺跡出土の結番交名木札について」（『都市史研究』一、山川出版社、二〇一四年）

宮家　準『修験道儀礼の研究』（春秋社、一九八五年）

盛本昌広『贈答と宴会の中世』（吉川弘文館、二〇〇八年）

コラム　相模武士の姿❺　和田義盛　わだ　よしもり

久安三年（一一四七）～建保元年（一二一三）

久保田和彦

和田義盛は、相模国三浦郡和田（三浦市初音町）を本領とする武士で、三浦大介義明《よしあき》の孫、杉本太郎義宗《よしむね》の子として生まれた。鎌倉幕府創設に活躍した三浦義《よし》澄《ずみ》は叔父、義村《よしむら》はいとこにあたる。通称は小太郎。名字の地は安房《あわ》国朝夷郡《あさひなぐん》和田という説もある。

治承四年（一一八〇）八月、義盛は三浦一族とともに頼朝の挙兵に参加するため三浦を出陣するが、豪雨のため夜になってようやく丸子《まるこ》川《がわ》周辺（世田谷区）で宿営し、先発隊を派遣して大庭《おおば》景親《かげちか》与党の家屋を焼き払った。景親は三浦軍が頼朝と合流すると勝利が難しくなると判断、石橋山の頼朝の陣に総攻撃を開始、合戦に敗れた頼朝は厳しい敵の捜索を切り抜け海路安房に脱出する。

安房国平北郡《へいほくぐん》猟嶋（千葉県安房郡鋸南町竜島）に上陸した頼朝に以後義盛は近侍し、上総広常《かずさひろつね》の許に派遣されるなど信頼を得ていた。同年十一月、御家人統制機関の侍所別当《さむらいどころべっとう》に補任され、十二月に完成した大倉御所で二列に並ぶ御家人らの最前・中央で着到を記した。木曽義仲や平家との合戦が始まると、義盛は源範《のり》頼《より》に属して一の谷・屋島・壇ノ浦合戦と続く長期の遠征に従事する。しかし、文治元年（一一八五）正月、範頼軍が周防《すおう》国から長門《ながと》国赤間関《あかまがせき》に到り、平家の背後を押えるため九州に渡海しようとするが、兵糧が欠乏し、渡海用の船も不足し滞在が長引くと、多くの御家人だけでなく義盛も鎌倉に帰ろうとしたと『吾妻鏡』に記されている。

和田義盛は、『吾妻鏡』では武人としての性格が強く描かれ、その行動は時として冷静さを欠き、情に流される面がある。建久六年（一一九五）四月、同族の三浦義澄の郎等《ろうどう》と足利五郎の所従《しょじゅう》との闘乱が鎌倉で起こると、侍所別当でありながら三浦方に味方している。しかし、義盛は侍所別当の職務を忠実に果たし、文治元年十月の義経追討、同五年六月の奥州遠征、建久元年九月の頼朝上洛など、鎌倉軍の軍事動員は所司梶原《かじわら》景時《かげとき》とともに御家人等の着到・編成をはじめ、上洛中の頼朝の警備体制におよんで万全の準備でのぞんでいる。

正治元年（一一九九）正月、頼朝が五三歳で死去し、長子頼家《よりいえ》が一七歳で鎌倉殿を継承する。『吾妻鏡』では頼家の独断・身勝手な振舞いが描かれ、四月、北条時政は政子と相談し、将軍頼家の裁判専決権を停止し、幕府宿老一三人の合議により裁決することを定めた。義盛も宿老の一人として合議に参加する。同年十月、侍所所司梶原景時が鎌倉を追放され、建仁三年（一二〇三）に頼家の妻の父で政所別当であった比企能員《ひきよしかず》が滅ぼされ、頼家も将軍の地位を追われ修禅寺に幽閉されると、北条時政の幕政における地位が確立した。

元久二年（一二〇五）閏七月、北条時政の後妻牧《まき》の方《かた》の実朝排斥の陰謀が発覚、時政が失脚し、北条義時が執権政治を継承する。この頃になると幕府創業以来の有力御家人である上総広常・千葉常胤《ちばつねたね》・三浦義澄《みうらよしずみ》・畠山重忠《はたけやましげただ》らはみな死亡し、義盛は幕府の最長老として多大な発言力を有していた。義時が執権政治をさらに強固にするためには、侍所別当でもある和田義盛との対決は必至であった。

建保元年（一二一三）二月、信濃国住人泉親衡《いずみちかひら》が前将軍頼家の遺子千手《せんじゅ》を擁立し、執権義時を排斥せんとする事件が発覚した。一味である安念《あんねん》の自白により、この計画に和田義盛の子義直《よしなお》・義重《よししげ》および甥胤長《たねなが》が参画していることが明白となった。知らせを聞いた義盛は上総国伊北荘《いほうのしょう》より急ぎ鎌倉に参上、将軍実朝に自身の勲功に免じて一族の赦免を嘆願した。実朝は義盛の子義直・義重の罪を許したが、甥胤長は事件の張本人として許されず、和田一族九八人の居並ぶ前で面縛《めんばく》し陸奥《むつ》に流罪となった。

同年五月二日、執権北条義時の度重なる挑発を受けた義盛は一族とともに挙兵し、将軍御所・義時邸を襲撃するが、協力を約束していた同族の三浦義村に裏切られ、また将軍実朝の身柄の確保にも失敗し、次第に劣勢となり、多くの武蔵・相模の御家人の応援もむなしく、翌日の明け方には滅亡する。六七歳であった。現在、由比ガ浜付近に和田一族滅亡の跡とされる「和田塚」が残されている。和田塚は、江ノ島電鉄の鎌倉から一つ目の駅名としてもよく知られている。

執筆者紹介（五十音順）―生年／現職／執筆分担

新井孝重（あらい　たかしげ）　一九五〇年生まれ／獨協大学経済学部教授／Ⅱ―2
伊藤一美（いとう　かずみ）　一九四八年生まれ／鎌倉考古学研究所理事／Ⅴ―4
岡田清一（おかだ　せいいち）　一九四七年生まれ／東北福祉大学大学院教育学研究科嘱託教授／Ⅲ―1
川合　康（かわい　やすし）　一九五八年生まれ／大阪大学大学院文学研究科教授／Ⅰ―1
菊池紳一（きくち　しんいち）　一九四八年生まれ／元財団法人前田育徳会常務理事／Ⅳ―1
久保田和彦（くぼた　かずひこ）　一九五五年生まれ／神奈川県立鎌倉高等学校教諭／コラム、主要史料解説、関連編著書・論文一覧
黒田基樹（くろだ　もとき）　一九六五年生まれ／駿河台大学法学部教授／Ⅳ―3
下山　忍（しもやま　しのぶ）　一九五六年生まれ／東北福祉大学教育学部教授／Ⅴ―1
関　幸彦（せき　ゆきひこ）　↓別掲／はしがき、序
高橋典幸（たかはし　のりゆき）　一九七〇年生まれ／東京大学大学院人文社会系研究科准教授／Ⅱ―1
高橋秀樹（たかはし　ひでき）　一九六四年生まれ／文部科学省初等中等教育局教科書調査官／Ⅳ―2
田中大喜（たなか　ひろき）　一九七二年生まれ／国立歴史民俗博物館准教授／Ⅱ―3
角田朋彦（つのだ　ともひこ）　一九六九年生まれ／駒澤大学・京都造形芸術大学非常勤講師／Ⅴ―2
永井　晋（ながい　すすむ）　一九五九年生まれ／神奈川県立歴史博物館企画普及課長／Ⅰ―2
長村祥知（ながむら　よしとも）　一九八二年生まれ／京都府京都文化博物館学芸員／Ⅲ―2
細川重男（ほそかわ　しげお）　一九六二年生まれ／國學院大學・東洋大学非常勤講師／Ⅰ―3
山田邦明（やまだ　くにあき）　一九五七年生まれ／愛知大学文学部教授／Ⅲ―3
山野井功夫（やまのい　いさお）　一九五九年生まれ／埼玉県立浦和西高等学校教諭／Ⅴ―3

主要史料解説

久保田和彦

『吾妻鏡』（あずまかがみ）：鎌倉時代政治史の基本史料。治承4年（1180）8月の源頼朝の挙兵から，文永3年（1266）7月の六代将軍宗尊親王が帰洛するまでの鎌倉幕府の歴史を将軍記という形式で編年に編纂した記録。鎌倉末期の1300年頃に成立。新訂増補国史大系，国書刊行会叢書，岩波文庫に収録。

『鎌倉年代記』（かまくらねんだいき）：鎌倉時代，寿永2年（1183）から元弘元年（1331）までの年表風の年代記。元弘元年に成立。増補続史料大成に収録。

『武家年代記』（ぶけねんだいき）：治承4年（1180）から明応8年（1499）までの年表風の年代記。増補続史料大成に収録。

『鎌倉大日記』（かまくらおおにっき）　治承4年（1180）から天正17年（1589）までの年表風の年代記。南北朝末期に成立し，以後書き継がれたとされる。増補続史料大成に収録。

『鶴岡社務記録』（つるがおかしゃむきろく）：鶴岡八幡宮寺の歴代社務（別当）の日記。建久3年（1192）の初代円暁から文和4年（1355）の十九代頼仲にいたるまでの記録。鶴岡叢書に収録。

『鎌倉九代後記』（かまくらくだいこうき）：室町・戦国時代の関東を中心とした政治史。前半は鎌倉公方四代，後半は古河公方五代を中心とする。江戸中期の成立。国史叢書に収録。

『鎌倉大草紙』（かまくらおおぞうし）：室町時代の鎌倉公方・古河公方を中心党とした関東地方の歴史・軍記。康暦2年（1380）～文明11年（1479）までの100年間を対象としている。新編埼玉県史 資料編8に収録。

『東国紀行』（とうごくきこう）：戦国時代の連歌師宗牧の紀行の記録。天文14年（1545）に成立。前年九月京都を出発し，東海道を下り江戸浅草の観音山系までの旅の紀行。群書類従第18輯に収録。

『北条五代記』（ほうじょうごだいき）：後北条氏の五代（早雲・氏綱・氏康・氏政・氏直）に関する逸話を集めた記録。成立は元和年間（1615～24）。戦国史料叢書1，日本合戦騒動叢書13に収録。教育社から出版。

『相州兵乱記』（そうしゅうへいらんき）：『関東兵乱記』とも称す。永享の乱から武田と北条の抗争まで，永享 8 年（1436）年から永禄 7 年（1564）までの小田原北条氏を中心とした関東の争乱を記した軍記物。群書類従・合戦部に収録。

『新編相模国風土記稿』（しんぺんさがみのくにふどきこう）：天保 12 年（1841）に完成した相模国の地誌。大学頭林述斎の建議により，昌平坂学問所地理局が編纂した。大日本地誌大系に収録。雄山閣から出版。

『相州古文書』（そうしゅうもんじょ）：江戸幕府が『新編相模国風土記稿』を編集する資料として集めた相模国に関する古文書集。角川書店から出版。

『新編鎌倉志』（しんぺんかまくらし）：貞享 2 年（1685）に刊行された鎌倉の地誌。水戸藩主徳川光圀が延宝元年（1673）に鎌倉を旅行した時の見聞を資料として，彰考館の河井恒久らに編纂させた。大日本地誌大系に収録。雄山閣から出版。

関連編著書・論文一覧

久保田和彦編

凡　例

著者・執筆者の五十音配列とし，同一著者・執筆者内では発行年代順とした。

鎌倉北条氏関係は，北条氏研究会編『北条氏系譜人名辞典』（新人物往来社 2001），後北条氏関係は，関幸彦編『武蔵武士団』（吉川弘文館 2014）を参照。

【地方自治体史】

『厚木市史』：『史料集（5）中世金石編』（1974），『史料集（6）中世文書編』（1975），『中世資料編』（1989），『中世通史編』（1999）

『綾瀬市史』：『資料編　古代・中世』，『通史編　中世・近世』，『調査報告書1中世の石造物』（1996）

『伊勢原市史』：『資料編　古代・中世』（1991），『通史編　先史・古代・中世』（1995）

『海老名市史』：『資料編　中世』（2001），『通史編　原始・古代・中世』（2003）

『大磯町史』：『資料編　古代・中世・近世（1）』（1996），『通史編　古代・中世・近世』（2004）

『大井町史』：『資料編　原始・古代・中世・近世（1）』（1997），『通史編』（2001）

『小田原市史』：『史料編　原始・古代・中世Ⅰ』（1994），『通史編　原始・古代・中世』（1997）

『開成町史』：『資料編　原始・古代・中世・近世1』（1995），『通史編』（1993）

『神奈川県史』：『資料編　古代・中世1』（1970），『資料編　古代・中世2』（1973），『資料編　古代・中世3（1）』（1975），『資料編　古代・中世3（2）』（1979），『通史編　原始・古代・中世』（1981）

『鎌倉市史』：『総説編』『社寺編』『史料編1』『史料編2』『史料編3・4』（1972）

『相模湖町史』：『歴史編』（2001）

『相模原市史』：『資料編　中世・近世』（1965），『通史編　中世以前通史』（1964）

『座間市史』：『資料編　古代・中世』（2001），『通史編上』（2010）

『寒川町史』：『資料編　古代・中世・近世（1）』（1990），『通史編　原始・古代・中世・近世』（1998）

『城山町史』:『資料編　考古・古代・中世』(1992),『通史編　原始・古代・中世』(1998)
『逗子市史』:『資料編　古代・中世・近世 1』(1985),『通史編』(1997)
『茅ヶ崎市史』:『資料編』(1981),『通史編　古代・中世』(1977)
『津久井町史』:『資料編　考古・古代・中世』(2006),『通史編　原始・古代・中世』(2015)
『二宮町史』:『資料編　考古・古代・中世』(2006),『通史編』(1994)
『秦野市史』:『資料編　古代・中世寺社』(1985),『通史編　原始・古代・中世』(1990)
『平塚市史』:『資料編　古代・中世』(1985),『通史編　古代・中世・近世』(1990)
『藤沢市史』:『資料編　考古・金石文・中世・近世編〔1〕』(1970),『通史編　考古・古代・中世』(1972)
『藤野町史』:『資料編上』(1994),『通史編』(1995)
『真鶴町史』:『資料編』(1993),『通史編』(1995)
『南足柄市史』:『資料編　自然・原始・古代中世』(1989),『通史編 1　自然・原始・古代・中世・近世』(1999)
『三浦市史』:『目でみる三浦市史』(1974)
『山北町史』:『資料編　原始・古代・中世』(2000),『通史編』(2006)
『大和市史』:『通史編　原始・古代・中世』(1988)
『湯河原町史』:『資料編　原始・古代・中世・近世』(1984),『通史編』(1987)
『横須賀市史』:『資料編　古代・中世 1』(2004),『古代・中世 2』(2007),『古代・中世補遺』(2011),『通史編　自然・原始・古代・中世』(2012)

【編著書】

秋山哲雄『都市鎌倉の中世史—吾妻鏡の舞台と主役たち—』歴史文化ライブラリー 301　吉川弘文館　2010
秋山哲雄『鎌倉幕府滅亡と北条氏一族』敗者の日本史 7　吉川弘文館　2013
浅野晴樹他編『中世東国の世界・南関東』中世東国の世界 2　高志書院　2004
阿部征寛『中世関東の武士団と信仰』阿部征寛著作集刊行会　1990
石井　進『鎌倉幕府』日本の歴史 7　中央公論社　1965
石井　進『中世武士団』日本の歴史 12　小学館　1974

石井　進『もうひとつの鎌倉—歴史の風景—』そしえて　1983
石井　進『鎌倉武士の実像—合戦と暮しのおきて—』平凡社選書 108　平凡社　1987
石井進・大三輪龍彦編『武士の都　鎌倉』よみがえる中世 3　平凡社　1989
石井進他編『東北・関東・東海地方の荘園』講座日本荘園史 5　吉川弘文館　1990
石井　進『鎌倉びとの声を聞く』日本放送出版協会　2000
石丸　熙『都市鎌倉の武士たち』新人物往来社　1993
伊藤一美『戦国時代の藤沢』藤沢文庫 8　名著出版　1983
伊藤一美『大庭御厨に生きる人々』藤沢市史ブックレット 6　藤沢市文書館　2015
入間田宣夫『武者の世に』日本の歴史 7　集英社　1991
上杉和彦『源頼朝と鎌倉幕府』新日本出版社　2003
上横手雅敬『北条泰時』人物叢書 9　吉川弘文館 1958
上横手雅敬・勝山清次・元木泰雄『院政と平氏，鎌倉政権』日本の中世 8　中央公論新社　2002
江戸東京博物館学芸員編『北条時宗とその時代展』大塚巧藝社　江戸東京博物館　2001
榎原雅治『中世の東海道をゆく—京から鎌倉へ，旅路の風景—』中公新書 1944　中央公論新社　2008
大山喬平『鎌倉幕府』日本の歴史 9　小学館　1974
大三輪龍彦・関幸彦・福田豊彦編『義経とその時代』山川出版社　2005
岡田清一『鎌倉の豪族』II　鎌倉春秋社　1983
岡田清一『中世東国の地域社会と歴史資料』名著出版　2009
岡田清一『鎌倉幕府と東国』続群書類従完成会　2006
奥富敬之『鎌倉北条氏の基礎的研究』吉川弘文館　1980
奥富敬之『鎌倉北條一族』新人物往来社　1983
奥富敬之『鎌倉武士—合戦と陰謀—』新人物往来社　1986
奥富敬之『時頼と時宗』日本放送出版協会　2000
奥富敬之『北条時宗—史上最強の帝国に挑んだ男—』角川選書 320　角川書店　2000
奥富敬之『鎌倉北条氏の興亡』歴史文化ライブラリー 159　吉川弘文館　2003

小国浩寿『鎌倉府体制と東国』吉川弘文館　2001
小国浩寿『鎌倉府と室町幕府』動乱の東国史 5　吉川弘文館　2013
落合義明『中世東国の「都市的な場」と武士』山川出版社　2005
金沢文庫学芸課編『よみがえる中世―鎌倉北条氏の遺宝―』便利堂　神奈川県立金沢文庫　1990
川合　康『源平合戦の虚像を剝ぐ―治承・寿永内乱史研究―』講談社選書メチエ 72　講談社　1996
川合　康『源平の内乱と公武政権』日本中世の歴史 3　吉川弘文館　2009
川添昭二『北条時宗』人物叢書 230　吉川弘文館　2001
川添武胤・貫達人『鎌倉廃寺事典』有隣堂　1980
河野眞知郎『中世都市　鎌倉―遺跡が語る武士の都―』講談社選書メチエ 49　講談社　1995
河野眞知郎『中世都市　鎌倉―遺跡が語る武士の都―』講談社学術文庫 1713　講談社　2005
河野眞知郎『鎌倉考古学の基礎的研究』高志書院　2015
菊池紳一編『源義経の謎』別冊歴史読本　新人物往来社　2004
木村茂光『頼朝と街道―鎌倉政権の東国支配―』歴史文化ライブラリー 435　吉川弘文館　2016
小林一岳『元寇と南北朝の動乱』日本中世の歴史 4　吉川弘文館　2009
五味文彦『鎌倉と京―武家政権と庶民世界―』大系日本の歴史 5　小学館　1988
五味文彦『武士の時代』日本の歴史 4　岩波ジュニア新書 334　岩波書店　2000
五味文彦編『京・鎌倉の王権』日本の時代史 8　吉川弘文館　2003
五味文彦『躍動する中世―人びとのエネルギーが殻を破る―』日本の歴史 5　小学館　2008
近藤成一編『モンゴルの襲来』日本の時代史 9　吉川弘文館　2003
櫻井　彦『南北朝内乱と東国』動乱の東国史 4　吉川弘文館　201212
佐々木馨『執権時頼と廻国伝説』歴史文化ライブラリー 29　吉川弘文館　1997
佐藤和彦編『北条時宗のすべて』新人物往来社　2000
佐藤進一『南北朝の動乱』日本の歴史 9　中央公論社　1965
新人物往来社編『源氏対平氏―武士の世のはじまり―』歴史読本 2012 年 5 月号
鈴木哲雄『平将門と東国武士団』動乱の東国史 1　吉川弘文館　2012
関　幸彦『その後の東国武士団―源平合戦以後―』歴史文化ライブラリー 327

吉川弘文館　2001
関幸彦・野口実編『吾妻鏡必携』吉川弘文館　2008
平雅行編『公武権力の変容と仏教界』中世の人物　京・鎌倉の時代編 3　清文堂　2014
高橋一樹『東国武士団と鎌倉幕府』動乱の東国史 2　吉川弘文館　2013
高橋慎一朗『武家の古都，鎌倉』日本史リブレット 21　山川出版社　2005
高橋慎一朗編『列島の鎌倉時代―地域を動かす武士と寺社―』高志書院　2011
高橋慎一朗『北条時頼』人物叢書 274　吉川弘文館　2013
高橋典幸『鎌倉幕府軍制と御家人制』吉川弘文館　2008
高橋典幸『源頼朝―東国を選んだ武家の貴公子―』日本史リブレット 26　山川出版社　2010
高橋秀樹『三浦一族の中世』歴史文化ライブラリー 400　吉川弘文館　2015
高橋秀樹『三浦一族の研究』吉川弘文館　2016
田辺久子『乱世の鎌倉』鎌倉叢書 14　かまくら春秋社　1990
田辺久子『関東公方足利氏四代―基氏・氏満・満兼・持氏―』吉川弘文館　2002
中世東国史研究会編『中世東国史の研究』東京大学出版会　1988
永井　晋『鎌倉幕府の転換点―『吾妻鏡』を読みなおす―』NHK ブックス 904　日本放送出版協会　2000
永井晋編『鎌倉幕府滅亡』平井印刷所　神奈川県立金沢文庫　2003
永井　晋『北条高時と金沢貞顕』日本史リブレット 35　山川出版社　2009
永井　晋『鎌倉源氏三代記――門・重臣と源家将軍―』歴史文化ライブラリー 299　吉川弘文館　2010
永井路子『相模のもののふたち―中世史をあるく―』有隣新書 10　有隣堂　1978
西岡芳文編『北条実時』ガリバー　神奈川県立金沢文庫　2001
野口　実『坂東武士団の成立と発展』弘生書林　1982
野口　実『鎌倉の豪族』I　鎌倉春秋社　1983
野口　実『中世東国武士団の研究』高科書店　1994
野口　実『源氏と板東武士』歴史文化ライブラリー 234　吉川弘文館　2007
野口　実『坂東武士団と鎌倉』中世武士選書 15　戎光祥出版　2013
野口実編『治承～文治の内乱と鎌倉幕府の成立』中世の人物　京・鎌倉の時代編 2　清文堂　2014

萩原龍夫『中世東国武士団と宗教文化』岩田書院　2007
菱沼一憲『源義経の合戦と戦略―その伝説と実像―』角川選書374　角川書店　2005
福島金治編『鎌倉への海の道』集巧社　神奈川県立金沢文庫　1992
福島金治編『中世鎌倉人の年中行事』朝日オフセット印刷　神奈川県立金沢文庫　1993
福島金治『安達泰盛と鎌倉幕府―霜月騒動とその周辺―』有隣新書63　有隣堂　2006
福田豊彦『東国の兵乱ともののふたち』吉川弘文館　1995
福田豊彦・関幸彦編『「鎌倉」の時代』山川出版社　2015
北条氏研究会編『北条時宗の謎』新人物往来社　2000
北条氏研究会編『北条一族』別冊歴史読本　新人物往来社　2001
北条氏研究会編『北条氏系譜人名辞典』新人物往来社　2001
北条氏研究会編『北条時宗の時代』八木書店　2008
細川重男『鎌倉政権得宗専制論』吉川弘文館　2000
細川重男『鎌倉北条氏の神話と歴史―権威と権力―』日本史史料研究会研究選書1　日本史史料研究会　2007
細川重男『鎌倉幕府の滅亡』歴史文化ライブラリー316　吉川弘文館　2011
細川重男『北条氏と鎌倉幕府』講談社選書メチエ493　講談社　2011
細川重男『頼朝の武士団―将軍・御家人たちと本拠地・鎌倉―』歴史新書31　洋泉社 2012
細川重男編『鎌倉将軍・執権・連署列伝』吉川弘文館　2015
本郷恵子『京・鎌倉　ふたつの王権―武家はなぜ朝廷を滅ぼさなかったか―』日本の歴史6　小学館　2008
松尾剛次『中世都市鎌倉を歩く―源頼朝から上杉謙信まで―』中公新書1392　中央公論社　1997
松尾剛次『中世都市鎌倉の風景』吉川弘文館　1993
馬淵和雄『鎌倉大仏の中世史』新人物往来社　1998
峰岸純夫『中世の東国―地域と権力―』東京大学出版会　1989
峰岸純夫『中世東国の物流と都市』山川出版社　1995
峰岸純夫『中世東国の荘園公領と宗教』吉川弘文館　2006
村井章介『北条時宗と蒙古襲来―時代・世界・個人を読む―』NHKブックス

902　日本放送出版協会　2001
元木泰雄編『保元・平治の乱と平氏の栄華』中世の人物　京・鎌倉の時代編 1　清文堂 2014
森　幸夫『北条重時』人物叢書 260　吉川弘文館　2009
安田元久『北条義時』人物叢書 82　吉川弘文館　1961
安田元久『武士世界の序幕』吉川弘文館　1973
安田元久編『鎌倉将軍執権列伝』秋田書店　1974
安田元久『鎌倉武士』日本の歴史文庫　講談社　1975
安田元久『鎌倉開府と源頼朝』歴史新書・日本史 51　教育社　1977
安田元久『鎌倉執権政治―その展開と構造―』歴史新書・日本史 56　教育社　1979
安田元久『鎌倉幕府―その政権を担った人々―』新人物往来社　1979
安田元久『鎌倉御家人』歴史新書・日本史 62　教育社　1981
安田元久『武士世界形成の群像』吉川弘文館　1986
山田邦明『鎌倉府と関東―中世の政治秩序と在地社会―』校倉書房　1995
山本幸司『頼朝の天下草創』日本の歴史 9　講談社　2001
湯浅治久『蒙古合戦と鎌倉幕府の滅亡』動乱の東国史 3　吉川弘文館　2012
湯山　学『藤沢の武士と城―扇谷上杉氏と大庭城―』藤沢文庫 3　名著出版　1979
湯山　学『相模国の中世史』上・下　南関東中世史論集 1・2　夢工房　1988・1991
湯山　学『中世の鎌倉』南関東中世史論集 3　夢工房　1993
湯山　学『波多野氏と波多野庄―興亡の歴史をたどる―』夢工房　1996
湯山　学『関東上杉氏の研究』湯山学　中世史論集 1　岩田書院　2009
湯山　学『三浦氏・後北条氏の研究』湯山学　中世史論集 2　岩田書院　2009
湯山　学『鎌倉府の研究』湯山学　中世史論集 4　岩田書院　2011
湯山　学『中世南関東の武士と時宗』湯山学　中世史論集 5　岩田書院　2012
湯山　学『相模国の中世史〔増補版〕』湯山学　中世史論集 6　岩田書院　2013
龍　粛『鎌倉時代』上・下　春秋社　1957
龍　粛『鎌倉時代』（本郷和人編）文芸学術ライブラリー・歴史 11　文芸春秋　2014
渡邊晴美『鎌倉幕府北条氏一門の研究』　汲古書院　2015

【論　文】

秋山哲雄「都市鎌倉の東国御家人」『ヒストリア』195　2005

吾妻鏡研究会「建暦三年『和田の乱』の一考察―北條執権制の成立をめぐって―」『史友』53　1965

阿部征寛「相模国武士団の成立と展開―渋谷氏を中心として―」『三浦古文化』17　1975

阿部征寛「『将軍足利尊氏充行下文』と高座郡和田・深見郷について」『大和市史研究』3　1977

阿部征寛「『鎌倉御家人渋谷氏の所領』を訪ねて―薩摩国入来院・美作国河会郷―」『大和市史研究』11　1985

阿部正道「相模国三浦氏と周防国―三浦義澄と平子重経―」『神奈川県立博物館研究報告』10　1982

飯森富夫「『栢山二宮氏』の出自をめぐって―西相模中世史断編―」(1)～(4)『かいびゃく』503～506　1994

飯森富夫「中世後期の『栢山二宮氏』」『おだわら』8　1995

飯盛富夫「甲斐武田氏と西相模・鎌倉」『専修史学』28　1997

石井清文「波多野氏の所領回復と鎌倉御家人化の過程―十二世紀末葉相州武士団の動向―」『政治経済史学』165　1980

石井清文「弘長三年三浦騒動と鎌倉政界―北条重時死歿直前の政情―」『政治経済史学』290　1990

石井清文「北條重時と三浦寶治合戦」I・II『政治経済史学』232・298　1985・1991

石井清文「北条泰時時房政権期に於ける三浦氏―安貞2年，藤原頼経将軍の田村山荘渡御をめぐって―」『政治経済史学』411　2000

石井　進「『古今著聞集』の鎌倉武士たち」『日本古典文学大系』月報2-24　岩波書店　1966

石井　進「武士団の発展―古代末期の相武―」『神奈川県史』通史編，原始・古代・中世1　1981

石井　進「鎌倉幕府の成立―武家政権の成立―」『神奈川県史』通史編，原始・古代・中世1　1981

石井　進「関東御領研究ノート」『金沢文庫研究』267　1981

石井　進「関東御領覚え書」『神奈川県史研究』50　1983
石井　進「相模国」『講座日本荘園史』5　東北・関東・東海地方の荘園　吉川弘文館　1990
石井　進「大庭御厨」『講座日本荘園史』5　東北・関東・東海地方の荘園　吉川弘文館　1990
石井　進「中世の古文書を読む—建治元年六条八幡宮造営注文の語るもの—」『新しい史料学を求めて』国立歴史民俗博物館　1997
石原裕之「藤氏十三家波多野氏岩間家家譜について」『秦野市史研究』22　2003
石丸　熙「中世鎌倉の一側面—初期の都市防備体制を見る—」『三浦古文化』23　1978
石丸　熙「『鎌倉城』考—『玉葉』寿永2年11月2日条をめぐって—」『東海史学』29　1995
石丸　熙「鎌倉武士と京都—三浦一族の場合—」大隅和雄編『文化史の諸相』吉川弘文館　2003
石渡隆之「三浦義村を罵り返した千葉胤綱の年齢についての疑問」『三浦半島の文化』2　1992
石渡隆之「宝治の乱の余塵」『三浦半島の文化』7　1997
石渡隆之「鎌倉時代の三浦氏」『三浦半島の文化』10　2000
磯川いづみ「北条氏庶家名越氏と宮騒動」『鎌倉』86　1998
伊藤一美「逗子地域の領主館跡—領主館跡・屋敷地の若干の復元—」『鎌倉』58　1988
伊藤一美「鎌倉御家人梶原景時の立場」『金沢文庫研究』288　1992
伊藤一美「鎌倉武士大庭氏の人物像—初期武士社会のあり方—」『鎌倉』74　1994
伊藤一美「海から見た三浦半島西岸の城郭」『逗子吾妻鏡研究』16　1995
伊藤一美「和田義盛小考」『三浦半島の文化』5　1995
伊藤一美「三浦義澄小考」『鎌倉』81　1996
伊藤一美「中世三浦氏のネットワーク—半島中世史研究のために—」『三浦半島の文化』6　1996
伊藤一美「三浦義村小考（1）—その登場と幕府職制上の義村—」『三浦一族研究』1　1997
伊藤一美「室町期三浦氏の経営とそのあり方—よみがえった三浦氏—」『三浦半

島の文化』7　1997
伊藤一美「御家人梶原景時の実像」『寒川町史研究』13　2000
伊藤一美「佐原氏庶流真野左衛門尉平宗明『申送』案の成立とその背景」『三浦一族研究』 6　2002
伊藤一美「藤沢市南部における「館」伝承地と源義朝の武士団」『藤沢市文化財調査報告書』37　2002
伊藤一美「初期三浦武士団の歴史的位置―初期和田氏の再考―」『三浦一族研究』8　2004
伊藤一美「大庭御厨における在地住人と伊介神社祝荒木田氏―史料『天養記』所収文書の一考察―」『藤沢市史研究』39　2006
伊藤一美「源義朝と大庭御厨」『藤沢市史研究』39　2006
伊藤正義「小壺坂合戦論ノート―吾妻鏡の虚構と延慶本平家物語の真実―」『鶴見大学文化財学雑誌』7　2011
岩崎宗純「武士の世と湯河原地方」『湯河原町史』3通史編第1章　1987
岩崎宗純「鎌倉時代の南足柄」『南足柄市史』6通史編Ⅰ中世編第1章　1999
岩崎宗純「南北朝・室町時代の南足柄」『南足柄市史』6通史編Ⅰ中世編第2章　1999
上杉和彦「鎌倉幕府の支配と三浦氏」『三浦一族研究』5　2000
上杉和彦「日本中世の伝承と相模国毛利荘」『明治大学文化継承学論集』3　2007
上杉孝良「『承久記』私考―「三浦胤義の子供，処刑の事」について―」『三浦一族研究』4　1999
大石泰史「今川氏家臣三浦正俊と三浦一族」『戦国史研究』25　1993
大澤　泉「相模国の知行体制と地域秩序の形成」『三浦一族研究』19　2015
大橋俊雄「山内荘の荘域と伝領」『とみづか』1　1976
大橋俊雄「山内荘秋庭郷について」『とみづか』13　1987
岡陽一郎「海と河内源氏」『古代文化』54-6　2002
奥富敬之「武蔵・相模における北條氏得宗」『日本歴史』280　1971
奥富敬之「相模国得宗領の個別的研究」(1)～(3)『神奈川県史研究』11・12・19　1971・1973
奥富敬之「荘域復原研究二例―山内荘と糟屋荘―」荘園研究会編『荘園絵図の基礎的研究』三一書房　1973
奥富敬之「鎌倉末期・東海道宿駅地域の地頭―相模・伊豆・駿河の分―」竹内理

三先生古稀記念会編『続荘園制と武家社会』吉川弘文館 1978
奥富敬之「安房国北郡地頭職の転変―和田・三浦・安達三乱後の処分―」日本史攷究会編『日本史攷究』文献出版　1981
奥富敬之「相模国糟屋荘の開発過程」竹内理三編『荘園絵図研究』東京堂出版　1982
奥富敬之「鎌倉北条氏所領増減過程の考察―時政の代を中心として―」竹内理三先生喜寿記念論文集刊行会編『荘園制と中世社会』東京堂出版　1984
奥富敬之「鎌倉北条氏所領増減過程の数量的考察―義時の代を中心として―」『日本歴史』470　1987
奥富敬之「鎌倉前期における北条氏所領増減過程の研究―泰時・経時の代を中心として―」安田元久先生退任記念論集刊行委員会編『中世日本の諸相』下　吉川弘文館　1989
奥富敬之「相模三浦一族の成立」『湘南女子短期大学紀要』2-1　1991
奥富敬之「源平合戦期の相模三浦一族―源平合戦―」『日本医科大学基礎科学紀要』11　1991
奥富敬之「鎌倉初期の相模三浦一族」『湘南女子短期大学紀要』3-1　1992
奥富敬之「比企・畠山・和田三乱と相模三浦一族」『日本医科大学基礎科学紀要』12　1992
奥富敬之「相模三浦一族の危機」『日本医科大学基礎科学紀要』13　1992
奥富敬之「三浦氏と北条氏」『三浦一族研究』6　2002
奥富敬之「義朝以後の鎌倉―三浦一族との関係から―」『三浦一族研究』8　2004
奥富敬之「相模三浦一族関係の諸表概略」『三浦一族研究』10　2006
小国浩寿「相模平一揆成立の諸前提」浅野晴樹・齋藤慎一編『中世東国の世界』南関東編 2　高志書院　2004
小沢明夫「相模国における飯田氏の動向」『とみづか』6　1980
海津一朗「鎌倉地頭三浦氏時代の紀伊国南部荘における検注について―南部荘関係文書調査の成果より―」『和歌山大学紀州経済史文化史研究所紀要』21　2001
加藤順弘「三浦義村と北条泰時―矢部禅尼の離縁・再嫁について―」『三浦一族研究』7　2003
鎌倉佐保「十二世紀の相模武士団と源義朝」入間田宣夫編『兵たちの時代 1　兵たちの登場』高志書院　2010

亀田帛子「『吾妻鏡』と中世文学―梶原景時の場合―」『津田塾大学紀要』10　1978
河合正治「鎌倉幕府の成立と西国の動向―東国武士の西遷と西国武士の対応―」『歴史教育』8-7　1960
雉岡恵一「東国御家人渋谷氏の西遷とそれにともなう「惣地頭職」の変質」『中央史学』8　1985
久保木実「鎌倉前期の三浦氏の家人」『三浦一族研究』2　1998
久保田和彦「相模国武士団の西遷・北遷」『神奈川県立公文書館だより』7　2001
黒田基樹「戦国期の三浦氏」『神奈川地域史研究』17　1999
黒田基樹「戦国期の三浦氏」『三浦一族研究』7　2003
小峰寛子「相模原市における横山一族」『国学院大学幼児教育専門学校紀要』17　2005
五味文彦「大庭御厨と義朝濫行」『茅ヶ崎市史研究』3　1978
五味文彦「相模国と三浦氏」『三浦一族研究』2　1999
五味克夫「東国武士西遷の契機―薩摩国の場合―」『歴史教育』16-12　1968
今野慶信「東国武士団と源氏臣従譚」『駒沢大学史学論集』26　1996
今野慶信「相模武士と交通」『馬の博物館研究紀要』19　2014
坂井孝一「源実朝にとっての和田合戦」『創価人間学論集』4　2011
阪田雄一「南北朝初期相模国守護に関する一考察」『千葉史学』37　2000
佐藤和夫「三浦水軍の成立と展開」『神奈川文化』304　1985
佐藤和夫「鎌倉本体の武士・梶原景時―800年の時を越えた現代性―」『寒川町史研究』14　2001
佐藤博信「室町時代の相模守護」『歴史手帖』5-2　1977
佐藤博信「二階堂氏と懐島・大井庄」『茅ヶ崎市史研究』2　1977
佐藤博信「南北朝・室町・後北条氏時代の茅ヶ崎」『茅ヶ崎市史』4通史編第3章～第5章　1981
佐藤博信「大森氏とその時代」『小田原市史』通史編原始・古代・中世　1998
三田武繁「建久御家人交名ノート」『北海道大学文学研究科紀要』120　2006
新開弘康「相模国の武士波多野氏について」『法政史学』31　1979
杉山　博「鎌倉時代の相模原」『相模原市史』1第4編第1章　1964
杉山　博「南北朝室町時代の相模原」『相模原市史』1第4編第2章　1964
杉山　博「大庭家一花氏と渋谷重国」『藤沢市史』4通史編中世編第1章第1節

1972
鈴木かほる「南北朝・室町時代の三浦氏」『三浦半島の文化』10　2000
鈴木かほる「鎌倉後期の三浦佐原氏の動向」『三浦一族研究』5　2000
鈴木かほる「宝治の乱後，三浦郡佐原・葦名郷を継承したのは誰か」『三浦一族研究』6　2002
鈴木かほる「寛元の政変・宝治合戦の通説への疑問―建長・弘長騒動までを見直す―」『鎌倉遺文研究』38　2016
鈴木良一「中世の相模金目郷と光明寺のこと」『三浦古文化』39　1986
鈴木良一「金目郷と光明寺」『平塚市史』9 通史編，古代・中世・近世第 4 章　1990
関口みさを「鎌倉時代における和田氏の族的結合」『学習院史学』7　1970
瀬野精一郎「鎮西における東国御家人」上・下『日本歴史』167・168　1962
瀬野精一郎「東国御家人の西国下向」『歴史手帖』4-2　1976
高田　豊「鎌倉宝治合戦における三浦一族」『歴史教育』16-12　1968
高橋一郎「鎌倉時代の波多野氏について―北条氏被官化を中心に―」『秦野市史研究』4　1984
髙橋修「黎明期の三浦一族―中世初期関東の勢力地図の中で―」『三浦一族研究』19　2015
高橋秀樹「『相模文書』及び『神田孝平氏旧蔵文書』について」『古文書研究』33　1990
高橋秀樹「鎌倉幕府と馬―三浦氏とのかかわりを中心に―」『市史研究横須賀』1　2002
高橋秀樹「三浦介の成立と伝説化」『三浦一族研究』7　2003
高橋秀樹「三浦一族を読み直す―資料解説拾遺―」『市史研究横須賀』4　2005
高橋秀樹「吾妻鏡と和田合戦」『郷土神奈川』44　2006
高橋秀樹「三浦氏系図にみる家の創造神話」峰岸純夫・入間田宣夫・白根靖大編『中世武家系図の史料論』上　高志書院　2007
高橋秀樹「相模武士河村・三浦氏と地域社会」高橋慎一朗編『列島の鎌倉時代―地域を動かす武士と寺社―』高志書院　2011
竹内理三「相模国早河荘（1）・（2）」『神奈川県史研究』8・9　1970
竹内理三「荘園（1）・（2）」『神奈川県史研究』36・37　1978
竹内理三「内乱と相武―古代末期の相武―」『神奈川県史』1 通史編第 2 編古代

第3章第2節　1981
武　俊次「波多野本庄北方考」『秦野市史研究』6　1986
田島光男「二階堂氏故地懐嶋・二階堂村見聞記」『郷土神奈川』15　1984
多々良四郎「三浦党の後裔（1）（2）（3）—三浦半島における三浦氏（佐原氏）（上）（中）（下）—」『かながわ風土記』243・244・245　1997
田辺　旬「鎌倉幕府の戦死者顕彰—佐奈田義忠顕彰の政治的意味—」『歴史評論』714　2009
田辺　旬「中世の戦争と鎮魂—土屋義清の首をめぐって—」高橋典幸編『戦争と平和』生活と文化の歴史学5　竹林舎　2014
田辺久子「東京大学文学部所蔵相模文書」『神奈川県史研究』1　1968
田辺久子「中世の懐嶋」『神奈川県史研究』3　1969
田辺久子「南北朝・室町時代の平塚」『平塚市史』9通史編第3章　1990
田辺久子「南北朝・室町時代の伊勢原」『伊勢原市史』通史編第4章第2節　1995
土井淑輝「戦国三浦氏系図と三浦介」『鶴見大学文化財学雑誌』6　2010
外山幹夫「豊後国の鎌倉御家人について—その出自と系譜・所領の考察—」『広島大学文学部紀要』18　1960
外山幹夫「鎌倉期における大友氏の動向」『歴史教育』16-12　1968
外山幹夫「鎌倉御家人の移住について—大友氏を中心として—」『日本歴史』256　1969
鳥養直樹「鎌倉時代の寒川」『寒川町史』6通史編第2章　1998
鳥養直樹「特集・梶原景時と一宮」『寒川町史研究』13　2000
鳥養直樹「町史講座・梶原景時と源義経—その光と影—」『寒川町史研究』18　2005
永井路子「三浦四代の人間像」『三浦古文化』10　1971
中澤克昭「大庭御厨にみる十二世紀の開発と武士」浅野晴樹・齋藤慎一編『中世東国の世界』南関東編2　高志書院　2004
中澤克昭「衣笠城合戦から考える中世の城と戦い」『三浦一族研究』13　2009
長塚　孝「『鎌倉年中行事』と海老名季高」『鎌倉』108　2009
長村祥知「在京を継続した東国武士」高橋修編『実像の中世武士団—北関東のもののふたち—』高志書院　2010
長村祥知「承久の乱における一族の分裂と同心」『鎌倉』110　2010

中元幸二「南北朝・室町時代の寒川」『寒川町史』6 通史編第 3 章　1998
中元幸二「梶原氏研究の動向と関係論文の紹介」『寒川町史研究』13　2000
成田勝俊「鎌倉時代と津久井地方」『城山町史』5 通史編第 2 編中世第 1 章　1995
成田勝俊「南北朝時代と津久井地方」『城山町史』5 通史編第 2 編中世第 2 章　1995
成田勝俊「津久井郡地域と武士団」『藤野町史』通史編第 3 編中世第 1 章　1995
西垣晴次「大庭御厨文書」『藤沢市史研究』3　1972
新田英治「中世後期の東国守護をめぐる二，三の問題」『学習院大学文学部研究年報』40　1994
貫　達人「官位と族長」『三浦古文化』4　1968
貫　達人「鎌倉時代の三浦半島」『三浦古文化』10　1971
貫　達人「鎌倉幕府と御家人」『郷土神奈川』10　1980
貫　達人「古代・鎌倉時代の茅ヶ崎」『茅ヶ崎市史』4 通史編第 1 章第 2 章　1981
貫　達人「鎌倉幕府の滅亡—武家政権の成立—」『神奈川県史』1 通史編　1981
貫　達人「北条氏の制覇—武家政権の成立—」『神奈川県史』1 通史編　1981
貫　達人「岡崎義実詳伝」『伊勢原の歴史』4　1989
貫　達人「鎌倉時代の伊勢原」『伊勢原市史』通史編第 4 章第 1 節　1995
野口　実「『平氏政権』と坂東武士団」『史友』8　1976
野口　実「『平氏政権』の坂東武士団把握について」『鎌倉』28　1977
野口　実「坂東武士団の動向」『歴史公論』5-3　1979
野口　実「院・平氏両政権下における相模国—源氏政権成立の諸前提—」『三浦古文化』25　1979
野口　実「中世初期相模国における武士団の存在形態—特に波多野氏・山内首藤両氏の特異性について—」史正会創立十周年記念論文集刊行委員会編『日本古代・中世史論集』史正会　1980
野口　実「執権体制下の三浦氏」『三浦古文化』34　1983
野口　実「流人の周辺—源頼朝挙兵再考—」安田元久先生退任記念論集刊行委員会編『中世日本の諸相』上　吉川弘文館　1989
野口　実「承久の乱と三浦一族」『三浦一族研究』4　1999
野口　実「『玉藻前』と上総介・三浦介」『朱』44　2001

野口　実「了行とその周辺」『東方学報』73　2001
野口　実「豪族的武士団の成立」『院政の展開と内乱』日本の時代史7　吉川弘文館　2002
野口　実「承久の乱における三浦義村」『明月記研究』10　2005
野口　実「三浦氏と京都―義経の時代を中心に―」『三浦一族研究』10　2006
萩原　誠「相模国の武士波多野氏について」『法政史学』31　1979
服部清道「大庭御厨」『藤沢市史』4通史編第3章第3節　1972
葉貫磨哉「秦・秦野・波多野氏について」『秦野市史研究』2　1982
原　寿夫「早河合戦について―吾妻鏡・養和元年一月六日条に関して―」『鎌倉』77　1995
原　寿夫「河匂三郎の武勇について―吾妻鏡元暦元年七月二十日条に関して―」『鎌倉』89　1999
菱沼一憲「中世海老名氏について（1）～(3)」『えびなの歴史』5・9・15　1993・1997・2005
福島金治「相模国渋谷荘と渋谷定心置文」『綾瀬市史研究』1　1994
福島金治「中世渋谷氏関係文書の補遺」『綾瀬市史研究』2　1995
福島金治「渋谷荘の成立と渋谷氏」『綾瀬市史』6通史編第1編第1章　1999
福島金治「鎌倉幕府の成立と渋谷氏」『綾瀬市史』6通史編第1編第2章　1999
福島金治「北条得宗政権下の渋谷氏」『綾瀬市史』6通史編第1編第3章　1999
福島金治「鎌倉府下の綾瀬」『綾瀬市史』6通史編第1編第4章　1999
福島金治「相模湖町の中世」『相模湖町史』歴史編第1編第3章　2001
福島金治「西国の霜月騒動と渋谷氏」『綾瀬市史研究』8　2002
福田以久生「『大江仲子解文』について」『小田原地方史研究』1　1969
福田以久生「『大江仲子解文』補論」『小田原地方史研究』2　1970
福田以久生「早河庄の地域について―牧・庄・名・郷の理解―」『小田原地方史研究』3　1971
福田以久生「相模国成田庄について」『神奈川県史研究』16　1972
福田以久生「治承四年の反乱と柳下郷」『小田原地方史研究』5　1973
福田以久生「中世の飯田郷と御家人飯田氏」『小田原地方史研究』6　1974
福田以久生「糟屋庄の寄進と成田庄の伝領」『神奈川県史研究』24　1974
福田以久生「禅秀の乱前後の西相模―大森氏研究序章―」『小田原地方史研究』7　1975

福田以久生「相模守大江公資とその妻」『日本歴史』334　1976
福田以久生「中世の酒匂駅について」『小田原地方史研究』10　1979
福田以久生「相模国狩野庄と狩野氏」御家人制研究会編『御家人制の研究』吉川弘文館　1981
福田以久生「『早河庄の成立』再考」『小田原地方史研究』14・15合併号　1986
藤井豊久「波多野出雲氏考」『秦野市史研究』12　1992
藤井豊久「南北朝期の波多野氏—主に観応の擾乱まで—」『秦野市史研究』13　1993
藤本頼人「九州における三浦一族の展開」『三浦一族研究』14　2010
古澤直人「和田合戦と横山時兼」『法政大学多摩論集』23　2007
細川重男「宝治合戦と幻の軍記物」『三浦一族研究』19　2015
松島周一「和田合戦の展開と鎌倉幕府の権力状況」『日本歴史』515　1991
松本一夫「南北朝・室町前期における相模守護の特質」『栃木史学』14　2000
真鍋淳哉「三浦道寸の文化的位置付け」『三浦一族研究』6　2002
真鍋淳哉「中世初期における三浦氏の諸問題—市史刊行の成果から—」『三浦一族研究』9　2005
真鍋淳哉「院政・鎌倉期の三浦一族—『新横須賀市史』の刊行を記念して—」『三浦一族研究』10　2006
真鍋淳哉「三浦氏と京都政界」藤原良章編『中世人の軌跡を歩く』高志書院　2014
三浦勝男「宝治合戦と三浦一族」『三浦一族研究』5　2000
峰岸純夫「治承・寿永内乱期の東国における在庁官人の『介』」中世東国史研究会編『中世東国史の研究』東京大学出版会　1988
村井章介「西国の三浦氏」『三浦一族研究』9　2005
元木泰雄「武士論研究の現状と課題」『日本史研究』421　1997
元木泰雄「源義朝論」『古代文化』54-6　2002
百瀬今朝雄「中世の懐嶋」『神奈川県史研究』3　1969
森　幸夫「相模土屋氏について」『郷土神奈川』26　1990
安池尋幸「11・2世紀における相模の国衙軍制と三浦一族」『横須賀市博物館研究報告』40　1995
安池尋幸「鎌倉後期の御家人佐原家庶流をめぐって」『横須賀市博物館研究報告』42　1997

安田三郎「糟屋氏一族―戦国時代の糟屋氏―」『県央史談』39・40　1999・2001
安田元久「古代末期における関東武士団―源義朝の動きを中心として―」安田元久編『日本封建制成立の諸前提』吉川弘文館　1960
安田元久「中世初期における相模国武士団」『三浦古文化』12　1972
安田元久「三浦一族の栄光と挫折」『日本史の舞台』3　集英社　1982
安田元久「謀臣，梶原景時と大江広元」『歴史と人物』163　1984
八幡義信「建暦三年鎌倉政変の一考察―「和田氏の乱」について―」『政治経済史学』23　1964
八幡義信「治承寿永内乱過程における土肥実平の史的評価」『政治経済史学』100　1974
山内吹十「北条氏被官家の一様態―御家人本間氏を中心に―」『法政史論』38　2011
山口俊章「源氏と三浦一族」『三浦一族研究』6　2002
山田邦明「三浦氏と鎌倉府」石井進編『中世の法と政治』吉川弘文館　1992
山田邦明「中世三浦の寺院とその展開」『三浦一族研究』2　1998
山田邦明「南北朝・室町時代の三浦氏」『三浦一族研究』4　1999
山田邦明「鎌倉幕府と佐原一門」『三浦一族研究』9　2005
山本みなみ「和田合戦再考」『古代文化』68-1　2016
湯山　学「室町時代後期の相模守護扇谷上杉氏について」『わが住む里』22　1971
湯山　学「相模三浦氏についての考察」『わが住む里』23　1971
湯山　学「時宗と相模武士―『他阿上人法語』に見える武士補論―」『時衆研究』65　1975
湯山　学「鎌倉後期における相模国の御家人について（1）～（4）―主として北条氏との関係を中心に―」『鎌倉』24～27　1975・1976
湯山　学「相模国愛甲郡の庄園―愛甲庄と毛利庄―」『地方史研究』144　1976
湯山　学「堀越公方と相模国」『郷土神奈川』8　1977
湯山　学「相模三浦氏について」『歴史手帖』72　1979
湯山　学「西相模の在地領主たち―土肥氏を中心として―」『歴史手帖』98　1981
湯山　学「三浦道寸に関する覚書」『歴史研究』241　1981
湯山　学「相模国東郡岡津郷の領主太田越前守宗貞をめぐって」『戦国史研究』7

1984
湯山　学「相模国座間郷と大江姓長井氏―「由井領」の成立をめぐって―」『多摩のあゆみ』43　1986
湯山　学「戦国時代の六浦・三浦―房総との関係を中心に―」『中世房総』2　1987
湯山　学「相模武士の群像」『かながわ風土記』122～221　1987～1995
湯山　学「三浦横須賀氏に関する考察」『三浦一族研究』1　1997
湯山　学「永享の乱後の三浦氏と三浦」『三浦半島の文化』7　1997
湯山　学「相模河村氏と河村郷―戦国時代を中心として―」『足柄乃文化』27　2000
湯山　学「室町幕府と河村氏」上・中・下『足柄乃文化』28・29・31　2001・2002・2004
渡辺澄夫「豊後大友氏の出自について」『大分県地方史』24　1960
渡辺澄夫「豊後大友氏の下向土着と嫡子単独相続制の問題」『大分県地方史』25　1961
渡辺澄夫「野津本『大友系図』の紹介―大友氏出自に関する決定的史料―」『大分県地方史』134　1989

編者紹介

一九五二年　北海道に生まれる
一九八五年　学習院大学大学院人文科学研究科史学専攻後期博士課程満期退学
現在　日本大学文理学部教授

〔主要著書〕
『海の日本史―文明と文化の展開―』（冨山房インターナショナル、二〇一二年）
『承久の乱と後鳥羽院』（吉川弘文館、二〇一二年）
『武士の原像―都大路の暗殺者たち―』（PHP研究所、二〇一四年）
『恋する武士闘う貴族』（山川出版社、二〇一五年）

相模武士団

二〇一七年（平成二十九）九月一日　第一刷発行

編者　関《せき》　幸《ゆき》　彦《ひこ》
発行者　吉川道郎
発行所　株式会社 吉川弘文館
郵便番号一一三―〇〇三三
東京都文京区本郷七丁目二番八号
電話〇三―三八一三―九一五一（代）
振替口座〇〇一〇〇―五―二四四番
http://www.yoshikawa-k.co.jp/
印刷＝株式会社 三秀舎
製本＝ナショナル製本協同組合
装幀＝河村　誠

ISBN978-4-642-08322-5

姉妹編

武蔵武士団

関　幸彦編

A5判・三〇四頁／二五〇〇円（税別）

畠山・河越・豊島・比企・熊谷ら、中世武士団の典型とされる武蔵武士。平安から室町期にわたるその盛衰を、軍記物『平家物語』『太平記』を素材に描き出す。東北や西国、鎮西などへ移住し、全国に足跡を残した武蔵武士団のその後にも迫り、古戦場や館・城・街道など、彼らが活躍した舞台を訪ねる。注目の武蔵武士らを紹介する人物コラムを収録する。

〈本書の内容〉

はしがき
序　武蔵武士団への招待―そのあらましを探る……関　幸彦
Ⅰ　**源平の争乱と武蔵武士―『平家物語』の世界**
秩父氏の諸流と源平争乱……菊池紳一
武蔵七党と『平家物語』の世界……上杉和彦
鎌倉期の血縁、婚姻関係……細川重男
Ⅱ　**南北朝動乱と武蔵武士―『太平記』の世界**
鎌倉幕府の滅亡と武蔵武士……高橋典幸
南北朝動乱と『太平記』……新井孝重

吉川弘文館

南北朝武士団の諸相……角田朋彦
南北朝期の血縁、婚姻関係……角田朋彦

Ⅲ　武蔵武士団のその後
東国武士の移動と移住……高橋典幸
東遷した武士団……岡田清一
西遷した武士団　中国方面……長村祥知
西遷した武士団　鎮西方面……長村祥知

Ⅳ　武蔵武士を歩く
古　戦　場……角田朋彦
館・城・街道……山野井功夫
信仰と板碑……下山　忍

【コラム】武蔵武士の群像……久保田和彦
①岡部六弥太忠澄／②熊谷直実／③金子十郎家忠／④河越重頼／⑤比企尼／⑥稲毛重成／⑦畠山国清／⑧新田義興／⑨阿保道潭／⑩長尾景春／⑪太田道灌

吉川弘文館